普通高等教育"十二五"规划教材
全国高职高专规划教材·秘书系列

秘书理论与实务

（第二版）

主　编　孟庆荣　李　辉
副主编　吴良勤　张　闯
参　编　黄　键　张庆丰　刘　艳
　　　　司　勇　陈建国　王淑文

北京大学出版社
PEKING UNIVERSITY PRESS

内 容 简 介

本书依托《秘书国家职业标准》规定的知识目标和职业技术技能工作内容，拓展了秘书学习训练的资源范围，对秘书工作实践具有较强的指导性。本书共六章，内容包括秘书实务概述、会议与活动管理、事务管理、文书拟写与处理、文书档案与信息管理、秘书理论与实务拓展试题等。为强化秘书理论知识和技术技能实务，本书设计了足够的秘书职业项目拓展实训试题及参考答案。书中秘书工作基础理论试题增加到360道，秘书初级（五级）至助理级（二级）工作案例分析题各1套，秘书工作实务试题20道。全套试题基本覆盖了秘书职业工作内容的要求范围。

本书可供高职高专文秘、行政管理及其他相关专业教学使用，也可作为职场文秘及行政管理人员的自学读物。

图书在版编目(CIP)数据

秘书理论与实务/孟庆荣，李辉主编. —2版. —北京：北京大学出版社，2013.7
（全国高职高专规划教材·秘书系列）
ISBN 978-7-301-22093-1

Ⅰ.①秘… Ⅱ.①孟…②李… Ⅲ.①秘书学－高等职业教育－教材 Ⅳ.①C931.46

中国版本图书馆 CIP 数据核字(2013)第 026389 号

书　　名：秘书理论与实务(第二版)
著作责任者：孟庆荣　李　辉　主编
策 划 编 辑：温丹丹
责 任 编 辑：温丹丹
标 准 书 号：ISBN 978-7-301-22093-1/G·3582
出 版 发 行：北京大学出版社
地　　址：北京市海淀区成府路 205 号　100871
网　　址：http://www.pup.cn　新浪官方微博：@北京大学出版社
电 子 信 箱：zyjy@pup.cn
电　　话：邮购部 62752015　发行部 62750672　编辑部 62765126　出版部 62754962
印　刷　者：北京京华虎彩印刷有限公司
经　销　者：新华书店
787 毫米×1092 毫米　16 开本　19.5 印张　474 千字
2009 年 8 月第 1 版第 1 次印刷
2013 年 7 月第 2 版　2016 年 12 月第 4 次印刷　总第 6 次印刷
定　　价：37.00 元

第二版前言

《秘书理论与实务》第一版已经面世三年了，为了尽可能地达到适应社会发展需求的秘书专业学科体系的定位及其课程基本覆盖知识与技术技能点的要求，《秘书理论与实务(第二版)》的修订内容主要体现在以下几个方面。

第一，为适应秘书专业发展的项目化教学，本书由第一版的“课题”设计改为“项目”设计，并对项目内容进行了调整，有的合并、有的增加、有的删减、有的扩展，使整书的内容主线按着秘书国家职业资格鉴定内容的低级别向高级别排序。

第二，考虑到第一版的《秘书理论与实务》第六章的试题部分比较薄弱，因此，第二版中秘书基础知识试题由312道增加到了360道，并增加了整节的秘书案例分析题(二级、五级情景录像题)，使得试题形式完全与“秘书国家职业资格鉴定试题”保持一致。

第三，考虑到秘书职业的办文业务较多，文后的附录增加到7个文件，以使秘书人员的拟制文书更具有足够方便的查考工具。

为了确保第二版较第一版更加实用质量更高，我们还特意邀请了秘书专业的同行、在职秘书以及行政管理人员，做了内容修订和补充方面的把关，在此，一并向他们表示诚挚的谢意。

本书由广州科技职业技术学院孟庆荣教授、北京城市职业学院李辉副教授任主编。南京钟山职业学院吴良勤、大连翻译职业学院张闯任副主编，编写人员分工如下：第一章由吴良勤、刘艳、司勇编写；第二章由吴良勤、孟庆荣编写；第三章由李辉、孟庆荣编写；第四章由孟庆荣、张闯编写；第五章由孟庆荣、张闯、张庆丰、黄键编写；第六章由孟庆荣、王淑文编写；第一～五章的实训题均由孟庆荣编写。

由于作者水平有限，书中难免会出现一些不足或纰漏，敬请广大读者批评指正，不胜感激之情。

孟庆荣

2013年7月于广州

前　言

秘书与秘书学科专业是一个年轻的学科。说其年轻，是因为改革开放以前，我国的秘书主要是一种行政职位；改革开放后，秘书才开始由官职走向社会化、职业化。近些年来，我国各类大中专院校纷纷开设秘书学科专业，秘书学科专业教材市场如雨后春笋般生机盎然地发展起来，但由于在秘书学科专业建设上仍缺乏一套独立完整的良性发展机制，因此，教材的规格与质量不是十分符合新时期人才培养计划和教学规律，教材体系不太符合学科专业的未来发展方向，教学内容更新幅度不大。如何建设和发展秘书学科专业，使之更好地适应我国市场经济建设和未来发展的需要，是21世纪秘书学科专业正在努力探求的重大理论和实践问题。

秘书学科专业的建设和发展，离不开秘书学科专业的理论研究、人才培养和实践应用。秘书学科专业的理论研究、人才培养和实践应用三者之间又有着非常密切的内在联系。其中，理论研究是秘书学科专业建设和发展的重要基石，它既是人才培养的知识准备，又是实践应用的技能指导；人才培养是秘书学科专业建设和发展的重要保障，它既是理论研究的队伍建设，又是实践应用的人才准备；实践应用是秘书学科专业建设和发展的最终目标，它既是理论研究的根本导向，又是人才培养的重要目的。

秘书学科专业的建设和发展，同样也离不开秘书教材的编写。秘书教材的编写可以总结并展示秘书学科专业的理论研究成果和实践应用经验，为今后的秘书学科专业的人才培养、后续理论研究和后续实践应用提供丰厚的理论研究成果和实践应用经验。

当今的国内图书市场，秘书教材版本繁多。有的以总结和展示理论研究成果为出发点；有的以提供和满足人才培养的需要为出发点；有的以提供和满足实践应用的需要为出发点；有的根据秘书工作内容构成来编写；有的根据秘书职务的岗位来编写；有的借鉴国外的秘书教育经验或培养模式来编写；有的根据国家秘书技能鉴定内容要求来编写；等等。面对丰富多彩的教材市场和社会未来所需，如何编写一本既能总结和展示理论研究成果，又能满足未来秘书人才培养规格对教材的需要，同时还可为岗位实践应用提供较强技能指导的教材，这个问题编者已经思考了多年，我们以业内行家团队的形式进行了秘书理论与实务的研究、探讨与设计，在充分总结和研究了当今国内外秘书图书市场的繁荣局面之后，注意吸收现有著作与教材的长处，提出了以下四个方面的指导思想来编写教材。

第一，以“大管理、小秘书”的观点作为本教材编写的基本方向。编者认为，秘书工作的辅助上司管理职责正在被社会所认可。随着时代的发展进步，职业理念的更新，工作岗位的细化，秘书工作中的辅助管理价值也愈来愈大。因此，秘书上司的管理范围，正是秘书的辅助管理工作范围。那么，上司需要掌握的管理知识也是秘书必须懂得的知识。本教材由此力求尽可能多地涵盖管理知识。

第二，以秘书工作中的几个重要管理环节作为教材的核心框架，同时吸纳中国就业培训技术指导中心编写的用于国家秘书职业技能鉴定培训教程的元素。编者认为，在实践中，秘书工作主要包括会议与活动管理、事务管理、文书拟写与处理、文书档案与信息管理等。但从理论与实践上讲，又有一个由浅入深的过程。因此，本教材既考虑了秘书考证的级别内容的深浅排序，又兼顾了秘书工作渐进程序。

第三，坚持秘书基础理论知识与工作实务并重的原则，既要有一定的理论体系和理论深度，能够满足培养秘书人才由初级向高级循序渐进地进行的要求，又与秘书实践中的几个重要管理环节相对应，有较宽泛的理论知识的覆盖空间和工作实务的应用价值，能够满足秘书学科专业师生教与学的需求，以及秘书在职人员对辅助管理和服务工作实践技能的多方面需要。

第四，根据国家秘书职业标准规定的职业功能和工作内容，扩展秘书学习训练的资源范围。为强化秘书基础知识和技能实务，本教材设计了足够的秘书职业项目拓展实训试题，其中，单项选择题与多项选择题共计312道，工作实务试题20道，该实训试题基本覆盖了秘书职业内涵的要求范围。

基于上述四个方面的设想，我们把本教材命名为“秘书理论与实务”。本教材新颖的构思将会给高等院校秘书学科专业课程的设置提供一个很具参考价值的设置模式，它可以作为高等院校本专科秘书学科专业核心课程的教材，也可作为秘书工作者案头的重要学习参考用书。

本教材内容编写分工如下：

第一章由吴良勤编写；

第二章由吴良勤、王建清编写；

第三章由李辉、邱阳、李根学编写；

第四章由张闯、范晓烨编写；

第五章由张闯、金华园编写；

第六章由孟庆荣、王淑文编写；

第一章至第五章的思考与实训题均由孟庆荣编写。全书由孟庆荣统稿。

编者在编写过程中，参考了国内外大量的文献，在此特向这些文献的作者表示最诚挚的感谢。由于编者的水平有限，教材中难免存在一些肤浅的认识和偏颇的观点，甚至也会存在疏漏之处，敬请广大读者、教师及秘书人员提出宝贵的批评意见。

编　者

2009年8月

本教材配有教学课件，如有老师需要，请加QQ群（279806670）或发电子邮件至zyjy@pup.cn索取，也可致电北京大学出版社：010-62765126。

目　　录

第一章　秘书实务概述

第一节　秘书实务的内容和程序

一、秘书实务的定义

秘书是为领导创造最佳决策环境的人，是领导的助手、参谋。秘书部门是党政机关、企事业单位和社会团体的办事机构，是联系内外、上下功能沟通的信息枢纽。秘书人员和秘书部门的地位和作用，决定了秘书实务是为领导决策提供最佳服务的辅助管理工作。

秘书实务就是秘书在为领导提供最佳决策环境过程中的工作方法、程序和技能。秘书实务主要解决的问题是秘书哪些事情应该做，应该怎么做，做到什么程度。

二、秘书实务的内容

根据目前秘书工作的实际情况，秘书实务可分为办文、办会、办事等三大板块。

秘书的办文工作主要是指为领导撰写文稿、处理日常往来文件以及单位资料与档案的收集和管理。

秘书的办会工作主要指会前协助领导筹备会议、会议过程中的服务工作、会后的扫尾和善后工作，以及参加外单位会议。

秘书的办事工作主要指日常办公室事务管理以及一些专业性不强、主要依靠经验和责任心来处理的具体事务，包括日程安排、随从工作、通信联络、接待和礼仪、值班和突发性事件处理、调查研究、信息工作、参谋咨询、协调工作、督查工作、提案办理工作、信访工作、保密工作、网站和网页管理、谈判工作和公关工作等。

根据以上秘书实务工作的内容，本书将着重研究秘书工作的主要内容、基本要求、操作规范、实施程序及注意事项等。

三、秘书实务的程序

秘书在日常工作过程中，完成领导交办的各项工作或规定任务时，为了使工作和任务能够圆满完成，事先应该制订周密、详尽的工作计划。

完整的工作计划应该包括：达到的预期目标、工作实施的步骤、工作完成的期限、工作过程中运用的方法、工作完成后的总结和反馈等。

秘书、秘书部门在计划的制订和执行过程中，都要遵循“5W1H”原则。“5W1H”即Why——为什么做？What——做什么？Who——派谁去做？Where——在什么地方做？When——在什么时间做？什么时间完成？How——怎样去做？

秘书制订工作计划可以分成以下几个阶段。

(1) 计划或任务制定阶段。秘书部门的负责人确定初步目标，制订工作计划或者分配工作任务，明确部门内各成员的作用和相互关系，确立各成员的具体任务，让各成员清楚为实现目标自己要做些什么。

(2) 计划或任务实施阶段。秘书部门负责人根据确定的计划和目标要求，给予完成计划和任务的个人相应的权限和工作条件，使之能够独立自主地完成任务。负责人还要制订并严格执行既定目标的作业计划，并在其中辅之以一定的指导和帮助。

(3) 计划或任务评估阶段。秘书部门负责人在计划完成后，应及时根据下属完成任务的情况，做出相应的工作评价，并给予相应的物质和精神鼓励。

秘书在以上的任务或计划的制定、实施、评估等过程中，应保持高标准、严要求。好多秘书工作看来是小事，但许多老秘书的体会则是“秘书无小事”。细微的差错往往能影响大局，因此秘书实务的工作标准是不能降低的。

第二节　秘书实务的性质和特点

一、秘书实务的性质

1. 辅助性

秘书工作在社会工作中处于辅助性地位。这一性质决定了现代秘书实务工作的最本质属性——辅助性。这是因为：第一，秘书工作是从属于领导或部门的工作。秘书工作主要是围绕着领导与部门工作而展开，服务于领导与部门工作。第二，秘书只是辅助领导工作，秘书没有决策权，只是为领导的决策提供文件资料、情报以及建议和意见，为领导的组织和管理起到承上启下、内外协调和平衡的作用。

2. 服从性

秘书工作要求秘书人员坚决服从领导的指挥，按领导的意图办事。虽然秘书与领导在政治上是平等的，在人格上是独立的，在利益和目标上是一致的，但由于工作分工的不同，领导与秘书在组织上是一种上下级关系。因此秘书要充分认识自己的职业角色，围绕领导的意图和要求调整自己的行为，严格按照领导意图办事，不能随意改变、任意超越。

3. 服务性

秘书工作的辅助性，决定了秘书工作的服务性。因此，为领导与部门服务是秘书工作的出发点与落脚点，是秘书实务的首要任务。领导机关和领导人是组织的核心，领导机关与领导人的管理和服务对象涵盖整个组织，所以秘书在为领导机关和领导人提供服务的同时，还应当为整个组织提供服务。秘书实务的服务性要求秘书人员树立强烈的服务意识，化被动为主动，积极地、创造性地做好各项事务工作。

二、秘书实务的特点

1. 综合性与专业性相统一

秘书实务工作具有突出的综合性。首先，秘书实务工作涉及的范围和内容十分广泛。

从秘书实务的工作内容上看，不仅要起草文件、搜集综合信息、进行综合调研和处理综合事务，而且还要办理接待事务、会务安排及办理不属于秘书业务部门职责范围内的事务。其次，由于领导工作的全局化，也决定了秘书实务工作具有高度的综合性。因为任何一级领导都处于不同层次的管理系统的位置上，都必须总揽全局、预测发展、统筹规划、综合协调，各级秘书部门和秘书人员作为各级领导的参谋和助手，要求他们必须具有全局观念，立足领导工作角度，站在领导者的角度观察、分析和处理问题，提出参谋建议，做到不在其位，当谋其政。必须具有较宽的知识面，成为本机关、本系统的"通才"和"杂家"，以适应领导者驾驭全局的需要。同时必须具有较强的综合概括能力和综合协调能力，才能做好秘书实务工作。另外，秘书实务工作又有很强的专业性。当今社会，现代管理的科学化对秘书实务工作的专业化要求越来越高，秘书必须具有较高的政策水平、文学水平和理论水平，有较强的参谋能力、调研能力、信息处理能力和办文办事能力，熟悉文书、档案、保密、信访、会务、通信、礼仪等方面的知识，会操作现代化办公设施等。秘书实务工作作为一种特殊的社会工作，不是什么人都可以从事的工作，必须进行正规的专业培训，进行严格的考试。国家劳动和社会保障部在全国实行了秘书职业资格证书制度。这些措施，都是为了保证秘书专业人才的培养质量。秘书工作的专业性，还体现在不同行业的秘书必须熟悉所在行业的专门知识。例如，党委秘书要熟悉党务工作知识，行政秘书必须熟悉行政管理知识，企业秘书必须熟悉企业管理和商品经济知识等。秘书对行业知识越精通，工作起来越得心应手，否则"隔行如隔山"，无法做好综合工作，更难发挥参谋的作用。

要做好秘书实务工作，必须把握好综合性与专业性的辩证关系。综合性是秘书实务工作的主要方面，专业性则是它的次要方面，二者相互渗透，相辅相成。秘书人员的专业知识越丰富、越全面，总揽全局的综合能力也就越强；秘书人员的综合能力越强，对全局了解越透彻，也更有利于他对专业知识的掌握，二者相互结合，相互促进。这一特征要求秘书人员一定要处理好"博与专"的关系，既要有较为广博的知识面，力求成为"专业通才"，又要精通秘书业务，力求成为"秘书专家"。只有这样，才能适应秘书工作的需要。

2. 被动性与主动性相统一

由于秘书实务工作具有辅助性的特征，因此，实务工作不可避免地带有被动性。毛泽东同志几次对他的秘书说过："在工作上我是主动的，你们是被动的。"这种被动性主要表现在：首先，作为领导的参谋和助手，秘书部门和秘书人员必须按领导的意图办事，不能自行其是。尽管秘书可以向领导提出不同意见和参谋建议，但在行动上必须坚决服从领导，奉命行事，不得我行我素。其次，秘书部门是各级机关的枢纽和门户，随机性的工作较多，事先难以预计。虽然秘书部门也有自己的计划和安排，但往往变动性大，随机性强，临时应付多，从这个意义上说也是被动的。

由于现代社会是科学技术突飞猛进、知识经济迅速突起的社会，领导的决策也由原来的经验决策转变为科学化决策，这是科技和管理发展的必然趋势。秘书工作者，作为辅助领导决策的一支特殊力量，在实务工作中，必须捕捉最重要的信息和掌握最新的知识来协助领导的工作。尽管秘书人员在工作中要受到领导意图的制约，但他们仍然有发挥主观能动性的广阔天地。例如，秘书人员要善于领会领导的意图，紧紧围绕中心工作，寻找主动出击的方向；要有超前意识，增强工作的预见性和计划性；要勤动脑，多思善想，积极主动地向领导提出工作建议；秘书人员要能在纷繁的信息中筛选出重要信息，提供给领导，使之成为领导决策的重要依据;秘书要能及时收集、分析反馈信息,帮助领导纠正工作偏差。所以,在新形势下,秘书人员不要被秘书工作被动论这种传统观念所束缚,要树立秘书工作积极、主动的观念,做好本职工作。

秘书实务工作要处理好被动性和主动性的关系,正确的做法是:秘书人员在实务工作中,既要不折不扣地贯彻领导意图,执行领导指示,又要充分发挥主观能动性,创造性地贯彻领导意图,力求从被动中争取主动,不断开创秘书工作的新局面。

3. 机要性与群众性相统一

秘书实务工作是机要性很强的一项工作,汉语“秘书”一词,就包含有“秘密”的意思。英语“secretary”(秘书)一词中的词干“secret”也为“秘密”之意。这种惊人的相似,恰恰反映出秘书实务工作的机要性。这是因为秘书部门是各级领导中枢的综合办事机关。秘书人员在领导身边工作,必然要接触各种机密,特别是党政机关秘书,掌握的重要情况多,机要性更强,所以在任用前有的要进行政治审查,在任用后要进行保密教育。在当前激烈的市场竞争情况下,各公司的企业秘书同样要注意对本公司的营销计划、手段、客户名单以及没有正式公布的股东会、董事会决议等商业秘密都负有保密的义务,否则将给公司带来不可弥补的损失。

但是,秘书部门又是各级领导汇集信息的中心,是联系各方面的桥梁和纽带,其工作特点又具有广泛的群众性。许多文件的拟制、决策的实施,都涉及群众的切身利益,所以必须广泛听取群众的意见,倾听群众的呼声,才能纠正可能出现的偏差,防止矛盾的激化。同样,公司秘书在与投资者、客户、消费者打交道时,也要广泛了解、听取他们的意见和建议,为领导决策提供依据。

秘书实务工作的机要性与群众性是对立统一的辩证关系,如果秘书在实务工作中,只看到机要性,而忽视群众性,把自己完全封闭起来,就会割断领导与群众的联系,脱离群众,造成信息不灵,情况不明,滋生官僚主义。反之,如果秘书在实务工作中只看到群众性,而忽视机要性,就会在公务接待、来访接待时丧失警惕性,泄露机密,给单位造成被动和损失,其后果不堪设想。因此,秘书在实务工作中必须妥善处理好机要性与群众性的关系。既要坚持密切联系群众,又要时刻注意保守机密。当保守机密与联系群众发生冲突时,应把保密放在首位。

4. 经常性与冲突性相统一

秘书实务工作既有经常的常规性工作,又有临时的突击性工作,形成了经常性与突击性的对立统一。秘书实务工作的常规性主要表现在经常出现的办文、办会、办事等工作上,还包括,如年初的计划、半年和年终的总结,重大节日领导的工作安排等,这些工作都是事先能预见,有计划的。秘书部门内部分工较明确,秘书只要各司其职,按章办事,就能保证机关工作的正常运转。秘书做好常规性的工作,有利于提高领导机关的整体工作效能。但是,秘书实务工作中经常也会遇到一些事先未预计到的突发性事情,而且要求秘书必须刻不容缓地解决。如:临时受命调查某一事件,为临时决定召开的会议准备资料,向突然到来的上级视察员提供相关的资料等。所有这些事情秘书必须按照领导的要求突击完成,不得延误。这时候就要求秘书人员胆识兼备,善于应变,既要迅速敏捷,又要沉着冷静。完成突击性任务,还要求秘书人员要有过硬的素质,吃苦的精神和快速的时效。总之,做好突击性的工作是对秘书人员素质与能力的全面检验。

在秘书实务工作中，秘书既要完成好经常性工作，又要能够应付突如其来的复杂情况，这是很不容易的。但实际上两者是有内在联系的。如果秘书人员对各项常规工作的处理富有经验，对各类问题的背景材料了如指掌，办事渠道早已沟通，一旦遇到突发事件，就能从容应对。同时，完成突击性工作，能够有效锻炼和提高秘书人员的工作能力，更有助于做好经常性的工作。这就是秘书工作中经常性和突击性的统一关系。

第三节　秘书实务的规律和操作规范

不同的职业具有不同的规律与方法，秘书职业也不例外。秘书的职业特点决定了秘书具有独特的规律与工作方法。

一、现代秘书实务的规律

秘书实务的规律，是指秘书工作运作实践中，不同业务范畴中特有的规律，它是不同业务工作中固有的、本质的、稳定的关系和联系，是秘书工作一般规律在秘书活动特定领域的体现。

1. 不同行业的秘书工作有各自的特殊规律

随着当代社会生产力的飞速发展，社会分工越来越细，秘书工作职业化也得到了长足发展。秘书工作已成为从业人数众多、遍及社会生活各个领域的职业。目前，秘书职业有特定的从业要求、特定的工作内容、专门的职业教育体系和专门的职业管理规范。秘书职业表现出向不同行业、不同层次、不同业务领域、不同岗位的分工发展趋势。因此，一个行政机关秘书和一个企业秘书的工作性质和内容有着极大不同，也表现出不同的规律。

2. 不同工作范畴有各自的特殊规律

由于办公自动化的日益普及，现代办公设备越来越多地代替了原来需要秘书完成的琐碎工作，秘书高智能性的服务将成为秘书职业的主要内涵。在信息社会，领导决策需求的主要是秘书的“智力投资”。秘书人员要主动熟悉计划、组织、指挥、协调与控制等管理职能，从更广阔的领域、更深的层面上理解如何进行办文、办会和办事。无论是办文，还是办会和办事，都有各自的特殊规律。

3. 经常性工作规范化、程序化的规律

一般来说，在纷繁的秘书工作事务中，大量的是反复出现的、经常性的工作，如文件处理、会务工作、信访工作、接待工作、机要工作和督促检查工作等。虽然在不同的行业系统、不同的机关，秘书工作中的常规性工作存在差异，但在同一行业系统和同一机关内，这些反复出现的、经常性工作是有规律可循的。

对这些经常性工作进行深入分析研究，其规范性、程序化规律是非常明显的。在秘书处理经常性工作的实践中，随着经验的积累和对各经常性工作的有关要素之间关系科学认识的深入，为了提高效率和加强管理，必然要制定有关工作规范、工作程序和科学可行的工作要求，并尽可能纳入以电子计算机为中心的现代化办公网络控制系统，使这些工作实现规范化、程序化和科学化。由此为领导管理工作提供优质服务。

4. 领导授意与秘书忠实、完整、准确表达相一致的规律

无论是在办文、办会还是办理日常事务中，秘书都要准确领会领导意图，并将领导的意图贯彻下去。如为领导或组织起草文稿，是秘书的主要任务之一，也是体现秘书业务能力的重要方面。秘书草拟文稿的内容广泛，文稿的阅读对象不同，文种的体式不同，要求也各有不同。要高质量、高效率地完成写作任务，除了要准确掌握有关材料、公务写作知识和具备较强的写作能力以外，还必须遵循秘书忠实、完整、准确表达与领导立意相一致的写作规律。否则写出的公文就是天马行空，离题万里，达不到领导的要求。

二、秘书实务的操作规范

1. 秘书实务方式设置

根据秘书实务的内容，设置工作实务任务，任务以项目训练为主。每章运用简短的篇幅对本章的知识点进行复习，每一节根据知识点，设置与知识点相关、在秘书职业实际工作中运用较多的事例进行实训，要求学生在实训过程中学会相应的知识。

在实务过程中，有些实训项目任务比较重的，学生可以分组协作完成。可以先把学生进行分组，一般情况下 3～4 人一组，每组推举一名组长，每个组员根据不同的实训项目，扮演不同的角色，并完成该角色应该完成的秘书工作。

2. 秘书实务场地要求

秘书实务场地最好是 60 平方米左右的实训室。实训室中模拟现代企业办公模式，将实训室用隔板隔成若干小型办公室，每一个办公室作为公司的一个部门，每个部门要有一台能够上网的电脑，每两个办公室要有一部电话和传真机，整个实训室要有两台复印机、两台扫描仪、数码相机、摄像机和碎纸机等办公设备。

3. 考核方式

秘书实务考核主要考查学生完成项目任务的情况，要求学生根据不同的项目任务，个人独立或者小组协作完成相应的任务，并形成电子文本，参加成果汇报。汇报时每个小组推举一名中心发言人，发言时必须将发言内容制作成 PPT，其他成员可作补充。发言结束，小组先自评，接着由学生相互点评，最后由老师结合学生学习、完成任务的情况进行点评。任务完成后，学生上交电子文本和打印的纸质文本，教师根据学生上交的作品情况，结合学生的汇报情况综合评定秘书实务的成绩。

思考与实训题

1. 秘书制订工作计划分为几个阶段？
2. 秘书工作的性质是怎样的？
3. 怎样理解秘书必须成为本机关、本系统的“通才”和“杂家”？
4. 请举实例说明不同行业的秘书工作都有哪些特殊规律。

第二章　会议与活动管理

第一节　会前筹备

理论知识

项目一　确定会议名称、拟定会议议题

一、确定会议名称、拟定会议议题，首先必须对会议的基本概念有所了解

1. 会议的概念

对于会议的概念，现代汉语词典中有两种解释：一种是指有组织有领导地商议事情的焦点，如工作会议、厂务会议等；另一种是指经常商讨并处理事务的常识机构或组织，如：中国人民政治协商会议、部长会议等。

2. 会议的构成要素

会议的构成要素即会议的组成要素。任何会议都由一定的要素构成，缺少某些主要要素，会议就无法召开。

一般会议构成要素包括会议名称、时间、地点、组织者、主持者、参加者、会议议题、日程等。

3. 会议的分类

根据不同的标准，会议可以划分为不同的类型。下面主要介绍几种常见的分类方法。

(1) 根据会议人数划分。特大型会议：指万人以上的会议；中型会议：指百人以上，千人以下的会议；小型会议：指三人以上，百人以下的会议。

(2) 根据会议的时间划分。定期会议和不定期会议。

(3) 根据会议的组织类型划分。内部会议和外部会议、正式会议和非正式会议。

(4) 按照会议采用的方式手段划分。常规会、广播会、电话会、电视会和网络会议。

(5) 企业内部经常召开的会议有：

① 经理例会：企业内部经理之间定期召开的会议；

② 部门员工例会：企业内部各部门员工之间定期召开的会议；

③ 股东会：企业、公司股东之间的会议，通常用来进行企业内部的一些重要决策；

④ 董事会：企业、公司定期召开的董事会议，一般也用于企业的重大决策；

⑤ 公司年会：每年年末或次年年初，公司召开的年度总结大会；

⑥ 客户咨询会：公司为了方便客户了解产品和服务专门召开的会议；

⑦ 新产品发布及市场推广会：公司为了推广新产品而召开的一系列会议。

4. 会议的作用

会议是企业在社会活动中形成的一种互动方式。随着社会不断发展和信息流量的迅速增加，会议形式越来越受到人们的重视。当今，会议已成为各级领导机关、企事业单位重要的工作方法之一。其主要作用可概括为以下几个方面：

(1) 传达领导意图；

(2) 收集信息，为领导决策提供必要的依据；

(3) 可以加强单位内部职工之间的联系；

(4) 交流信息，发挥信息共享、开发智力的作用。

5. 一般会议的流程

一般会议由三个部分组成，包括会前准备、会中服务、会后扫尾三个方面。

(1) 会前准备：拟定会议议题→确定会议名称→选择布置会议场所→拟定会议议程和日程→确定与会者名单、制发会议通知→安排会议食宿→准备会议资料、会议用具→会议经费预算→会场布置及会场布局→检查设备。

(2) 会中服务：接站工作→报到、签到工作→会议记录→收集会议信息→搞好对外宣传→编制会议简报→传接电话→送饮料→做好会议的值班工作与保密工作→医疗卫生服务→照相服务。

(3) 会后扫尾：引导与会人员安全、有序地离开会场→清理会场→安排车辆→交还与会代表物品→整理会议室→归还会场用品→撰写会议纪要→做好会议总结与评估→整理会议文件→会议经费结算→送感谢信等工作。

二、确定会议名称

会议名称的确定，对于一次会议来说十分重要。会议名称要拟得妥当，名实相符；会名不宜太长，但也不能乱简化；不能使用口语，应该用正规的书面语，如“时装秀”应改为“时装展示会”。确定会议名称主要有以下几个步骤。

1. 确定会议的类型

根据不同的标准，会议可以划分为不同的类型。下面主要介绍几种常见的分类方法。

(1) 根据会议的规模可以分为特大型会议、大型会议、中型会议和小型会议；

(2) 根据会议的时间可以分为定期会议和不定期会议；

(3) 根据会议的组织类型可以分为内部会议和外部会议、正式会议和非正式会议；

(4) 按照会议采用的方式手段可以分为常规会、广播会、电话会、电视会和网络会等；

(5) 企业内部经常召开的会议有经理例会、部门员工例会、股东会、董事会、公司年会、客户咨询会、新产品发布及市场推广会等。

2. 根据会议的主题、类型确定会议名称

(1) 会议名称的确定有以下几种方法

① 由“单位＋内容”两个要素构成，如“华荣公司第二次职工代表大会”，其中“华荣公司”即组织名称，也可称单位；“第二次职工代表大会”即会议内容。

② 由单位、年度、内容构成，如“华荣公司(单位)2008年(年度)总结表彰(内容)大会”。

③ 由时间、会议内容和会议类型构成，如“华荣公司 2009 年产品销售定价听证会”。会议名称要用确切、规范的文字表达。

④ 有些会议的名称是固定的，如董事会等；有些会议的名称是不固定的，应根据会议的议题或主题来确定；有的会议名称中还包括时间、范围等因素，如“天地公司 2008 年全体员工总结大会”。

（2）确定会议名称时应该注意以下三点

① 会议名称应与会议的内容相符。会议名称应该与会议的内容相符，使人一目了然地了解会议所涉及的学科领域。有些会议为了能够吸引更多交叉学科和相关学科的人员参加，名称涵盖的学科范围可以适当放宽一些。

② 不允许冠以“中国”或“中华”等称谓。我国有关部门规定，国际会议不再允许冠以“中国”、“中华”的称呼，如不得使用“中国国际××会议”的名称。

③ 不允许冠以“全球华人”或“华人”等称谓。国际科学联盟理事会规定：“国际科学活动中倡导、制定和实行科学普遍性原则，即各国科学家不论其国籍、宗教、信仰、政治主张、种族、肤色、语言、年龄和性别，都有结交和表达的自由，获取信息和资料的自由，交流和行动的自由，不得有任何歧视”，后来称之为 ICSU 原则。有些国际会议冠以“全球华人××大会”“华人××会议”等称谓，这与 ICSU 原则是相违背的，在我国举办的会议不允许冠以此类名称。

④ 会议名称的最终确定权在上司那里，秘书在拟定会议名称之后，要报请主管上司批准后，会议名称才能正式确定。

三、拟定会议议题

会议议题是开会的前提，是会议所要讨论、报告的主要内容。会议主题是指关于会议要研究的问题、达到的目的的细化。开会之前一定要明确会议的议题，并且一定要将议题及时地通知到参加会议的人员，让与会者获得知情权，便于参加会议和筹备会议的人员做好相应的准备工作。拟定会议议题主要有以下几个步骤。

1. 收集会议议题

会议的议题主要有三个来源：来自上级机关和领导人；来自下级部门提交的，需要以会议的形式研究和决定的问题；来自秘书向有关部门搜集的本公司的管理活动中需要研究和决定的事项。

2. 对收集的议题进行整理，并向上司汇报，根据上司批示的结果进行处理，并拟定会议议题初稿

（1）会议议题确定的基本原则

科学合理地确定议题，是保证会议质量的重要因素之一。确定会议议题时应该遵循必需、清晰、有限和相近的基本原则。

① 必需。必需原则是指公司所拟定的议题有无在会议上讨论研究的必要。

确定会议议题是否必要，首先要注意的是议题的价值。议题的价值就是指该议题在公司实际工作中所处的地位和作用。一般而言，凡属影响全局工作的议题，都是有价值的议题，都可以列入公司会议讨论的范畴。而那些只对局部工作产生影响或本应由基层部门乃至个人分工负责解决的议题，对会议来说就属于无价值或价值不大的议题，不应列入会议讨

论范畴。

其次是解决议题的可行性，即议题中所涉及的需要解决的问题的背景情况如何，本公司是否具备解决的条件。如果把背景不清、条件不成熟的议题提交会议讨论，会出现议而难决，决而难行的情况。所以在确定会议议题时，对已提交的议题要从调查研究的情况、解决问题的条件等诸方面进行审核，去掉那些情况不明、条件不具备的议题。

② 清晰。所谓清晰的议题。主要是指要求会议讨论研究的议题的主旨一定要清晰，决不能含糊不清，使人摸不着头。明确的议题，是形成明确决议的前提条件之一，如某单位行政办公会议拟讨论下属部门提交的“关于请求解决经费”的议题。这个议题显然是违反明确性原则的。因为申请经费用于干什么，从什么渠道解决，经费数额及下限是多少，这些问题不加以明确，会议很难做出决议。“明确”是会议议题的灵魂，明确的议题对于提高会议效率，保证会议质量，是十分重要的。

③ 有限。有限原则是指一次会议的议题数量必须是有一定限度的。某些会议组织者在确定议题时常常列上许多项议题，这样会导致每个问题都议而不透，走过场；使会期冗长，参会者精力不集中，不能、不愿表决。据心理学家测定，成年人能集中精力的平均时间为45至60分钟，超过45分钟，人就容易精神分散，超过90分钟，普遍感到疲倦。因此，每次会议时间最好不超过一小时。如果需要更长时间，应该安排中间休息。

因此必须根据会议时间的长短对议题数量进行严格控制。一般来说，一次会议的议题越少越好，要保证大事、要事、急事先议，并有充足的时间议透、议深、议出结果。

④ 相近。相近原则是指会议议题之间的内在联系，尽量将那些内容相近、相互联系密切的议题放在一次会议上讨论。不要在一次会议上同时安排几个风马牛不相及的议题。免得使与会者的大脑思维难于转变。影响深入讨论的效果。同时，这样做也有助于减少与会人员，有利于相关部门的共同协商和议题内容的保密。

会议议题应该做到一个从实际出发以保证会议质量，提高会议效率为宗旨。

(2) 议题安排原则

议题安排可以按照以下一些原则进行安排：按重要性；按紧急程度；按时间先后；按领导意图；保密性强的放在后面，便于让有些人退席；分析诸因素再综合考虑排序。

① 针对性。安排会议议题必须和会议的主题相符合，要针对会议的主题来。

② 可行性。会议议题的安排要注意可操作性。

③ 适当性。会议议题的安排要给出席列会议时间。

如遇到几个议题，应按其重要程度排列，最重要的排列在最前面。尽量保证在最佳时间开会。上午8:00—11:30，下午3:00—5:30是人们精力最旺盛、思维能力及记忆力最佳的时机。所以，安排会议议程和日程要注意将全体会议应安排在上午，分组讨论可安排在下午，晚上则安排一些文娱活动。

3. 如何设定会议议题

(1) 主题设定“空泛化”，议题设置“模糊化”

绝大多数会议都有明确的主题。但是，有不少会议，为了吸引更多的参会人员，会议的主题模糊，覆盖面过于宽泛；也有不少会议，其主报告人选随意性较大，有的说来不来，不得不临时调整，使得报告主题不集中；有的主报告人偏离主题，想讲什么讲什么，使人摸不清会议主旨。多数会议能根据主题设置若干议题，一般为2～4个，但是也有少数会议没有议题，或议题设置过多，甚至多达十几个，使人无所适从。

(2) 主题明确目的单纯

首先应明确会议主题：如经销商座谈会，即将全国各地的经销商召集过来，总结过去，展望未来；将公司新年度的营销政策介绍给各经销商，取得大家的支持和拥护；通过共同探讨，发现以前营销过程中存在的问题，预测市场发展趋势，提出应对的方案和举措，促进厂商“双赢”。会议主题要吻合当前市场实际需求，应该具有时尚、新颖、独特之处。拿经销商座谈会而言，公司可采用一种时尚做法：如将“品牌缔造价值　实力制胜未来——公司经销商营销会”作为座谈会主题，既能赢得公司高层的肯定，还可吸引与会众多经销商们的眼球。

4. 秘书在拟定会议议题中的作用

秘书人员在会前要收集议题，向有关部门调查了解，收集会上要研究的问题，然后对收集的信息进行汇总、整理并加以安排，最后报请上司确定。会议议题的最终决定权在上司那里。

项目二　会议筹备小组分工

一次成功的会议，从筹划开始，到具体操作并落实每一个细节，牵涉到方方面面，各项工作相互链接、相互联系、彼此交叉，必须统筹安排，多管齐下，同时进行。仅凭一己之力是很难胜任的，所以大部分时候需要对任务进行分解，对人员进行分工，成立会议筹备小组，各小组之间相互协作，共同完成会议的筹备工作。对参与会议筹备人员进行分工，主要有以下几个步骤：

一、了解成立会议筹备小组的原则

(1) 对口原则。专业的人做专业的事，知人善任。比如，经销商的沟通，市场销售部门是对口部门。其中，专家、官员沟通一般要公关负责人、企业高层出面，不另设组。新闻界的沟通与资料的准备都是公关部门人员的专业特长，故新闻界的沟通也不另设组。

(2) 平均原则。因事设组，每个组的工作量相对平衡。

(3) 明确原则。职责应分明，以防止互相推诿的现象。另外，隶属分工和横向协作都要明确；尽管是临时性组织，但一旦加入组织机构，人员就应受规章制度的约束。

(4) 精干原则。一般人员不要太多，精干、高效为要。

二、明确筹备小组的工作职责和工作内容

会议筹备小组的职责和工作内容一般有：确定会议目标、会议选址、定义与会人群、确定会议持续时间、确定会议日期、调配资源、选择后勤人员、批准预算。

三、对筹备小组进行分工

筹备小组一般下设有会务组、组织组、材料组、宣传组、活动组、保卫组等。

1. 会务组

主要负责拟定会议预算和会议经费报批；联系大会会场和代表住宿地；制作各种证件；订购会议所需用品；做好各种联系协调工作。

2. 材料与宣传组

主要负责起草工作报告、领导讲话、各种文件和简报工作,负责会议记录、新闻报道、宣传、会议的总结等工作。

3. 活动组

主要负责会议期间各种活动的设计、策划和组织实施等工作。

4. 后勤与保卫组

负责会议期间后勤服务工作、医疗救护、安全保卫工作。

四、对各筹备小组人员进行分配

一个会议通常牵涉到各个部门,一般来说,公司或组织的高层及分管副总会在筹备小组中担任一定的职务。公司高层,甚至于最高领导人会有些讲话和表态。

在整个活动中,相关部门人员的工作可能在时间上会与其日常工作相冲突,赢得各个部门的理解和支持很重要。

五、报经主管领导批准

会议筹备小组拟定后,须报经领导审核和批准。一经批准,需召集会务工作会议,明确分工。

项目三 选择会址

在任何会议中,环境因素起着重要的作用。不论什么场合,都要保证与会者集中精力开会,但不要让他们舒适得想打瞌睡。环境因素中,最重要的一个因素就是会议所在地和会议地点。

会议地点的选择,一定程度上决定了会议效果的好坏。做好会议地点的选择工作,有以下几个步骤。

一、确定会议所在地

国际性或全国性会议,要考虑政治、经济、文化等大因素,一般应在首都北京或其他中心城市如上海、武汉、广州、西安等地召开。

专业性会议,应选择富有专业特征的城乡地区召开,以便结合现场考察。如,棉花种植会议到深圳去开,钢铁生产会议到青岛去开,就不可理喻了;小型的、经常性的会议就安排在单位的会议室。会议室尽可能不要紧靠生产车间、营业部、教室等人声嘈杂的地方,以免受到干扰。

二、选择会议场所考虑的因素

选择具体会议场所应考虑以下几个因素:

(1) 应考虑交通便利。会场位置必须让领导和与会者方便前往。一般应选择在距领导和与会者的工作地点均较近的地方;若是在外地,则要选择在大部分与会者方便到达的地点。

（2）会场的大小应与会议规模相符。一般来说，每人平均应有2～3平方米的活动空间比较适宜。同时应考虑会议时间的长短，时间长的会议，场地不妨大些。

（3）场地要有良好的设备配置。桌椅家具、通风设备、照明设备、空调设备、音像设备要尽量齐全。同时应该根据会议的需要检查有无须要租用的特殊设备，如演示板、电子白板、放映设备、音像设备、录音机、投影仪、计算机、麦克风等。

（4）场地应不受外界干扰。应尽量避开闹市区。同时，"外界干扰"还包括室外的各种噪音，打进会场的电话，以及来访和参观等。因此在场外应挂起"会议正在进行中，谢绝参观"的牌子，并要求关闭手机。会场内部也应具有良好的隔音设备，以保证会议能在安静的环境中顺利进行。

（5）应考虑有无停车场所和安全设施问题。

（6）场地租借的费用必须合理。

（7）会议场所周围有没有必要的餐饮和娱乐设施。

三、注意事项

秘书人员在选好会议场所经单位主管上司同意后，应和承租方签订使用协议，并且要保持与会场管理人员联系，特别是开会前要落实会场的准备工作情况，使会议能够正常进行，确保万无一失，如有特殊情况应立即向主管上司汇报，并协助上司一起解决问题。

项目四　拟定会议议程和日程

一、拟定会议议程

（一）会议议程

会议议程是为完成议题而作出的顺序计划，即会议各项议题按照一定的原则和顺序编排起来并以文书的形式确定下来的大致安排。会议主持人要根据议程主持会议。议程所涵盖的除了足以实现会议目的各种议案之外，还包括与会者姓名、会议时间以及会议地点等项目。

拟定会议议程是秘书人员的任务，通常由秘书拟写议程草稿，交领导批准后，复印分发给所有与会者。会议议程是会议具体的概略安排。大中型会议的议程一般安排如下：开幕式；领导和来宾致辞；领导作报告；分组讨论；大会发言；参观或其他活动；会议总结，宣读决议；闭幕式。

（二）编制会议议程的原则

秘书在编排会议议程的时候，应遵守以下两个原则：

1. 缓急轻重的原则

即越紧要的事项越应排在会议议程的前端处理，越不紧要的事项则越应排在议程的后端处理。这样做的一个好处是：就算在预定的会议时间内无法将全部议案处理完毕，但起码较紧要的议案已被处理过。那些较不紧要的议案，则可另择时间处理，或是并入下次会议中再予处理。

2. 明确时间原则

即每个议案应预估所需的处理时间并明白地标示出来。假如能这样做，则秘书可让某些人只参与与他们有关的某些特定议案的讨论。这即是说，假如议程中明示几点几分到几点几分被分配于探讨某一议案，则秘书可以故意让某些人迟到(即令某些人在涉及他们的议案被讨论之前几分钟才进入会场)，也可以故意让某些人早退(即令某些人在涉及他们的议案被讨论过之后离开会场)。这样做，显然可以节省与会者的时间。不过，会场的秩序将不免受到干扰。因此，秘书只能有限度地容许迟到或早退。

（三）会议议程的结构和写法

会议议程由标题、题注、正文、落款和制定日期等五个部分组成。

1. 标题

标题由会议全称加上议程二字组成。

例如：华荣公司 2008 年年终表彰大会议程。

2. 题注

法定性会议应当在标题的下方说明会议通过的日期、会议名称。一般企业或者单位会议议程可以没有题注。

例如：全国政协十届三次会议议程。

2005 年 3 月 3 日政协第十次全国庆典会第三次会议通过。

3. 正文

简要说明每次议题和活动的顺序，并冠以序首，将其清晰地表达出来，一般不用标点符号。大中型会议的议程一般安排如下。

开幕式：上司和来宾致辞；上司做报告；分组讨论；大会发言；参观或其他活动；会议总结，宣读决议；闭幕式。

4. 落款

由会议组织机构确定的议程应当标明制定机构的名称，如“秘书处”。由会议通过的议程不用标写落款。

5. 制定日期

无须大会通过的议程要标明制定的具体日期。

（四）拟定会议日程的注意事项

(1) 提前向与会者简明介绍会议的目的，并要求他们做一些具体工作，如抽样调查员工意见，汇集统计数字，搜集背景资料。

(2) 对将要讨论的问题要求及早思考。如果时间允许，把参加会议者的建议合并到暂定议程里，提前分发，以征求补充意见。

(3) 把议程的话题限制在同一个主题范围内。这有助于会议日程从容进行，同时使必须参加企业会议的人数减到最少。假如议程中有不同主题，可以安排两个小会进行。假如这些主题之间没有关系，要力求少安排一些话题，设法将议程话题限制为一个主要的讨论项目，辅之以不需大量准备的次要项目。提前分发每项议程话题的附件，以节省开会时间。这样就可以确定每项拿到会上讨论的话题在会前都已向与会者简明介绍。

(4) 在议程上要表明会议开多长时间。与会者知道会议不允许超过时间，就会更加积极。对那些非常有争议的、极为复杂的或小组完全不熟悉的话题，要安排充分的时间。要记住注意力的持续时间是有限度的，有效的会议一般持续一个小时，当会议进行了一个半小时，就接近效果递减的临界线了。假如会议必须开到两小时以上，应安排中间休息时间。假如可能，要留出会后交谈和娱乐的时间。

二、拟定会议日程

会议日程是指会议在一定时间内的具体安排，如有说明可附于日程之后，一般情况下要在会前发给与会者。

1. 会议日程的格式

会议活动日程多以表格形式出现，会议日程的要素包括：时间、地点、内容、参加人、负责人等栏目。将会议时间分别固定在每天上午、下午、晚上三个单元里，使人一目了然，如有说明可附于表后。

2. 会议日程编排的原则

编排会议日程要遵循两个原则：一是要精简、高效、科学、合理；二是要松弛有度、劳逸结合，符合人体的生理和心理规律。

项目五　制作会议证件和指示标识

一、会议证件的类型和作用

1. 会议证件的类型

召开会议，有必要制发会议证件。一般来说，制发会议证件，只限于大中型重要会议，而通常的小型会议，没有必要制发证件。还有些普通的大型会议，可制作普通的像入场券性质的证件即可。会议证件主要有来宾证、代表证或出席证、列席证、工作证、记者证等。

(1) 来宾证。表明是会议主办方邀请的嘉宾。

(2) 代表证或出席证。与会者既有参加会议的权力，又有选举权和被选举权。

(3) 列席证。与会者有权到会旁听，但无选举权和被选举权。

(4) 工作证。证明是会议的工作人员，会议期间的出入与活动具有一定的限制。

(5) 记者证。证明是新闻媒体的工作人员或记者，持记者证在会议期间才允许进行采访，但有一定的工作区域的限制。

2. 会议证件的作用

(1) 证明与会者的身份。

(2) 确保会议安全，有效控制人员随意出入。

(3) 便于统计到会人数。

(4) 有利于维持会议程序。

3. 制作会议证件的程序

制作会议证件要经一定的程序：设计内容→颜色→控制印制数量→发放中的特殊要求→盖章确认。

内容设计上一般要有会议名称，与会者姓名、称谓(先生、女士等)，身份(职务、职称等)

和组织的名称等。重要的大型会议还要在证件上贴上本人的相片，并加盖印章，姓名卡片可设计为红、蓝、白、黄几种不同的颜色。

4. 会议证件的样式

会议证件的样式有以下几种可供选择。

（1）系带式。可悬挂在与会者的脖子上。

（2）夹子式。可夹在与会者衣服上的不同部位。

（3）台签式。可放在与会者面前的桌子上。

（4）粘贴式。可粘贴在与会者衣服上的不同部位。

5. 制作会议证件的注意事项

（1）大中型重要会议，证件要正规。内容设计上要有会议名称，与会者姓名、称谓（先生、女士等），身份（职务、职称等）和组织的名称等。

（2）重要并具有保密性质的会议要在证件上镶嵌或粘贴与会者本人的相片，并加盖会议印章。

（3）证件的形式应反映会议的内容，样式设计应经济实用、美观大方。

（4）大中型重要会议应区分正式代表、列席代表、新闻媒体、会议工作和服务人员等不同的身份，可设计为红、蓝、白、黄几种不同的颜色。

（5）应根据会议类型选择发放地点、时间和会议证件的样式。一般情况下，在会议接待区向与会者发放姓名卡片，事先要在主席台和坐席等重要席位放置台签式姓名卡片。

（6）会议证件或姓名卡片应根据会议主办方不同的文化理念而设计。

二、指示标识的类型和作用

1. 会议指示标识的基本知识

会议的指示标识是在会场和相关服务区域摆放或者设置的某些标识物，如各种指示牌、接待处和签到处的标志，贵宾室、饮水处、洗手间等地方的标识。

（1）指示牌。大中型会议应制作标志牌或指示牌，放置与会者进入开会区域的通道上，方便与会者顺利找到相关区域或地点。

（2）区域图或路线图。在一些会议场馆里，为方便与会者入座，事先画出区域图，张贴于入口处。

（3）名签或台签。在主席台或各种办事地方摆放名签或台签，以标明人员的身份或办事机构的名称。

2. 制作会议指示标识的方法

一般情况下，由会议组织者内部制作简易指示标识，还有就是请专业的会议承办机构、图文制作公司根据会议组织者的要求进行制作。

项目六　确定与会者名单、制发会议通知

一、确定与会者名单

选择恰当的与会者是会务工作中比较困难而又关键性的工作环节，是会议成功的重要

因素之一。秘书人员应根据领导的指示和要求，综合考虑和查对后，提出与会人员名单，并请领导审定。

确定与会者的要点有以下几方面：

(1) 参加对象的职务或级别，即明确会议必须要担任什么职务和级别的人员才能参加；

(2) 参加对象的身份，即明确一个对象是按照正式成员、列席成员、旁听成员、特邀成员等几种身份的哪一种来参加会议；

(3) 参加对象的代表性；

(4) 参加会议的总人数。

二、制发会议通知

(一) 会议通知的概念和作用

1. 会议通知的定义

会议通知是向与会者传递召开会议信息的载体，是会议组织者同与会者沟通的重要渠道。

2. 会议通知的作用

(1) 会议通知是会议组织者组织会议的重要凭据；

(2) 会议通知是会议组织者同与会者沟通的重要渠道，与会者可以通过会议通知了解会议召开的具体情况。

(二) 会议通知的方式

会议通知的方式很多，其主要方式有：口头通知、电话(传真)通知、书面通知、电子邮件通知等。

(1) 口头通知。这种方式最突出的优点是快捷、省事，适合于参加人员少的小型会议。

(2) 电话(传真)通知。大多数会议都采取这种方式通知。以电话(传真)为媒介传递信息，快捷、准确、到位，一般情况下，成本也不高。当然，以这种方式传达通知时，会务人员必须做通知情况书面记载。

(3) 书面通知。书面通知是一种传统的方式，适合大型会议。由于书面通知在传递过程中需要一定的时间，所以要提前准备。如果在预定的时间里对方没有收到，还需要及时采取补救措施。

(4) 电子邮件通知。它是信息时代的产物，综合了上述三种方式的优势——快捷、准确、低成本，而且内容清楚，一目了然。目前，通过电子邮件传达会议通知的情况越来越多。但是，由于有的地方尚未普及网络技术，所以这种方式目前还未被普遍采用。

(三) 会议通知的写法和格式

会议通知的主要内容一般包括：会议名称、主办单位会议内容、起止时间、参加人员、会议议题、会议地点、联络信息报到事宜及相关要求、会议相关材料，回复需要的信封、邮票等、有关票证、会议地点交通路线等。

制发带回执的会议通知一般包括以下五大部分内容。

1. 标题

(1) 主办单位名称＋会议名称＋通知，这种结构一般用于重要会议。

(2) 只写“会议通知”或“通知”,这种结构一般用于事务性或行政性会议。

2. 通知对象

通知对象可以是单位也可以是个人。

3. 正文

正文一般包括:会议的目的和主题;会议时间,包括报到时间和结束时间;会议地点,包括报到地点、会议地点、住宿地点、路名、门牌号等,必要时可以附上简要的地图;参加对象,如发给单位要写明参加人员的基本职务、性别、参加会议的人数;其他事项还包括费用、联系方式、报名方式等。

4. 落款和日期

5. 回执

回执一般采用表格方式。

(四) 发送会议通知的注意事项

(1) 人员名单确定后,要在正式发送会议通知之前送交上司审核,最终根据上司确定的名单发送会议通知。

(2) 对书面通知的地址、邮编等要填写正确。

(3) 装信封和粘贴邮票时要注意,不要装错、漏装,信封上要写明”会议通知”字样。

(4) 落实发送的回复环节(如发送对象有没有及时收到通知,可以通过电话、口头询问、电子邮件等方式检查通知是否落实)。

(5) 在会议前夕,最好能和所有发出通知的人员联系,进一步确认其是否能够到会,以便安排食宿,代客户订购回程车票等。

(6) 对于一些经常参加会议的客户信息应用电脑打印出来,制作成小纸条,以便下次发通知时利用。

项目七　准备会议资料、会议用具

一、会议资料

会议资料可分为来宾资料、会务资料和沟通资料三类,秘书人员应提前做好充分的准备,按时分发或恰当使用。

1. 来宾资料

来宾资料是来宾报到时分发的资料,整理后用资料袋装好,形成一份份的材料袋,无须来宾个人领取或索取。资料袋中的物品应包括:会议文件资料(如重要人物讲话提纲等),会议手册(会议日程表、会议须知等),分组名单,笔记本,文具,代表证,房卡,餐券等。

2. 会务资料

会务资料包括:接站一览表、会议签到表、住宿登记表、用餐分组表、会议讨论分组表、会间乘车分组表、订票登记表、会务组成员通讯录(每人一份)等。

3. 沟通资料

沟通资料主要包括:会议宣传资料,会议参考文件,与会议有关的此前各种记录,各种与会议有关的协议书、合同书等相关资料。

如果有大会发言，一定要把发言稿打印好，事先分发给每个会议代表。上司的发言稿一般都是由秘书起草的。一个有丰富经验的秘书在他把发言稿交给上司时，肯定会给上司一些提醒，如哪些问题应重点讲一讲，哪些问题可能会引起质疑。总之，秘书自己一定要先吃透这份发言稿。

准备会议资料时，不能是有多少代表就打印多少份，一定要多打印一些，因为有时可能出现代表丢了资料找你要第二份的情况，也有可能会议又临时增加几个列席代表。资料多了固然有些浪费，但少了的话，哪怕是只少一份，也会惹出许多麻烦。

二、会议用具

不同的会议需要不同的用具，秘书要根据会议的具体内容进行准备，千万不能出现会议因用具不全而被迫中断的现象。即使是同一个会议，同样的人员出席，由于会场的变更，所需的用具也不相同。对于这一点，秘书最好将准备会议用具的工作与会议的日程安排结合起来。例如，星期一上午董事长讲话需要哪些用具，星期二下午技术总监讲解新产品开发需要哪些用具，这样在排好会议日程表的同时，会议所需用具的清单也列出来了。

1. 常用的设备

常用的设备包括空调、笔记本电脑、打印机、复印机、传真机、饮用水、灯具、音响、通风、录音、摄像和安全设备等。

2. 常用的物品

常用的物品包括一次性水杯、电池、剪刀、纸张夹、裁纸刀、胶带纸、双面胶、订书机、尺子、绳线、订书钉、回形针、大头针、胶水、白板、白板笔、粉笔、信封、便笺、铅笔、钢笔、信纸、禁烟标志、放大的公司标识、公司电话簿等。

另外，应有一些可能用到的用品和设备，如国歌和国际歌伴奏带、投票箱、旗帜、仪仗队、鲜花等。

3. 物品准备注意事项

准备会议用品时，需注意以下事项。

(1) 根据会议经费的预算，量力而出。

(2) 所备物品经济适用，严禁奢华，避免产生不必要的浪费。

(3) 学会精打细算，必需的开支应优先考虑，如宣传材料、传真复印、磁带胶卷、纸笔等；观光用品、纪念品、奖品等附属支出，可适当压缩。

(4) 会议物品的准备有时可结合公关宣传工作，如在发放的纸笔或资料袋上印制企业及会议名称。

(5) 准备就绪的物品在会议前要做适当的试用或调试，如需用到黑板、白板时，应将其附带的粉笔、水笔、指示棒或荧光笔、板擦等一起准备；会议正式开始前两小时开空调进行预冷或预热等。

(6) 使用各种视听设备时，应安排专人负责调试、维修和保管。在现代会议中，常用的视听设备有：表决投票系统，同声传译系统，发言讨论系统，多媒体设备(投影机、投影屏、投影仪、幻灯机)，摄像机，录像机，电视机，电视墙，数据监视器，音响设备，办公设备，音频视频会议系统等。

专门负责视听设备的维护人员应注意：记好使用及维修记录；准备一些应急的配件，如保险丝、电工盒、空白磁带、彩色粉笔等；租赁的设备若较多，应向出租方要求配备专门的应急维修人员及电话号码；陈旧的设备宁可更换新的，也不要在会议期间耽误时间维修，更不能造成与会人员一同参与设备抢修；一切设备最好能在会议前预演一遍。

项目八　会议经费预算

一、制定会议经费预算的原则

制定会议经费预算应当遵循以下几项原则。

(1) 严格遵循节俭办会的宗旨，根据实际需要科学合理地分配各项开支，并保证资金专项使用，真正用之于会。

(2) 严格控制经费总量，每次会议的经费都有一定的限度，所有开支都必须控制在适度范围之内，不能无限制地增加，会议成本总量不能超过会议预期收益，否则开会就没有任何必要了。

(3) 在经费数量受限情况下，或当经费不足时，要确保重点，确保有限的经费花在刀刃上。

(4) 对会议中的每项开支都应严格审核，力求达到预算经费与实际开支的平衡。能省则省，能减则减。

(5) 要充分考虑会议期间可能出现的不可预测的费用开支，预算时要适当留有余地。

二、会议预算经费的构成

会议预算经费主要包括以下几项。

(1) 场地费。即租借会场的费用，包括会场内基本设施的费用。

(2) 设备费。包括购买或租借会议所需的各种视听设备、通信设备、印刷设备等的费用。

(3) 会场装饰费。包括制作会标、会徽、标语、购买或租借花卉、彩旗等的费用。

(4) 文具、资料费。包括公关宣传、制作会议各类文件资料和证件的费用和相应的文具费。

(5) 交通费。包括与会人员往返的差旅费、接送费和会议期间各种接待、参观等所需的交通费。如果与会人员的差旅费由自己负担，则不必列入预算，但要注明。

(6) 茶水食宿费。时间较长的会议要考虑茶水、饮料、果点的费用，需要住宿的会议还要预算餐饮费和住宿费。如食宿费自理，可不计算在内。

(7) 人工费。包括支付给与会人员和工作人员的补贴或报酬，如支付给报告人、演讲者、专家、临时借用人员的酬金。与会人员和工作人员的工资一般不计算在内。

(8) 娱乐休闲费用。如果会议安排了参观游览、文娱等休闲活动，还要预算参观游览门票、演出包场费用等。

三、会议经费的筹措方式

会议经费的筹集方式是多渠道的，主要来源有如下几种。

(1) 企业单位内部会议经费一般可从行政经费中开支。

(2) 由几个单位共同主办的会议,主办者之间通过协商分担费用。

(3) 通过向社会各界寻求赞助筹得资金。

(4) 与会者个人承担或部分承担费用,如交通费、食宿费、资料费等,或其所在单位全部承担。

(5) 一些大型的会议活动由于影响较大,可以在法律允许范围内通过转让会议无形资产来筹集资金。

(6) 其他方式。作为秘书人员应当通过有效的公关活动多方面获取资金,确保会议有足够的经费开支。

项目九　会场布置及会场布局

一、租借会场

由于有时会场是租借他人的(高级宾馆内的会议室等),因此在开会之前,秘书一定要亲自去检查一下会场,看会场的管理人员的态度如何、会场的布置和设备怎样、对一些关键的地方要做详细的记录。

有些会议的参会人数虽然不多,但会议的内容很重要,所以会场不能显得太小。到底租借什么样的会场合适,要根据会议的内容、参会的人数及需要什么设备(如是否需要投影仪)等因素来确定。

二、会场布局

秘书要根据会场的大小和会议的目的,选择适宜的桌椅及摆放方式。桌椅的摆放方式有以下几种。

1. 圆桌形

这种摆放方式的优点是让所有的参会者能彼此看到对方的脸,大家能在自由的氛围中交流沟通,它适合于讨论形式的会议。如果没有圆桌,四方的桌子也可以。参加这种会议的人数最好不要超过20个人。

2. “口”字形

如果参加会议的人数较多,可以将桌子拼成“口”字形,有时还可以将桌子拼成“E”字形。

3. “C”字形或“V”字形

这种会议一般适用于介绍新产品或新技术,有关人员要利用投影仪等进行讲解说明,以便让与会人员共同观看演示。

4. 教室形

这种形式一般适用于像股东大会这类参会人数较多的会议,让参会者听取有关人员传达有关信息。

如果是公司内部的定期例会,参加人员基本上是固定的,所以就没有必要准备签到名册,也无须安排座位。只要在有公司以外的人员参加会议时,秘书才需要预先准备签到名册和安排座次。

三、会场布置

会场布置主要有以下几方面的内容。

1. 会场环境布置

会场环境布置的基本要求是庄重、美观、舒适,体现出会议的主题和气氛,同时还要考虑会议的性质、规格、规模等因素。会场的环境布置包括整个会场色调的选择、会场的装饰、会场内座位的布置。

2. 主席台设置

(1) 主席台设置

各种大中型会议的会场,应设主席台(与代表席成面对面形式),以便于体现庄重气氛和有利于会议主持者主持会议。主席台是与会人员所瞩目的地点,也是会场布置工作的重点。有的会议,在主席台与代表席之间还设有讲台。一般来说,讲台应在主席台和代表席之间,面向代表席,以便主席团主持会议。现在不管是大型会议还是小型会议,多数做法是不使用讲台,报告人在主席台自己的座位上讲话。但组织代表发言的会议和不设主席台的会议,仍须设置讲台。

中型会议的会场,一般也设主席台,但要求与代表席近一点,用一张桌子置于面对代表席的地方(可以略高于但不必过高于代表席)就行了。几十人到几百人规模的会议,都可以使用这种布置方法。

(2) 主席台座位安排

主席台必须排座次、放名签,以便领导同志对号入座,避免上台之后互相谦让。

主席台座次排列,领导为单数时,主要领导居中,2 号领导在 1 号领导左手位置,3 号领导在 1 号领导右手位置;领导为偶数时,1、2 号领导同时居中,2 号领导依然在 1 号领导左手位置,3 号领导依然在 1 号领导右手位置。

项目十　拟订会议筹备方案

会议筹备方案也称为会议预案,是秘书在会议筹备过程中就会议准备工作的组织和实施情况而形成的文字材料。

会议能否取得预期的效果,会前筹备工作十分重要。在会议筹备过程中,会议筹备方案的制订又是一个重点工作,会议筹备方案是会议实施的依据。

一、会议筹备方案的作用

1. 会议筹备方案是会议实施的依据

一次成功的会议,必须经过周密的筹备和部署,会议筹备方案可以使会议在实施过程中有据可依。

2. 通过会议筹备方案可以了解会务工作的全局

会议筹备方案对会议的全局进行了周密、详尽的部署和安排。通过会议筹备方案,可以使会议组织者、工作人员以及与会人员了解会议工作的全局。

3. 可以加强会议筹备小组之间的沟通与协调

一次成功的会议,必须要会议筹备小组之间相互协作和沟通。会议筹备方案可以使筹备小组之间了解相互间的工作任务和工作内容，可以进一步加强小组之间的沟通与协调。

4. 可以确保会议预期目标的实现

拟订会议筹备方案，使整个会议过程按照会议筹备方案的安排和部署有条不紊地进行，有利于会议组织与管理，也有利于会议预期目标的实现。

二、会议筹备方案的特点

(1) 全面性。会议筹备方案必须统筹兼顾，涉及会议组织与管理的方方面面。

(2) 具体性。会议筹备方案必须对会议筹备过程中的每个环节进行具体、详尽的安排，以便于会议组织者、工作人员顺利地进行工作。

(3) 计划性。会议筹备方案必须根据会议筹备的过程和环节，有计划有目的地进行安排。

(4) 明确性。会议筹备方案对于会议筹备过程中的每个环节的目标、工作人员职责、整个会议应该达到什么样的效果等，都有明确的要求。

三、拟订会议筹备方案的原则

(1) 严格时间原则。拟订会议筹备方案，必须遵守时间原则，对每个环节完成的期限等必须有明确的时间规定。

(2) 明确事项性原则。会议筹备方案对于会议筹备过程中的每个环节的目标、工作人员职责、整个会议应该达到什么样的效果等，都必须做出明确的要求和规定。

(3) 会议必要性原则。并不是所有的会议筹备方案都是一样的，拟订会议筹备方案，必须根据会议的实际情况，对会议筹备的环节和内容进行筛选。

四、会议筹备方案的内容要点

会议筹备方案主要包括以下几项内容。

(1) 会议的主题与议题。

(2) 会议的名称。

(3) 会议的议程和日程。

(4) 会议的时间和地点。

(5) 会议所必需的设备和工具。

(6) 会议所必需的文件和资料。

(7) 与会人员的组成、人数以及与会人员的编组。

(8) 会议期间的食宿和车辆安排。

(9) 会议经费的预算。

(10) 会议筹备小组的组成、人数以及完成任务的期限。

五、会议筹备方案的拟写

会议筹备方案属于计划性文书，其结构由标题和正文组成。

1. 标题

标题由会议名称+筹备方案组成。有些筹备方案因要报上级机关批准，用请示的形式出现，但由于筹备方案不宜直接行文，可以作为请示的附件。

2. 正文

会议筹备方案的正文应该包括上述的10项内容。

项目十一　拟订会议的应急方案

会议应急方案是对会议过程中可能会发生的突发性事件的处理方案。拟订会议突发事件处理方案，防患于未然，使会议能够有条不紊地进行。

一、会议应急方案的作用

(1) 对会议过程中可能出现的突发性事件早做准备，防患于未然。

(2) 有利于提高会议的管理效率。

(3) 使会议组织者在会议出现意外事件时能够妥善处理，从容应对。

二、会议应急方案的特点

会议应急方案的特点有：有的放矢，预防为主，留有余地。

三、会议应急方案的主要内容

会议中可能会发生的意外事件与处理办法

(1) 人员问题。问题：会议的发言人、演讲人、主要领导等能不能到会，与会者能不能按时到会等。处理办法：会议筹备过程中，对于发言人、演讲人等要有预备人选，如果事先确定的人选不能到会，就应该立即启用备用人选。一部分与会者不能到会，应该立即调整会场、食宿等安排，不能影响会议的正常进行。

(2) 场地问题。问题：原来预订的场地是否有变化，场地是否符合会议的要求，预订的宾馆房间是否够用等。处理办法：如果是企业内部会议室，可以根据人员的多少及时调整；如果是租用外部会议室，应根据实际情况和对方管理人员协商，安排食宿也同样如此。

(3) 设备问题。问题：会议场所设备准备不足或者会议中途出现故障，办公设备供应不足等。处理办法：如果是企业内部会议室，秘书人员应该掌握本单位可以使用的其他设备是否可以替代；如果是租用的外部会议室，应该和对方管理人员联系，请对方及时补充所需设备或者联系供应商及时对出现故障的设备进行维修。

(4) 资料问题。问题：准备的会议资料或者宣传资料不足。处理办法：将会议涉及的所有文件资料的原始稿件或者电子文档随身携带，一旦出现状况可以及时进行补救。

(5) 健康与安全问题。问题：在会议过程中出现集体食物中毒、个别与会者突发疾病、火灾、交通事故等。处理办法：加强会前安全检查，对会议筹备小组人员进行分工，一旦出现意外情况，应立即联系相关部门进行急救。

(6) 与会者情绪问题。问题：与会者对会议的安排不满，对程序设置不满等。处理办法：广泛征求与会者的意见，对于合理的意见和建议给予采纳，在不影响会议整个过程的情况下对议程、日程等做适当的调整。做好与会者的思想工作和解释工作。

(7) 与会者返程问题。问题：与会者预订的返程车船票等时间与班次和与会者的要求不相符合。处理办法：做好解释工作，能够调换的要立即进行调换，对不能调换的，要做好与会者的食宿安排工作。

(8) 行为问题。问题：发言人在发言过程中的语言、行为不当，与会者的言行不当。处理办法：会前对发言人的文稿做好审核工作，了解发言人的思想动态，做好发言前的沟通工作。对于会议过程中发言人或者与会者的言行过激不能制止时，可请其暂时离开会场。

四、拟写会议应急方案

会议应急方案由标题和正文组成。

(1) 标题。由会议名称＋应急方案组成。

(2) 正文。正文部分包括会议过程中可能发生的情况预测，并写出预防措施和处理办法、责任部门和责任人等内容。

项目十二　检查会议筹备情况

会前检查是会前各项准备工作的落脚点，是保证会议能否顺利进行的必不可少的环节。

一、会议筹备情况检查的作用

(1) 通过检查，能够发现筹备过程中的一些问题，及时纠正。

(2) 通过检查，发现计划中的一些不合理环节，对计划进行调整、改进。

二、会议筹备情况检查的主要内容

(1) 检查会议准备工作是否充分。

(2) 会议文件资料的准备情况。

(3) 会场布置的情况，包括会标、席位牌、灯光设备等。

(4) 会场环境条件和会议必需物品的准备情况。

(5) 会议中的接待、礼仪等工作人员的安排情况。

(6) 会议期间的保卫、保密工作以及会议期间的值班工作的安排情况。

(7) 检查其他内容。根据不同的会议，对会议所必需的其他物品、资料、会议器材的准备情况。

三、会议筹备情况的检查形式

(1) 主管领导听取会议筹备小组对会议筹备情况的汇报，根据汇报内容做出批示，会议筹备组根据领导的批示进行整改。

(2) 会场实地检查，主管领导由会议筹备小组成员陪同对会场进行检查，发现问题当即解决。

四、会议筹备情况的检查程序

(1) 会议筹备小组成员自查，在自查过程中发现问题，及时解决问题。对于难以解决的问题，立即请示相关领导，请领导做出指示。

(2) 现场检查。首先制定检查的路线和检查的重点，并通过有关部门和人员进行检查，对于检查的情况逐一进行登记，对未达要求的项目提出整改、修订的意见，并责成相关部门进行整改和修订。

思考与实训题

1. 确定会议名称主要有几个步骤？确定会议议题有哪些基本原则？

2. 选择会议场所要考虑哪些因素？

3. 根据下列所给材料，拟定“会议议程和日程”，材料不足的部分内容可自拟。

时间：2009年9月17日（星期四）上午九点半

地点：南湖广园东路岗头大街39号

参加人员：×××局长、×××医疗单位、×××公司……

主持：黄大队长

会议主题：2009年×××环保工作会议

讲话人：张局长讲话、黄局长讲话、刘队长讲话、茵绿公司王经理讲话

4. 请以学习小组为单位，自行收集制作材料，制作某次会议的证件和指示标识，设计内容及形式尽量丰富多彩。

5. 确定与会者名单的要点有哪些？给某次会议制发会议通知，通知后要附有会议回执。

6. 会议资料大致有哪些？请列表写出会议用具名称。

7. 假设某次国际商务会议规格为50人左右，以表2-1所给出的内容，做出本次会议的经费预算。

表2-1 会议经费预算表

	序号	项目	数量	价款(元)
酒店费用	1	房费		
	2	餐费		
	3	会议室		
	4	布标		
	5	会议茶饮		
	6	其他		
会务费用	7	接站		
	8	送站		
	9	资料袋		
	10	签字笔、吸墨器		
	11	笔记本		
	12	集体照		
	13	资料复印		
	14	礼品		
	15	水果		
	16	鲜花		
	17	盆栽		
	18	其他		

续表

	序号	项目	数量	价款(元)
考察费用	19	门票		
	20	食宿		
	21	市内交通		
	22	矿泉水		
	23	其他		
VIP 接待	24	房费		
	25	车费		
	26	餐饮费		
	27	考察		
	28	其他		
总计				
备注				

8. 会议的人数不超过 20 人,桌椅的摆放应用哪种方式更合适?
9. 拟订会议筹备方案一般包括哪些内容?
10. 会议的应急方案有什么作用?

第二节 会中服务

理论知识

项目一 会议接站与报到工作

一、接站工作

会议接站是会议报到工作的第一步。一般而言,只有跨地区的会议接待才有接站工作。对于中型会议,参会人数较多,因此,秘书要充分重视并对接站工作做相应的准备。接站工作的步骤如下。

(一) 组成接待小组并完善接站信息

对于参会人员比较多的会议,为保证接站不会出现错漏的情况,要专门成立相应的接站小组,有专人负责,形成统一的指挥调度系统,并安排好信息、车辆、人员分工的工作。

1. 完成接站信息

在完善接站信息的工作上,要根据与会代表的回执,查找相应飞机、火车、轮船抵达的准确时间,将其编制成一目了然的表格,并要掌握与会代表的联络方式,拟定会议代表接站安排表,注明代表姓名、单位、职务、联系方式、车次/航班、到达(出发)时间、随行人数、接站司机和车号、接站工作人员、接站领导、接站出发地点和时间。

2. 确保车辆安排

在车辆安排上,要根据单位车辆的实际情况(或外租车辆的情况),以及参会代表的参会时间，合理进行分配。

3. 完善人员分工

在人员安排上，要根据会议筹备小组的分工，并结合嘉宾、与会者到达的方式，进行必要的调整和安排，以保证各项工作顺利进行。

4. 提供详细路线图

对于无须接站，自行参会的本地以及外地与会人员，要事先制作详细的报到路线图，通过邮件、传真或打电话的形式告之。

（二）接站工具

准备好车辆、会议代表接站安排表、手提式扩音器、工作证、胸卡、醒目的接站条幅和接站牌等接站标识物品，还要有一张急救电话号码表，应包含主要航空公司、出租车公司和会议有关方的电话号码。

接站牌有两种最基本的形式：一种是为团体和一般客户接待所准备的接站牌；另一种是为重要客户单独准备的接站牌。

准备车辆时，要根据参会人员身份、职务级别的高低，在坚持平等原则的前提下，适度有所区分。对一般或团体客户，可提供商务车或面包车接站；对重要客户或者嘉宾，则必须提供轿车，最好有一定级别的领导参与接站。

（三）接站

接站时，要注意把握以下几方面的事项。

(1) 对提前预订远道而来的客人，应主动到车站、码头、机场迎接。一般要在航班、火车、轮船到达前15分钟赶到，这样会让经过长途跋涉到达目的地的客人不会因等待而产生不快。在出口处比较醒目的地方，高举接站牌等待客人到来，客户一出站就能看到接站牌。

(2) 服饰要整齐、大方，体现出公司的形象与风貌，不可过于随意。

(3) 接到客户后，首先核实客户身份，以免接错。在确认客户身份以后，指引或者带领客户在休息地点先休息，或者指引或带领客户上车。

(4) 做些力所能及的事。与到站的嘉宾简短寒暄后，应主动帮嘉宾把行李搬上汽车；车辆返途中，可以选择合适的话题跟嘉宾交流。

（四）乘车返回

乘车时一定要分清座次的“尊卑”，并在自己适得其所之处就座。

就双排五座轿车而言，一般情况下，由主人亲自驾驶时，座位顺序应当依次是：副驾驶座、后排右座、后排左座、后排中座（见图2-1）。由专职司机驾驶时，座位顺序应当依次是：后排右座、后排左座、后排中座、副驾驶座（见图2-2）。

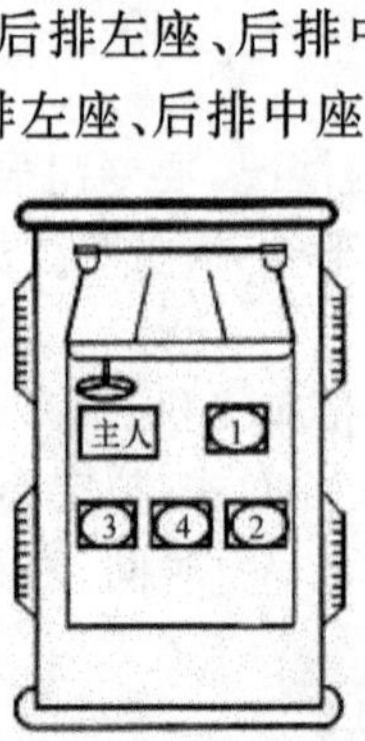

图2-1 双排五座轿车

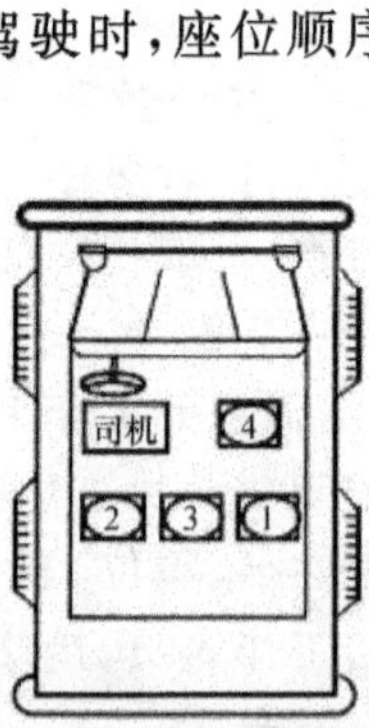

图2-2 双排五座轿车

就三排七座轿车而言，一般情况下，由主人亲自驾驶时，座位顺序应当依次是：副驾驶座、后排右座、后排左座、后排中座、中排右座、中排左座（见图 2-3）。由专职司机驾驶时，座位顺序应当依次是：后排右座、后排左座、后排中座、中排右座、中排左座、副驾驶座（见图2-4）。

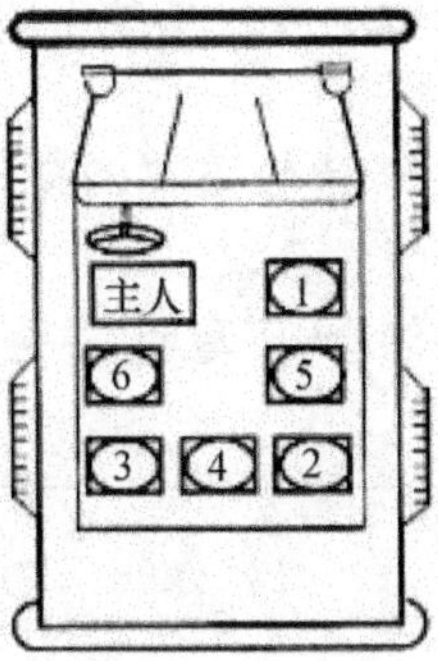

图 2-3　三排七座轿车

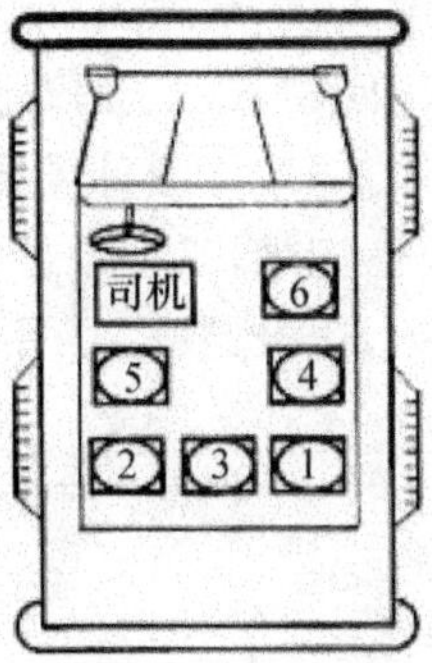

图 2-4　三排七座轿车

乘车返回时，除了安排好客人的座位，在车上还要和客人寒暄，不能让客人感觉到自己受冷落了。

二、会议报到

欢迎与会者并帮助他们进行报到是会议组织者殷勤待客的重要表现。会议报到一般以签到的方式进行报到，会议签到主要有以下几种形式。

(1) 秘书点名，即由秘书在预先拟好报到册上点名，做记号。会议报到册应包括序号、姓名、工作单位、职务、备注等栏目。这种方法适用于单位内部的小型会议和工作例会，秘书对人员比较熟悉。

(2) 本人签到，即由与会者本人签名报到，签名应用毛笔或钢笔签到本上。这适用于邀请性会议，亲自签名还有纪念意义。

(3) 凭证件报到，即与会者凭会议通知报到，换取出席证或代表证报到，然后进场。这适合大中型会议。

(4) 电子签到，即与会者持磁卡出席证，在进入会场时插入专用机签到，与此相连的电脑在签到结束后能立即统计出出席人数和缺席人数，这种方法适用于与会人数较多的大中型会议。

项目二　做会议记录

会议记录是一种实用文体，是由负责记录的人员对会议进行情况及会上发言和决定事项所做的记载，是会议情况的真实反映。

在会议过程中，由记录人员把会议的组织情况和具体内容记录下来，就形成了会议记录。“记”与“录”略有区别。“记”有详记与略记之别。略记是记会议大要，会议上的重要或主要言论。详记则要求记录的项目必须完备，记录的言论必须详细完整。若需要留下包括上述内容的会议记录则要靠“录”。“录”有笔录、音录和影像录几种，对会议记录而言，音录、影像录通常只是手段，最终还要将录下的内容还原成文字。笔录也常常要借助音录、影像录，以保证记录内容最大限度地再现会议情境。

一、会场记录的格式

会议记录的格式一般包括两部分：前一部分是会议的组织情况，要求写明会议名称、时间、地点、出席人数、缺席人数、列席人数、主持人、记录人等；后一部分是会议的内容，要求写明发言、决议、问题，这是会议记录的核心部分。

会议记录，一是详细具体地记录，尽量原话实录，主要用于比较重要的会议和重要的发言；二是摘要性记录，只记录会议要点和中心内容，多用于一般性会议。

会议结束，记录完毕，要另起一行写"散会"二字，如中途休会，要写明"休会"字样。

格式一

××××××会议记录

会议名称：×××××××××　　会议时间：××年××月×日×时

会议地点：×××　　　　　记录人：×××

出席与列席会议人(数)：×××、×××、×××、×××、×××

缺席人(数)：×××、×××、×××、×××

会议主持人：×××　　审阅：×××　　签字：×××

主要议题：×××××××××

发言记录：

×××××××××××××××××××××××××××××××××××。

××。

格式二

××公司会议记录

会议时间：××年×月×日×时

会议地点：×××

出席人(数)：×××(主持人)、×××、×××、×××、×××、……、×××(记录人)

缺席(数)人：××× ××× ××× ……

会议主持人：×××(职务)

记录人：×××(职务)

会议内容记录：

×××：×××××××××××××××××××××××××××××××。

×××：××××××××××××。

………………

散会(会议于×时×分结束)。

主持人：×××(签名)

记录人：×××(签名)

(本会议记录共×页)

二、会议记录的基本要求

会议记录要求准确、真实、清楚、完整。记录人员应当有高度的责任心，以严肃认真的态度忠实记录发言人的原意，重要的意思应记原话，不得任意取舍。会议的主要情况，发言的主要内容和意见，必须记录完整，不要遗漏。记录字体力求清晰易认，不要过于潦草，不要使用自造的简称或文字。基本要求如下。

(1) 准确写明会议名称（要写全称），开会时间、地点，会议性质。

(2) 详细记下会议主持人、出席会议应到和实到人数，缺席、迟到或早退人数及其姓名、职务，记录者姓名。如果是群众性大会，只要记参加的对象和总人数，以及出席会议的较重要的领导成员即可。如果某些重要的会议，出席对象来自不同单位，应设置签名簿，请出席者签署姓名、单位、职务等。

(3) 忠实记录会议上的发言和有关动态。会议发言的内容是记录的重点。其他会议动态，如发言中插话、笑声、掌声，临时中断以及别的重要的会场情况等，也应予以记录。

记录发言可分简易记录、摘要记录与详细记录三种。简易记录即除了记录会议概况外，只要求记录会议的议题议程和会议的结果，不必记发言的内容和经过，仅限于事务性会议；多数会议只要记录发言要点，即发言者讲了哪几个问题，每个问题的基本观点与主要事实、结论，对别人发言的态度等，做摘要式的记录，不必"有闻必录"；某些特别重要的会议或特别重要人物的发言，需要记下全部内容。有录音机的，可先录音，会后再整理出全文；没有录音条件，应由速记人员担任记录；没有速记人员，可以多配几个记得快的人担任记录，以便会后互相校对补充。

(4) 记录会议的结果，如会议的决定、决议或表决等情况。会议记录要求忠于事实，不能夹杂记录者的任何个人情感，更不允许有意增删发言内容。会议记录一般不宜公开发表，如需发表，应征得发言者的审阅同意。

此外，会议记录前要做好相关准备工作，如熟悉会议情况和文件、熟悉与会人员、熟悉会议环境、做好物质上的准备等。

三、会议记录的重点

会议记录应该突出的重点如下。

(1) 会议中心议题以及围绕中心议题展开的有关活动。

(2) 会议讨论、争论的焦点及其各方的主要见解。

(3) 权威人士或代表人物的言论。

(4) 会议开始时的定调性言论和结束前的总结性言论。

(5) 会议已议决的或议而未决的事项。

(6) 对会议产生较大影响的其他言论或活动。

四、会议记录的整理

会议记录的整理原则如下。

(1) 忠实于讲话人、发言人的原意。

(2) 保持讲话人、发言人的风格。

（3）要整理得完整、全面，不仅会议内容、讲话人的主要精神、关键句子不要遗漏，而且重要的插话、会场动态如表决等都要整理上去。

（4）整理时要做到层次分明，段落清楚，语句通顺，标点符号、字迹清晰，避免错别字。

（5）会议记录整理出来后，如果是一个人的讲话记录，应送讲话者本人、会议主持人或召集人审阅。

（6）录音记录稿的整理，要注意辨别讲话人的声音，不可张冠李戴。

五、会议记录的写作技巧

一般说来要做到四点：一快，二要，三省，四代。

一快，即记得快。字要写得小一些、轻一点，多写连笔字。要顺着肘、手的自然去势，斜一点写。

二要，即摘要而记。就记录一次会议来说，要围绕会议议题、会议主持人和主要领导同志发言的中心思想，与会者的不同意见或有争议的问题、结论性意见、决定或决议等做记录，就记录一个人的发言来说，要记其发言要点、主要论据和结论，论证过程可以不记。就记一句话来说，要记这句话的中心词，修饰语一般可以不记。要注意上下句子的连贯性、可讯性，一篇好的记录应当独立成篇。

三省，即在记录中正确使用省略法。如使用简称、简化词语和统称；省略词语和句子中的附加成分，如“但是”只记“但”，省略较长的成语、俗语、熟悉的词组，句子的后半部分，画一曲线代替；省略引文，记下起止句或起止词即可，会后查补。

四代，即用较为简便的写法代替复杂的写法。一可用姓代替全名，二可用笔画少易写的同音字代替笔画多难写的字，三可用一些数字和国际上通用的符号代替文字，四可用汉语拼音代替生词难字。但在整理和印发会议记录时，均应按规范要求办理。

项目三　编写会议简报

会议简报是简报的一种，是党政机关、人民团体、企事业单位广泛使用的一种事务文书。它是指在会议期间为反映会议进行情况，包括与会人员在讨论中提出的意见、建议以及会议的决定事项而编写的简明扼要报告，又称“动态”、“简讯”、“要情”、“摘报”、“工作通讯”、“情况反映”、“情况交流”、“内部参考”等。也可以说，会议简报就是简要的调查报告，简要的情况报告，简要的工作报告，简要的消息报道等。

会议简报便于领导了解情况，推动会议深入进行；便于沟通情况，交流经验；便于备考存查归档。由此可见，会议简报的重要性。编写会议简报有以下几个步骤。

一、了解会议简报的特点

会议简报有些近似于新闻报道，特点主要体现在简、快、新、真四个方面。

“简”是最重要的特点，指内容集中、篇幅短小、提纲挈领、不蔓不枝，无关的东西不说，一般性的东西少说，专业性的东西多说。

“快”是报道迅速及时。简报写作要快，尽量让读者在第一时间了解最新的现实情况。

“新”是指内容的新鲜感。简报如果只报道一些司空见惯的事情，就没有多大价值和意义了，而是要报道新事物与新情况，反映新动向与新趋势，宣传新思想与新典型。

“真”是简报的本质特性，指内容真实准确，用事实说话。简报所反映的内容、涉及的情况，必须严格遵循真实性原则，时间、地点、人物、事件、原因、结果，所有要素都要真实，所有的数据都要确凿。虚构编造不行，移花接木、添枝加叶也不行。

此外，简报一般在编报机关管辖范围内各单位之间交流，不宜甚至不能公开传播，特别是涉外机关和行政机关主办的会议简报更是如此。有的会议简报，往往是专给某一级领导人看的，有一定的保密要求，不能任意扩大阅读范围。

二、会议简报的写法

会议简报一般由会议秘书处或主持单位编写。规模较大、时间较长的会议常要编发多期简报，以起到及时交流情况、推动会议的作用。小型会议一般是一会一期简报，常常在会议结束后，写一期较全面的总结性的简报。

会议简报通常由报头、报核(正文)、报尾三部分构成。图 2-5 是会议简报的简易结构图。

密级

××会议简报

(第　期)

×××××××编　　　　××年×月×日

按语：×××。

×××××(标题)

导语：××××××××××××××××××。

主体：×××。

结尾：××××××××××××××××××××××××××××。

送：×××、×××　　　　共印××份

图 2-5　会议简报的简易结构图

1. 报头

(1) 简报名称一般用套红印刷的大号字体。如有特殊内容而又不必另出一期简报时，就在名称或期数下面注明“增刊”或“××专刊”字样。秘密等级写在左上角，也有的写“内部文件”或“内部资料，注意保存”等字样。

(2) 期号，写在名称下一行，用括号括上。

(3) 编印单位与印发日期，两者在同一行，前者居左，后者居右。

在下面，用一道横线将报头与报核隔开。

2. 报核

报核，即简报所刊的一篇或几篇文章。简报的写法是多种多样的，因此，它的形式也较灵活。大多数是消息，包括按语、标题、导语、主体、结果和穿插在叙述中的背景材料。除了消息，还有别的文体，所以，不是每篇简报都有这几项内容。

(1) 按语，即对整个会议情况的大概说明。

(2) 简报的标题类似新闻的标题，要揭示主题，简短醒目。简报正文标题在报头横线之下居中书写，如果需要，也可以使用副标题。使用两个标题时，正标题是虚题，用以概括全文的思想意义或者内容要点，副标题是实题，用以交代单位及事件，对正标题起补充说明的作用。

(3) 导语通常用简明的一句话或一段话概括全文的主旨或主要内容，给读者一个总的印象。导语的写法多种多样，有提问式、结论式、描写式、叙述式等。导语一般要交代清楚谁(某人或某单位)、什么时间、干什么(事件)、结果怎样等内容。

(4) 主体用足够的、典型的、有说服力的材料，把导语的内容加以具体化。写作时要注意合理地划分层次。一般来说，主体层次的划分常有两种：一种是以时间先后为序，把材料按照事件由发生、发展到结局的过程，逐层予以安排。这种写法多用于典型事件及一次性全面报道某一会议的简报，其优点是时序清楚、一目了然。另一种是按事物之间的逻辑关系，从材料的主从、因果、递进等关系入手，安排层次。这种写法的优点是便于揭示、表现事物的内在本质，突出主要内容和思想意义。

(5) 结尾或总结全文内容、点明文旨，或指明事情发展趋势，或提出希望及今后打算。是否要结尾，要根据简报内容表达的需要而定。如果简报内容较多，篇幅较长，读者不易把握，就应在结尾概括一下；如果简报内容单一，篇幅较短，且在主体部位已把话讲完，就不必另写结尾。

(6) 背景，即对人物、事件起作用的环境条件和历史情况。背景可以穿插在各个部分。

3. 报尾

在简报最后一页下部，用一横线与报核隔开，横线下左边写明发送范围，在平行的右侧写明印刷份数。

项目四　会中突发事件处理

一、突发事件概述

1. 突发事件与会议突发事件的定义

突发事件可被广义地理解为突然发生的事情：第一层的含义是事件发生、发展的速度很快，出乎意料；第二层的含义是事件难以应对，必须采取非常规方法来处理。

会议突发事件是指会议过程中发生的，无法预料、难以应对的，必须采取非常方法来处理的事件。

2. 突发事件的特点

突发事件具有如下特点：

(1) 事件的突发性。突发事件的突发性是指对于突发事件是否发生，于什么时间、地点、以什么样的方式发生，以及发生的程度等情况，人们都始料未及，难以准确地把握。

(2) 危害的严重性。突发事件造成的损害有直接损害和间接损害。这种损害性不仅体现在人员的伤亡、财产的损失和环境的破坏上，而且还体现在突发事件对社会心理和个人心理所造成的破坏性冲击，进而渗透到社会生活的各个层面上。

(3) 变化发展的不确定性。突发事件发生后，事态的变化、发展趋势以及事件影响的深度和广度不能事先描述和确定，是难以预测的。

(4) 处置的紧迫性。紧迫性是指突发事件所反映的问题极端重要，关系到社会、组织或个人的安危，需紧急采取特别措施及时有效地处理。随着突发事件的发展、演变，它所造成的损失可能会越来越大。因此，对突发事件的反应越快，反应决策越准确，突发事件所造成的损失就会越小。

(5) 广泛的影响性。突发事件发生后，人们除了关注伤亡人数外，还密切关注事故发生的原因、时间、地点等情况，从中得到的启示、总结出的经验教训等，从而使社会避免重蹈覆辙、重演悲剧。

二、突发事件的类型

一般中大型会议的突发事件主要包括以下几个方面。

(一) 紧急医疗

对于紧急医疗计划，要看与会者平均年龄、活动范围和过去会议经验，不管如何，紧急事件可能在任何时间发生，但是有些参加会议的人比其他人更容易受伤与生病，比较可能性的病症是心脏疾病、中风和其他有危害生命的病症，有些与会者因为饮食改变、喝酒、睡眠不足、疲劳、对环境不熟悉、孤独、远离亲人所致，因此要使那些人得到照顾。

1. 紧急医疗系统

会议筹办人经常凭借其经验通过当地会议/观光局或当地主办单位的分会协助成立一个紧急医疗系统，与当地医院联络，一旦有紧急病人立即安排救护车送医院急救。并在会议现场安排医疗人员，在会场和医师联络，确定他(她)愿意短时间内来看诊，在大会手册以及其他资料中印上紧急事件联络电话号码。

2. 会场医务室

如果你是在会议中心举行会议，在合约或保险同意书中可能要求会议中心雇请一位护士或医务人员在会场。有些会议中心有医务室，可以安排医务人员，会议筹办人要先了解医务室的位置、医疗器材。会议筹办人可以评定现场这些设备与人员是否符合紧急医疗计划，如果不足，则要特别安排一位医务人员值勤，医务室中至少要有轻巧的氧气筒、绷带、压舌板、杀菌剂和阿司匹林，大部分会议筹办人会试着放一些医疗用品，但是一定要留意其有效期限，基本用品之外的用品就需要医院提供了。

3. 饭店紧急救护系统

大部分的饭店有自己的医疗人员，但是不能确定这位医务人员是否可以处理紧急服务。大部分医务人员并不住在那里，所以可能无法即时处理紧急医疗，但是各个饭店应该有紧急救护系统，这是会议筹办人在选择会场时就应该考虑的，要先了解会场紧急救护的情形，有些由总机来处理，有些是警卫室，也有些是会议服务人员，要先了解每个会场情形，以保证到时候不会找错对象。

如果同时使用几个饭店，需先了解每个饭店紧急服务的情况，确定要找哪个人，留下他(她)们的电话号码，万一发生紧急事故时一定要先通知负责处理的人。很多会场及组织会派人接受心肺复生术训练，懂得这种技术可救很多人生命，因此每个组织都应该让员工学习这种技术，以应对两项可能发生的紧急事件：企图自杀、急性酒精中毒。轻者没有生命危险但仍需紧急处理。因此以防任何紧急状况发生，多做准备是有好处的。

（二）卫生问题

卫生问题是筹办国际会议时另一项重大挑战，包括饮食卫生与环境卫生两方面。国际会议通常是在发达国家和发展中国家举行，而且争取到国际会议的国家，都会选择环境良好的地方作为会议与活动的场地，因此环境卫生大致不会有问题。而餐饮卫生是主办单位更大的挑战，特别是上千甚至上万人参加的大型国际会议，更是要慎选餐饮合作对象，万一其中有人因食物不洁而造成腹泻甚至食物中毒，那将造成无法弥补的损失，主办国家、城市的形象会大打折扣。近来英国发生口蹄疫事件，相信对他们争取国际会议方面会有严重的影响。

（三）火灾

每个与会者都要知道在活动中遇到火灾的逃生技能，浓烟和惊慌往往比火灾本身造成的死亡更高。饭店有责任告知客人逃生步骤，如紧急逃生口，但是会议组织者扮演着更重要的角色，保护与会者并提供这方面足够的资料。很多主办单位印制了防火手册，放在资料袋中一起给与会者参考。小小一个动作可能救很多条生命。

（四）签证问题

签证问题也是紧急事件处理中的一项，通常在会议通知中都会说明签证的细节，但是仍然有些国外与会者忽略这方面的问题。对于重要的贵宾，更要再三叮咛签证的问题。曾经有一个国际会议在台湾举行，其中有一位重量级的贵宾因为签证问题而延误抵台，他可能因为工作太忙碌加上他的秘书也没有留意，使他到了机场却因为没有签证而无法上机，他只好在机场打长途电话通知会议组织方。由于他是一位国际知名人士，外交部立即通知驻外办事处给予签证，使这位贵宾赶搭第二天班机抵达。虽然最后他顺利来台，但因为他的延误，使大会日程必须略有变动，所有工作人员因而忙得人仰马翻。

（五）盗窃

国外与会者如果在会议当地遇到盗窃事件，都会留下不良印象，因此在重要国际会议期间，应要求地方政府加强警力，避免发生盗窃事件，同时主办单位也应该以书面资料告知与会者尽量减少到人多复杂的地方去。国外与会者如果对夜市感兴趣，去的时候尽量不要带贵重物品，如现金、珠宝、护照等，同时最好有当地人陪同。

三、处理突发事件的基本要求

处理突发事件的基本要求如下。

(1) 赶赴现场协调处理突发事件（事故）。详细了解事件（事故）发生的时间、地点、经过、人员伤亡情况和损失情况，及时报告。

(2) 妥善处理善后工作。事件（事故）处理工作结束后，写出事件（事故）处理经过，报领导审阅后归档。

(3) 做好现场所需物品的保管和日常维护工作。

(4) 处理突发事件，既要大胆、果断，又要细致、稳妥。

项目五 娱乐活动安排和其他服务工作

一、会议期间娱乐活动的安排

除了完成会议日程安排的内容以外，会议组织者还可以安排一定的娱乐活动。休闲娱乐活动可以是会议活动以外的任何一种活动，如在会议正在召开时组织与会者进行的项目，或是在会议期间专门安排与会者参加的极具活跃性的娱乐活动，如参观、考查等。

秘书人员必须为娱乐活动做好相应的准备和服务工作，安排好车辆、娱乐过程中的食宿等，负责与会人员的安全。

安排娱乐活动时的注意事项有：不要因娱乐活动拖长会议期限；安排参观考察等活动，要尽量避开节假日高峰期。

二、会议期间的其他服务工作

秘书应在正式开会之前的五分钟请与会人员入座，之后请领导和其他主宾们入场。如果没有上司的指示，秘书一般不能作为会议代表出席会议。在开会的时候，如果没有安排秘书做会议记录等具体工作，那么，秘书就应坐在会议室的最后一排或在会场外等待吩咐。在会议期间，秘书的任务就是为保证会议的顺利进行而做些辅助工作。

会议期间，秘书的主要工作是传接电话、做会议记录、协助有关工作人员调整扩音设备、给代表送饮料等。

（一）传接电话

传接电话的具体方法应在开会前与上司商量好，最好用电话记录来转告上司。开会的时候，不是特别紧急的电话，一般都不转接。内容一般的电话，秘书帮助记录下来，在会议中间休息的时候，把电话记录送给当事人，只有内容比较紧急的电话才立即通知当事人。如果会场比较大，人数超过 100 人，就到会场中间把当事人叫来接电话。

如果是人数不多的小型会议，一般用口头小声传达："对不起，打断一下。李总，市里刘市长给您来电话……"或者"实在对不起，李总，上海的张总想见您……"如果开会时还有别的单位的人在场，给领导传话时，使用便条比较合适，如"对不起，李总，北京的马总有急事找您"，简明扼要地把事情写在上面，把便条递过去。

（二）送饮料

开会的时候给代表送饮料，要事先了解他们的爱好和习惯。有人喜欢喝果汁，有人则喜欢喝茶，因人而异。在召开人事等特别会议的时候，一般是事先将饮料摆在代表们的桌子上，不轻易进去打搅会议。如果在会议中途进去送饮料，一定要掌握好时机。

（三）做好会议的值班工作与保密工作

1. 做好会议的值班工作

一些大中型会议，会场要配有专门的服务人员，但秘书应当督导和协助服务人员做好以下工作。

(1) 与会人员入场时的验证与收票工作。

(2) 保持会场内的秩序，维护场内设备。

（3）为会场内人员提供开水、饮料以及其他服务。

（4）关注会场内各种设备的使用情况。

2. 做好会场内的安全保卫工作

会场内的安全保卫工作主要包括以下几方面。

（1）防止与会议无关的人随便进入会场。

（2）关注会场内的设备运行情况，消除火灾隐患，防止意外事故发生。

（3）保证会场内人员的安全与健康，发现与会者中身体不适或突发疾病者，要及时请保健医生或送往附近医院或联系急救中心。

（4）做好会议的保密工作。

3. 注意事项

需要注意以下两点。

（1）应有相应的值班制度与要求。

（2）保密文件的分发、收回及会议内容的保密问题。

（四）医疗卫生服务

大中型会议人员集中、活动频繁，要安排好卫生保健工作。一般大型会议的会务组都会配有专门的医护人员。作为秘书要协助上司、医护人员做好医疗工作，确保与会人员安全；同时，要注意协助后勤保障组做好饮食、环境卫生，确保与会人员的安全。

（五）照相服务

中型以上会议或纪念会、庆祝会等，往往与会人员要集体摄影留念。这时，第一要选择高水准的摄影师和摄影器材，以免与会者留下遗憾；第二是与会者的座次排列、队伍组织要合理；第三是背景的选择要充分体现出会议的主题和特点；第四是协助摄影师做好其他工作。

思考与实训题

1. 秘书要做好会议接站工作，接站前都要做好哪些准备？
2. 创制一份规范的会议记录模板。
3. 以一次大型会议报道为背景材料，编写一份会议简报。
4. 秘书处理会中突发事件的基本要求是什么？
5. 秘书在会议期间需要安排哪些娱乐活动和其他服务工作？

第三节 会后落实

理论知识

项目一 引导与会人员安全、有序地离开会场

会议结束并不意味着会务工作的完成，秘书要适时做好善后工作，让会议善始善终、圆

满完成。引导与会人员安全有序地离开会场、安排与会人员返程、清理会场是会议善后工作中最重要的工作之一。

一、引导与会人员离场

会议一结束，秘书人员就要与会务人员一道引导与会者有秩序地离开会场。在通常情况下，都是主席台上的领导离场后，与会人员再离场。如果会场有多条离场通道，领导者和与会者可以各行其道。大型会议还要注意散会后引导车辆迅速、有序地离场，必要时可派专人指挥。

二、送别与会人员

会议结束后，与会者要返程，秘书人员要提前摸清情况，谁什么时候走、怎么走。一般情况下有以下四项工作要做。

(1) 进行会议费用结算。会议结束时，应协助与会人员对会务费用、住宿费用进行结算。

(2) 对于参加会议的外埠(或外国)人员，应事先登记，并为其提前购买返程机(船、车)票。当机(船、车)票送到会议秘书处后，秘书人员要把票妥善交到订票者手中，并请其在领取单上签字，费用按照会议事先的约定办理。

(3) 组织送别与会人员。与接站工作相同，要掌握与会者各自乘坐的交通工具、时间、车次，制作成表，便于协调安排送站的车辆和时间。与会者离去时，要安排好车辆，将与会者送至机场或车站，身份较高者应由领导亲自到机场或车站送别。

(4) 对于个别需要暂留的与会者，要妥善安排好他们的食宿。

三、清理会场和文件

随着会议日程的进行，各种供会议使用的器材物品必然不在原有位置，当参加会议的人员都离开现场后，秘书就要与工作人员一同进行会议现场的清理工作。

(1) 关闭会议现场的视听设备，按照会议计划中的物品使用清单，逐一核查，保证物归原位。

(2) 收回在会议现场的一些布置物品，如横幅、会徽等。

(3) 退还现场一些租借的物品和材料，妥善安排处理。如有设备、器材在会议使用中出现故障，应及时修理，保证下次需要时的正常使用。

(4) 在会场发送和会议期间产生的文件一般来说是比较多的，尤其是带有保密性质的会议文件，会议结束后，秘书人员要及时清点收回，并仔细检查会议现场及各个房间，看是否有遗漏或剩下与会议有关的文件资料，以免泄密。

项目二 会议经费结算

会议经费的结算是会议组织者在会议结束后对整个经费使用情况即会议开支费用的结算。

（一）统计会议期间发生的费用

广义的会议成本包括时间成本、金钱成本和机会成本。我们统计的会议期间发生的费用主要是指狭义的会议成本，即会议直接经费的支出。其主要包括以下几项内容：会场租用及布置费、会议设备租用费、会议邮电通信费、会议培训费、会议交通参观费、会议食宿费、会议资料费、会议宣传交际费、纪念品购置费、水电费、其他符合规定的杂支费等。

（二）确定会议经费结算的方法

1. 收款的方法和时机

会议经费开支主要有两种方式：一种是由会议主办方直接承担全部会议费用，与会人员不需要支付任何费用；另外一种是要由与会人员向主办方支付一些必要的费用，如资料费、培训费、住宿费、餐饮费等。对于要向与会人员收取相关费用的会议应注意以下事项：

(1) 应在会议通知或预订表格中，详细注明收费的标准和方法；

(2) 应注明与会人员可采用的支付方式(如现金、支票、信用卡等)；

(3) 如与会者用信用卡交费，应问清姓名、卡号、有效期等；

(4) 开具发票的工作人员事先要与财务部门确定正确的收费开票程序，不能出任何差错。如果有些项目无法开具正式发票，应与会议代表协商，开具收据或证明。

2. 付款的方法和时间

会议结束后，应对会议期间发生的费用进行统计，将会议组织方应该支付的费用根据会议组织方相关规定，及时支付给对方。一般会中需要支付的费用有：场地租借费、设备租借费、场地布置费、专家咨询费、餐饮费等。

（三）通知与会人员结算时间、地点

会议结束后，秘书部门应该通知与会人员，或者与会部门以及在会议中发生费用的个人和部门的经费结算的时间和地点，以便与会个人和部门安排工作。

（四）清点和核实费用支出发票

清点和核实费用支出发票填写的内容是否正确。

（五）填写费用报销单，将发票贴于报销单背面

费用报销单有两种形式：一种是单位内部自制的报销单，一种是统一印制的通用费用报销审批单。

（六）请经办人签字，并请主管领导签署审批意见

（七）到财务部门报销，对会议过程中发生的费用多退少补

项目三　撰写会议纪要

撰写会议纪要，首先必须了解会议纪要的内容、特点和拟写要求。

一、会议纪要的概念

会议纪要适用于记载和传达会议情况和议定事项。会议纪要产生于会议后期或者会

后，属纪实性公文。会议纪要是根据会议情况、会议记录和各种会议材料，经过综合整理而形成的概括性强、凝练度高的文件，具有情况通报、执行依据等作用。任何类型的会议都可印发纪要，尚待决议的或者有不同意见的，也可以写入纪要。会议纪要是一个具有广泛实用价值的文种。

二、会议纪要的内容

(1) 会议情况简述。包括召开会议的根据、目的、时间、地点、与会人员、会议讨论的问题以及会议的成果。

(2) 会议纪要的主体部分，即对会议主要精神的阐发。

三、会议纪要的特点

(1) 全面反映会议内容。

(2) 表现形式可灵活多变。

(3) 行文方向不固定。

四、会议纪要的拟写要求

经过领导签发的会议纪要是会议的正式文件。这种文件应当简短扼要、观点鲜明，确切说明事项，不必发表议论和交代情况。其要求具体有以下3点。

(1) 实事求是，忠于会议实际情况。

(2) 内容要集中概括，去粗取精，提炼归纳。

(3) 条理清晰，层次分明，一目了然。

五、会议纪要的格式

会议纪要由标题和正文组成。在结构格式上不用写主送单位和落款，成文时间多写在标题下方，也可写在文章最后。

(一) 标题

通常由“会议名称＋会议纪要”构成，如“××公司第五届职代会会议纪要”。

(二) 正文

会议纪要的正文由导言、主体和结尾三部分组成。

1. 导言

主要用来记述会议的基本情况。包括会议的名称、时间、地点、主持人、主要出席人、会议主要议程、讨论的主要问题等。导言不需写得太长，简明扼要，让人们对会议有个总体的了解。

2. 主体

主体是会议纪要的核心部分，会议的主要精神、会议议定的事项、会议上达成的共识、会议上布置的工作和提出的要求、会议上各种主要的观点等，都在这一部分予以表达。主体的写法一般有以下四种。

(1) 分类标项式

这种写法适用于篇幅较长的会议纪要。有的会议开的时间很长，研究的问题很多，需将会议讨论的内容依其内在联系和逻辑关系等归纳成几个方面，分项撰写并冠以合适的小标题。

(2) 新闻报道式

这种写法有点类似于新闻写作中的消息写作，适用于办公会等日常工作例会的纪要。内容包括会议进行程序、会议概况、会议议题、讨论意见、决定事项等，依次写出即可。

(3) 记录摘要式

这种写法就是对会议记录的摘要整理，其特点是平直易写，有点像流水账写法，可以使每个人的意见得到比较明确、充分的表达，便于事后查考。有些为解决纠纷而召开的协调会会议纪要可采用这种写法。

(4) 指挥命令式

这种写法主要用于写会议决定事项，会议情况一笔带过，简洁明快，多用于安排、部署重要工作的会议。标示性词语有："会议决定……"，"会议同意……"，"会议通过了……"等。

3. 结尾

结尾一般写对与会者的希望和要求，也有的会议纪要不写专门的结尾用语。

六、会议纪要的印发工作

领导签字后的会议纪要需要上报或下发的，秘书人员要及时打印成文并分发传递。印发会议纪要只限于日常工作会议，对于大型的会议和专业会议，因为都有正式文件和决议，一般不再印发会议纪要和决办事项通知之类的文件。

秘书人员在做好会议纪要的印发工作时应注意以下几点。

(1) 确定印发范围。应根据会议的性质和纪要的内容来确定会议纪要的印发范围。

(2) 确认接收者。应根据会议纪要的印发范围，发送到相应接收者手中，并落实接收者签字去确认。

(3) 签发会议执行。秘书在确认接收者后，将接收者签字确认的会议纪要加以校对，经领导签字后统一印刷，盖章后发给会议决策执行人。

项目四　会议文件资料整理

一、会议文件收集、整理的范围

(1) 会前分发的文件。包括指导性文件、审议表决性文件、宣传交流性文件、参考说明性文件、会务管理性文件等。

(2) 会议期间产生的文件。包括决定、决议、议案、提案、会议记录、会议简报等。

(3) 会后产生的文件。包括会议纪要、传达提纲、会议新闻报道等。

二、收集会议文件的要求

(1) 确定会议文件资料的收集范围。会前分发的保密文件要按会议文件资料清退目录和发文登记簿逐人、逐件、逐项检查核对，以杜绝保密文件清退的死角。

(2) 收集会议文件资料要及时，确保文件资料在与会人员离会之前全部收集齐全。

(3) 选择收集文件资料的渠道和不同方式、方法。

(4) 与分发文件资料一样，收集会议文件也要履行严格的登记手续。认真检查文件资料是否有缺件、缺页的情况，及时采取措施补救毁损的文件资料。

(5) 收集整理过程中要注意保密。

三、收集会议文件注意事项

(1) 收集会议文件工作要落实到人。

(2) 收集文件应严格履行文件登记手续，并认真检查文件是否缺件、缺页、缺损的情况。如果出现此类情况，应及时采取补救措施。

(3) 收集整理过程中要注意保密。

(4) 会议文件立卷归档工作要严格遵守档案制度。

四、会议文件资料的立卷归档

会议结束后，要及时做好会议文件的立卷归档工作。

会议文件资料的立卷归档是指会议结束后依据会议文件的内在联系加以整理、分门别类地组成一个或一套案卷，归入档案。这是将现行会议文件转化为档案的重要步骤，是档案工作的基础。

1. 会议文件立卷归档工作的重要意义

(1) 保持会议文件之间的历史联系，便于查找利用。

(2) 保持历史的真实面貌，反映工作的客观进程。

(3) 保护会议文件的完整与安全，便于保存和保管。

(4) 保证会议秘书工作的联系性，为档案工作奠定基础。

2. 会议文件立卷归档的范围

大型会议完整的会议案卷，应包括以下一些内容：

(1) 会议正式文件，如决定、决议、计划、报告等。

(2) 会议参阅文件。

(3) 会议安排的发言稿。

(4) 会议上的讲话记录。

(5) 其他有关材料。

3. 会议文件立卷归档的工作步骤

将收集的文件资料进行登记→向上级总结、汇报情况→甄别整理、分类归卷→卷内文件的排列→卷内文件的编号、编目→填写卷内文件的备考表→案卷标题的拟制→填案卷封面→移交给档案室→清理、销毁不再利用的纸张。

项目五 会议总结与效果评估

为总结会务工作经验，不断改进会议的组织服务工作，会议结束后还应及时进行会务工作总结。

一、了解会议总结工作的目的

了解会议总结工作的目的如下。

(1) 检查会议目标的实现情况。

(2) 检查各个小组的分工执行情况。

(3) 将员工自我总结和集体总结相结合。

(4) 以总结经验、激励下属、提高工作水平为目的。

二、会议总结的内容和方式

会议结束后，秘书要对会务工作进行及时、认真的总结，一方面总结经验、肯定成绩、表彰先进；另一方面发现问题、找出不足、分析原因，为以后的会务工作提供借鉴和动力，不断提高办会水平。

1. 会议总结的主要内容

(1) 会议准备工作情况。

(2) 会议方案所制定的各项会议工作的准确性和全面性。

(3) 会务工作部门之间的协调状况以及会务工作人员的工作状态。

(4) 与会人员数量的合理性、信息交流的有效性。

(5) 会议目标的实现情况。

(6) 在提高会议效果方面需要改进的地方。

2. 会议总结的方式

(1) 会务工作人员个人书面总结。

(2) 各会务工作部门分别进行小组总结。

(3) 由领导组织有关人员进行总结。

(4) 必要时进行大会交流、总结。

(5) 有质量的书面总结可以用简报的形式散发并收集、整理、归档。

三、对会议效果进行评估

要做好会议的总结工作，就要对会议进行评估。会议评估程序如下。

1. 明确会议评估对象

主要包括对会议总体管理工作、会议主持人和会议工作人员的评估三个方面。

2. 确定会议评估因素

(1) 会议总体管理工作评估覆盖会议工作的方方面面，包括会议目标、会议方案、会场情况、时间、与会者范围、食宿安排、会议经费、会议文件资料和其他各项活动内容。秘书应根据会议的性质和类型决定评估问题的内容。

(2) 会议主持人评估，主要侧重于对主持人的主持能力、修养、业务水平、工作作风、会议进程的控制能力和引导会议决议形成能力的评估。秘书可请与会者记录填写事先设计好的表格。

(3) 会议工作人员评估，主要侧重于对工作人员的行为表现、工作态度、业务水平和工作效果的评估。

3. 设计评估表格，收集评估数据

设计评估表格应注意表格的长度、问题的相关性、提问的方式、填写的难易程度、分析数据的方式等。

4. 分析数据、得出结论

秘书应根据会议的类型和分析的目的，去获得分析数据并得出结论，以形成分析报告。与会者较多时，可采用计算机分析数据，并以显易的方式整理和展示会议评估所获得的数据，如柱状图、饼状图、散点式等。

四、撰写总结汇报

秘书在编制会议总结报告时，应将评估数据和分析结果写入总结报告中，并将形成的分析报告递交上司审核，形成备忘录。撰写会议总结必须了解总结的格式，了解各部分的写作要领、写作方法和写作的注意事项。

（一）总结的格式

1. 总结的标题

总结的标题有很多种形式，最常见的是由单位名称、时间、主要内容、文种组成，如××市财政局2012年工作总结、××厂2012年上半年工作总结。有的总结标题中不出现单位名称，如创先争优活动总结、2012年教学工作总结。有的总结标题只是内容的概括，并不标明“总结”字样，但一看内容就知道是总结，如“一年来的谈判及前途”，（人民出版社2012年版，第223页）；“走活三步棋，选好一把手”（《先锋》2011年第6期）等。还有的总结采用双标题，正标题点明文章的主旨或重心，副标题具体说明文章的内容和文种，如“构建农民进入市场的新机制——运城麦棉产区发展农村经济的实践与总结”、“加强医德修养树立医疗新风——南方医院惠侨科精神文明建设的经验”。

2. 总结的正文

和其他应用文体一样，总结的正文也分为开头、主体、结尾三部分，各部分均有其特定的内容。

(1) 开头

总结的开头主要用来概述基本情况。包括单位名称、工作性质、主要任务、时代背景、指导思想，以及总结目的、主要内容提示等。作为开头部分，要简明扼要，文字不可过多。

(2) 主体

这是总结的主要部分，内容包括成绩和做法、经验和教训、今后打算等。这部分篇幅大、内容多，要特别注意层次分明、条理清楚。

主体部分常见的结构形态有以下三种。

① 纵式结构。就是按照事物或实践活动的过程安排内容。写作时，把总结所包括的时间划分为几个阶段，按时间顺序分别叙述每个阶段的成绩、做法、经验、体会。这种写法的好处是事物发展或社会活动的全过程清楚明白。

② 横式结构。按事实性质和规律的不同分门别类地依次展开内容，使各层之间呈现相互并列的态势。这种写法的优点是各层次的内容鲜明集中。

③ 纵横式结构。安排内容时，即考虑时间的先后顺序，体现事物的发展过程，又注意内容的逻辑联系，从几个方面总结经验教训。这种写法，多数是先采用纵式结构，写事物发展

的各个阶段的情况或问题，然后用横式结构总结经验或教训。

主体部分的外部形式，有贯通式、小标题式、序数式三种情况。

① 贯通式适用于篇幅短小、内容单纯的总结。它像一篇短文，全文之中不用外部标志来显示层次。

② 小标题式将主体部分分为若干层次，每层加一个概括核心内容的小标题，重心突出，条理清楚。

③ 序数式也将主体分为若干层次，各层用“一、二、三……”的序号排列，层次一目了然。

(3) 结尾

结尾是正文的收束，应在总结经验教训的基础上，提出今后的方向、任务和措施，表明决心，展望前景。这段内容要与开头相照应，篇幅不应过长。有些总结在主体部分已将这些内容表达过了，就不必再写结尾。

（二）总结写作的注意事项

1. 要坚持实事求是原则

实事求是、一切从实际出发，这是总结写作的基本原则，但在总结写作实践中，违反这一原则的情况却屡见不鲜。有人认为“三分工作七分吹”，在总结中夸大成绩，隐瞒缺点，报喜不报忧。这种弄虚作假、浮夸邀功的坏作风，对单位、国家、事业、个人都没有任何益处，必须坚决防止。

2. 要注意共性，把握个性

总结很容易写得千篇一律，缺乏个性。当然，总结不是文学作品，无须刻意追求个性特色，但千部一腔的文章是不会有独到价值的，因而也是不受人欢迎的。要写出个性，总结就要有独到的发现、独到的体会、新鲜的角度、新颖的材料。

3. 要详略得当，突出重点

有人写总结总想把一切成绩都写进去，不肯舍弃所有的正面材料，结果文章写得臃肿拖沓，没有重点，不能给人留下深刻印象。总结的选材不能求全贪多、主次不分，要根据实际情况和总结的目的，把那些既能显示本单位、本地区特点，又有一定普遍性的材料作为重点选用，写得详细而具体。而一般性的材料则要略写或舍弃。

思考与实训题

1. 会议结束，与会者返程，一般情况下，秘书人员有几项工作要做？
2. 会议结束后，秘书要对会议开支费用进行结算，说出要从哪几个方面考虑。
3. 上网查找一次大型会议新闻报道，撰写一份会议纪要。
4. 秘书怎样确定会议文件资料的收集、整理的范围？
5. 秘书要做好会议的总结工作，就要对会议进行评估。会议评估程序是怎样的？

第四节 商务活动组织

理论知识

项目一 安排商务庆典活动

商务庆典活动是指企业或组织为了提高知名度，招徕顾客，争取生意兴隆，或为了宣传崭新形象，明确今后的发展目标，密切与公众的关系等，围绕自身或所处社会环境中的重要事件、节日、纪念日等举办的各种仪式或庆祝活动。

商务庆典活动形式多样，如开业庆典、周年庆典、颁奖庆典、开工庆典、竣工庆典等，以开业庆典、周年庆典更为常见。各种庆典活动的组织与管理因事而异，但又有一定的套路可循。

一、商务庆典活动的准备工作

（一）确定活动主题

不同的商务庆典活动有不同的主题，举办方应当根据举办庆典活动的具体目的以及社会环境、人文环境等因素来确定本次活动的主题，然后围绕主题安排整个活动的内容，内容的安排要注意突出主题。

（二）做好舆论宣传

举办各种商务庆典活动的主旨在于塑造本企业或组织的良好形象，吸引社会各界的关注，争取公众的认可和接受，所以舆论宣传的作用至关重要。

企业或组织可以选择有效的大众传播媒介，在报纸、电台、电视台等进行集中的广告宣传，内容一般包括庆典活动的举办日期、地点、主要活动等。

企业或组织还可以邀请新闻记者在庆典活动举办之前到现场进行采访报道，以便进一步进行正面宣传。

（三）做好来宾邀请

1. 拟定邀请名单

商务庆典活动影响的大小，往往取决于来宾身份高低与数量多少。一般来讲，邀请来宾的范围包括：

(1) 上级领导。邀请地方领导、主管部门领导及地方职能管理部门的领导，感谢他们对本企业或组织的关心和支持。

(2) 社会名流。邀请社会名流参加商务庆典活动，是为了更好地提高本企业或组织的知名度。

(3) 新闻记者。通过新闻记者对商务庆典活动的报道宣传，加深公众对本企业或组织的了解与认可，扩大社会影响。

(4) 同行人士。邀请同行业人士参加商务庆典活动，表示希望有更多更好的合作的良好愿望。

(5) 社区代表。邀请社区代表的目的是搞好本企业或组织与本地区的关系，让更多的人关心、支持本企业或组织的发展。

(6) 员工代表。员工是企业或组织的主人，每项成就的取得都离不开员工的辛勤工作，参加庆典活动会让员工更有归属感和荣誉感。

2. 及时发出邀请

拟定好邀请来宾名单，经领导审定后，应分别印制成精美雅致的请柬，提前两周左右寄达或送呈给被邀请者，以便被邀请者安排时间，按时赴会。在活动举办前3天再电话核实有无变动，对贵宾宜在活动举办前再核实一次。

(四) 确定主持人和致辞人

主持人可以是相关领导，也可以是有一定影响的电台、电视台或礼仪庆典公司的主持人。主持人应当仪表端庄、仪态大方、反应机敏、口才良好，并熟悉整个活动的程序。

致辞人除举办方的领导外，还要在来宾中选择嘉宾致辞人，一般由上级领导和来宾中身份较高者担任，并事先和对方进行沟通和确认。致辞人确定好后，要为其准备好致辞稿。

(五) 拟定庆典程序

每次商务庆典活动的内容和程序视具体情况而定，一般包括如下内容：

(1) 主持人宣布庆典活动开始；

(2) 升国旗、奏国歌或升公司旗、奏公司歌；

(3) 介绍领导、嘉宾；

(4) 举办方负责人和来宾代表致辞；

(5) 剪彩、授奖、参观等；

(6) 酌情安排宴请或文艺演出；

(7) 留影、题字等。

(六) 安排剪彩事宜

如果是公司成立、商场开业或大型工程奠基仪式、竣工仪式等庆典活动，一般都需要举行剪彩仪式。安排剪彩事宜主要包括以下三方面的工作。

1. 剪彩者的确定

剪彩者一般请上级领导、合作伙伴或社会知名人士担任。根据惯例，剪彩者可以是一个人，也可以是几个人，但是不应当多于5个人。剪彩者名单一经确定，应当尽早告知对方，让其早有准备。在一般情况下，确定剪彩者必须尊重对方个人的意见，需要由几个人同时剪彩时，应当分别告知每位剪彩者届时他将与何人同担此任。

2. 助剪者的挑选

助剪者指在剪彩过程中为剪彩者提供帮助的人员。常由举办方挑选年轻、精干、身材和相貌较好的年轻女职员担任，也可以到专业组织聘请。礼仪小姐确定并做好分工后，要进行必要的培训和演练，让她们熟悉礼节，保证剪彩仪式的顺利进行。

3. 剪彩用品的准备

剪彩用品主要有红色缎带、新剪刀、白色薄纱手套、托盘以及红地毯等。

(1) 红色缎带

即剪彩仪式之中的“彩”。按照传统做法,它应当由一整匹未曾使用过的红色绸缎在中间结成数朵花团而成,现在为了节约,通常使用长2米左右的红色缎带。一般来说,红色缎带上所结的花团,不仅要醒目硕大,而且具体数目往往同现场剪彩者的人数相关。通常,红色缎带上所结的花团数目较现场剪彩者的人数多一个,使每位剪彩者总是处于两朵花之间,尤显正式。

(2) 新剪刀

专供剪彩者在剪彩仪式上正式剪彩时使用。它必须是剪彩者人手一把,而且是崭新锋利的,避免因剪刀不好用而让剪彩者尴尬。因此,剪彩仪式前,要逐一检查,确保剪彩者“一剪破的”,切忌一再补剪。在剪彩仪式结束后,举办方可以将每位剪彩者所使用的剪刀包装好,送给对方作为纪念。

(3) 白色薄纱手套

专供剪彩者在剪彩仪式上正式剪彩时使用。在准备白色薄纱手套时,除要确保人手一副外,还需使之大小适度,确保手套洁白无瑕,以示郑重和尊敬。

(4) 托盘

专供盛放剪刀、白色薄纱手套使用。最好是崭新洁净的,通常为银色的不锈钢制品,为了显示正规,还可以在使用时铺上红色绒布或绸布。在剪彩时,礼仪小姐可以用一只托盘依次为各位剪彩者提供剪刀和手套,也可以为每位剪彩者各提供一只托盘,后一种方法尤显正式。

(5) 红色地毯

主要用于铺设在剪彩者正式剪彩时站立之处,其长度可视剪彩者的人数多少而定,宽度不应在1米以下。在剪彩现场铺设红色地毯,主要是为了提升仪式的档次,营造一种喜庆的气氛。

(七) 做好接待准备

在商务庆典活动开始前,必须做好一切接待准备工作,事先指派专人负责。安排好接待和服务人员,使他们各就各位、各司其职。安排专门的接待室,以方便来宾在活动正式开始前休息或与相关人员交谈。接待室中要求茶杯洁净,茶几上放置烟缸,如果不允许吸烟,应当将礼貌标牌放置在接待室中,提示来宾。重要来宾应由组织负责人亲自接待。入场、签到、剪彩、宴请、留言等活动均需提前安排好专人领位。

(八) 做好场地准备

商务庆典活动现场的选择应该结合庆典的内容、规模、影响力以及企业或组织的实际来定,一般选择企业或组织的正门之外的广场、正门之内的大厅等处,也可以是工程现场等地。场地的大小要同出席的人数相适应。

为了烘托热烈、隆重、喜庆的气氛,场地布置可充分利用飘空气球、彩虹门、步道旗、花篮、花卉植物、红地毯等,还可悬挂印有会标、宣传标语、庆祝或欢迎词语的彩带条幅等。

(九) 做好音响准备

在举行庆典之前,举办方要把音响设备准备好,尤其是供来宾讲话使用的麦克风和传声设备，不能在关键时刻出现麻烦，让主持人手忙脚乱、大出洋相。在庆典举行前后，通常播放一些喜庆欢快的乐曲，以烘托庆典的气氛。对于播放的乐曲，要事先进行审查，以免随意播放背离庆典主题的乐曲。相关的摄影、录像等设备也要准备和调试好。

（十）其他准备工作

准备文字材料，像庆典活动程序表、来宾名单、主持词、致辞、答词以及企业或组织的宣传册等；准备贵宾留言册，应当用红色或金色锦缎面高级留言册，并同时准备好毛笔、砚墨或碳素笔；准备礼品，因为庆典活动中向来宾赠送礼品也是一种宣传手段。选择礼品要有象征性、纪念性、宣传性。其他各种必需的物料也要准备齐全。

二、商务庆典活动的仪式程序

（一）签到

来宾来到后，应有专人请他们签到。签到簿以红色封面、内部纸张为装饰美观的宣纸为宜。签到的同时，可以将本企业或组织的宣传或说明资料发给来宾，以扩大企业或组织的知名度。还可以准备两个盒子或碟子，一个装单位领导或公关部经理的名片，另一个装来宾的名片，便于今后联系或制作通信录。

（二）接待

来宾签到后，由接待人员引领到备有茶水、饮料的接待室，让他们稍事休息并相互认识。本企业或组织人员应当陪同宾客进行交流，可以谈一些本企业或组织的事情，或对来宾的到来表示感谢。

（三）剪彩

1. 宣布开始

主持人宣布剪彩仪式开始，礼仪小姐率先登场。在上场时，礼仪小姐应当排成一行前进，从两侧同时登台或从右侧登台。登台之后，拉彩者与捧花者应当站成一行，拉彩者位于两端拉直红色缎带，捧花者各自双手捧一朵花团。托盘者站立在拉彩者与捧花者身后 1 米左右，并且自成一行。

2. 剪彩者就位

主持人宣布剪彩者的单位、职务、姓名，剪彩者从右侧出场登台，步履稳健地走向彩带。引导者应当在其左前方进行引导。当剪彩者都已到达既定位置之后，托盘者应当前行一步，到达前者的右后侧，以便为其递上剪刀、手套。

若剪彩者为一人，剪彩时要让他在中间站定。若剪彩者有几个人，同时上场剪彩时还要根据剪彩者的身份地位分出位次。一般的规矩是：中间高于两侧，右侧高于左侧，距离中间站立者越远位次越低，即主剪者应居于中央的位置。“右侧高于左侧”是一项国际惯例，若剪彩仪式并无外宾参加，则可以按照我国“左侧高于右侧”的传统做法。

3. 正式剪彩

在正式剪彩前，剪彩者应当首先向拉彩者、捧花者示意，待其有所准备后，集中精力，右手持剪刀，庄严地将红色缎带一刀剪断。若多位剪彩者同时剪彩时，其他剪彩者应当注意主剪者的动作，主动与其协调一致，力争大家同时将红色缎带剪断。

按照惯例，剪彩以后，红色花团应该准确无误地落入托盘者手中的托盘里，切勿使之坠地，为此需要捧花者与托盘者的合作。剪彩者在剪彩成功后，可以右手举起剪刀，面向全体到场者致意，然后把剪刀、手套放在托盘之内，举手鼓掌。

4. 退场

剪彩完毕，剪彩者可以依次与主人握手道喜，并列队在引导者的引导下退场。退场时，一般宜从右侧下台。待剪彩者退场后，其他礼仪小姐再井然有序地列队由右侧退场。

（四）致辞

由举办方领导和嘉宾代表致辞。无论是贺词、答词均应言简意赅、热烈庄重，切忌长篇大论。

（五）配套节目

典礼完毕，适宜安排一些气氛热烈的节目，如敲锣打鼓、舞狮耍龙、播放喜庆音乐等。在允许燃放鞭炮的地区，还可以燃放鞭炮、礼花、礼炮等，以制造喜庆的气氛。此外，还可以请军乐队演奏。

（六）附加活动

主持人宣布仪式结束后，可以根据实际情况引导客人参观本企业或组织的生产设施、服务设施及产品或商品陈列，以融洽关系，宣传自己。也可以举行短时间的座谈或请来宾在留言簿上留言，广泛征求意见。之后，还可以安排舞会、宴会答谢来宾。

（七）赠送礼品

可以制作或准备纪念性的礼品赠送来宾和自己的员工，使来宾有受到尊重的感觉，使员工感到主人翁的优越意识，以此达到感情的交流。

此外，还可以根据庆典的具体内容，进行职工文艺表演，举行大型促销活动等。

项目二　安排开放参观活动

一、开放参观活动概述

（一）什么是企业开放参观活动

企业或组织为了让公众更好地了解自己，通常由行政部门人员尤其是秘书人员负责组织一些对外开放参观活动。所谓开放参观活动，就是企业邀请外部人员或内部员工家属来到企业，对企业的生产和工作进行参观和了解，以达到宣传企业、扩大影响的一种商务活动方式。企业举办开放参观活动是件繁杂的工作，但它可以使公众对企业产生兴趣和好感，增强和扩大企业的知名度和美誉度。

（二）开放参观活动的意义

组织或企业开展一些准备有绪、接待热情的开放参观活动，将会为自身创造良好的社会形象，给公众留下美好而深刻的了解和记忆。

在企业的开放参观活动中，常常组织员工家属、新闻工作者、社区公众、学校师生和其他对企业感兴趣的公众等到企业参观和考察，以了解企业的生产经营状况。在国外，这种活动多在社区内进行，绝大多数的企业为了与社区公众融洽相处，增强员工对企业的归属感和自豪感，一年中常常指定几个特定的日子安排员工家属和社区公众参加企业的开放参观活动，尤其是邀请学校的学生。举办这种活动的目的就是企业可以利用这些机会向公众进行宣传，表明自己的存在是有利于社会的，以得到公众的理解和支持；抓住这些机会表明公司的政策是对外开放的，展示公司的美好愿望、结交新朋友、增加新顾客的理念，说明公司经营良好、内部管理有序、资金运作合理，以扩大企业或组织的社会认知度，并可以进一步了解合作的对象。

（三）企业开放参观活动的主题和内容

1. 开放参观活动的目的

任何一次对外开放参观活动，都应确定一个明确的目的，即想通过这次活动让参观者留下怎样的印象、取得什么效果，达到什么样的目的。企业举办对外开放参观活动的主要目的有：

（1）扩大组织的知名度，增加组织的透明度，提高美誉度；

（2）促进组织的业务拓展，加强和业务单位的合作关系；

（3）和谐组织与社区的关系，表明企业是社区理想的一员；

（4）增强员工或家属的自豪感。

2. 开放参观的内容

企业的对外开放参观活动就是要让参观者通过对企业的看、听、比、想，对本企业的历史和现状、全貌和特点有一个深刻的了解，从而增强对企业的了解和认同感。这样的企业开放参观活动，就需要根据自己对外开放参观的目的来进行一定的设计和布置，安排开放参观的内容。企业开放参观的内容通常有以下三种：

（1）情况介绍，包括口头介绍、书面介绍和影像介绍；

（2）现场观摩，让参观者参观工作现场；

（3）实物展览，配有解说员解说。

二、开放参观活动的前期筹备

（一）选择开放参观的时机

企业开放参观的时间最好安排在一些特殊的日子里，如企业的周年纪念日、企业开业庆典日、社区节日等。在这些特殊的日子里邀请公众或相关人员进行参观，可以增添特别的意义，也可激发公众更大的兴趣，获得更强的开放效果。在选择参观日期时应注意不要和重要节日或企业的重要活动、接待发生冲突。因为在重要节日，大部分公众都有自己的安排；在企业举办重要活动或有重大的接待任务时，参观者一方面看不到日常工作的场面，另一方面也会给接待工作造成极大麻烦，严重影响企业的形象和参观效果。所以应合理地安排开放参观活动时间，同时还要考虑气候的因素，较理想的开放日一般以晚春和早秋季节为宜。

（二）成立专门机构

开放参观活动能否获得成功，很大程度上取决于活动前的筹备工作，但一般开放参观活动的准备及接待工作较为繁琐与繁重，不可能由一两人就能完成，这就需要成立开放参观活动专门的筹备机构来统筹安排。一般情况下，专门机构中应至少有一名决策层的领导来做总协调人，由相关部门的负责人和行政、人事部门的人员共同组成，企业中常常会指定1～2名秘书人员来负责承办活动中的各种具体事项。

由于开放参观活动涉及的方面较多，很多工作需要公司内其他部门及人员的配合才能完成，秘书应注意随时与有关部门及人员进行沟通，以加强合作与联系。

（三）准备介绍材料

1. 准备宣传小册子

秘书可以为参观者准备好印刷精良的宣传小册子。这类小册子以简明生动、深入浅出的语言介绍参观内容，并适当配有一定的图表和数据，尽量做到图文并茂，最好不涉及深奥的专业术语，考虑一般公众的文化水平和接受能力。

秘书应在参观之始将小册子发给来宾，使来宾快速阅读后对参观内容有大致的了解，参观时还可以边看实物边对照，能集中注意观看，免去记录的麻烦。这些小册子可供来宾日后参考，并通过来宾之手转送未能亲自参加参观的人，还能成为十分有用的传播媒介，扩大企业的知名度和美誉度。

2. 放映视听材料和观看模型

有些组织结构复杂、技术尖端、时空跨度大，为了帮助公众理解，观摩实物前秘书可以放映事先准备好的有关录像、幻灯片或电视片，并做简洁的介绍。

有的企业规模庞大、设施分布广，来宾不可能每处都去、每物都看，还有的设施不便于来宾参观，就可以事先制作模型，让来宾观看。来宾观看后，可以根据自己的需求选择几处认为重要的地方实地观看。

（四）做好解说及接待准备

(1) 挑选并培训导游或解说人员；

(2) 确定邀请对象，制作并寄发请柬；

(3) 确定参观内容，选择参观路线；

(4) 设立接待服务处；

(5) 准备特殊的参观用品；

(6) 准备礼品或纪念品。

三、开放参观活动的接待

在开放参观活动当日的各项服务工作是秘书的重要工作之一。开放参观活动中，组织者及负责接待的相关秘书工作人员应热情、主动做好接待工作。秘书应做的具体工作有：

(1) 引导来宾进入公司；

(2) 引导参观，做好解说和接待工作；

(3) 做好餐饮服务工作；

(4) 解答来宾提问。

四、开放参观活动的结束

1. 分发纪念品和征求来宾意见

2. 做好欢送工作

当企业开放参观活动结束后，并不意味着负责此项工作的秘书的工作完成，秘书人员还应做好以下几项工作。

(1) 准确掌握来宾离开的时间

一般来讲，当来宾到来时，负责接待的秘书人员就应准确了解来宾参观后离开的时间安排，并提前落实好票务和相关的交通工具。当参观活动结束后，负责欢送的人员须在来宾登机、上车、上船前到达指定地点等候、送别，如有欢送仪式，则应在仪式开始之前提前到达。

(2) 欢送的规格

欢送的规格应根据来宾的身份、地位以及和企业的业务关系的重要程度等因素综合考虑。一般来说，欢送来宾的规格、陪车的次序以及献花的方式等礼仪应与迎接宾客时相同。如有特殊情况需临时变更的，必须向客人解释清楚，并向对方道歉。

(3) 与来宾道别

参观活动结束后，秘书人员应礼貌地送别来宾。提醒和帮助来宾拿好自己的物品，并根据来宾身份的尊贵程度，将来宾送至电梯间、公司大门口或直至将客人送上车。当与来宾送别或来宾乘坐交通工具离去之前，秘书应与来宾再次一一握手道别，以礼貌谦和、热情大方的态度欢迎来宾再次光临，然后一直等到客人所乘坐的交通工具开出视线后再转身离去；与上司一起送别来宾时，要比上司稍后一步。

项目三　安排商务谈判

一、商务谈判的概述

(一) 什么是商务谈判

商务谈判作为现代社会必可不少的组成部分，是企业进行经济贸易活动的重要手段，是当事人之间为实现一定的经济目的，明确相互的权利义务关系而进行协商的行为。随着人们生活节奏的加快，需要不断地调整人们之间的利益，协调彼此行为，所以商务谈判在组织的经营管理活动中的作用越来越重要。商务谈判的目的是通过谈判方式来保持或改善双方的关系，满足各方的利益需要。一场成功的谈判可以使双方的利益要求都获得满足，或者说，双方利益在一定程度上达到平衡。因此成功的商务谈判的每一方都是胜利者，只有这样，双方的良好关系才能得到巩固和发展。组织商务谈判的人员也需要了解商务谈判的原则，谈判的一般程序，谈判的准备工作，商务谈判的常用策略等。

商务谈判是由谈判当事人、谈判标的和谈判议题三个要素构成，三者缺一不可。谈判当事人由谈判双方派出，当事人是谈判的主体，谈判的成败当事人起着很重要的作用，当事人只有对双方的情况有一个全盘了解，采取最佳的应对策略，才能在谈判过程中处于最优状态。谈判标的是谈判双方共同关注的东西，它可能是商品、技术、工程项目等。而谈判议题是双方所关心并且希望解决的问题，是希望通过谈判来达成一项协议从而使问题得到解决。

商务谈判是一项非常系统性的工作，需要谈判双方根据谈判内容，结合自身实际情况，采取科学的策略，才会使谈判顺利展开。同时也需要谈判双方真诚合作，相互协商，才会使谈判有一个圆满的结局。

(二) 商务谈判的原则

1. 自愿原则

商务谈判的自愿原则是指作为谈判当事各方，是出于自身利益目标的追求和互补互惠的意愿来参加谈判的，而非受他人驱使或外界压力。自愿表明谈判各方都有独立的新闻能力，能够按照自己的意志在谈判中就有关权利义务做出决定。同时，只有自愿，谈判各方才会有合作的诚意，最终取得各方满意的谈判结果。

2. 平等原则

平等原则是指在商务谈判中无论各方的经济实力强弱、组织规模大小，其地位是平等的。在商务谈判中，当事各方对交易项目及其交易条件拥有同样的否决权，协议只能通过协商取得一致意见才能达成，不能一方说了算或者少数服从多数。谈判各方必须充分认识这种平等的权利和地位，自觉贯彻平等原则，任何一方不能以强凌弱，把自己的意志强加于人。

3. 灵活机动原则

商务谈判的过程是一个不断思考的过程，需要灵活掌握各种谈判技巧，以便测出对方内心的想法与计策，使自己在谈判过程中始终占据比较有利的位置。

4. 求同存异原则

求同存异原则是商务谈判成功的关键。谈判中双方必然会为某条款协议发生争议，这就要求各方应从大局着想，把共同利益作为出发点，双方用友好协商的态度来解决问题；要把谈判对象当成合作伙伴，而不是敌人；要把眼光放长远一些，考虑做出局部牺牲来换取长远利益，构建和增加共同利益，使双方都成为赢家。

5. 互利原则

互利原则是要求谈判双方在适应对方需要的情况下，互通有无，使双方都能得利，这是商务谈判的目标，在考虑己方利益的同时，要照顾双方利益，使交易谈判结果实现等价交换、互利互惠。正是从这一原则出发，著名的美国谈判学会会长贾拉德·尼伦伯格把谈判称为“合作的利己主义”。

6. 坚持客观标准原则

客观标准，是指独立于谈判各方意志之外的社会标准，如国际政策和法律规定的标准、行业标准、通行的惯例，包括职业标准、道德标准等。

商务谈判中，如果双方都能从坚持客观标准这一原则出发，那么所提出的要求和条件就比较客观、公正，而不是不着边际的漫天要价，谈判各方的矛盾与冲突也可以得到公正的解决，避免无谓的争执，并且有助于谈判双方冷静和客观地分析问题，达成协议；也有助于在执行阶段双方有效地、积极地履行合同。

二、商务谈判的准备工作

（一）收集与谈判有关的信息

1. 信息收集的主要内容

(1) 环境信息

任何谈判都是在一定的社会环境中进行的，因此，谈判所处的环境条件，是影响谈判的重要因素，因此，在谈判开始之前，谈判人员必须收集和分析以下的环境信息。

政治环境信息。政治状况关系到谈判项目是否成立和谈判协议履行的结果。因此，必须了解对方所处的政治环境，如国内企业的政治风险主要是对方领导班子的团结和稳定，外贸中更要了解对方国家的政治制度和政府的政策倾向、政治体制、政策的稳定性等。

法律制度信息。主要是了解与商务谈判活动有关的法律法规，如民法、合同法、公司法、商标法等。

商业习惯信息。商业习惯不同会使商务谈判在语言使用、礼貌礼节、谈判效率，以及接触报价、谈判重点等方面存在极大的差异。

社会文化信息。社会文化信息主要包括文化教育、宗教信仰、生活方式和社会习俗等。

(2) 市场信息

对市场信息的准备主要包括产品需求信息、产品销售信息和产品竞争情况等方面。

产品需求信息。包含产品的市场需求总量、需求结构、需求的满足程度、潜在的需要量等方面的情况。摸清目标市场上消费者的消费心理和消费需求，基本上掌握消费者对该产品的消费意向，客观估计该产品的竞争力，以利于和谈判对手讨价还价，取得更好的经济效益。

产品销售信息。包括该类产品在过去几年的销售量、销售总额以及价格变动情况；该类产品在当地生产和输入的发展趋势等。通过对销售情况的调查，可以使谈判者大体上掌握市场容量，确定产品的销售数量或购进数量。

产品竞争情况。包含目标市场上竞争对手的数目、生产规模、产品性能、价格水平等；竞争对手所使用的销售组织形式、所提供的售后服务、竞争产品的市场占有率等；通过调查，使谈判者能够掌握竞争对手的基本情况，寻找他们的弱点，预测己方产品的竞争能力，在谈判中灵活掌握价格水平。

(3) 有关谈判对手的信息资料

在正式谈判前，对谈判对手的信息的掌握也非常重要。如果事先不了解谈判对手，谈判的困难程度和风险程度是可想而知的。

资信情况。了解谈判对手的资信情况，包括对方是否具有签订合同的合法资格，对方的资本、商业信誉和履约能力。

对方的谈判风格。了解谈判对手的谈判作风，对预测谈判的发展趋势和对方可能采取的策略，以及制定己方的谈判策略，可提供重要的依据。谈判作风因人而异，千差万别。因此，尽可能多地了解谈判对手的个人情况，如谈判对手的年龄、职务、性格特征、兴趣爱好、业务能力、经验等，通过在谈判中的接触观察或通过向与对方打过交道的人进行了解等途径，对对手的谈判风格进行分析。

(4) 对谈判双方谈判实力的判定

谈判实力是指影响双方在谈判过程中的相互关系、地位和谈判最终结果的各种因素的总和，以及这些因素对谈判各方的有利程度。通常，影响谈判实力的因素有以下几方面。

交易内容对双方的重要程度。一般来说，交易对某一方越重要，也就是说该方越希望成交，该方谈判实力就越弱。反之，越强。例如，在货物买卖业务洽谈过程中，若卖方的产品较为紧俏，而买方又急于购买此产品，这时，对于卖方来说其谈判实力就强，因为卖方不愁货卖不掉，而买方怕买不到货而着急，显然，买方的谈判实力就弱。

对方对交易内容与交易条件的满意程度。某一方对对方的满意程度越高，对方在谈判中就越占优势，也就是说对方的谈判实力就越强。

双方竞争的形式。在业务往来的过程中，经常存在多个买主对应多个卖主的情况。如果多个卖主对应较少的买主，即形成了买方市场，这时无疑是买主谈判实力强。反之亦然。

双方对商业行情的了解程度。谈判的某一方如果对交易本身的商业行情了解得越多、越仔细，该方在谈判中就越是处于有利地位，也就相应地提高了自身的谈判实力。

双方企业的信誉和实力。企业的商业信誉越高，社会影响越大，则该企业的谈判实力就越强。

2. 信息收集的主要途径

(1) 通过大众传播媒介;

(2) 通过专门机构;

(3) 通过各类专门会议;

(4) 通过知情人员;

(5) 自己建立情报网。

(二) 谈判方案的制订

谈判方案是指在谈判开始前对谈判目标、议程、对策预先所做的安排。谈判方案是指导谈判人员行动的纲领,在整个谈判过程中起着重要的作用。

一个好的谈判方案必须做到简明、具体、灵活。谈判方案应尽可能简明,目的是便于谈判人员记住其主要内容与基本原则,以使他们能根据方案的要求与对方周旋。不过,这里的简明必须与谈判的具体内容相结合,以谈判的具体内容为基础,否则,将会使谈判方案显得空洞和含糊,反倒使谈判人员不知所措。此外,谈判方案还必须有弹性,以使谈判人员能在谈判过程中根据具体情况采取灵活措施。

一般说来,一个谈判方案应包括以下内容。

1. 谈判主题和目标的确定

谈判主题是谈判活动的中心,整个谈判过程都应紧紧地围绕这个主题进行。谈判目标是谈判本身内容的具体要求,是期望通过谈判而达到的目的。即说明为什么要坐在一起进行谈判。例如,为了探讨双方合作或交易的可能性,解决经济纠纷,达成一笔交易的协议等。任何一场谈判都应以目标的实现为导向,因此,谈判准备工作的关键是确立目标。

谈判目标一般可以分为三个层次。

(1) 必须达到的目标,也叫临界目标。它是己方在商务谈判中的最低目标,没有讨价还价的余地,宁可谈判破裂,也不能放弃这一目标。

(2) 可能达到的目标(或称可以接受的目标),它是谈判中可以努力争取或者可以做出让步的范围(可变区间),双方的讨价还价多在这一层次展开。只有在万不得已时方可考虑放弃。

(3) 最高目标,也叫期望目标,它是己方在谈判中追求的最理想的目标,谈判者应该刻意追求。当然,必要时是允许放弃的。

2. 谈判议程的安排

谈判议程即谈判的议事日程。主要是说明谈判时间的安排和双方就哪些内容展开谈判。

(1) 谈判的时间安排

谈判时间的安排包括谈判在什么时间举行、时间的长短、各个阶段的时间如何分配、议题出现的时间顺序等,谈判时间的安排是议程中的重要环节。如果时间安排得很仓促,准备不充分,匆忙上阵,就很难沉着冷静地在谈判中实施各种策略;如果时间安排得很拖延,不仅耗费大量时间和精力,而且随着时间的拖延,各种环境因素都会发生变化,还可能会错过一些重要的机遇。

(2) 谈判议题的确定

就是要确定进行谈判的事项、先后次序以及每件事所占用的时间。

(3) 谈判对策的选择

在谈判开始前,可组织有关人员根据本次谈判的外部环境(如政治、经济、法律、技术、时间、空间等），双方的具体情况（如谈判能力、经济实力、谈判目标等），对谈判中双方的需要、观点以及对对方某项建议的反应等问题进行讨论，并针对不同的情况选择相应的对策。

可选择运用的策略很多，如开局策略、报价策略、磋商策略、成交策略、让步策略、打破僵局策略、进攻策略、防守策略、语言策略等，要根据谈判过程中可能出现的情况，事先做好准备，做到心中有数。

（三）谈判的地点选择和现场布置

1. 谈判地点的选择

不能认为谈判地点的选择无关紧要，因为它会对谈判中的战术运用产生影响。一般而言，谈判地点可以选择在己方根据地（主场）、对方根据地（客场），或者是两者之外的中立地（中立场）。这三种选择各有利弊。

(1) 主场谈判

优点

① 心理优势：对谈判地点熟悉，具有安全感，信心十足；

② 精力优势：以逸待劳，无须分心去熟悉或适应环境；

③ 配合优势：与本企业人员沟通方便，谈判遇到意外时，可以直接向上级请示；如果需要深入研究某个问题，还可随时搜集和查询有关资料；

④ 成本优势：可以节省去外地谈判的费用和旅途时间，降低谈判成本。

缺点

① 谈判可能要受到其他事务的干扰；

② 要承担繁琐的接待工作；

③ 对方对他们的责任和义务容易找借口逃避。

(2) 客场谈判

优点

① 己方可以全心全意地投入谈判，不受或少受干扰；

② 能越级同对方的上司直接谈判，避免对方节外生枝；

③ 现场观察对方的经营情况，易于取得第一手资料；

④ 必要时可以推说资料不全而拒绝提供情报资料。

缺点

① 在谈判中遇到意外时和上级沟通比较困难；

② 环境陌生，临时需要有关资料不如主场方便；

③ 被动性强，在谈判场所的安排、谈判日程的安排等方面处于被动地位。

(3) 中立场（第三地）谈判

在中立场谈判可使双方心理上感觉更为公平，有利于缓和双方的关系。但由于双方都远离自己的根据地，会给谈判的物质准备、资料收集、与上级的信息沟通等方面带来诸多不便，因而在商务谈判中较少使用。

2. 谈判现场的布置

选择环境优美、条件优越的具体谈判地点，并巧妙地布置会谈场所，使谈判者有一种安全舒适、温馨的心理感受，不仅能显示出己方热情、友好的态度，也能使对方对己方的用心深表感谢，从而营造了和谐的谈判气氛。

(1) 谈判地点的选择

谈判地点的选择应该满足以下几方面的要求：

① 交通便利，便于有关人员来往，便于双方通信要求的地方。

② 环境舒适、安静。应选择宽敞、整洁、舒适的谈判场所，并具有良好的通风条件和采光条件，相对较安静，能避免外界的干扰。

③ 必要时要备有密室，最好在举行谈判的会议室旁备有一两间小房间，以便于谈判人员协商机密事情。

④ 必要的办公设备。谈判的地点应配有计算机、打印机、投影仪等办公设备，便于双方人员处理文件。

(2) 谈判会场的布置

谈判会场的布置及座位的安排是否得当，往往是给客人的第一印象，是检验本企业和谈判人员素质的标准之一，有些商人会根据谈判会场的布置状况来判断对方对本次谈判的重视程度和诚意。

(3) 谈判室安排

谈判最好能安排在两个房间，一间作为主谈室，另一间作为备用室，有可能的话再配一间休息室。

主谈室作为双方进行谈判的主要场地，应当宽敞、舒适、光线充足，并备齐应有的设备和接待用品。除非征得双方同意，否则主谈室不要安装录音、录像设备，因为这会增加双方的心理压力，言行举止都会谨小慎微，很难畅所欲言。

备用室是双方都可以使用的单独房间，它既可以作为某一方谈判小组内部协商的场所，又可供双方进行小范围讨论之用。备用室最好能靠近主谈室，内部也要配备相应的设备和接待用品。

休息室，应布置得轻松、舒适，条件允许的话也可以适当配置些娱乐设施，以便能使双方松弛一下紧张的神经，缓和彼此之间的气氛。

(4) 座位安排

谈判座位的安排也是值得考虑的。

最常见的排位方法是双方人员各自坐在谈判桌的一边，这种排位法使谈判小组容易产生安全感和实力感，便于查阅一些不想让对方知道的资料，可以就近和本方人员交换意见，但也容易造成双方的冲突感和对立感。

在商务谈判中通常采用长方形条桌，其座位安排见长方形条桌谈判座位安排，如图 2-6、图 2-7 所示。

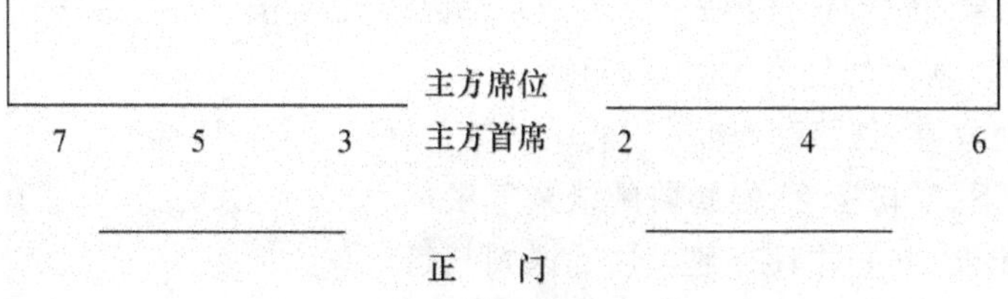

图 2-6　长方形条桌谈判座位安排

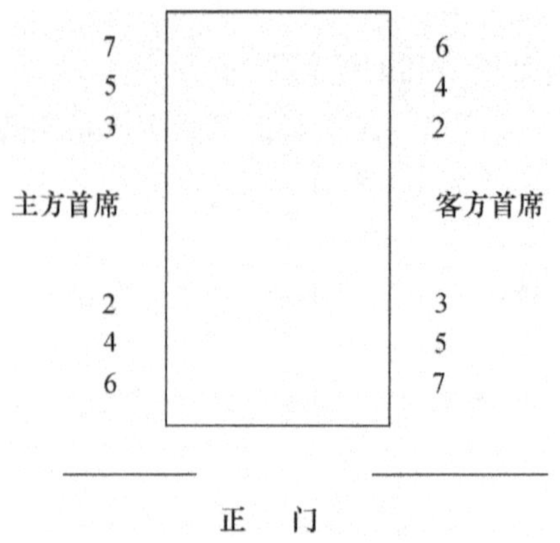

图 2-7　长方形条桌谈判座位安排

根据图 2-6 所示，若以正门为准，主人应做背门一侧，客人则面向正门而坐，其中主谈人或负责人居中。我国及大多数国家习惯把翻译安排在主谈人的右侧即第二个席位上，但也有少数国家让翻译坐在后面或左侧。

根据图 2-7 所示，若谈判长桌一端向着门，则以正门的方向为准，右为客方，左为主方。其座位号的安排也是以主谈者（即首席）的右边为偶数，左边为奇数，即所谓“以右为大”。

若没有条桌，也可以用圆桌或方桌，其座位安排分别与上面两种相同，适合于小规模、双方都比较熟悉的谈判。

还有一种排位方法是双方人员随意就座。这种方法能减少对立感，体现双方谋求一致的指导思想，有利于形成轻松、合作、友好的气氛。但谈判人员内部的信息传递比较困难，不利于主谈人对本方人员言行的控制，如果事先没有这方面的心理准备，还会产生谈判人员被分割、包围、孤立的感觉。

总之，谈判现场的布置及座位的安排，都应该为谈判的总目标服务，并且根据双方之间的关系、己方谈判人员的素质和谈判实力等因素而定。

三、商务谈判的开局阶段

（一）建立良好的谈判气氛

谈判气氛直接影响着谈判者的心理、情绪和行为，进而影响到谈判的发展，有实力的谈判者总是试图通过有意识、有目的地掌握谈判气氛来实现他们对整个合作或竞争风格的选择。虽然谈判气氛在谈判不同阶段会呈现不同状态，但通常在开局阶段形成的谈判气氛最为关键，往往贯穿始终，所以在开局应尽可能营造有利于谈判的环境气氛。

1. 谈判气氛的类型

谈判气氛没有固定的最佳模式，每个谈判都因谈判内容、形式、参与人员以及地点不同，而有独特的气氛。谈判的气氛大概有四种：

（1）冷淡、对立甚至敌意的谈判气氛；

（2）效率低下、松松垮垮、慢腾腾的谈判气氛；

（3）热烈、积极、友好并具有建设性的谈判气氛；

（4）平静、严肃和严谨的谈判气氛。

谈判双方究竟将在哪种气氛中进行谈判，需要根据谈判的内容和对手进行调整。而这种气氛一般在双方见面后极短时间内就形成了，而且整个谈判都要受这种气氛的影响。

商务谈判讲究双方互惠互利，因此，创造一个轻松、愉悦的气氛，共同努力而签订一个双方满意的协议，使谈判成为一件轻松愉快的事情成为开局阶段的首要任务。

2. 影响谈判气氛的因素

谈判气氛受到多种因素影响，如政治形势、经济形势、市场变化、文化气氛、实力差距等。但对谈判气氛产生直接影响的主要是环境、时间、情感与行为。其中谈判人员主观因素对谈判气氛的影响是最直接的。谈判者的气质、风度、形象、服饰、表情、姿态、动作，说话的语气，话题的选择等都对气氛的形成起着关键作用。

3. 如何营造良好的开局气氛

建立一种和谐、融洽、合作的良好开局气氛，能够为即将开始的谈判奠定良好的基础。良好的开局气氛可以传达双方友好合作的信息，减少双方的防范情绪，协调双方的思想和行动。谈判者都愿意在一个良好的气氛中进行谈判。

营造良好和谐的气氛，应该做到以下几点。

(1) 把握开场白的节奏

一般来说，开门见山式的谈判容易造成双方的不安。在谈判进入正式话题之前应该谈些什么问题呢？选择中性的话题最为合适，这些话题轻松而具有非业务性，容易引起双方共鸣，有利于创造和谐气氛。中性话题的内容通常有以下几种：各自的旅游经历、文体新闻、业余爱好。对彼此有过交往的老客户，可以叙述双方以往的合作经历和取得的成功、天气情况、私人问候。

开场白阶段实际上是过渡阶段，因此，不能冷场或停顿，开场白也不宜讲得太快，慌慌张张，或滔滔不绝。注意节奏适当，以形成既轻松又有高效率的谈判速度。

(2) 动作自然得体，讲究表情语言

人的姿势动作作为人体语言的一种重要形势，具有很强的感染力，如初次见面的握手稍微有力，有的人认为这是友好的表示，会产生一种亲切感，而有的人可能觉得对方有意献媚，会产生厌恶之感，因此，作为谈判人员应事先了解对方及其每个成员的背景与性格特点，区别不同的情况，采取不同的做法。

一般来说，可以从谈判人员流露的表情来判断其对谈判的态度。谈判人员是信心十足还是满腹疑惑，是轻松愉快还是紧张呆滞，都可以通过表情流露出来；是狡猾还是诚实，是凝重还是活泼也可以通过眼神表示出来。因此，谈判人员应时刻注意自己的表情和眼神，尽量表示出友好、合作的意愿。

(3) 把握破题时机

破题是指双方由见面的介绍和寒暄而转入实际性谈判的过程。

通过破题可以了解对方的性格、态度、意向、风格、经验。如若对方破题时瞻前顾后、优柔寡断，可以断定是一个初出茅庐者；反之，如果对方在开局阶段从容自若，设法调动我方兴趣，消除我方疑虑，或想方设法探测我方实力，则可以断定谈判者是一个行家。

破题时，谈判人员切忌过分闲聊，离题太远，尽量将话题集中于谈判目标、计划、进度和人员四个方面。就这四个方面充分交换意见，达成一致。最为理想的方式是以轻松、愉快的语气闲谈双方容易达成一致意见的话题。例如，“我们先确定一下今天的议题如何？”“先商量一下今天的大致安排，怎么样？”如果对方急于求成，一开局就喋喋不休地大谈实质性问题，己方应尽量避开，将对方引导谈判的目的、议程上来。

（二）开场陈述

1. 开场陈述的目的和任务

开场陈述是在开局阶段双方就本次谈判的内容，陈述各自的观点、立场和建议。

（1）陈述的目的

要使双方理解彼此的意愿，内容应是横向铺开而不是深谈某一问题，既要体现一定的原则性，又要体现合作性和灵活性。

（2）开场陈述的任务

让双方能把本次谈判所涉及的内容全部提出来，同时，使彼此了解对方对本次谈判内容所持有的态度、立场和观点，在此基础上就一些原则性分歧发表建设性意见或建议。

2. 开场陈述的内容

（1）已发生的事件，我方对事件掌握的情况，包括我方认为这次谈判涉及的问题；

（2）双方希望通过谈判取得的各自利益；

（3）我方的基本利益，阐明哪些方面对我方来讲是至关重要的；

（4）我方可向对方做出的让步和商谈事项，我方可以采取何种方式为双方共同获取利益作出贡献；

（5）我方的原则，包括双方以前合作的经过，我方在对方享有的信誉，今后双方合作中可能出现的良好机会或障碍。

3. 开场陈述时的注意事项

（1）发言要简单突出重点，恰如其分地把意图、感情倾向表明出来即可；

（2）陈述时，最好以诚挚和轻松的方式表达自己的意见、观点和立场。

（三）开局阶段的禁忌

开局阶段为了给对方留下良好的印象，必须注意以下几方面的禁忌。

1. 不要在建立恰当的洽谈气氛之前就迅速进入实际性洽谈

双方见面后，马上进入实际性洽谈，这对谈判是相当有害的。为了使谈判成功，一开始需要建立一种友好的气氛，这需要一定时间的磨合。

2. 个人形象差

个人形象差会给对方造成不良的印象，影响洽谈气氛，所以以下情形应当避免：

（1）神态紧张，优柔寡断，疲惫不堪；

（2）装束不规范，搭配错误，不清洁，不整齐；

（3）动作、语言、表情不自然，如握手时伸手犹豫、握手无力；与对方接触时，目光闪躲、游离等。

3. 对双方的权利分配处置失当

人们对待权利问题常常十分敏感，处理不好，会破坏会谈的气氛，甚至可能导致整个谈判的失败，因此，在这个阶段应特别注意，这个阶段的关键问题是：谁准备第一个发言？谁在洽谈议程中起主导作用？谈话时间如何在双方之间分配？

通常双方拥有均等的发言机会，切忌说话滔滔不绝，不听取对方意见，这样会破坏会谈气氛。

四、磋商阶段

（一）明示与报价阶段

1. 明示阶段

明示阶段，即将需要解决的问题摆出来。

（1）明示的内容

明示的内容，一般来说明示的内容主要包括三类：己方需求、对方需求、双方的共同需求等。磋商阶段的关键是谈判者既要追求己方的需要与目标，同时又要适当考虑对方的需求和目标。

（2）了解对方的需求

商务谈判的过程，就是需要的提出和满足的过程。对方表达的是什么？对方想要什么？对方真正的目的是什么？这都需要不断地探测和判断。

（3）了解自己的需求

己方的要求并不是一开始就全部提出的，有经验的谈判者会根据谈判的气氛和谈判的紧张程度适时提出自己的要求。提出要求时，必须结合自己的地位和实力以及前期谈判的状况，否则你提出的要求不会得到重视。

2. 报价阶段

经过明示阶段，实质性的阶段问题都展示在双方面前，接下来就是进行价格磋商了。

（1）报价的含义

报价就是指对产品价格的要价，还指谈判一方向对方提出的所有要求，如产品数量、质量、包装、保险、索赔等。

（2）报价分析

报价和价格磋商是商务谈判的重要组成部分，往往在商务谈判中，卖者的初次报价是最高可行价格，而买者的初次报价是最低的可行价格。初次报价实际上是双方给价格谈判设置了上下限，以此影响对方对自己潜力的评价。因此，在报价前要经过周密审慎地考虑，把开盘价的高低同对方的意图、作风、合作的意图、谈判心理等因素考虑进去。

在商务谈判中，哪方先报价不是确定的，先报价和后报价都各有利弊。例如，先报价首先设定了谈判的框架，但相比对方的报价就被动，可能对方对你的报价处处打压，而对方的底牌自己却不知道。而后报价虽然可以根据对方已经开出的价格来确定自己的价格，但如果对方寸步不让，也无济于事。

（二）讨价还价前的准备

1. 探明对方报价的依据

（1）逐项探明对方标价内容的理由和依据

我方应逐项询问对方报出的每个条件的依据和理由，并尽可能引导对方就各个条件的重要性及其变动的可能性、灵活性发表陈述。

（2）探究对方的真正意图

对方回答己方的各种询问时，应仔细倾听并认真做好记录，从中捕捉对方言谈中透露的信息，探究对方的真正意图。

(3) 适时适度地阐述己方的立场和依据

在听取了对方的立场后，应简明扼要地说明己方的理由和根据，注意要“少言多听”。

2. 判断谈判形势

谈判双方的分歧。双方的分歧一般分为三类。

(1) 想象的分歧，一方没有很好地理解对方的要求和立场或不信任或误解对方的报价、解释而造成的。

(2) 人为的分歧，一方为了种种目的有意设置关卡而造成的分歧。

(3) 实质性分歧，是原则性、根本利益的分歧。对于这种分歧，要反复研究做出某种让步的可能性，并做出是否让步的决定。

3. 对方的真正立场

在己方的还价中，哪些条件可能为对方接受，哪些条件是对方不太可能接受的，哪些是对方急于讨论的；在价格和其他主要条件上对方的谈判实力如何，可能成交的范围怎样，也就是双方都可以接受的交易条件是什么。

对方报价后，要对谈判形势进行一下分析。在弄清对方期望的基础上，分析如何在满足己方需要的同时，兼顾对方利益；研究对方报价中哪些是必须得到的，哪些是可以磋商的，双方的真正分歧在哪里，什么是对方的谈判重点；哪些是对方可以接受的，哪些是对方急于要讨论的，价格和其他主要交易条件上对方讨价还价的实力，如果双边分歧很大，己方可以要求对方重新报价或终止谈判。

（三）讨价

讨价是指评价方在对报价方的价格解释进行评论后详细提出技术及商务要求的行为。讨价阶段是商务谈判短兵相接的阶段。

1. 讨价的方式

讨价方式基本上分两种：全面讨价与具体讨价。两种方式各有其用，应根据具体条件而用。

(1) 全面讨价

从总体条件上或从构成技术或商业条件的所有方面提出重新报价要求的做法。该方式多用于第一次要价。一般用在价格评论之后，或交易复杂而又缺乏足够的可比资料时。

全面讨价的方式要视对方的态度和报价的虚实程度而定。一般评价方讨价的说法如下：请就我方刚才提出的意见报出贵方的改善价格；贵方已听到我们的意见，若不能重新报出具体诚意成交的价格，我们的交易将难以成功。以上两种说法表明了不同的讨价态度，采用怎样的说法视对方的态度和报价的虚实程度而定，目的是要求对方重新报价。

(2) 具体讨价

针对分项报价内容，逐一要求重报改善价格条件的做法，常用于对手第一次或第二次改善价格之后，以及不易采用全面讨价方式，且对手坚持听取具体讨价的情况。

具体讨价的关键就是针对性和具体性。体现具体问题具体分析，在实际操作中，可将具体的讨价内容分为几类，如对于购买设备的谈判，可针对设备部分进行讨价，也可针对设备技术进行讨价等。实际讨价一般从赚头大的那部分开始。

2. 讨价的程序

一般来说，讨价的程序是：全面性讨价→针对性讨价→全面性讨价三个阶段。即首次讨价从全面入手，不限一次，而针对性讨价也不是一点，最后的总体讨价，有反复还价的可能性，并不是一次能定价，故正确的讨价步骤是：全面性讨价→针对性讨价→全面性讨价三个阶段。

因为讨价是伴随价格评论进行的，故讨价应本着尊重对方，以说理方式进行。因此在讨价上要讲究策略，通过启发、诱导卖方降价，并为还价做准备。如果在此时“硬压”可能过早进入僵局，对结果有负面影响，故谈判初期、中期的讨价，应保持“平和信赖”的启发，充分说理以求最大的效益。

(四) 还价

在一方首先报价以后，另一方会根据对分的报价，在经过一次或几次讨价之后，继续评估其保留价格和策略性虚报部分，推测对方可妥协的范围，然后根据己方的既定策略，提出自己可接受的价格，反馈给对方。报价、讨价和重新报价与还价的关系十分密切。一般来说，报价方做了数次调价后，强烈要求买方还价时，买方应以还价来表示尊重对方。还价一定要谨慎，还得好，则可谈性强，对双方都有利；还得不好，不但利益受损，还极易引起对方反感和误解，对谈判不利。

1. 还价前的运筹学

还价策略的精髓在于“后发制人”。

(1) 寻找突破口。应根据对方对我方讨价所做出的反应和自己所掌握的市场行情及商品比价资料，对报价内容进行全面地分析，从中找到突破口和报价中相对薄弱的环节，作为我方还价的筹码。

(2) 按最高目标还价。根据所掌握的情况对整个交易做出通盘考虑，估量出对方和我方的期望值和保留价格，制定我方还价方案的最高目标。

(3) 制订备选方案，保持灵活性。根据我方的目标设计出几种不同的备选方案，以保持我方谈判立场的灵活性，在允许的空间范围内随机应变。

2. 还价的方式

从性质上，目前商务谈判中还价的方式分为两种。

(1) 按比价还价。指己方不了解所谈产品本身的价值，而以其相近的同类产品的价格或竞争者产品的价格作为参考进行还价。这种还价的关键是所选择的参照物的可比性，只有比价合理才能使对方信服。

(2) 按分析的成本还价。指己方能计算出所谈产品的成本，然后以此为基础再加上一定百分比的利润作为依据进行的还价。这种还价的关键是所计算成本的准确性，成本计算得越准，越有说服力。

这两种还价方式又可具体分为三种做法。

(1) 单项还价。根据所谈标的物的每个具体项目进行还价，如对成套设备，按主机、辅机、备件等不同项目还价。

(2) 分组还价。把谈判对象划分成若干项目，并按每个项目报价中所含水分多少分成几个档次，然后逐一还价。

(3) 总体还价。又叫一揽子还价，是对所谈标的物进行全面还价，仅一个价。

一般来说，哪种还价方式对己方有利就采用哪种还价方式。具体来说，两种还价方式的选择取决于谈判者手中掌握的比价材料。如果比价材料丰富且准确，自然应选择“按比价还价”；反之，就用“分析的成本还价”。

选择了还价方式后，就要具体选择还价的做法，如果卖方价格解释清楚，买方手中比价材料丰富，卖方成交心切，买方有耐心及时间，采用逐项还价对买方更有利。对卖方而言，则要充分体现“理”字，卖方也不会拒绝，他可以逐项防守。如果卖方解释不足，买方掌握的价格材料少，但卖方有成交的信心，时间紧时，采用分组还价的方式对双方都有利。

（五）评估与调整

在谈判的磋商阶段，应根据谈判的发展变化，对谈判的方案、策略、人员安排等进行分析、评价和调整，以适应不断变化的谈判形势。

评估中，需要结合谈判实际对己方获得的信息资料进行重新分析研究，以确定哪些是真实的，哪些是虚假的、无用的，把在谈判中获得的有用的信息资料收集到谈判资料档案中，撤出那些虚假无用的信息资料。

在谈判进行中，如有必要，及时调整谈判班子成员，特别是对业务能力差和不能主动协调配合的人员进行更换，以免削弱己方的谈判力量，但同时要注意保持谈判班子的相对稳定。

在整个谈判的磋商阶段，秘书要做好谈判的专门记录，填写情况汇报表，以供会后研究，调整谈判策略。谈判记录还可以作为向上司请示的材料和草拟协议的原始资料。秘书在做完每次谈判记录后，都要与谈判班子进行核对，以保证记录的全面、准确，必要时还需要双方过目、签字。

五、成交阶段

谈判的成交阶段就是谈判的结束阶段，谈判在经过一系列艰苦的讨价还价，谈判双方都取得了很大进展，逐步达成一致时，仍不能放松警惕，可能还有一些细节问题需要注意。谈判者一定要在谈判的最后阶段善始善终，急于求成可能导致前功尽弃、功亏一篑。

（一）注意成交信号

任何商务谈判都不可能是无休止的，把握成交时机尤为重要。什么时间结束谈判，怎么结束谈判，采用什么样的技术和技巧来结束谈判，这是谈判成功的又一个关键环节。

当谈判者希望结束谈判时，就必须注意成交的信号，把握成交时机。双方都对交易内容表示出满意，已经没有太多的争议，这时完成最后协议，就较令人满意。

谈判结束时的表示一般要简明、坚定和直露，不要委婉、含蓄和飘忽不定。谈判者这时回答对方的任何问题都是以尽可能简洁的方式来完成。在阐明己方的立场时，完全是一种最后决定的口吻，语气坚定、不卑不亢、没有任何不安和紧张，并且只做肯定或否定的回答，不解释理由。

（二）商务谈判成交前需要注意的问题

1. 对前阶段谈判的回顾和总结

(1) 是否所有的内容都已谈妥，是否还有一些未能解决的问题，以及对这些问题的最后处理方案。

(2) 所有交易条件的谈判是否已经达到己方期望的交易结果或谈判目标。

(3) 最后让步的项目和幅度。

(4) 采用何种特殊的首尾技巧。

(5) 着手安排交易记录事宜。

2. 谈判记录的整理

商务谈判中,秘书要认真做好专门的洽谈记录,包括双方已达成共识的议题在内的重要内容应交换整理成简报或纪要,向双方公布,得到双方认可。这样可以确保协议以后不被违反。这种文件具有一定的法律效力,在以后的纠纷中尤为有用。

(三) 合同或协议的拟定

1. 拟定合同或协议需要注意的问题

经过讨价还价,谈判双方已达成一致意见,但这些意见都必须通过签订合同或协议、备忘录等形式的法律契约来体现。签订书面协议或合同是商务谈判的重要组成部分,只有用法律形式来体现谈判结果,明确双方的权利和义务,才能使谈判结果具有法律效力。

合同或协议由秘书人员起草,秘书人员在起草协议时要注意:协议条款要符合法律法规的要求;对重要条款要认真斟酌、反复推敲;协议内容要具体,文字要严谨,措辞要明确肯定,不能有歧义。

2. 合同或协议的拟定格式

合同一般由首部、正文、尾部、附件四部分构成。

(1) 首部

首部是用来反映合同的名词、编号、定约的日期、地点、双方名称、地址、邮编、传真号码以及双方定义合同的意愿和执行合同的表示等。

(2) 正文

正文即合同的正文部分,也是合同的主体部分,主要记载双方的权利和义务,表现为各项交易条件,这是合同的核心部分。

(3) 尾部

合同的结尾,一般包括以下内容:双方当事人签名、盖章;单位地址、电话号码、邮编;银行开户名称、开户银行账号;签证或公证。

(4) 附件

主要是对合同标的条款或有关条款的说明性材料及相关证明材料。例如,技术性较强的商品买卖合同,需要用附件或附图的形式说明标的的全部情况。合同附件是合同的共同组成部分,同样具有法律效力。

商务合同的主要条款或要素包括:

标的;数量和质量;价款或报酬;合同的期限、履行地点和方式;违约责任;解决争议的方法;其他。

此外,在商务合同中,各种交易条件必须相互衔接保持一致。在草拟合同时,不仅各条款要完备、明确、具体,而且要保证各条款之间不发生矛盾。

3. 签字人的选择

签字前,秘书人员还要对协议进行认真审核,包括合同条款中的名词术语、语言的习惯,这些都可能引起误会,对合同的字句、用词、易混淆的项目要认真审核,防止今后产生纠纷。

商务谈判结束时的签字人不一定是主谈人。在一般情况下,商务合同应由企业法人代表签字,而政府部门代表一般不负责签字。若商务合同需有企业所在政府承诺时,可与商务合同一起拟定协议或备忘录，由双方所属政府部门代表签字。该文件可与商务合同一起作为不可分割的组成部分。

目前商务谈判中，签字人的选择一般有三种情况。

(1) 金额较小，内容一般，属于经常性的合同，经法人代表授权，可由业务员或部门经理签字。

(2) 金额较大，内容一般，也是经常性合同，经法人代表授权，可由部门经理签字。

(3) 成交金额较大，内容特殊的或是初次发生业务的合同，要由法人代表或经法人授权的代理人签字。

签字人的选择主要出自对合同履行的保证。对于复杂的合同，涉及面较广，如大型涉外合同，可能还需要政府在相关文件上签字。上级、有关政府部门了解、参与后，执行中若发生问题就容易解决，对合同的顺利履行有所保证。

项目四　安排签字仪式

一、签字仪式概述

签字仪式，简称签字，通常是指订立合同、协议、条约的各方在合同、协议、条约正式签署时所举行的正规签署仪式。举行签字仪式，不仅是对谈判成果的一种公开化、固定化、系统化、文字化，而且也是有关各方对自己履行合同、协议、条约所做出的一种正式承诺。它标志着有关各方之间的相互关系有了更大的进展，以及消除了彼此之间的误会或抵触而达成了一致性见解的重大成果。因此，它受到了各方人士的高度重视。

签字仪式一般较隆重、正规，礼仪要求十分严格。举行签字仪式时，除双方代表外，有时还要邀请各自的上级领导参加仪式。除非双方都要求第三方作见证人参加签署，否则，一般不邀请他人参加仪式。谈判双方参加签字仪式的级别、人数应大致相当，不能一方人数多、级别高，另一方人数少、级别低，不合乎礼仪要求。

二、签字仪式的准备

签字仪式是一种很正规的活动，因此对于其准备工作，秘书人员要安排好签字仪式和程序以及庆贺的场面，使签字仪式顺利进行。一般说来，在举行签字仪式之前，秘书人员应当竭力做好以下几个方面的工作。

(一) 布置好签字厅

签字厅既有常设专用的，也有用会议厅、会客室来临时代替的。但不管怎样，为了体现出签字仪式对于协议双方的重要性，在布置会场时都要注意把握这样一个总体原则，即要表现出庄重、整洁、清静的氛围。

一个标准的签字厅，首先不可忽视的就是地毯的运用，柔软的地毯可以减轻脚步声，从而有助于缓解与会代表们内心的紧张情绪，地毯应该铺满整个房间。另外，除了必要的签字使用的桌椅外，其他的陈设都不需要。正规的签字桌应为长桌，可供签字各方同时使用，以体现协约各方的平等地位，其上最好铺设深绿色的台呢，显得庄重、大方。

按照签字礼仪的规范，签字桌应当横放于室内。在其后，可摆放适量的座椅。签署双边性合同时，可放置两把座椅，供签字人就座。签署多边性合同时，可以仅放一把座椅，供各方签字人签字时轮流就座，也可以为每位签字人各提供一把座椅。签字人在就座时，一般应当面对正门。

签字桌上，应当事先安放好待签的合同、协议或者条约文本以及签字笔、吸墨器等签字时所必需的文具。必须对签字笔进行事前的检查试用，千万不能出现临时流水不畅的尴尬局面。一般选用的是黑色签字笔。

如果是与外方人士签署合同、协议或者条约，还应注意在签字桌上插放有关各方的国旗。插放国旗时，在其位置与顺序上，必须按照礼宾序列而行。例如，签署双边性涉外合同、协议或者条约时，有关各方的国旗必须插放在该方签字人坐椅的正前方。

（二）预备好待签文本

依照接待礼仪的规则，在正式签署文件之前，应当由举行签字仪式的主办方负责准备待签合同、协议或者条约的正式文本。

举行签字仪式，是一桩严肃而庄重的大事，在决定正式签署合同时，就应当拟定合同的最终正式文本，不再进行任何更改的标准文本。

负责为签字仪式提供待签的合同文本的主方，应会同有关各方一道指定专人，共同负责合同的定稿、校对、印刷与装订。按照常规，应为在合同上正式签字的有关各方，均提供一份待签的合同文本。必要时，还要向各方提供一份副本。

签署有关涉外的文件时，按照国际惯例，待签的文本还应该同时使用有关各方法定的官方语言，或者使用国际上通行的英文、法文。此外，亦可同时并用有关各方法定的官方语言与英文或法文。使用外文撰写文件时，应反复推敲，字斟句酌，不要望文生义或不解其意而乱用词汇，以免出现不同语言文本表述的差异，或是某一语言文本内容的缺失或增加。

待签的合同、协议或者条约的正式文本，应该以精美的白纸印制而成，按大八开的规格装订成册，并以高档质料，如真皮、金属、软木等来作为其封面。

（三）规范好签字人员的服饰

按照规定，签字人、助签人以及随员，在出席签字仪式时，一定要简约、庄重，切切不可“摩登前卫”或者是标新立异。一般而言，应当穿着具有礼服性质的深色西装套装、中山装套装或西装套裙，并且配以白色衬衫与深色皮鞋，男士还必须系上单色领带，以示正规。

在签字仪式上露面的秘书人员以及礼仪人员，可以穿自己的工作制服，或是旗袍一类的礼仪性服装。

在参加签字仪式之前，应当认真修饰个人仪表，尤其要选择合适的发型。女性秘书应避免佩戴过多的首饰和饰物，应以淡妆示人，表现出落落大方的气质。

（四）座次安排

从礼仪规范上来讲，举行签字仪式时，在力所能及的条件下，一定要郑重其事，认认真真。其中最为引人注目者，当数举行签字仪式时座次的排列方式问题，它能直接体现出签字各方的礼遇问题，不可有怠慢之嫌，应突出签约各方的平等地位。

签字时各方代表的座次，是由主方代为先期排定的。一般而言，举行签字仪式时，座次排列共有三种基本形式，它们分别适用于不同的具体情况。

1. 并列式

并列式排座，是举行双边签字仪式时最常见的形式。它的基本做法是：签字桌在室内居中面门横放。双方出席仪式的全体人员在签字桌之后并排排列，双方签字人员居中面门而坐，客方居右，主方居左。并列式签字仪式排位如图 2-8 所示。

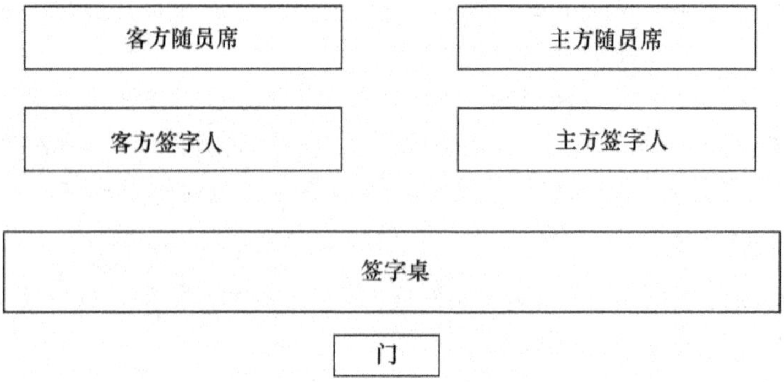

图 2-8　并列式签字排位

2. 相对式

相对式签字仪式的排座，与并列式签字仪式的排座基本相同。两者之间的主要差别，只是相对式排座将双方的随员席移至签字人的对面。即签字桌在室内居中面门横放。双方签字人员居内面门而坐，客方居右，主方居左。双方出席仪式的全体人员则在签字桌之前并排排列。相对式签字仪式排位如图 2-9 所示。

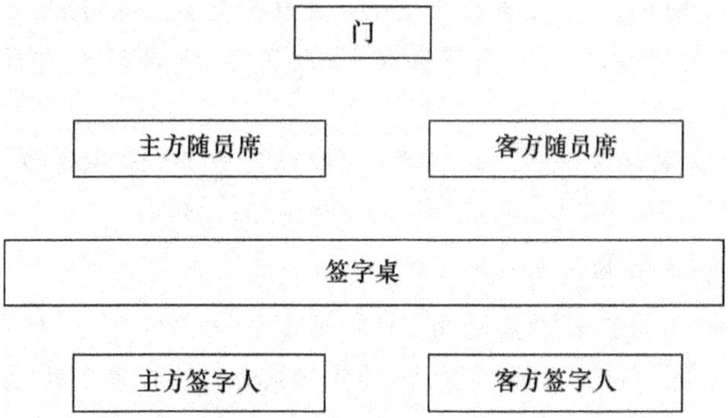

图 2-9　相对式签字排位

3. 主席式

主席式排座，主要适用于多边签字仪式。其操作特点是：签字桌仍须在室内横放，签字席仍须设在桌后面对正门的位置，但只设一个，并且不固定其就座者。举行仪式时，所有各方人员，包括签字人在内，皆应背对正门、面向签字席就座。签字时，各方签字人应以规定的先后顺序依次走上签字席就座签字，然后即应退回原处就座。主席式签字仪式排位如图 2-10所示。

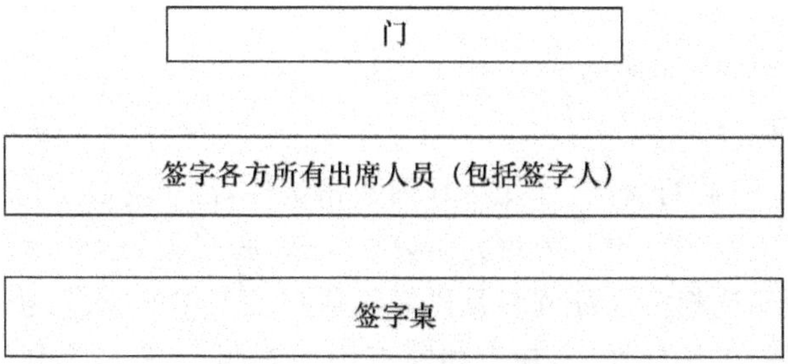

图 2-10　主席式签字排位

三、签字仪式的程序

签字仪式的时间不应太长，但其程序必须十分规范、庄重而又热烈。签字仪式的正式程序一共分为四项。秘书人员在具体操作签字仪式时，可以依据下述基本程序进行运作。

1. 签字仪式正式开始

签字仪式的第一项是宣布签字仪式正式开始。此时，有关各方人员应先后步入签字厅，在各自既定的位置上正式就位。

2. 签字人正式签署合同文本

签字人正式签署合同、协议或条约的文本。通常的做法，是首先签署应由己方所保存的文本，然后再签署应由他方所保存的文本。

依照商务礼仪规范，每位签字人在己方所保留的文本上签字时，按惯例应当名列首位。因此，每位签字人均须首先签署将由己方所保存的文本，然后再交由他方签字人签署。此种做法，通常称为“轮换制”。它的含义是：在文本签名的具体排列顺序上，应轮流使有关各方居于首位，以显示机会均等，各方完全平等。

3. 签字人正式交换已由有关各方正式签署的合同文本

签字人正式交换已由有关各方正式签署的合同、协议或条约文本。此时，各方签字人应该起立并诚挚地握手，互致祝贺，并相互交换方才用过的签字笔，以作纪念。全场人员应热烈鼓掌，以表示祝贺之意。

4. 共饮香槟酒互相道贺

签字仪式的最后一项是饮酒互相道贺。所饮用的酒水应为香槟酒，由主办方开启香槟，有关各方人员一般应在交换文本后当场饮上一杯香槟酒，并与其他方面的人士一一干杯。这是国际上所通行的增加签字仪式喜庆色彩的一种常规性做法。

在一般情况下，商务合同正式签署后，应提交有关方面进行公证，此后才能正式生效。

项目五　安排商务旅行

一、商务旅行前的准备工作

商务旅行是现代企业、单位商务活动中的一项重要内容。商务旅行主要指企业领导因谈判、签约、考察交流、沟通信息等商务活动而安排的旅行。秘书在商务旅行中应该为上司做好一系列的服务工作，以保证商务旅行的顺利进行。

（一）商务旅行计划和旅程表

1. 商务旅行计划

掌握对公司发展有益的信息，寻找更好的营销伙伴，使企业在国际市场上保持不断进取的地位，是上司的商业性旅行中一项极为重要的工作，秘书要为上司的商务旅行提供一流的优质服务，除为上司筛选相关住处资料及做好其他准备工作外，很重要的一项工作就是制定一份合理的旅行行程、工作计划表，使上司在有限的时间内，能有条不紊地高效率地完成预定任务。

在制订商务旅行计划前，首先要了解公司差旅费用、交通、住宿标准的有关规定。一份商务旅行计划至少应包括以下内容：

（1）出差的时间，启程及返回日期，接站安排；

（2）出差的路线、终点及途经地点和住宿安排；

（3）会晤计划（人员、地点、时间）；

（4）交通工具的选择；

（5）需要携带的文件、合同、样品及其他资料；

（6）领导的特别要求；

（7）旅行区的天气状况；

（8）行程安排，约会、会议计划，会晤主题；

（9）差旅费用。

2. 制定旅程表

当安排完订房订票的工作后，就要着手制定旅程表了。旅程表是按预定的日程表和领导的计划要求、意见而制定的。旅程表的内容一般比旅行计划更加详尽，一份周密的旅程表主要包括6项内容。

（1）日期。包括离开公司的日期，旅行中转的日期，旅行中各种重要活动的日期，返回的日期和到达的日期。

（2）时间。包括目的地的抵离时间和中转时间，开展各项活动的时间，就餐、休息的时间等。

（3）地点。本次出差的目的地（包括中转地点），旅行过程中开展各项活动的地点、食宿地点等。

（4）交通工具。出发、返回时的交通工具，停留地的交通等。

（5）具体事项。商务活动内容，如访问、洽谈、会议、宴请娱乐活动以及私人事务活动等。

（6）备注。记载提醒领导注意的事项。如应提醒抵达目的地需要中转的中转站或中转机场，当地需要注意的一些风俗习惯和礼仪等，当地联系人的姓名、地址、电话号码，所在企业名称、所在地及电话号码以及当地的中国大使馆所在地及电话号码等。

商务旅程表应一式三份（或几份），一份存档，一份给领导及家属，秘书留存一份。

3. 制订商务旅行计划、编制旅程表的注意事项

要编制一份切实可行的旅程计划，秘书必须注意以下几点：

(1) 要明确上司旅行的意图、目的地、旅行时间和到达目的地后的商务活动计划；

(2) 了解上司对交通工具及食宿的要求，熟悉公司对出差的有关规定；

(3) 向公司所在国家的有关服务机构或向旅行目的地享有盛誉的旅游机构索取有关资料，了解当地的乃至其全国各种交通(航空、航海、铁路、公路)工具运行情况、旅行路线、旅馆环境情况、目的地的货币、外汇管理规则，经商特点及有关护照、签证、健康规定等常识，需要中转时，尽量选择衔接时间在2～4小时的班机，将因中转而导致的时间浪费情况减少到最低限度；

(4) 制订行程计划时，若能直接利用定期航班的航线来设计旅行路线则要尽量做到；

(5) 编排计划时，在时间一栏中必须考虑时差的变化，买机票(车票、船票)时也要注意时差；

(6) 拟订几个旅行方案，与上司共同讨论，最后选定最佳方案。

(7) 编制旅行工作计划表时要清楚离开和到达的时间都应以当地时间为准，秘书应熟悉国际时间计算的方法。

(二) 秘书为领导商务旅行应做的准备

秘书在领导商务旅行时应为领导做好下列准备。

1. 选择交通工具，预订车、船或机票

秘书通常采用电话、传真或网上预订的方式订票。预订之后要及时确认和取票，取票后要认真核对车、船或机票上的姓名拼写(机票)、车次(航班)、座位等。

选择交通工具要考虑以下因素：商务旅行的目的地、旅行的原因、在目的地停留的时间、旅行费用、企业旅行规定、领导的喜好。

2. 预订宾馆及房间

领导出差，安排住什么档次的宾馆，秘书要考虑领导的喜好、习惯以及公司的规定。还要掌握订房的基本程序，可通过查找旅行手册、电话咨询和网上搜索等方式获取宾馆的预订信息。

订房时应提供的信息：住宿者的姓名，抵达时间及大概离开时间，需预订的房间类型及特殊要求。

房间要根据领导的要求预订，尽量不要在一楼，并且最好住在有足够安全保障的宾馆，如房门有锁死插销、提供代客泊车业务、电话号码保密服务等。一定要拿到宾馆确认预订的传真或其他书面形式的证明，并将其附在领导携带的旅行计划后面。要注意预订后的确认，以防止客房房源紧张，被他人提前入住。

3. 准备必备的文件资料及领导随身携带的用品

领导出差要随身携带哪些东西，秘书一定要替领导想好。临行前秘书还要将这些用品按公与私分别列出清单，请领导过目，避免遗漏。表2-2提供了一些可能需要的项目。

表 2-2 商务旅行用品一览表

公务用品	私人用品
日程安排表 出访团名单 商务旅行的相关文件、资料 访问公司的相关资料 护照 纸、笔、信笺、地图册 名片、通信录 数码相机 ……	上司的身份证 日常生活用品 服装、针线 常用药品 ……

4. 申请预支差旅费

秘书人员在确知领导即将出差后,就可根据公司的相关规定,到财务部门申请预支差旅费。差旅费包括往返及当地的交通费、住宿费、餐费,以及其他可能的活动经费。差旅费的携带方式:现金、信用卡或支票。

二、商务旅行过程中的工作

商务旅行过程,是商务旅行的重要组成部分。一次商务旅行的成败,除了事先充分的准备以外,整个过程也是十分重要的。所以,在整个商务旅行过程中秘书要为领导做好服务,确保商务旅行的顺利进行。

(一) 旅行过程中秘书人员的主要工作

一般情况下,领导商务旅行会带着秘书一同前往,那么秘书在整个旅行过程中要做好以下工作。

1. 旅途中秘书的工作

(1) 负责携带、照看相关物品

与上司一同出差,秘书人员应主动替上司拎包,对于携带的一些文件、机密商函、参考资料、活动资金等,秘书应该谨慎保管,确保万无一失。

(2) 听从上司安排,及时与公司保持联系,协助处理相关事务

在商务旅行过程中,单位的一些重要事务需要上司决定,这个时候,秘书应听从上司的安排,保持和公司的联系,了解公司的情况,对于一些重要事件,请示上司以后,根据上司的意图协助单位同事进行处理。

(3) 照顾上司饮食起居,确保商务旅行的顺利进行

秘书要了解上司饮食起居的习惯,在商务旅行过程中,应注意食宿卫生、安全等,在出发之前应准备一些重用药品,如晕车药、清凉油、人丹等,以备急用。

2. 抵达目的地后秘书的工作

(1) 抵达目的地后,如果无人接站,秘书一方面要招呼出租车或者引导上司去预订的酒店;另一方面,要检查和带好行李,以防丢失。在一切安排妥当之后,要和对方公司联系人取得联系。

如果抵达目的地之后,对方公司派人接站,此时秘书应自觉地让上司走在前面,并主动为双方做介绍,对于表示感谢等话语,应由上司来说。

(2) 如果事先预订的酒店对于工作不便，此时秘书要请示上司，得到上司允许后，对酒店进行调整。确保酒店的路程距离、条件等各方面都有利于工作。

(3) 一旦在酒店住下后，秘书要迅速了解酒店周围的交通、邮电、医院等情况，以备不时之需。

(4) 一切安排妥当之后，秘书要将上司所住的酒店、联系方式等告知公司和上司的家属，以便取得联系。

(二) 出国商务旅行过程中的注意事项

秘书在陪同上司出国商务旅行时，要注意以下几个方面。

1. 尊重东道国礼俗

(1) 邀请对方要郑重其事，不可草率随意，最好事先用请柬联系；

(2) 受邀去主人家做客，应带一些小礼品，如鲜花、小工艺品、字画等；

(3) 受邀赴会要恪守时间，切忌迟到；

(4) 安排日程要尽量避开对方的节假日；

(5) 了解所到国家的流通货币，临行前办理好兑换手续；

(6) 在国际交往中要注意个人卫生、穿着打扮；

(7) 举止大方，端庄稳重，言谈态度诚恳、大方，语气亲切得体；

(8) 在国际商务活动中要注意所到国家的礼俗和禁忌。

2. 掌握各个国家的谈判风格

各个国家的谈判风格大不相同，要想取得商务旅行、商务谈判的成功，了解各个国家的谈判风格十分重要。这个时候，秘书要通过各种渠道，收集、整理相关资料，为上司的谈判工作做好必要的准备。

三、商务旅行结束后的工作

商务旅行回来，秘书的工作是要将此次商务旅行的结果进行总结，对相关事宜进行善后处理。

1. 沟通信息

无论秘书是否陪同上司商务旅行，上司返回后，要把上司不在公司时发生的事情及处理情况，依照事情的轻重缓急，简明扼要地向上司汇报。同时，秘书要向有关部门通报上司回来的消息。

2. 整理材料

商务旅行结束后，秘书要撰写旅行的总结，以便上司向有关方面(董事会、上层领导)汇报。整理上司带回的各类资料与物品，资料按程序登记后归档，物品根据上司的指示进行处理。

3. 财务报销与结算

商务旅行结束后，秘书人员应根据公司的财务相关规定，对上司在商务旅行过程中发生的相关费用进行报销，并和财务进行结算。

4. 送感谢信

商务旅行结束后，秘书要以自己公司以及参加商务旅行全体代表的名义向这次差旅过程中热情接待的有关方面发送感谢信，表示感谢之情。感谢信不要太长，意思到了就行，时间是越早越好。

5. 总结经验

秘书在商务旅行结束后，要进行小结，总结经验教训，以便下次上司商务旅行时作为参考。

思考与实训题

1. 秘书在商务庆典活动中要做好哪些准备工作？

2. 秘书在开放参观活动的前期要做好哪些筹备工作？

3. 李琦董事长将于9月去南方与某商业合作伙伴进行商务谈判，秘书要为这次商务谈判做哪些准备工作？

4. 简述在签字仪式上，秘书要做好哪些签字仪式的准备工作？

5. 通畅运输公司总经理赵先生一行5人，将于下月去欧洲商务旅行，请你替刘曼秘书制作一份可行的商务旅行计划书。

第三章　事务管理

第一节　日常来访接待

理论知识

项目一　职业着装

一、着装的基本原则

在各种场合着装得体的秘书，能有效展现个人魅力，赢得众人好感与信任，从而容易获得众人支持，取得事业上的成功。

1. *着装目的要明确*

不同的着装会给别人留下不同的印象，可以是高雅的、成熟的、自信的，也可以是可爱的、独特的、随意的。秘书的形象不仅代表个人，还代表公司的形象，所以应该给对方留下什么印象要有明确的目的。

2. *着装要适应不同场合*

秘书因为工作需要，经常出入不同的场合，着装要随着场合的变化而变化。社交场合着装讲究时尚华丽，公务场合要庄重严肃，休闲场合则要舒适随意。

3. *着装要符合自己身份*

不同身份地位的人要选择适合自己身份的服饰，秘书是在领导身边从事辅助服务工作的人员，着装要注意在展现个人魅力的同时，不要喧宾夺主，抢了领导的风头。

4. *着装要适合自身条件*

俗话说，佛靠金装，人靠衣装，合适的着装能够修补人体的缺陷，张扬人体的优点，增加人的魅力。所以秘书在选择服饰的时候，应该扬长避短，根据自身的年龄、身材、肤色和气质等自然条件着装，切不可盲目追求时髦。

二、着装的基本要求

（一）女秘书的着装要领

女秘书的着装除了要干净、整洁、合身外，还要显得高雅、大方和美丽，要体现出自身的职业特点、性格特征和女性的魅力，要与具体场景和季节相协调，还要注意在不同的场合发挥不同的作用。

1. 女秘书的标准职业装

(1) 样式

在办公场合，女秘书的职业装主要有西服套裙、两件套裙和连衣裙。

西服套裙是女秘书传统的、主要的职业装，它可以塑造职业女性成熟、干练、高效的形象。多少年来，它的基本样式没有什么大的变化。双排扣的上衣应该始终系着（包括内侧的纽扣），单排扣的上衣则可以不扣。短上衣配长裙显得窈窕，长上衣配短裙显得洒脱，适合个子高挑的女士。短衣短裙显得利落，适合个子较矮的女士，短裙的长度最好不要短于大腿的1/2，否则工作起来不方便。款式以简洁大方为宜，切忌太复杂、装饰性太强。

(2) 颜色

色泽避免大红、大绿等太刺眼的颜色，容易让人眼花缭乱，与办公室气氛不协调。可以选择深色、素色和单色的职业装，如以深蓝、灰色、咖啡色、驼色、白色和黑色等颜色为好。

(3) 面料

面料要选择质地好、垂感好的面料，如纯毛华达呢、亚麻、混纺、丝绸等面料，不要选择绒类、廉价的化纤类等面料。

(4) 衬衫

套装里面衬衫的颜色可以多种多样，只要与套装相匹配就可以。但是面料要细致讲究，而且要熨烫平整，不要皱皱巴巴。

(5) 鞋子

搭配的鞋子颜色应以黑色或棕色的为好，一般不穿白色和色彩鲜艳的鞋，不要穿凉鞋。鞋的款式以简洁大方为宜，不要有多余的装饰。搭配的丝袜颜色以接近肤色的肉色为宜，黑色丝袜只能配黑色裙子。注意不要让袜口暴露于裙子下摆之外，不要穿跳丝的袜子。

(6) 皮包

皮包的颜色一般讲究与鞋子的颜色相协调，款式要大方正式，不要太过休闲。

(7) 首饰

首饰的搭配要与服装的风格相一致，不要戴满全身，一般不超过两件。款式选择要与自身条件相适合的，式样也要简洁。

(8) 化妆

女秘书的职业妆以淡雅为宜，不要浓妆艳抹。需要补妆的时候应该避开公众场合，洗手间是最适合补妆的地方。

2. 女秘书的职业便装

在商务社交场合中，女秘书选择衣着的范围比较大，可以穿西装套裙、各式上衣配长裙或长裤、连衣裙、旗袍及其他民族服装。参加婚礼时，一般也应穿礼服，但不应装饰过多，不能穿同新娘礼服同色同款的服装，让人认为你是想和新娘一比高低。

(二) 男秘书着装要领

1. 男秘书的标准职业装

(1) 样式

比起女秘书的着装，男秘书的选择范围相对较窄。一般有两件套或三件套西装两种。三件套的西装多一件马甲，马甲的颜色应与外衣一致。

西装的上衣是双排扣的要全部扣好，不能敞开来穿。单排扣的上衣可以敞开穿，但是正式场合还是要系好。两粒扣的上衣只系上面那粒，三粒扣的上衣系上面和中间两粒，也可只系中间一粒。坐下时，一般要解开扣子，以便保持西服的平整。西装的大小要合体，西装的上衣应长过伸直手臂的虎口，西装的袖子长度以达到手腕为宜，裤子的长度以能盖住皮鞋鞋面为宜。西装里面除了衬衫，最多只能再穿一件鸡心领的薄羊毛或羊绒衫。西装上衣左胸外侧的口袋最多可放一条装饰用的手帕。上衣的口袋和裤兜基本不放东西，以免把西装撑得变形。

(2) 衬衫

穿西装配衬衫也有讲究，西装衬衫的袖子长度应比西装袖子长出 1.5 厘米，衬衫领子一定要硬挺平整，要高出西装领口 1～2 厘米，领口露出部分与领带下露出部分相呼应，显得美观、利落、活泼有生气。穿西装时衬衫必须塞进裤腰内，忌下摆露在外面。衬衫袖子的扣子要扣紧，切忌翻起。正式场合忌穿花衬衫，白衬衫是首选，使男士精神焕发，其他单色或竖细条纹的也可以，但是如果外套是条纹的，衬衫就不要选条纹的了，否则看上去像斑马。衬衫左胸的口袋不能放任何东西。

(3) 皮鞋

通常说西服革履，所以穿西服一定要穿皮鞋。正式场合，可以穿深咖啡色皮鞋，因为它与黑色、灰色、藏青色以及深咖啡色的西装都相配，穿黑色系带皮鞋最为庄重。

(4) 袜子

袜子是裤子和皮鞋之间的桥梁，起到衔接作用，一般应穿与裤子、鞋同类颜色或较深颜色的素色袜子，穿黑色袜子为最佳。白色袜子只可以配白色或米黄色的西装。

(5) 领带

领带的颜色不要与西服颜色一样，但可以是同一色系，颜色和图案不要太鲜亮花哨，最好是单色的，可以有条纹和细小的图案，但是条纹领带不要配条纹衣服，领带选用丝质的较高雅。领结要打得饱满，紧贴领口，系好时领带下端要正好垂在皮带扣上端，要用领带夹固定，夹于衬衫的第三、四粒纽扣之间。

(6) 皮包、皮带

皮包、皮带的颜色要与皮鞋一致，皮带扣要简洁，皮包要选手提公文包。

(7) 配饰

男士可以戴一枚戒指，手表除了看时间还是不可缺少的饰品，可选戴精致的薄型手表。年轻的男士不要戴昂贵华美的手表，要注意与自己的身份地位相匹配。

2. 西服穿着的程序

西服穿着具有一定的程序。正常的程序是梳理头发—穿衬衫—穿西裤—穿皮鞋—系领带—穿上装。总之，西装已是举世公认的标准通用礼服，在正式场合穿西装，一定要符合统一的模式与要求。通常选择黑色或深色质地好的西装套服，并要精心选择衬衫和领带。

3. 男秘书的职业便装

社交场合，男士的着装可以选择运动式夹克配长裤、T 恤衫配长裤、毛衣配长裤，但是衣着颜色不应过多变化，大致以不超过三种颜色为原则。合体、整洁、平挺、庄重应是男士服饰追求的整体效果。

项目二 仪态的要求

仪态是指人在行为中的姿态和风度，姿态是指身体呈现的样子，风度是指气质方面的表露。

在人际交往中，人们的感情流露和交流往往借助于人体的各种姿态，这就是人们常说的“体态语言”。在人际沟通中，65%的信息是通过体态语言表达的。在商务交往中，用优美的体态语言，比用口头语言更让对方感到真实、生动和容易接受。

通过一个人的常态的仪态，可以直接展示他的气质与风度，可以了解其个人的素质和感情。

一个人的仪态美，主要是一种外在美，它以高雅的气质、迷人的风度为具体表现形式。不雅观的举止会给别人留下不良印象，而拥有优雅迷人仪态的秘书才能在工作和社交中无往而不利。最基本的仪态是站、坐、行、谈的姿势，还有手势和表情。

人们在人际交往中，尤其是在正式场合，要遵守举止有度的原则。其含义，是要求人们的举止合乎约定俗成的行为规范，做到“坐有坐相，站有站相”。具体说来，则是要求人的行为举止要文明、优雅。

一、正确的站姿站立是人最基本的姿势，是一种静态的美

(1) 基本的站姿：头要正，两眼平视前方，嘴微闭，脖颈挺直，表情自然，稍带微笑。肩要平，微微放松，稍向后下沉。臂要垂，两肩平整，两臂自然下垂，中指对准裤缝。躯要挺，挺胸收腹，臀部向内向上收紧。腿要并，两腿立直，贴紧，脚跟靠拢，两脚夹角成 60 度。站立时不要歪脖、斜腰、屈腿等，在一些正式场合不宜将手插在裤袋里或交叉在胸前，更不要下意识地做些小动作，那样不但显得拘谨，给人缺乏自信感，而且也有失仪态的庄重。

(2) 叉手站姿：两手在腹前交叉，右手搭在左手上，直立。男子可以两脚分开，距离不超过 20 厘米。女子可以用小丁字步，即一脚稍微向前，脚跟靠在另一只脚内侧。站立较久时身体重心还可以在两脚间转换，以减轻疲劳，这是一种常用的接待站姿。

(3) 背手站姿：双手在背后交叉，右手贴在左手外面，放置于两臀之间。两脚可分可并，分开时，不超过肩。脚尖展开，两脚夹角成 60 度。挺胸立腰，收颌收腹，双目平视。这种站姿优美中略带威严，易产生距离感。如果两脚改为并立，则突出了尊重的意味。

(4) 背垂手站姿：一只手背在后面，贴在臀部，另一只手自然下垂，中指对准裤缝，两脚既可以并拢也可以分开，也可以成小丁字步，男士多用这种站姿，显得大方、自然、洒脱。

二、正确的行姿

行走是人生活中的主要动作，走姿是一种动态的美。

1. 正确的走姿

头正，双目平视，收颌，表情自然平和。肩平，两肩平稳，防止上下前后摇摆。双臂前后自然摆动，前后摆幅在 30 度～40 度，两手自然弯曲，在摆动中离开双腿不超过一拳的距离。躯挺，上身挺直，收腹立腰，重心稍前倾。步位直，两脚尖略开，脚跟先着地，两脚内侧落地。走出的轨迹要在一条直线上。步幅适度，行走中两脚落地的距离大约为一个脚长，即前脚的

脚跟距后脚的脚尖相差一个脚的长度为宜。不过,不同的性别、不同的身高、不同的着装,都有些差异。步速平稳,行进的速度应保持均匀、平衡,不要忽快忽慢。在正常情况下,步速应该自然舒缓,显得成熟、自信。

2. 其他行姿

(1) 后退步:与人告别时,应当先后退两三步,再转身离去。退步时,脚轻擦地面,步幅要小,先转身后转头。

(2) 引导步:引导步是用于走在前边给宾客带路的步态。引导时要尽可能走在宾客左侧前方,整个身体半转向宾客方向,保持两步的距离。遇到上下楼梯、拐弯、进门时,要伸出左手示意,并提示请客人上楼、进门等。

(3) 前行转身步:在前行中要拐弯时,要在距离所转方向远侧的一脚落地后,立即以该脚掌为轴,转过全身,然后迈出另一脚。即向左拐,要右脚在前时转身。向右拐,要左脚在前时转身。

3. 穿不同鞋子的行姿

(1) 穿平底鞋:走路时要比较自然、随便、轻松、大方。前行时脚跟先落地,力度要均匀。由于穿平底鞋不受拘束,应当注意防止过分随意。步幅时大时小,速度时快时慢,容易给人以松懈的印象。

(2) 穿高跟鞋:走路时步幅要小,脚跟先着地。行进时一定要保持踝、膝、髋关节的挺直,保持挺胸、收腹、向上的姿态。注意避免用屈膝的方法来保持平衡,那样行姿不但不挺拔,反而因屈膝、撅臀而显得笨拙、不雅。

总之,要警惕不良姿态,行走时要防止八字步,低头驼背;不要摇晃肩膀,双臂在甩手;不要扭腰摆臀,左顾右盼;脚不要擦地面。

三、正确的坐姿

坐,也是一种静态造型。端庄优美的坐,会给人以文雅、稳重、自然大方的美感。正确的坐姿应该:腰背挺直,肩放松。女性应两膝并拢;男性膝部可分开一些,但不要过大,一般不超过肩宽。双手自然放在膝盖上或椅子扶手上。在正式场合,入座时要轻柔和缓,起和坐都要端庄稳重,不可猛起猛坐,弄得桌椅乱响,会造成尴尬气氛。不论何种坐姿,上身都要保持端正,如古人所言的“坐如钟”。若坚持这一点,那么不管怎样变换身体的姿态,都会优美、自然。

1. 女士坐姿

(1) 标准式:轻缓地走到座位前,转身后两脚成小丁字步,左前右后,两膝并拢的同时上身前倾,向下落座。如果穿的是裙装,在落座时要用双手在后边从上往下把裙子拢一下,以防坐出皱纹或因裙子被打折坐住而使腿部裸露过多。坐下后上身挺直,双肩平正,两臂自然弯曲,两手交叉叠放在两腿中部,并靠近小腹。两膝并拢,小腿垂直于地面,两脚保持小丁字步。

(2) 前伸式:在标准坐姿的基础上,两小腿向前伸出一脚的距离,脚尖不要翘起。

(3) 前交叉式:在前伸式坐姿的基础上,右脚后缩,与左脚交叉,两踝关节重叠,两脚尖着地。

(4) 屈直式:右脚前伸,左小腿屈回,大腿靠紧,两脚前脚掌着地,并在一直线上。

(5) 后点式：两小腿后屈，脚尖着地，双膝并拢。

(6) 侧点式：两小腿向左斜出，两膝并拢，右脚跟靠拢左脚内侧，右脚掌着地，左脚尖着地，头和身躯向左斜。注意大腿小腿要成 90 度的直角，小腿要充分伸直，尽量显示小腿长度。

(7) 侧挂式：在侧点式基础上，左小腿后屈，脚步绷直，脚掌内侧着地，右脚提起，用脚面贴住左踝，膝和小腿并拢，上身右转。

(8) 重叠式：重叠式也叫"二郎腿"或"标准式架腿"等。在标准式坐姿的基础上，两腿向前，一条腿提起，腿窝落在另一腿的膝关节上边。要注意上边的腿向里收，贴住另一腿，脚尖向下。

二郎腿一般被认为是一种不严肃、不庄重的坐姿，尤其是女士不宜采用。其实，这种坐姿常常被采用，因为只要注意上边的小腿往回惦，脚尖向下这两个要求，不仅外观优美文雅，大方自然，富有亲切感，而且还可以充分展示女士的风采和魅力。

2. 男士坐姿

(1) 标准式：上身正直上挺，双肩正平，两手放在两腿或扶手上，双膝并拢，小腿垂直落于地面，两脚自然分开成 45 度。

(2) 前伸式：在标准式的基础上，两小腿前伸一脚的长度，左脚向前半脚，脚尖不要翘起。

(3) 前交叉式：小腿前伸，两脚踝部交叉。

(4) 屈直式：左小腿回屈，前脚掌着地，右脚前伸，双膝并拢。

(5) 斜身交叉式：两小腿交叉向左斜出，上体向右倾，右肘放在扶手上，左手扶把手。

(6) 重叠式：右腿叠在左膝上部，右小腿内收，贴向左腿，脚尖自然下垂。

四、谈话姿势

谈话的姿势往往反映出一个人的性格、修养和文明素质。所以，交谈时，首先双方要互相正视、互相倾听、不能东张西望、看书看报、面带倦容、哈欠连天。否则，会给人心不在焉、傲慢无理等不礼貌的印象。

五、手势

(一) 规范的手势

手掌自然伸直，掌心向上，手指并拢，拇指自然稍稍分开，手腕伸直，使手与小臂成一直线，肘关节自然弯曲，大小臂的弯曲以 140 度为宜。在出手时，要讲究柔美、流畅，做到欲左先右。避免僵硬死板、缺乏韵味。同时配合眼神、表情和其他姿态，使手势更显协调大方。

(二) 常用手势

1. 横摆式

在表示"请进"、"请"时常用横摆式。做法是：五指并拢，手掌自然伸直，手心向上，肘微弯曲，腕低于肘。开始做手势应从腹部之前抬起，以肘为轴地向一旁摆出，到腰部并与身体正面成 45 度时停止。头部和上身微向伸出手的一侧倾斜。另一手下垂或背在背后，目视宾客，面带微笑，表现出对宾客的尊重和欢迎。

2. 前摆式

如果右手拿着东西或扶着门，需要向宾客作出“请”的手势时，可以用前摆式。做法是：五指并拢，手掌抻直，由身体一侧由下而上抬起，以肩关节为轴，到腰的高度再由身前右方摆去，摆到距身体15厘米，并在不起过躯干的位置时停止。目视来宾，面带微笑，也可双手前摆。

3. 双臂横摆式

当来宾较多时，表示“请”可以动作大一些，采用双臂横摆式。做法是：两臂从身体两侧向前上方抬起，两肘微曲，向两侧摆出。指向前进方向一侧的臂应抬高一些，伸直一些，另一手稍低一些。也可以双臂向一个方向摆出。

4. 斜摆式

请客人落座时，手势应摆向座位的地方。做法是：手要先从身体的一侧抬起，到高于腰部后，再向下摆去，使大小臂成一斜线。

5. 直臂式

需要给宾客指方向时，用直臂式。做法是：手指并拢，掌伸直，屈肘从身前抬起，向指引的方向摆去，摆到肩的高度时停止，肘关节基本伸直。

注意指引方向，不可用一个手指指示，这样显得不礼貌。

六、表情

表情，即面部表情，是指头部(主要是脸部)各部位对于情感体验的反应动作。不同的心境有不同的表情。

（一）微笑

微笑应发自内心，真诚的微笑是社交的通行证。它向对方表示欢迎和友善，使对方感到温暖，能给谈话带来融洽平和的气氛。因此，秘书人员应训练自己的微笑能力。

（二）眼神

眼神，是对眼睛的总体活动的一种统称。眼睛是人类心灵的窗户，与人交往所得的信息87%来自视觉，来自听觉的信息则仅为10%左右。眼神能够最明显、最自然、最准确地展示自身的心理活动。在谈话的大多数时间里，目光应该注视对方，与对方做眼神交流。一般而言，越严肃的场合，眼神注视的范围越窄。眼神游移不定的人，给人以不信任感；上下打量的眼神给人以没有礼貌的感觉。

谈话的场合不同，眼神注视的部位也不同。

(1) 亲密眼神。注视亲朋好友或夫妻恋人的眼神可以是对方的上半身。

(2) 社交眼神。注视对方双眼以下，下颚以上的部分。

(3) 公务眼神。注视对方双眼以上的额头部分。

项目三 接打电话

一、接打电话

接打电话是秘书日常的重要工作，上传下达，内外联系，秘书每天要接、打大量的电话。

打电话看起来很容易，对着话筒同对方交谈，觉得和当面交谈一样简单，其实不然，打电话大有讲究，可以说是一门学问、一门艺术。

接打电话的基本要求如下。

1. 重要的第一声

秘书听到电话铃响，应该用清晰、悦耳、吐字清脆的声音跟对方打招呼：外线电话要报公司的名称“你好，这里是XX公司，请问……”，内线要报部门名称“你好，这里是企划部，请问……”。对方听到亲切、优美、礼貌的招呼声，心里一定会很愉快，使双方对话能顺利展开。

2. 喜悦的心情

打电话时要保持良好的心情，这样即使对方看不见你，但是从欢快的语调中也会被你感染，给对方留下极佳的印象。由于面部表情会影响声音的变化，所以即使在电话中，也要抱着“对方看着我”的心态去应对。

3. 清晰明朗的声音

打电话过程中绝对不能吸烟、喝茶、吃零食，即使是懒散的姿势对方也能够“听”得出来。如果你打电话的时候，弯着腰躺在椅子上，对方听你的声音就是懒散的、无精打采的，若坐姿端正，所发出的声音也会亲切悦耳、充满活力。因此打电话时，即使看不见对方，也要当作对方就在眼前，尽可能注意自己的姿势。

4. 适当的语速和音量

打电话的语速不要太快也不要太慢，太快对方不容易听清楚，太慢显得无精打采。声音也不要太高或太低，以对方能够听清为准。

5. 简明扼要的内容

通话要简明扼要，不要在电话中聊天。尽量把一次通话的时间控制在3分钟以内。如果内容较多，要先跟对方商量：“本次通话可能占用您较长时间，您现在方便吗？”

6. 迅速准确地接听

工作人员业务繁忙，桌上往往会有两三部电话，听到电话铃声，应准确、迅速地拿起听筒，最好在三声之内接听。电话铃声响一声大约3秒钟，若长时间无人接电话，或让对方久等是很不礼貌的，单位也会给对方留下不好的印象。如果电话铃响了三声以后才拿起话筒，应该先向对方道歉：“对不起，让您久等了。”

二、电话摆放位置

电话机应该摆放在办公桌的左边，方便来电时左手拿起话筒，右手拿笔做记录。

三、接打电话注意的问题

(1) 接电话掉线时，应把电话挂机等待。

(2) 接打电话一定要注意礼貌用语，一定是“你好”开始，“谢谢，再见”结束，要随时把“请”、“早上好”、“下午好”等用语挂在嘴上。

(3) 接电话时要注意给对方以反馈信息，适时回应，“是”、“好，我明白了”、“对不起，我没听清楚，请再重复一遍好吗”。重要的信息要记录下来，并在记录时出声念出来向对方确认，记录的电话内容应及时转告相关部门或人员处理。对方不指明的电话，自己不能判断处理的，可坦白告诉对方，并马上将电话交给能够处理的人。

(4) 电话可以集中在一段时间内打，这样容易提高效率。非紧急电话，最好不要在上班后半个小时、下班前半个小时和午餐时间打。

(5) 对同时打来的几个电话，可以这样处理：

① 告诉正在交谈的对方有电话打进来，需要处理，请他稍等；

② 迅速接起另一部电话，快速处理完毕，马上回到第一个电话上；

③ 如果第二个电话不能迅速处理完，也不属于紧急电话，可以请他一会儿再打来，或告诉他等你处理完第一个电话后给他打过去；如果第二个电话属于紧急内容，则向第一个来电者道歉，请他先挂上电话稍等或迅速处理完第一个电话。总之，回到第一个电话时，都要向来电者表示你的歉意。

四、设计电话记录表

接打电话所涉及的工作内容都要记录下来，需要设计电话记录表。电话记录表是记录来电信息的，内容设计应该详细明了。每个单位的工作内容不同，记录表的内容应该也有所不同，但大体上应该包括这么几个要素，也就是我们常说的5W1H，即WHO何人、WHEN何时、WHAT何事、WHERE对方单位、WHY为啥来电、HOW如何处理(见表3-1)。

表3-1 电话记录表

来电者姓名		来电单位	
来电内容			
紧急程度	紧急　正常		
受话者			
处理意见			
记录人		记录时间	

项目四 接待工作

一、接待工作的要求

接待工作是企业秘书的一项重要工作。随着社会经济的快速发展，各企业之间信息、技术、资金的交流日益频繁，并由此带来大量的人员流动，上级领导的视察、兄弟单位以及合作伙伴之间参观、学习及业务洽谈的人次也与日俱增，这就使得接待工作越发重要。

1. 接待工作必须进行方案的策划与制订

只有精心策划、充分准备，接待活动才有可能成为成功的公关活动，否则就可能沦为低层次的迎来送往的应酬活动，甚至可能损害企业的形象。每项接待活动，都要以实现来宾的目的和企业的公关期望为原则，制订出符合来宾身份的完善的接待工作方案和实施细则，详细安排日程、接站、用车、就餐、住宿、参观等各项活动，充分考虑各方面的细节，并体现一定的创意与创新。

2. 接待工作需要有自己的特色和风格

要通过接待活动的每个环节着力体现企业的特色。不论是宏观的整体方案的策划还是微观的接站牌的设计、汇报材料的写作甚至接待车辆的停放，都要努力凸显企业与众不同之处，让来宾从接待工作的点点滴滴中感受到企业的个性，感受到企业文化的特色。

3．接待工作需要注重细节

接待工作来不得半点马虎，必须处处留心，周密考虑，谨慎行事。在重大的接待工作中，接待工作负责人在对全局进行总体把握的前提下，要随时根据接待工作的需要对接待方案予以调整。具体接待人员则要主动进行全程模拟思考，从准备会议室到用车，从参观到进餐，对每一个细节都要细致地思索一遍，以便及时弥补可能存在的疏漏。接待工作人员要"眼观六路、耳听八方"，对来宾的一个眼神、一个动作、不经意的一句话，都要留意和体会，以便及时采取应变措施。这就要求秘书人员加强灵活应变、临场发挥能力的训练，提高处理突发事件、意外发挥能力的训练，提高处理突发事件、意外情况的水平，以便将各类有损害企业形象的细节问题解决在萌芽状态，确保接待工作实现"零失误"。

二、接待礼仪和程序

迎来送往，是社会交往接待活动中最基本的形式和重要环节，是表达主人情谊、体现礼貌素养的重要方面。尤其是迎接，给对方留下好的第一印象，就为下一步深入接触打下了基础。迎接客人要有周到的安排。

（1）首先做好接待准备，保证接待环境包括会客室、前台、办公室、走廊、楼梯等清洁、整齐、明亮、美观，没有异味，会客室的温度和湿度适中。接待人员应注意仪容整洁，准备好招待用品和用具，如茶水、茶具、水果等。重要客人，应提前在门外迎接。前台和会客室要摆放花束、绿色植物，重要的客人还要打出表示欢迎的横幅。

（2）对前来访问、洽谈业务、参加会议的外国、外地客人，应首先了解对方到达的车次、航班，安排与客人身份、职务相当的人员前去迎接。若因某种原因，相应身份的主人不能前往，前去迎接的主人应向客人做出礼貌的解释。

（3）主人到车站、机场去迎接客人，应提前到达，恭候客人的到来，决不能迟到让客人久等。若迎接来迟，必定会给客人心里留下阴影，事后无论怎样解释，都无法消除这种失职和不守信誉的印象。对初次来访互不相识的客人，可事先做一块写有客人姓名的牌子，以便相认。

（4）接到客人后，应首先问候"一路辛苦了"、"欢迎您来到我们这个美丽的城市"、"欢迎您来到我们公司"等，并与客人亲切握手，握手时要注视对方的眼睛，力度要适中，握手时应该摘掉墨镜和手套，如果女性穿着礼服并戴着与之配套的手套，则可不脱。握手时间一般两、三秒钟为宜，若是老朋友意外相见，握手时间可适当加长，以表示不期而遇的喜悦。男士与女士握手，时间应较短。一个人与多人握手时应遵守先高后低，先长后幼，先主后宾，先女后男的原则。多人同时握手时不要交叉，待别人握完后再伸手，也不可同时伸出双手与两人握手。

握手的同时向对方作自我介绍，除介绍姓名外，还应介绍职务。若为他人介绍，则要首先确定被介绍的双方哪一方更应该被尊重，要先让被尊重的一方了解对方的情况。即把职位低者、年轻人、男士、来访者介绍给职位高者、年长者、女士和主人。如果把一个人介绍给众多人时，首先应该向大家介绍这个人，然后再把众人逐个介绍给这个人。集体介绍可以按照座位次序或职务次序一一介绍。

如果有名片，可送予对方。交换名片的礼仪如下。

① 当与长者、尊者交换名片时，可双手递上，身体微微前倾，以齐胸的高度递上，并说一句“请多关照”。一般来说，来访者、男性、身份低者在交换名片时应使自己的名片低于对方的名片，以示尊重。若想得到对方的名片，可以用请求的口吻说：“如果您方便的话，能否留张名片给我？”名片也可告辞时递上，表示希望以后多联系的心意。

② 接名片的时候，双手接过名片后，眼睛注视着名片，认真看对方的身份、姓名，也可轻轻读名片上的内容。接过的名片忌随手乱放或不加确认就收入包中，这是很失礼的。

③ 名片应该妥善保存，可以放在名片夹或名片盒中，方便查找。

(5) 迎接客人应提前为客人准备好交通工具，不要等到客人到了才匆匆忙忙准备交通工具，那样会因让客人久等而误事。

(6) 主人应提前为客人准备好住宿，帮客人办理好一切手续并将客人领进房间，同时向客人介绍住处的服务、设施，将活动的计划、日程安排交给客人，并把准备好的地图或旅游图、名胜古迹等介绍材料送给客人。

(7) 将客人送到住地后，主人不要立即离去，应陪客人稍作停留，热情交谈，谈话内容要让客人感到满意，如客人参与活动的背景材料、当地风土人情、有特点的自然景观、特产、物价等。考虑到客人一路旅途劳累，主人不宜久留，让客人早些休息。分手时将下次联系的时间、地点、方式等告诉客人。

(8) 根据客人来访要求，做好会谈、参观等相应安排，并通知有关方面做好准备。

(9) 根据接待规格请示领导确定接风或饯行宴请。

(10) 送别客人时，秘书或陪同人员应把客人送到电梯口，秘书按下电梯按键，等客人进入电梯，电梯关闭下行后才能转身离开；若是送客人到大门口，则应等客人进入车里，车子开走时要微笑并挥手告别，等车子不见后才能转身离开；若是重要的客人，应安排有关领导或工作人员到客人住地或去车站、码头、机场为客人送行，一一握手道别，并预祝对方旅途愉快。

三、日常接待客人的要求

(一) 见到客人的第一时间，应该马上站起来(stand up)并注视(see)着对方微笑(smile)，然后伴以15度的鞠躬，鞠躬完毕后向客人问候“您好！欢迎您的来访!”或“您好！我能为您做些什么?”等

(二) 预约的客人要找的会见人临时不在时，要明确告诉对方会见人到何处去了，以及何时回本单位。请客人留下电话、地址，明确是由客人再次来单位，还是我方会见人到对方单位去

(三) 预约的客人到来时，我方会见人由于种种原因不能马上接见，要向客人说明等待理由与等待时间，若客人愿意等待，应该向客人提供饮料、杂志，如果可能，应该时常为客人换饮料

(四) 接待未预约来访者应注意的问题

未预约来访者的接待是指没有事先预定会见面谈，是临时来访的接待。

对于临时来访者，秘书要有礼貌地询问客人的来意，再根据当时情况，凭借自己以往的接待经验，采取适当的接待应对办法。具体的做法如下：

1. 主动热情

面带微笑主动迎接问候来访者，并以礼貌友好、欢迎的态度上前了解未预约来访者。

2. 了解情况

了解来访者要访问的部门或人员，看看能否安排尽可能早的预约时间。若来访者要求当下见面的，则要设法联系有关部门或人员，看被访者能否接见来访者，若可以，则可以按照预约来访者的工作程序进行；若不可以，则向来访者说明情况，主动请对方留言或留下联系方式，保证尽快将留言递交给被访者，或是尽可能快地安排会见时间并通知对方。

3. 灵活应对

如果来访者要见领导，而领导不愿见，秘书则要找借口拒绝来访者，或是请示领导能否指定别人代替，若可以，则礼貌地请来访者与指定的人员会谈。如果采访者坚持要见领导，而领导实在不想见，则一方面要为领导挡驾，让来访者明白今天想会见是无论如何都不行的；另一方面让对方留下电话和会面时间、要求，表示将及时禀告领导，待领导决定后立即通知对方。

4. 耐心倾听

若来访者是怒气冲冲前来指责批评或是脾气急躁的，则一方面要耐心倾听，礼貌接待，切不可针锋相对，致使事态恶化；另一方面快速寻找解决方法，向对方表示尽力帮助解决问题，抱着友善、认真、真诚的态度对待他，使对方感到你是真心诚意为他着想的，等事态缓和下来后再想办法解决问题。

5. 确保来访者满意

在接待过程中始终要热情、周到，使来访者满意离开。送客时与有约接待相同。

（五）接待人员带领客人到达目的地，应该有正确的引导方法和引导姿势

1. 在走廊的引导方法

接待人员在客人左前方 1～1.5 米左右，配合步调，让客人走在内侧。

2. 在楼梯的引导方法

当引导客人上楼时，应该让客人走在前面，接待人员走在后面；若是下楼时，应该由接待人员走在前面，客人在后面，上下楼梯时，接待人员应该提醒并注意客人的安全。

3. 在电梯的引导方法

引导客人乘坐电梯时，接待人员先进入电梯，等客人进入后关闭电梯门；到达时，接待人员按“开”的钮，让客人先走出电梯。

4. 客厅里的引导方法

当客人走入客厅，接待人员用手指示，请客人坐下，看到客人坐下后，才能行点头礼后离开。如客人错坐下座，应请客人改坐上座（一般靠近门的一方为下座）。

5. 次序礼仪

接待过程中，遵从次序礼仪的要求，能准确地突出来访者的身份，是对来访者的尊重。接待过程中的次序礼仪一般有以下要求。

（1）就座时，右为上座。即将客人安排在企业领导或其他陪同人员的右边。

（2）上楼时，客人走在前，主人走在后；下楼时，主人走在前，客人走在后。

（3）迎客时，主人走在前；送客时，主人走在后。

（4）进电梯时，有专人看守电梯的，客人先进、先出；无人看守电梯的，主人先进、后出并

按住电钮，以防电梯门夹住客人。

(5) 奉茶、递名片、握手、介绍时，应按职务从高至低进行。

(6) 进门时，如果门是向外开的，把门拉开后，按住门，请客人先进。如果门是向内开的，把门推开后，再请客人先进。

总之，社会场合，一般以右为大、为尊，以左为小、为次，进门上车，应让尊者先行，一切服务均从尊者开始。

(六) 诚心诚意地奉茶。我国人民习惯以茶水招待客人，在招待尊贵客人时，茶具要特别讲究，注意倒茶、递茶的讲究和规矩。

四、确定接待规格及方法

(一) 接待规格

秘书人员根据来访者的身份，确定接待的规格。接待规格是以主要陪同领导的角度而言的。接待规格分为 3 种：高规格接待、低规格接待、对等接待。

1. 高规格接待

即主要陪同人员比来宾的职位要高的接待。如上级领导派工作人员来了解情况，传达意见，其他企业来人商量要事，或我方想与来访者发展重要关系等情况，需要高规格接待。

2. 低规格接待

即主要陪同人员比客人的职位要低的接待。主要适用在基层，如上级领导或主管部门领导到基层视察，只能低规格接待。

3. 对等接待

即主要陪同人员与客人的职位同等的接待。这是最常用的接待规格。

接待规格过高，影响领导的正常工作；接待规格过低，影响上下左右的关系。所以，确定接待规格时应慎重全面地考虑。由此，对等接待是最常用的接待规格。

(二) 确定接待规格的方法

1. 接待规格由领导确定

秘书在确定接待对方的规格时，首先要了解其来访的目的和身份地位，据此向领导建议接待的规格，最终由谁出面接待由领导拍板决定。接待规格确定后，秘书应把我方出面接待的主要负责人和陪同人员的姓名、身份和日程安排告知对方，与对方确认。

2. 接待规格确定要考虑的因素

(1) 与对方的关系。对方与我方的关系非常重要，或我方希望与对方发展关系或对方的来访事关重大，可以高规格接待。

(2) 突发事件影响既定接待规格。如既定接待负责人因为一些突发事情不能出面接待，由他人代替而引发的规格降低问题。秘书对于此类问题，应事先与对方沟通，取得对方谅解。

(3) 参照以前标准。对于以前接待过的来访者，参照以前的规格接待。

项目五　接待计划的制订

制订接待工作计划，就是拟订接待方案。一定要详尽制订迎接来宾的具体计划，可有助于使接待工作避免疏漏，减少波折，更好地、按部就班地顺利进行。根据常规，它至少要包括迎送方式、交通工具、膳宿安排、工作日程、文娱活动、游览、会谈、会见、礼品准备、经费开支以及接待、陪同人员等各项基本内容。

一、接待计划的主要内容

（1）接待方针，即接待的指导思想。

（2）接待规格（见上一个课题）。

（3）接待日程安排。接待日程安排应当制定周全，尤其是接待活动的重要内容不可疏漏，如安排迎接、拜会、宴请、会谈、参观、游览、送行等事宜。接待日程安排还要注意时间上的紧凑，上一项活动与下一项活动之间既不能冲突，又不能间隔太长。

（4）接待形式。要不要搞迎宾活动，如何安排迎宾活动。

（5）接待经费开支，包括：餐饮费、住宿费、参观、游览、娱乐费、交通费、工作费、劳务费、礼品费、公关宣传费和其他费用。

二、接待计划的准备

1. 了解清楚来宾的相关信息资料

包括所在单位、姓名、性别、职务、级别、爱好、忌讳，一行人数，以及到达的日期和地点。以便根据其个人状况进行专案服务，而且也不至于让参加迎送的有关人员不了解情况而发生意外。

2. 将来宾情况和意图向有关领导报告，并根据对方意图和实际情况，拟出接待计划和日程安排的初步意见，一并报请领导批示

具体计划内容如下。

（1）根据来宾的身份和其他实际情况，通知具体接待部门安排好住宿。

（2）在规定标准的范围内，尽可能周到地安排好来宾的饮食，注意来宾的饮食禁忌和偏好。

（3）根据实际工作需要，安排好接待工作用车和来宾用车。

（4）根据来宾的工作要求，做好相应安排。如来宾要进行参观学习，则应根据对方的要求，事先安排好参观点，并通知有关部门或单位准备汇报材料，组织好有关情况介绍、现场操作和表演、产品或样品陈列等各项准备工作。

（5）根据对方的工作内容，事先拟订出各个项目陪同人员的名单，报请领导批准后，即通知有关人员不要外出，并做好准备。

（6）根据来宾的身份和抵达的日期、地点，安排有关领导或工作人员到车站、机场、码头迎接。

（7）来宾到达并住下后，双方商定具体的活动日程，尽快将日程安排印发有关领导和部门并按此执行。

（8）在合适的时机按照大体对等的礼仪原则，安排有关领导同志看望来宾，事先安排好地点及陪同人员。

（9）根据领导指示或来宾要求，做好游览风景区和名胜古迹的安排。为来宾安排一些必要的文化娱乐活动，如电影、地方戏剧、晚会、书画活动、参观展览等。安排好体育活动，通

知体育场馆做好场地、器材等准备，并安排陪同人员。

(10) 来宾如有重要身份，或活动具有重要意义，则应通知有关新闻单位派人进行采访、报道，负责介绍情况，安排采访对象谈话，并受领导委托对稿件进行把关。

(11) 事先征询来宾意见，预订、预购返程车船或飞机票。

(12) 来宾离去时，安排有关领导或工作人员到住地或去车站、码头、机场为客人送行。

三、设计接待记录表

秘书为了更好地掌握每天来访客人的情况，应设计并逐一填写接待记录表。

记录的内容可以根据接待工作的要求设计，但是内容不可太多，否则会招来客人的厌烦。主要内容应由客人填写，最后的名牌号码由秘书填写，秘书可以把客人的名牌号码告知里面的接待人员，防止出错。秘书可在记录表中设"备注"一栏，记下重要客人的体貌特征，以便下次再见时，能准确地道出对方的姓名和职务，给对方留下好印象。

记录本应按时间顺序装订保存，保留一年以上，如表 3-2 所示。

表 3-2 接待记录表

序号	来访人姓名	来访时间	来访人单位名称	来访目的	要求会见人	实际会见人	名牌号码	备注

项目六 涉外接待

一、涉外接待的原则和要求

(一) 不卑不亢

不卑不亢，是涉外礼仪的一项基本原则。要求每个人在参与国际交往时，都必须意识到自己在外国人的眼里，是代表着自己的国家、自己的民族、自己的所在单位。因此，其言行应当从容得体，堂堂正正。面对强者我们"不卑"，虽然在交往中可有一定的灵活性，但是大原则不能动摇，根本利益不能拿来做交易，绝不能"丧权辱国"，表现得畏惧自卑、低三下四；面对弱者我们"不亢"，不要得意忘形、妄自尊大、放肆嚣张。

(二) 依法办事

国际间的交往与合作应该遵守彼此国家的法律，同时还应该遵守相关的国际法，这样才能保证彼此的合作能够顺利，能有长远的发展。

(三) 内外有别

涉外接待要以礼相待，但是对于外宾不合理的要求，我们应当予以拒绝。秘书人员要有保密观念，对于国家和单位的机密一定要守口如瓶。

(四) 尊重个人

在涉外交往中，务必要严格遵守"尊重隐私"这一涉外礼仪的主要原则。尊重个人就是要尊重人权，尊重个人隐私和个人选择。不要对别人的行为和选择横加干涉。

一般而论，在国际交往中，下列八个方面的私人问题，均被外国人士视为个人隐私问题：(1) 收入支出问题；(2) 年龄大小问题；(3) 恋爱婚姻问题；(4) 身体健康问题；(5) 家庭住址问题；(6) 个人经历问题；(7) 信仰政见问题；(8) 所忙何事问题。要尊重外宾的个人隐私权，首先就必须自觉地避免在与对方交谈时，主动涉及这八个方面的问题。

（五）女士优先

所谓"女士优先"，是国际社会公认的一条重要的礼仪原则，它主要适用于成年的异性进行社交活动之时。

"女士优先"的含义是：在一切社交场合，每名成年男子都有义务主动自觉地以自己的实际行动，去尊重妇女、照顾妇女、体谅妇女、关心妇女、保护妇女，并且还要想方设法、尽心竭力地去为妇女排忧解难。倘若因为男士的不慎，而使妇女陷于尴尬、困难的处境，便意味着男士的失职。"女士优先"原则还要求，在尊重、照顾、体谅、关心、保护妇女方面，男士们对所有的妇女都要一视同仁。

国际交往中，在公共场合、社交场合一般应自觉遵守"女士优先"原则，体现男士的绅士风度。但在公务和商务场合，一般仍以职务高者优先。

（六）入乡随俗

每个国家、每个民族都有自己的风俗习惯，所谓"十里不同风，百里不同俗"，是不以人的主观意志为转移的。

国际上通行的做法是，到什么地方就要遵守当地的风俗习惯。在国内接待外宾，应以我国的礼节为主，如设宴招待外宾应吃中餐。到哪个国家事先也要了解他们的风俗禁忌，尊重主人，不要触犯和嘲笑。在涉外交往中注意尊重外宾所特有的习俗，容易增进中外双方之间的理解和沟通，有助于更好地、恰如其分地向外国友人表达我方的亲善友好之意。

（七）热情有度

"热情有度"是涉外礼仪的基本原则之一。人们在参与国际交往、直接同外国人打交道时，不仅待人要热情而友好，更为重要的是，要把握好待人热情友好的具体分寸，否则就会事与愿违，过犹不及。这里关键是要掌握好下列四个方面的"度"。

1. 关心有度

不要关心过头，询问客人涉及隐私的问题。

2. 批评有度

对客人一些不合适的言谈举止要委婉提出，不要疾言厉色。

3. 距离有度

在涉外交往中，人与人之间的正常距离大致可以划分为以下四种，它们各自适用不同的情况。

(1) 私人距离。其距离小于 0.5 米之内，仅适用于家人、恋人与至交，因此有人称其为"亲密距离"。

(2) 社交距离。其距离为大于 0.5 米，小于 1.5 米，适合于一般性的交际应酬，故亦称"常规距离"。

(3) 礼仪距离。其距离为大于 1.5 米，小于 3 米。它适用于会议、演讲、庆典、仪式以及接见，意在向交往对象表示敬意，所以又称"敬人距离"。

(4) 公共距离。其距离在3米开外,适用于在公共场合同陌生人相处。它也被叫做"有距离的距离"。

4. 举止有度

要在涉外交往中真正做到"举止有度",要注意两个方面:一是不要随便采用某些意在显示热情的动作;二是不要采用不文明、不礼貌的动作。

(八) 以右为尊

正式的国际交往中,依照国际惯例,将多人进行并排排列时,最基本的规则是右高左低,即以右为上,以左为下;以右为尊,以左为卑。大到政治磋商、商务往来、文化交流,小到私人接触、社交应酬,但凡有必要确定并排列具体位置的主次尊卑时,"以右为尊"的原则都是普遍适用的。

二、涉外迎送仪式的要求

迎宾礼仪指的是在涉外交往活动中,对外国来访的客人,通常均视其身份和访问性质,以及两国或双方关系等因素,安排相应的迎送活动。

各国对外国国家元首、政府首脑的正式访问,往往都举行隆重的迎送仪式。对军方领导人的访问,也举行一定的欢迎仪式,如安排检阅仪仗队等。对其他人员的访问,一般不举行欢迎仪式。然而,对应邀前来的访问者,无论是官方人士、专业代表团还是民间团体、知名人士,在他们抵离时,均安排相应身份人员前往机场(车站、码头)迎送。对长期在本国工作的外国人士和外交使节、专家等,他们到离任时,各国有关方面亦安排相应人员迎送。

迎宾礼仪的核心是要礼待宾客,给予来宾与其身份、地位相符的礼遇,表达主人的好客之意,使对方产生宾至如归之感。

(一) 迎宾前的准备

1. 确定邀请规格

对来宾的迎送规格各国做法不尽一致。确定迎送规格,主要依据来访者的身份和访问目的,适当考虑两国关系,同时要注意国际惯例,综合平衡。主要迎送人通常都要同来宾的身份相当,但由于各种原因(如国家体制不同,当事人年高不便出面,临时身体不适或不在当地等),不可能完全对等。遇此情况,可灵活变通,由职位相当的人士,或由副职出面。总之,主人身份总要与客人相差不大,同客人对口、对等为宜。当事人不能出面时,无论作何种处理,应从礼貌出发,向对方做出解释。其他迎送人员不宜过多。也有从发展两国关系或当前政治需要出发,破格接待,安排较大的迎送场面。然而,为避免造成厚此薄彼的印象,非有特殊需要,一般都按常规办理。

2. 排定礼宾次序

接待不同国家、不同地区、不同单位的外宾,必须按照国际惯例和本国的常规做法,排定先后顺序。一般采取以下做法:

(1) 依照来宾身份地位高低确定次序。在正式的政务、商务、军事、学术交往中,一般可按照来宾的身份地位排列次序。若组团来访的,以团长的身份地位来排列次序。

(2) 依照拉丁字母确定次序。举行大型的国际会议或体育赛事时,一般依照来宾所在国家或地区名称的第一个拉丁字母的先后排列次序。

(3) 依照来宾抵达时间先后确定次序。在非正式的涉外活动中可采用此排列办法。

(4) 依照来宾告知到访时间先后确定次序。举办大型的国际招商会、展示会、博览会时，可采用此办法。

(5) 不排列。当上述几种办法无法应用时，可采取不是办法的办法确定次序。

在礼宾实践中，以上五种办法可以组合使用。通行的做法是：先依照来宾的身份地位高低进行排列；身份地位相同的，依照其所在国家、地区名称的第一个拉丁字母先后顺序排列；字母顺序也相同的，再依照某种时间顺序排列。

3. 必须慎重悬挂国旗

为维护本国的国家尊严，任何主权国家均不允许在本国国境之内随意悬挂或摆放外国国旗。除国际法规定外，我国目前允许五种场合悬挂或摆放外国国旗。

(1) 外国国家元首、政府首脑正式到访。

(2) 外国贵宾访问期间我国举行重要的礼仪活动。

(3) 国际会议在我国举行。

(4) 重大的国际活动在我国举行。

(5) 为在我国进行的国际经济重要项目而举行的庆典或仪式。

悬挂或摆放中外国旗的常规是：并排升挂两面国旗时，应以国旗自身面向为准，一般将外国国旗悬挂在右侧，我国国旗悬挂在左侧；并排升挂三面以上国旗时，应按礼宾序列，自右而左，依次升挂。通常，东道国国旗居于末尾，但举行国际会议时，东道国国旗不必居后。

我国规定，在中国境内悬挂外国国旗时，必须同时升挂中国国旗，其高度要相等，面积要大致相似，以示彼此相互平等。国旗象征着国家，在涉外交往中升挂国旗时，绝不容许将任何一方的国旗弄错或挂错。

4. 拟订接待计划

在拟订接待计划前，要充分了解外宾有无特殊习惯、要求，本着互助互利、交往对等的原则，在力所能及的情况下，尽可能地满足其正当而合理的要求，并列入接待计划中。一份外事接待计划，就是接待工作的指南和行动纲领。应包括膳宿安排、交通工具、会见会谈、参观访问、文娱活动、异地游览、新闻报道、安全保卫、突发事件、礼品准备、人员配备、经费预算等基本内容。正式的接待计划一经拟订，应尽快报请上级主管部门批准。此后，报、送与接待工作有关的部门并通报给外方。

5. 掌握人员状况

要做好外事接待工作就必须掌握好外方与我方有关人员的状况。一方面，应对主要来访者的基本情况、风俗习惯及主要禁忌尽可能地了解。若对方曾来华访问过，最好借鉴当时我方的接待规格和接待方案。另一方面，选择我方负责接待工作的人员，确定专门负责此事的陪同人员、翻译、工作人员及司机。接待人员要进行专门的业务培训，对其进行必要的外事纪律和国际礼仪等方面的培训。

（二）掌握抵达和离开的时间

必须准确掌握来宾乘坐飞机（火车、船舶）的抵离时间，及早通知全体迎送人员和有关单位。如有变化，应及时通知。由于天气变化等意外原因，飞机、火车、船舶都可能不准时。一般大城市，机场离市区又较远，因此，既要顺利地接送客人，又不过多耽误迎送人员的时间，就要准确掌握抵离时间。

迎接人员应在飞机(火车、船舶)抵达之前到达机场(车站、码头)。送行则应在客人登机之前抵达(离去时如有欢送仪式,则应在仪式开始之前到达)。如客人乘坐班机离开,应通知其按航空公司规定时间抵达机场办理有关手续(身份高的客人,可由接待人员提前前往代办手续)。

(三) 献花

如安排献花,必须用鲜花,并注意保持花束整洁、鲜艳,忌用菊花、杜鹃花、石竹花、黄色花朵。有的国家习惯送花环,或者送一两枝名贵的兰花、玫瑰花等。通常由儿童或女青年在参加迎送的主要领导人与客人握手之后,将花献上。若来宾不止一人,可向每位来宾逐一献花,也可以只向主宾或主宾夫妇献花。向主宾夫妇献花时,可先献花给女主宾,也可以同时向男、女主宾献花。

(四) 介绍

客人与迎接人员见面时,互相介绍。通常先将前来欢迎的人员介绍给来宾,可由礼宾交际工作人员或其他接待人员介绍,也可以由欢迎人员中身份最高者介绍。客人初到,一般较拘谨,主人应主动与客人寒暄。

(五) 陪车

客人抵达后,从机场到住地,以及访问结束,由住地到机场,有的安排主人陪同乘车,也有不陪同乘车的。如果主人陪车,应请客人坐在主人的右侧。如是三排座的轿车,译员坐在主人前面的加座上;如是二排座,译员坐在司机旁边。上车时,最好客人从右侧门上车,主人从左侧门上车,避免从客人座前穿过。如果客人先上车,坐到了主人的位置上,则不必请客人挪动位置。

(六) 对一般客人的迎接

迎接一般客人,无官方正式仪式,主要是做好各项安排。如果客人是熟人,则可不必介绍,仅向前握手,互致问候;如果客人是首次前来,又不认识,接待人员应主动打招呼,主动自我介绍;如果迎接大批客人,也可以事先准备特定的标志,如小旗或牌子等,让客人从远处就能看到,以便客人主动前来接洽。

(七) 迎送工作中的几项具体事务

迎送身份高的客人,事先在机场(车站、码头)安排贵宾休息室,准备饮料。

安排汽车,预定住房。如有条件,在客人到达之前将住房和乘车号码通知客人。如果做不到,可印好住房、乘车表,或打好卡片,在客人刚到达时,及时发到每个人手中,或通过对方的联络秘书转达。这既可以避免混乱,又可以使客人心中有数,主动配合。

指派专人协助办理入出境手续及机票(车、船票)和行李提取或托运手续等事宜。重要代表团,人数众多,行李也多,应将主要客人的行李先取出(最好请对方派人配合),及时送往住地,以便更衣。

客人抵达住处后,一般不要马上安排活动,应稍作休息,起码给对方留下更衣时间。

(八) 举办欢迎宴会

按照国际惯例,为外宾举办的宴会,主要有两种:一种是在外宾抵达后举行,称欢迎宴会;另一种则在外宾离开之前举行,称送别宴会。我国为简化外事礼仪,一般只安排欢迎宴会。

举办宴会前，要提前发出请柬、准备菜单、排好座次，安排好我方出席宴会的陪同人员。在宴请时，主宾坐在主人右侧的上座；挂在主席台上的各国国旗依礼宾次序从右向左排列，东道主的排在最左边。

宴会的具体程序主要有：宴会开始前，主人及东道主一方重要人员，在宴会厅门口列队迎接客人。宴会开始时，应由主人先致欢迎词，然后再请主宾致词。宴会结束时，主宾向主人赠送礼品，主人应向客人回赠礼品。主宾告辞，主人应陪同其走出门外，与之握手道别，其他人员依次列队在门口与客人握手话别。

（九）送别外宾

陪同人员应专程陪同外宾乘车前往机场、车站，为外宾送行，与外宾一一握手道别，并预祝对方旅途愉快。

三、涉外会见、会谈和拜访要求

（一）涉外会见、会谈的要求

会见，通常也叫礼节性会晤，一般时间较短。由身份低者拜会身份高者，来访者拜见东道主。

会谈，也称谈判，是指双方或多方为各自利益，就某些实质性问题交换意见，达成协议。如是正式访问或专业访问，则应考虑安排相应的会谈。

会见和会谈在礼仪和程序要求上是一致的，只是会谈的时间更长，谈话内容更正式。

安排会见和会谈时，对秘书的要求如下。

（1）充分了解双方的情况。

（2）准备工作要落实到位。

（3）会谈、会见时要做好记录，对客人提出，领导许诺的问题，会后应负责落实，做好后续工作。

（二）拜访的要求

在外宾抵达之后，主人一方应在适当的时候，一般在客人抵达的第一个晚上或第二天的某个方便的时间到客人下榻的宾馆去拜访，介绍情况，了解客人有什么需求。

拜访的程序：先由秘书与对方联系，双方商定拜访时间；然后由主人带领随员按约定时间前去客人宾馆拜访，到达后先在大厅与对方联系，不要直接登堂入室。外宾比较注重隐私，所有一般不会在自己的房间会客，而是在会客室见面，有时需要主人一方的秘书帮助安排会客室。最后拜访时一般会赠送礼物，但有时也可以在外宾临行前赠送。因为有些国家忌讳初次见面就收礼，有受贿之嫌。

（三）会见、会谈的工作程序

1. 约定

主客双方都可以在认为合适的时候提出会见的要求。当然，从礼节和两国关系上考虑，东道国要根据对方身份及来访目的，在来访者抵达的当日或次日，安排相应的领导人和部门负责人会见。

会见按身份高低分为接见和拜见。来访者和外交使节也可以根据两国关系和本人身份及业务性质，主动提出拜会某些领导人。外交团之间对同等级别者的到任礼节性拜访，按惯例都要回拜，身份高者对身份低者可以回拜，也可以不回拜。

提出会见方把己方出席会见人员的姓名、职务，要会见人姓名、职务，会见目的告知对方。接见方应尽早回复，因故不能会见的应婉言解释。

2. 通知对方有关事项

接见方即主方应主动将会见、会谈的时间、地点、本方出席人、具体安排等告知对方。提出会见方应主动了解情况，准时出席。

3. 准备工作

(1) 了解背景资料。会见、会谈前，应详细了解对方的有关信息资料，包括对方背景、习俗禁忌、兴趣偏好、可能提出的问题等，形成文字材料，提供己方出席人参阅。曾经到访者，秘书还要查阅以前会见、会谈文件资料，做出摘要供主见人参阅。秘书事先还应准备好双方需要的外文资料。

(2) 地点选择，布置与检查。会见大多在会客室进行，座位安排通常为半圆形，宾主并排而坐。会谈时，大多采用长条形桌子，宾主相对而坐。为了创造良好的会谈氛围，会客室的布置有如下几点要求：充足适宜的光线；温馨柔和的色彩；适合人体的温度（18℃～21℃）、湿度（40%～60%）；较好的隔音和抗噪音干扰设施；保持卫生与清洁；布置合理并有一定的品位；保证音质清晰；保证安全。

(3) 会见、会谈的座次安排。双方出席人员座次要排好，体现礼仪规范和对来宾的尊重。相对式排列时，面门一方为上，主宾一行在座；背门一方为下，主人一行在座。每排居中为上、右尊左卑分列，主人和主宾中间落座，一行其他人按职位高低在两边落座。并列式排列时，主人在左，主客在右。自由式排列时多用椭圆形会议室，宾主自由就座，适用于多边会谈。翻译人员和记录员一般坐在主人和主宾的后面，中国习惯把翻译人员安排在主谈人右侧。座位不够时，可在后排加座。

(4) 人员安排。参与会谈的人员，主谈人应该是有着丰富的谈判经验，具有较高业务水平，有决策权的高层领导。其他陪同人员也是熟悉业务的人员。参与会谈的还应有翻译人员、记录员、设备管理人员和服务人员等工作人员。

4. 迎接客人

主方应先于客方到达会场，在门口迎候。双方就座后，由客方代表团团长把自己的部下介绍给主人，然后主方领导再把自己这方人员介绍给客人，然后合影留念。合影时，主人居中，国际惯例是“以右为上”主客双方间隔排列，一般两端均由主方人员把边，也可以把合影安排在会谈结束时。

5. 会见、会谈

双方会谈开始前，一般工作人员应退出，会谈过程中，人员不可随意出入。双方致辞、互赠礼物。主方应提供饮料，各国提供的饮料各不相同，反映不同的文化和习惯，提供饮料时应考虑各国不同的习俗禁忌。我国一般提供茶水、矿泉水、咖啡，夏天加冷饮。

6. 送别客人

会见、会谈结束后，主人把客人送到门口或车前，并与客人握手道别，目送客人离开后再转身离开。

项目七　中餐宴请礼仪

一、中餐正式宴请

中餐的上菜顺序一般讲究：先凉后热，先炒后烧，咸鲜清淡的先上，甜的味浓味厚的后上，最后是饭菜。有规格的宴席，热菜中的主菜，如燕窝席里的燕窝，海参宴里的海参，鱼翅宴里的鱼翅，应该先上，即所谓最贵的热菜先上，再辅以溜炒烧扒。

宴席不可无酒，纯粹的中餐，应该避免啤酒和欧洲葡萄酒，最好配备高度名酒，但中低度的宴酒（30 度左右），各种黄酒、米酒比较男女老幼皆宜。

（一）赴宴前准备

中式赴宴对服饰仪表无明确规定，但参加宴会，要根据自己的职业特点、身份地位着装，打扮得整齐、大方、得体，这是对主人也是对自己的尊重。

（二）准时赴宴

要按主人邀请的时间准时赴宴。除酒会外，一般宴会都请客人提前半小时到达。因故在宴会开始前几分钟到达，还不算失礼，但迟到就显得对主人不够尊敬，非常失礼了。

（三）礼貌问候

当走进主人家或宴会厅时，应首先跟主人打招呼。同时，对其他客人，不管认不认识，都要微笑点头示意或握手问好；对长者要主动起立，让座问安；对女宾举止庄重，彬彬有礼。

（四）入席后的优雅表现

入席时，自己的座位应听从主人的安排。入座后坐姿要端正，脚踏在本人座位下，不要任意伸直两腿或两腿不停地摇晃，手肘不得靠桌沿，或将手放在邻座椅背上。入座后，不要东张西望，也不要坐在那儿发呆，或摆弄餐具餐巾，也不要眼睛直盯盘中菜肴，显出迫不及待的样子，而应该双手放在自己的腿上，神态自如、风度优雅地和邻座的客人轻轻谈几句，或是神态安详地倾听别人的谈话。如果服务员送上湿毛巾，应礼貌地接下并轻轻擦拭一下自己的双手，然后放在桌沿上，绝不能用它擦脸或脖颈和手臂，哪怕你此时汗流浃背。

（五）使用餐具礼仪

1. 正确使用餐巾

当主人示意用餐时，将桌上的餐巾完全打开平铺在自己的双腿上。中途因故离开座位时，可将餐巾稍微折一下放回桌上，绝不能将餐巾放在椅子上。如果用手取食，可用洗手水洗清后用餐巾擦干。用餐完毕，将餐巾轻轻擦拭嘴唇和嘴角，然后顺势放在餐具右手边。餐巾不能放在椅子上，也不能叠得方方正正地放在一边。

2. 用筷礼仪

规范的握筷方式是用右手大拇指和食指相对，五指握在筷子 2/3 处。用餐时，应先用公用筷子或汤匙将菜肴夹或舀到自己的餐盘中，然后再用自己的筷子慢慢食用。

用筷时，一忌每次夹菜太多；二忌夹菜到自己餐盘时滴汁不断；三忌用筷在桌上笃齐；四忌用筷在菜盘中挑拣；五忌用筷在汤中洗刷；六忌用筷敲打餐具；七忌用筷指点人；八忌用汤匙舀汤时，手里同时拿着筷子。如果吐骨头之类的杂物，应用筷子放在嘴唇间将杂物接送到你自己的碟盘中，不能直接吐在桌布上；不要用自己的筷子替别人夹菜；不要把自己的筷子架在公用的菜盘上。

3. 用汤匙礼仪

舀汤时，应放下筷子再用汤匙。用毕汤匙，应将其放在自己的碟盘中，不能直接放在桌布上。

用公用汤匙盛汤、调料，自己的汤匙只用来喝汤。

用公用汤匙盛菜，自己的汤匙只有没入口时才可用来盛菜。

(六) 席间礼仪

就餐的动作要文雅，夹菜动作要轻。要把菜先放到自己的小盘里，然后再用筷子夹起放进嘴。送食物进嘴时，不要狼吞虎咽，要小口进食，两肘向外靠，不要向两边张开，以免碰到邻座。

谈话声音不要过高，口内含有食物却和人说话是极不雅观的。

席间尽量不要打嗝、咳嗽。如果忍不住，可用餐巾捂住嘴，头转向一边，事后向旁边人道歉。

不要在吃面条、喝饮料、喝汤时发出声响。

用餐时汤菜太热，不要用嘴吹，应稍等片刻，等略凉些时再吃。

餐桌中间的转盘要顺时针转动，每上一道菜要先转到主宾面前。看到有人在夹菜要先等一下再转动转盘。

用餐时，如要用摆在同桌其他客人面前的调味品，先向别人打个招呼再拿；如果太远，要客气地请人代劳。不要站起来夹菜。

如在用餐时需要剔牙，要用左手或手帕遮掩，右手用牙签轻轻剔牙。

用餐期间不要脱外衣，更不要中途脱外衣。

喝酒的时候，一味地给别人劝酒、灌酒，吆五喝六，特别是给不胜酒力的人劝酒、灌酒，都是失礼的表现。

如果宴会没有结束，但你已用好餐，不要随意离席，要等主人和主宾餐毕先起身离席，其他客人才能依次离席。

(七) 座次安排

“排座次”是整个中国宴会中最重要的一项。一般都要事先安排好桌次和座次，使参加宴会的人都能各就其位。席位的安排也能体现出对客人的尊重。从古到今，因为桌具的演进，所以座位的排法也相应变化。总的来讲，座次“尚左尊东”、“面朝大门为尊”。

1. 排定桌次

桌次地位的高低，以距主桌位置的远近而定。以主人的桌(单个桌)为基准，桌次是右高左低，近高远低。如图 3-1 所示。

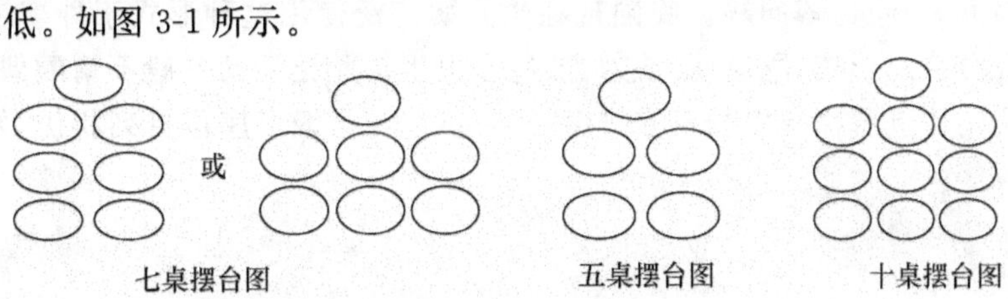

图 3-1　桌次摆放图

2. 排定座位

正式宴会一般会均排席位，也可只排部分客人的席位，其他人只排桌次或自由入座。无论采用哪种做法，都要在入席前通知每个出席者，使大家心中有数，现场还要有人引导。大型的宴会，最好是排席位，以免混乱。

国际上的习惯，同一桌上，席位高低以离主人的座位远近而定。外国的习惯是男女穿插安排，以女主人为准，主宾在女主人右上方，主宾夫人在男主人右上方。我国的习惯是按各人职务排列以便于谈话，若夫人出席，通常把女方排在一起，即主宾坐男主人右上方，其夫人坐女主人右上方。两桌以上的宴会，其他各桌第一主人的位置可以与主桌主人位置同向，也可以面对主桌的位置为主位，如图 3-2 所示。

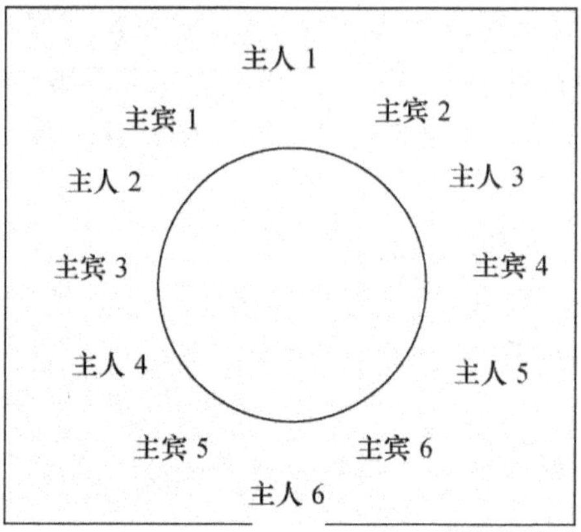

图 3-2　宴请座次

二、茶会

茶会是一种更为简便的招待形式。它一般在西方人早、午茶时间（上午十时、下午四时左右）举行，地点常设在客厅，厅内设茶几、座椅，不排席位，如为贵宾举行的茶会，入座时应有意识地安排主宾与主人坐在一起，其他出席者随意就座。

茶会顾名思义就是请客人品茶，故对茶叶、茶具及递茶均有规定和讲究，以体现该国的茶文化。茶具一般用陶瓷器皿，不用玻璃杯，也不用热水瓶代替茶壶。外国人一般用红茶，略备点心、小吃，亦有不用茶而用咖啡者，其组织安排与茶会相同。

三、工作餐

这是一种非正式宴请形式。按用餐时间分为工作早餐、工作午餐和工作晚餐，主客双方可利用进餐时间，边吃边谈问题。我国现在也开始广泛使用这种形式于外事工作中。它的用餐多以快餐分食的形式，既简便、快速，又符合卫生。此类活动一般不请配偶，因它多与工作有关。双边工作进餐往往以长桌安排席位，其座位与会谈桌座位排列相仿，便于主宾双方交谈、磋商。

项目八 涉外宴请

一、涉外宴请原则

涉外宴请选用中餐，与国内宴请相比，要注意如下几个问题：

(1) 选择雅致、安静的宴请环境；

(2) 菜色选择要考虑外宾的民族宗教禁忌，注意饮食习惯的差异；

(3) 菜色要精致、丰盛，有中国地方特色，不要奢侈；

(4) 注意动物保护，菜色不要选择中国人最喜欢的燕窝、鱼翅、熊掌、海参，也不要选择动物内脏；

(5) 个人要讲究赴宴着装，要得体干净，女性要化妆。

二、西餐礼仪

外宾回请我方一般选择西餐，为了不失礼，所以了解西餐礼仪是必要的。如果你实在不知道该怎么做，跟着主人做应该不会错，这叫“紧跟原则”。

(一) 赴宴前准备

受别人邀请，无论答应还是拒绝，都应及时告知对方，切忌答应某一邀请后，又因参加别的约会而失此约。若已辞了宴请，即使后面又可以去了，也不能再去，否则，会给主人添麻烦。请柬左下方印有 R. S. V. P 字样是“敬请回复”的意思。

西式赴宴，请柬中往往还写明“请穿礼服”，一般喜庆时应穿华丽一些，丧祭时以黑色或素色为宜，并带好手帕、面巾、香烟、打火机等物品。

赴宴需带礼品，一般带一瓶葡萄酒、一盒巧克力或一束鲜花就可以。到饭店赴宴可不带礼品。

到饭店赴宴要准时，到家里赴宴可稍晚几分钟，给女主人留一点儿余地。

(二) 座次安排

西餐的座次安排与中餐不同，西餐的讲究是：主客相隔而坐，男女相隔而坐，夫妻分开而坐。即使餐桌上有座签，也需等主人带领才能入座。

(三) 入席、退席礼仪

1. 入席礼仪

男主人带领女主宾第一个入席，女主人带领男主宾最后一个入席，其他客人由服务员引座。最得体的入座方式是从左侧入座，男性要为左边的女性拉开椅子。当椅子被拉开后，身体在几乎要碰到桌子的地方站直，领位者会把椅子推进来，腿弯碰到后面的椅子时，就可以坐下来了。用餐时，上臂和背部要靠到椅背，腹部和桌子保持约一个拳头的距离。两脚交叉的坐姿最好避免。在宴请没有女主人时，双方身份最高者最先入席。

2. 入席后礼仪

女主人拿起餐巾打开，表示宴会正式开始。客人才可打开餐巾，对折后放在膝盖上，不可以塞在领口处。餐巾只能用来擦嘴，不能用来擦汗。用餐前，女性最好把唇膏擦掉，以免印在餐巾和酒杯上不雅。

3. 暂时离开的礼仪

席间暂离时，应把餐巾放在自己椅子上，表示还要回来。如果放在盘子旁边就表示用餐完毕，服务员会把餐具收走。

4. 退席礼仪

女主人或第一主人看到大家用餐基本完毕时，才可以放下手中餐具，把餐巾稍加折叠放在桌子上，这表示宴请结束。大家应马上停止用餐，把餐巾放在桌上，跟着女主人退席。仍由椅子左侧退出，告辞时应向主人表示感谢。

（四）席间礼仪

1. 正确使用餐具

西式餐具主要是刀、叉、匙。正确的持刀姿势是大拇指与食指相对，五指相握在刀柄处。正确的持叉姿势是轻握五指持住叉柄，叉柄顶端应处在食指的第二关节处。正确的持匙姿势和持叉姿势相同。

用餐时，左手持叉，右手用刀，用刀叉切割食物时应用叉牢牢按住所切的食物，刀紧贴在叉边切下以防滑开；不能用力过猛，否则会发出刺耳响声。一般应切一块吃一块，每一块以一口咬下为宜。使用盘中的黄油刀抹油时，应在盘子里或盘子上部进行。把黄油刀稍靠右边放，刀柄放在盘边外面以保持清洁。用完一道菜时，应将刀叉平行排放在盘子上右侧，叉尖向上，刀刃向内。如果未用完，正确的摆放姿势是刀叉相交成夹角位置，叉尖向上。

汤匙专用于喝汤，不宜用来进食，但可以与叉并用，帮助叉盛取食物。喝汤时，应用右手持匙，左手扶着盘子，由自己一方向桌中心方慢慢舀汤，喝剩少许时，应用左手把汤盘靠自己一边稍提起，再用汤匙轻轻地由里向外舀汤。喝完汤后，汤匙应放在盘子里，匙心向上，匙柄置于盘子右边缘外。

2. 全套西餐上菜顺序

正式的全套西餐上菜顺序是：汤或前菜（冷食）→鱼→主菜（肉类菜）→色拉→甜点（布丁或冰激凌）、咖啡→水果。

一般的宴请没有必要全部都点，点太多却吃不完反而失礼。稍有水准的餐厅都欢迎只点前菜的客人。前菜、主菜加甜点是最恰当的组合。点菜并不是由前菜开始点，而是先选一样最想吃的主菜，再配上适合主菜的汤。

3. 西餐上酒次序

西餐不论是便餐还是宴会，十分讲究以酒配菜。总的来说，就是口味清淡的菜式与香味淡雅、色泽较浅的酒品相配，深色的肉禽类菜肴与香味浓郁的酒品相配。餐前选用旨在开胃的各式酒品，餐后选用各式甜酒以助消化。具体地说有以下几点：

(1) 餐前酒

在用餐之前，饮用一杯鸡尾酒，具有开胃功能。法国和意大利生产的味美思酒（Vermouth）、仙山露（Cinzano）、马蒂尼（Martini）等也可作为餐前酒。

(2) 开胃品

根据开胃品的具体内容选用酒品，如鱼子酱要用俄国或波兰生产的伏特加酒（Vodka）。

(3) 汤类

与汤类相配的有西班牙生产的雪利（Sherry）葡萄酒，也可以不同的汤配用不同的酒，如牛尾汤配雪利酒、蔬菜汤配干味白葡萄酒等。

（4）鱼类及海味菜肴

相配的酒品最好是白葡萄酒，白葡萄酒要喝冰的，应事先放在冰箱几个小时或几天时间。

（5）肉类、禽类及各式野味菜肴

各式牛排或烤牛肉，羊肉类菜肴如羊扒、烤羊肉，猪肉类如火腿、烤肉，家禽类菜肴，野味菜肴等肉类菜，最适合选用红葡萄酒。红葡萄酒的饮用温度与室温相同。

（6）甜品

一般配饮甜葡萄酒或葡萄汽酒，有德国莱茵白葡萄酒、法国的香槟酒等。

（7）餐后酒

西餐讲究进餐完毕后要饮用咖啡、茶等，与其相配的餐后酒可选用各种餐后的甜酒、白兰地酒等。

西餐在进餐过程中，饮用香槟酒佐餐是件愉快的事，它可以与任何种类的菜式相配。看来，在不了解西餐酒品选择规律时，选用香槟酒不失为一种稳妥的选择。每道菜撤下去时，相配的酒也不再喝了，酒杯随之撤下去。

4. 取食带骨食物的方法

（1）鱼：先用刀叉把鱼头和鱼尾割下，放在盘边，然后用刀尖顺着鱼骨把鱼从头到尾劈开。这时你有三种选择：

第一，将鱼骨滑出；

第二，将鱼平着分开，取出鱼骨；

第三，揭去上面一片，吃完后再去骨。

如果嘴里吃进了小骨头，用拇指和食指捏出，爱吃鱼的人会连小鱼头吃掉，而吃到鱼的脸颊是很幸运的事。

（2）鸡肉：先吃鸡的一半。把鸡腿和鸡翅用刀叉从联结处分开，然后用叉稳住鸡腿（鸡脯或鸡翅），用刀把肉切成适当大小的片，每次只切两三片。如果场合很正式，不能用刀叉取用的，干脆别动。如果是在非正式场合，你可以用手拿取小块骨头，但只能使用一只手。

（3）肉排：用叉子或尖刀插入牛肉、猪肉或羊肉排的中心。如果排骨上有纸袖，你可用手抓住，来切骨头上的肉，而这样就不会使手油腻。在正式场合或者在饭店就餐时，即使包有纸袖也不能用手拿着骨头啃着吃。另外，在非正式场合，只有骨头上没有汤时才可以拿起来啃着吃。

（4）鸟类：先把翅膀和腿切下，然后借助刀和叉来吃身体部分。你可以用手拿着翅膀和腿吃，但不能拿身体部分。

5. 面包、三明治、蛋卷的吃法

烤面包先用两手撕成小块，再用左手拿来吃是原则。吃硬面包时，用手撕不但费力而且面包屑会掉满地，此时可用刀先切成两半，再用手撕成块来吃。切时可将面包固定，避免发出声响。小的三明治是用手拿着吃的，大点的吃前先切开。配卤汁吃的热三明治需要用刀和叉。面包或蛋卷抹黄油之前，先把其切成两半或小块。小饼干用不着弄碎。热土司和小面包要马上抹油。不必把面包条掰碎，可在其一面抹黄油。把丹麦糕点（甜蛋卷）切成两半或四半，随抹随吃。

6. 甜点吃法

吃冰淇淋一般使用小勺。当和蛋糕或馅饼一起吃或作为主餐的一部分时，要使用一把甜点叉和一把甜点勺。

7. 意大利面条的吃法

用叉子挑起几根面条，左手持勺，勺子面抵住叉子尖，转动叉子，面条就绕在叉子上，这样就可以一口把它吃掉。若没有大勺子，可以用叉子尖抵住碗壁转动。

8. 吃水果的方法

苹果、梨——在宴席上，要用手拿取苹果或梨，放在盘里。你可以用螺旋式削皮刀将其削皮。如果说这样做很难，可以把水果放在盘上，先切成两半，再去核切块，然后用叉或水果刀食用。如果场合更随便点，你可以用手拿着吃。

香蕉——如果是在餐桌上吃香蕉，要先剥皮，再用刀切成段，然后用叉子叉着吃。在非正式场合，如野餐、海滩等，要把香蕉剥出一半，然后像猴子一样吃。

无花果——鲜无花果作为开胃品与五香火腿一起吃时，要用刀叉连皮一起吃下。若上面有硬杆，用刀切下(否则会嚼不动)。作为饭后甜食吃时，要先把无花果切成四半，在橘汁或奶油中浸泡后，用刀叉食用。

柚子(橙子、橘子)——吃柚子时，要先把它切成两半，然后用茶匙或尖柚子匙挖出食用。在非正式场合，可以把柚子汁小心地挤到茶匙中。剥橙子皮有两种方法，两者都要使用尖刀。方法一：螺旋式剥皮。方法二：先用刀切去两端的皮，再竖直将皮一片片切掉。剥皮后，可以把橙肉掰下来。如果掰下的部分不大，可一口吃掉。如果太大，要使用甜食刀叉先切开，后食用。如果橙子是切好的，也可以像吃柚子那样使用柚子匙或茶匙挖着吃。吃橘子要先用手剥去皮，再一片一片地吃。你可能要剥皮并去除白色覆盖膜，尤其是膜很厚的时候。

葡萄——对于无籽葡萄没什么讲究，一粒粒地吃就行。若葡萄有籽，则把葡萄放入口中嚼吸食肉质，然后把籽吐到手中。要想轻易地剥去葡萄皮，则要持其茎部放在嘴边，用中指和食指将肉汁挤入口中，最后把剩在手中的葡萄皮放在盘里。

芒果、木瓜——整个芒果，要先用锋利的水果刀纵向切成两半，然后再切成 1/4 半。用叉子将每一块放入盘中，皮面朝上，并剥掉芒果皮。也可以像吃鳄梨那样用勺挖着吃，如把芒果切成两半，挖食核肉，保留皮壳。吃木瓜像吃鳄梨和小西瓜一样，先切成两半，抠出籽，然后用勺挖着吃。

桃李——将桃李先切成 1/2 半，再切成 1/4 半，用刀去核。皮可以剥下来，但如果带着皮切成小块，用甜食刀叉食用也是不错的。

柿子——吃柿子有两种方法 ：一是先切成两半，然后用勺挖出柿肉；二是将柿子竖直放在盘中，柄部朝下，切成四块，然后再借助刀叉切成适当大的小块。食用时将柿核吐在勺中，放到你的盘子的一边。不要吃柿子皮，因为太苦太涩。

菠萝(果肉)——很简单，吃鲜菠萝片时，始终使用刀和叉。

草莓——大草莓可以用手拿柄部，蘸着白砂糖(自己盘中的)整个吃，然后将草莓柄放入自己的盘里。如果草莓是拌在奶油里的，当然要使用勺子。

西瓜——切成块的西瓜一般用刀和叉来吃，吃进嘴里的西瓜籽要及时清理，并吐在自己的手中，然后放入自己的盘子。

浆果、樱桃——吃法很多，你可视情况而定，一般来说，吃浆果时，不管有无奶油，都要用勺子；吃樱桃要用手拿，将樱桃核文雅地吐在手中，然后放入自己的盘子里。

9. 喝咖啡或茶的方法

可用小茶匙自取一些牛奶和糖放入杯中轻轻搅拌，小心不要溅出来，搅拌后把茶匙放回小碟里，不要用小茶匙盛咖啡或茶喝。

10. 进餐速度

进餐速度最好与大家一致，不要太快也不要太慢。太慢了，大家还要等你，下一道菜上不来；太快了，你要等大家，无事可做，有点尴尬。

11. 谈话礼节

西餐讲究的是氛围的优雅，因此席间谈话声音一定要控制音量，不要讲一些不登大雅之堂的话。坐在自己两边的客人都要兼顾到。

(五) 宴后礼仪

赴宴的第二天，要向主人表示感谢。可以写信表示你的感谢，当然也可以打电话。

三、招待会礼仪

招待会是指各种不备正餐较为灵活的宴请形式，一般在请柬上都会写明开始至结束的时间段，客人在此时间段内都可到达或离开。客人收到请柬不需要回复。招待会上备有食品、酒水饮料，通常都不排席位，可以自由活动。招待会常见的有冷餐会和酒会。

在冷餐会和酒会上，如果是自己取食物，要注意不要往人多的食物前挤，也不要一下拿太多的某一种食物。在行走和取用食物时，一定要端好自己的盘子，以免不小心掉落或被别人碰翻。

如果宴会比较正式，即使你已当面向主人道谢了，礼貌要求你在回去之后仍要写封感谢信给主人，这如同宴会的程序一样，几乎是必不可少的。

(一) 冷餐会

冷餐会也叫自助餐，这种宴请形式的特点，是不排席位，菜肴以冷食为主，也可用热菜，连同餐具陈设在菜桌上，供客人自取。客人可自由活动，可以多次取食。酒水可陈放在桌上，也可由服务员端送。冷餐会可在室内、院子里或在花园里举行，可设小桌、椅子，自由入座，也可以不设坐椅，站立进餐。

根据主、客双方身份，招待会规格隆重程度可高可低，举办时间一般在中午十二时至下午二时、下午五时至七时左右。这种形式常用于官方正式活动，以宴请人数众多的宾客。

我国举行的大型冷餐招待会，习惯用大圆桌，设坐椅，主宾席排座位，其余各席不固定座位，食品与饮料均事先放置桌上，招待会开始后，自动进餐。

(二) 酒会

酒会又称鸡尾酒会。这种招待会形式较活泼，便于广泛接触交谈。招待食品以酒水为主，略备小吃。不设坐椅，仅置小桌(或茶几)，以便客人随意走动。酒会举行的时间也较灵活，中午、下午、晚上均可，请柬上往往注明整个活动延续的时间，客人可在其间任何时候到达和退席，来去自由，不受约束。

鸡尾酒是用多种酒配成的混合饮料，酒会上不一定都用鸡尾酒，但通常用的酒类品种较多，并配以各种果汁，不用或少用烈性酒。食品多为三明治、面包卷、小香肠、炸春卷等各种小吃，以牙签取食。饮料和食品由服务员用托盘端送，或部分放置小桌上自取。

近年国际上举办大型活动采用酒会形式逐渐普遍。庆祝各种节日、欢迎代表团访问，以及各种开幕、闭幕典礼，文艺、体育招待演出等前后往往会举行酒会。

项目九　馈赠礼品

涉外交往的馈赠礼品更多的是为了表示对他人的祝贺、慰问、感谢的心意，因此在选择礼品时应挑选具有一定纪念意义、民族特色，或具有某些艺术价值，或为受礼人所喜爱的纪念品、食品、花束、书籍、画册、一般日用品等。馈赠礼品应事先了解受礼人的性格、爱好、修养，以及所在国的习俗禁忌等，因人而异。

一、馈赠礼品应注意的问题

（1）赠送礼品和接受礼品时都必须入国而问禁，入乡而随俗。

（2）不送带有明显广告标志的物品和宣传用语的物品。

（3）不送药品、营养品。

（4）赠送具有特色的礼品。具有国家特色、地方特色或民族特色的礼品都是送礼的最佳选择。例如，中国人和外国人打交道，风筝，玉佩，甚至筷子都可以送。还可以送中国结，中国的字画和文房四宝。

（5）礼品要讲究包装。包装实际上是礼品的外衣，包装要精美，要符合各国客人的喜好。涉外馈赠礼品非常讲究礼品包装，越是讲究的场合，越是重要的活动，礼品越在乎包装。

（6）送花时应考虑花的寓意、颜色及数目。最好送外宾所在国的国花及相应的辅花，花束大小应视场面大小及宾主之间的关系而定，花枝的数量以单数为宜，但忌 13 枝，要注意外方的禁忌。德国人认为郁金香是没有感情的花，日本人认为荷花是不吉祥之物，菊花在意大利和南美洲各国被认为是妖花，法国人认为黄色的花是不忠诚的表示，英国人认为百合花意味着死亡，绛紫色的花在巴西一般用于葬礼。

（7）礼品要对等平衡。注意送礼双方身份的对等，双方身份和礼品规格要一致。送礼要讲究平衡，有多方外国友人在场的情况下尤其要注意，避免厚此薄彼。

（8）购买礼品要注意经济方面的限定。如单位送礼，要按照财会及有关方面的规定；个人送礼，也应视自己的经济情况而定，所谓“千里送鹅毛，礼轻情义重”。

二、各国的禁忌

（1）日本。不要给日本人送有动物形象的礼品，因为动物都是不同的象征。日本人送礼喜欢用一、三、五、七的单数，不喜欢“9”和“4”，这正与我们的习惯相反。日本有两个送礼的特别日子，即 7 月 15 日和元旦。给日本人不要送厚礼，他们比较喜欢中国传统的文房四宝和绘画。

（2）韩国。送韩国客人的礼品最好选择韩国本国的产品，因为韩国人民族自尊心非常强，爱用国货。不要送日本产品给韩国客人，因为历史原因，韩国人对日本没有好感。

（3）印度。印度人视黄牛为神，不但不吃牛肉，也不用牛皮制品，所以给印度人送礼，不要送牛皮制的皮带、皮包、皮鞋等物品。印度食素的人特别多，社会地位越高的人中间，食素者越多。

(4) 俄罗斯。俄罗斯的男性特别喜欢喝酒，伏特加是俄罗斯有名的烈酒。所以，送俄罗斯男性客人可以送中国有名的白酒，如茅台、五粮液等，他们很喜欢。送女性客人鲜花，她们会喜欢，但不要送双数。

(5) 英国。英国人喜欢高级巧克力、名酒和鲜花，喜欢请吃饭、喝酒、晚上看演出等送礼的形式。英国的国鸟是知更鸟，不喜欢孔雀、大象和猫头鹰，不喜欢用这些动物的图案和人像图案做礼品的装饰。

(6) 法国。法国人喜欢有美感和能体现文化修养的礼品，最受欢迎的是书，特别是传记、历史、评论性书籍。法国人的动物保护意识极强。法国的国鸟是公鸡，法国人不喜欢孔雀、大象和仙鹤。关系一般的男性送年轻女性香水被认为是不合适的。法国人不喜欢墨绿色，那是纳粹军服的颜色。

(7) 美国。美国人喜欢白色、蓝色和黄色。国鸟是白头雕。中国表示福气的蝙蝠，在美国人看来是吸血鬼和凶神的化身。因此，送给美国客人的礼品，要避免有蝙蝠的图案。还有，最好不要送香烟、香水、内衣、药品等礼品给美国客人。同时，上述物品也是西方国家普遍忌讳的。

(8) 拉丁美洲国家。在任何时候都不应该向拉丁美洲国家的客人馈赠刀子和手帕，因为刀子意味着彼此的关系一刀两断，手帕则意味着总是与眼泪、悲伤相联系。拉美人社交的重要习惯就是送厚礼，到拉美人家里做客必须要携带礼品，而且礼品还要符合主人的习惯和爱好。

(9) 信仰伊斯兰教的国家。伊斯兰教禁止偶像崇拜，赠送礼物时不要送雕塑、娃娃、人物画像之类的礼品。中国人的国宝熊猫，他们认为像猪而不喜欢。赠送具有中国特色的工艺品是比较合适的，但不要送诸如仕女画之类的字画。第一次见阿拉伯客人时不要送礼。特别要提醒的是，不要总盯着阿拉伯人的物品看，否则他会认为你对此物非常喜欢，他们会当场送给你，这样会使你感到很尴尬。特别重要的是，绝对不能给阿拉伯人的夫人送礼，而给阿拉伯人的孩子送礼会特别受到欢迎。不要送有动物形象的礼品，在他们看来动物形象会带来厄运。他们喜欢绿色，也希望对方送的礼物也很有价值。伊斯兰教徒不吃猪肉，也不要送猪皮制品。

(10) 信奉基督教的国家。信奉基督教的国家里，礼品包装要避免把彩带结成十字交叉状。一般忌讳数字13，不喜欢星期五。

三、馈赠礼品的礼节

(一) 送礼的礼节

涉外活动赠送礼品基本上是当面赠送，赠送礼品的包装不适宜会被看做无礼的表现。在美国等国家喜欢用彩色包装纸和丝带包扎，一般还要附上一张名片。在西欧习惯用朴素的白色或淡色的包装纸包装礼品。在欧洲，人们送礼时习惯用一层漂亮的礼品纸包起来，并在礼品上系一条彩带。

(二) 送礼的时机

赠送礼品的时间，可以是在会见结束时，也可以是在宴请结束之前赠送。赠送的时机，有的国家认为只有在人少的时候送礼是恰当的，如日本。同时，与日本人交往，第一次见面就送礼较为普遍，而且最好让日本人先送，这样日本人会高兴，但不要送厚礼。送礼时要注意，日本人和中国人一样不喜欢当着客人的面打开礼品的包装。有的国家认为在人多的时候送是合适的，如阿拉伯国家。在法国，初次见面就送礼是不合适的，只有在下次相逢时送礼才符合他们的习惯。在英国，合适的送礼时机是晚上请客人在上等的餐馆用完晚餐或在剧院演出结束后更为合适。与美国人交往，送礼一般在会谈结束后送，比较好的时机是在告别午餐和酒会上送，一般不要在公开场合送礼。欧洲国家不盛行送礼，然而赶上圣诞节、复活节、生日等也要赠送或互送礼品，不过多数是在亲友和对自己有过帮助的人之间进行，一般应在到达时送礼较为合适。外国代表团来访，一般也没有送礼的习惯，即使送也是送一些工艺品作为纪念。在业务交往中，不要第一次见面就送礼物，否则会被人认为是愚蠢的。

（三）受礼的礼节

1. 东方人的做法

东方人一般不喜欢当着送礼者的面打开礼品，一般要推辞客气一番，意思不希望别人破费，表示自己只是重视友情而不在乎礼品等。此外，当面不打开礼品也是为了尊重对方，以免送礼者因礼轻而感到尴尬。

2. 西方人的做法

西方人的做法是接到礼品后先行表示感谢，然后是打开礼品的包装，尽情地赞美所送的礼品，并再次表示感谢。若能当时就用上，则能更好地表示对礼品的喜欢和对送礼人的尊重。

在涉外赠送礼品时，千万不要对客人说诸如“礼品很不像样子，真不好意思拿出手”等不符合西方人思维和习惯的话，应该说“这是我精心为您挑选的礼物，希望您喜欢”。也不能在受礼时说诸如“受之有愧”的话，应该说“谢谢，我非常喜欢”，并当场打开礼品包装。总之，应按照西方的礼节赠送和接受礼物。

项目十　国际礼仪

世界各国、各民族在其自身发展、生存的历史过程中，创造了光辉灿烂的文化，形成了各种风土人情和习俗，令人赞叹不止。同时由于宗教信仰，文化背景、生活习俗等不同因素，使得世界各国、各民族各自有其禁忌。随着历史的发展，国际交往的频繁，有的禁忌现已不太严格，但有些国家、民族仍然保留着一些禁忌，对之极为重视，如有触犯、稍有不恭，就会引起不快，甚至产生纠纷，故应对其有所了解，以免与之交往和接触时做出唐突之举，造成不良影响。

一、注意对象和场合

日本等许多东方国家，鞠躬是常见的传统礼节，行礼时立正站直，双手垂在身体前面，俯身低头，同时问候致意，弯身越低，越是表示对客人敬重。对于日本客人、韩国客人、朝鲜客人的鞠躬礼，每次必须同样还礼。尤其对日本客人，眼睛的直接接触和身体的直接接触都不是很提倡，因为这代表傲慢，不要看客人的眼睛，取而代之的是看他的领带打结处，以表尊敬。在日本鞠躬要哈腰，头要低到身体一半处，双手叠放在一起。对方的年纪越大，职位越高，鞠躬应该越深。

欧洲各国则更喜欢拥抱的礼节，有时还伴以贴面和亲吻。但要注意，不可吻出声响。在商务活动中一般不行此礼，且中方人员不要主动拥抱、亲吻外宾。男士还有特别的脱帽礼和对女士的吻手礼，但要注意对伊斯兰教国家的妇女，在见面时不能握手，更不能拥抱和接吻。对德国客人，握手很正式并伴有几乎感觉不到的鞠躬，除非对主人很了解，其他的接触，如拥抱和接吻面颊是不提倡的。对英国客人，人们穿得很正式，最好不要有身体接触，可以拥抱，但不能有其他身体部位的接触。对意大利客人，握手很重要，在业务活动中表示很正式的尊重。

对拉美客人，握手和拥抱很频繁，说话时他们比美国人站得更近，向后站是不礼貌的。

阿拉伯和伊斯兰国家在社交场合中握手后又在双方脸颊上互吻，要同样回敬。

对佛教国家的外宾要行合十礼。

对军人要等其行举手注目礼后再行握手礼。

二、注意询问禁忌

中国人遇到老年人常问："您老高寿"？遇到年轻人常问"多大了"、"结婚没有"、"你到哪里去"、"吃饭了没有"等诸如此类问题，并认为这是礼貌用语。但在国外，外国人认为这些纯属个人的隐私，无须别人知道。如果要问，也要以商量的语气"我可以问你……好吗"？由对方决定是否回答你。

在涉外交往中，不要问及对方政治信仰、财产、婚姻、家庭等情况，特别是不要问男人工资收入多少，妇女年龄多大、婚否等。

三、注意行为禁忌

在泰国、印度和中东一些国家认为左手是不清洁的，是洗澡和上厕时用的，所以，用左手递送食物和礼品，则被认为是不礼貌的。

在外国人面前挖耳朵、挖鼻孔、搓泥垢、脱鞋纳凉都是不礼貌的行为。中国人的习惯是"摇头不算点头算"，但在保加利亚、斯里兰卡和印度等国，则恰好相反，而是"点头不算摇头算"。

要了解和尊重各国的特殊习俗。出国前最好是多查阅些有关访问国资料，了解其特殊的风俗习惯和礼节，否则会使访问国的主人误以为对他们不尊重，以致整个商务访问活动的宾主双方都不愉快，甚而彻底失败。

项目十一 用车礼仪

用车主要是根据来访者的接待规格和人数来确定。接待规格高、人数少的用小轿车，人数多的用大轿车；也可用小轿车接主宾，其他人坐大轿车。以下是乘小轿车的礼仪介绍。

一、用车礼仪

1. 主人是驾驶者

(1) 双排五座小轿车的礼仪

这种小轿车共有五个座位，最上座是前排的副驾驶座，主人与宾客并列而坐，此种安排方便主宾之间的近距离交谈，同时表示宾客与主人的相互尊重。

其他座位依次排列为：后排右座、后排左座、后排中座。

（2）三排七座轿车的礼仪

七个座位的轿车，最上座也是前排的副驾驶座，主宾应坐在这个位置上，其他依次为：后排右座、后排左座、后排中座，然后是中排右座、中排左座。

2. 专职司机是驾驶者

专职司机是驾驶者时，最上座就不是前排的副驾驶座了，副驾驶座一般是秘书、翻译和警卫等人员应该坐的位置。实际上，根据社会经验和人们的心理而言，副驾驶座位是整个车上最危险的座位。

（1）双排五座轿车的礼仪

上座依次为：后排右座、后排左座、后排中座、前排的副驾驶座。

（2）三排七座或六座轿车的礼仪

七个座位的轿车，最上座是后排右座，上座依次为：后排右座、后排左座、后排中座，然后是中排右座、中排左座、前排的副驾驶座。

二、乘车的次序

1. 上车的礼仪

上车时，尊者先行。主宾先上，主人一方的秘书等随行人员为其拉开车门，并伸出一只手为他遮挡车门框上方，以免碰撞他的头顶，等他进车坐好后关上车门。然后其他人依次上车，秘书最后上车。

2. 下车的礼仪

下车时，若车外有酒店的门童或服务生前来打开车门时，则让主宾先行下车；若没有任何人员前来打开车门时，则秘书要先下车，尽快为主宾拉开车门，并伸出一只手为他遮挡车门框上方，以免碰撞他的头顶，等他下车后关上车门。

思考与实训题

1. 秘书着装的基本原则是什么？
2. 怎样理解体态语言在人际交往中的作用，举出秘书工作实例进行论说。
3. 接打电话的基本要求有哪些？请独自创制一份电话记录表。
4. 接待工作必须进行方案的策划与制订吗？说说你的充分理由。确定接待规格有哪些常用的方法。
5. 北方未来外语培训中心将举办成立十周年庆典，邀请全国嘉宾 100 人左右。会期 3 天，请拟订一个可操作的接待计划。
6. 涉外接待的原则和要求是怎样的？
7. 中餐的上菜顺序是有相当讲究的，就你的社会阅历，说说这方面的经验。
8. 涉外宴请选用中餐时，与国内宴请比较有很大的不同，说说要注意什么问题。
9. 馈赠礼品应注意的问题是什么？在受礼的礼节方面，东西方人有什么不同？
10. 就国际礼仪而言，存在着怎样的询问禁忌和行为禁忌？
11. 详细说说乘小轿车的礼仪是怎样的。

第二节 办公环境管理

理论知识

项目一 公共环境构成知识

办公室环境是指办公室中影响工作人员的心理、态度、行为以及工作效率的各种因素的总和，一般可划分为硬环境和软环境。

硬环境包括办公室所在地，建筑设计，室内空气、光线、颜色，办公设备及办公室的布置等外在客观条件。

软件环境包括办公室的工作气氛、工作人员的个人素养、团体凝聚力等社会环境。

制约办公室环境的因素很多，主要有自然因素、经济因素、人的素质修养因素等。

办公环境的好坏受自然环境的影响很大。在依山傍水、风景秀丽的大环境内，办公室环境一般也较优越；在气候恶劣、荒凉干燥的地区，办公室环境自然也比较差。一般来说，人的素质修养高，则相互关系就融洽，团体凝聚力强，在外界条件较好的情况下，更适合于办公室工作人员工作，起到事半功倍的效果；反之，如果气氛不融洽，矛盾重重，则会严重影响工作，即使有现代化的办公设施，也未必能有高效率。因此，软环境的建设比硬环境的建设有时显得更为重要。

一、办公室硬环境

办公室硬环境，主要包括绿化环境、空气环境、光线环境、颜色环境、声音环境、设备环境、安全环境等七项。

(一) 绿化环境

办公室的绿化是不能忽视的。办公室外部应绿树成荫、芳草铺地、花木繁茂，室内应摆放一些花卉和绿色植物。有人把室内绿化誉为“无声音乐”，不仅能点缀美化环境，而且是调节周围小气候的有效方式。绿色象征和平与生机，使人产生安全感，让人奋发向上，有助于提高工作效率。

(二) 空气环境

室内通风与空气调节对工作人员提高工作效率是十分重要的。空气环境是以空气温度、湿度、清洁度和流动速度四个参数来衡量的，称之为空气的“四度”。

(1) 温度：空气温度的高低对人的舒适和健康影响很大。办公室的温度冬天一般在20℃～22℃，夏季在23℃～25℃之间为最宜。

(2) 湿度：办公室的理想的相对湿度在40%～60%之间。在这个湿度范围内工作，人会感觉清凉、爽快、精神振作。

(3) 清洁度：空气的清洁度是表示空气的新鲜程度和洁净程度的物理指标。空气的新鲜程度就是指空气中氧的比例是否正常。新鲜的空气使人精神焕发，工作效率高；污浊的空气则使人身体不适，影响情绪，降低效率。

(4) 流动速度：更换室内的空气是通过空气流动来实现的。一般来说，在室温为 22°C 左右的情况下，空气的流速在 0.25 米/秒时，人体能保持正常的散热，并有一种微风拂面之感，感到舒适。常开窗能起到换气、使空气对流的作用。

（三）光线环境

办公室内要有适当的照明，以保护工作人员的视力。如长期在采光、照度不足的场所工作，很容易引起视觉疲劳，不但影响工作效果，久而久之，还会造成工作人员的视力下降，影响身体其他方面的健康。亮度太低，则不能满足视觉的要求，而且对调节眼睛瞳孔的控制机能产生干扰，使眼肌迅速疲劳，不仅损害视力，而且影响情绪；但亮度也不能太高，不然会带来眩光，使视觉效能下降。

（四）颜色环境

颜色具有很强的感染力和吸引力，可直接影响人的心理活动和工作行为。办公室的颜色环境，可根据不同地区及办公室的不同用途，而采用不同的颜色。气温高、天气热的地区，办公室宜采用冷色，如绿、蓝、白、浅灰等；气温较低的地区，宜用暖色，如橙、黄、红等。按工作性质，研究、思考问题的办公室，宜用冷色；会议室、会客室宜用暖色。人们还可以利用颜色的配色原理，调制出最适合本地区、本部门的颜色，但必须遵循一条总的原则，即适用、美观、效率，有益工作人员的身心愉快和健康。

（五）声音环境

办公室保持肃静、安宁，才能使工作人员聚精会神地从事工作。声音环境应有一个理想的声强值，办公室的理想声强值为 20～30 分贝，在这个声音强范围内工作，使人感到轻松愉快，不易疲劳。

（六）设备环境

办公用品适用化和现代化才能大幅度提高办公效率，我国传统的办公室设备有办公桌椅、电话、文件档案柜、报架、图片架、图书资料等。现代化的办公设备则增加了诸如传真机、复印机、口授打印机、录音机、录像机以及以电子计算机为核心的科学管理信息系统。

（七）安全环境

安全环境是整个办公室安全措施的总和。安全环境大致包括以下三个方面的内容。

1. 人身安全

要加强门卫登记制度，重要部门要武装警卫人员值班，以保证办公场地及人员的安全。

2. 财产安全

办公室应该实行严格的安全防护措施，以防止盗窃、抢劫、泄密现象的发生。除要有严格的制度作为保障外，还要购置必要的保险设备，并配有专人和专职部门负责这项工作。特别是机密文件的保护，更要从细、从严，必要时要配备武装警卫人员守护，从外围加强安全措施。

3. 防火安全

办公室内储存大量的文件资料和设备，如果不慎失火，会造成不可弥补的损失，所以办公场所要特别注意防火，除制定并严格执行安全防火制度外，还要设置防火、灭火及避雷装置，做到有备无患。

二、办公室软环境

办公室软环境主要包括人际环境、气氛环境、工作作风等三项。

（一）人际环境

办公室内部良好的人际关系与工作效率密切相关。只有一致的目标、统一的行动、融洽的凝聚力才能使大家同心同德、团结共事，否则，便可能陷入无穷的争执中而无所作为。

（二）气氛环境

和睦的气氛通常指一种非排斥性的情感环境。如果办公室内部的气氛很紧张、不和谐，其成员彼此之间互相猜疑，乃至嫉恨，凡事相互推诿、扯皮，必然工作效率低下。可见和睦的气氛对工作的顺利开展十分重要。良好的心境是建立和睦气氛的最根本因素，这对办公室成员的身体健康及建立良好的工作气氛有十分重要的意义。

（三）工作作风

良好的工作作风可以使人精神振奋、心情舒畅，能充分调动和发挥大家的主动性、积极性、创造性，使各方面的工作得到顺利的开展，对实现工作目标、完成工作任务起着推动作用。良好的工作作风可以创造良好的工作环境，通过情绪气氛的潜移默化、耳濡目染，对工作人员发生影响。因此，新的工作人员进入一个风气良好的集体，会不知不觉地受到感染和同化，自觉地抑制和改变自己，以适应工作的需求。

项目二　办公环境应具备的条件

地理位置好、周边交通状况好、物业管理完善、大厦内部配套设施齐全及环境舒适、优雅被认为是理想办公环境应该具备的最重要的条件。

一、办公环境应具备的条件

(1) 对各项配套设施的需求程度：大厦户内有报警系统、保安24小时监视、户内有可以开启的外窗、有员工餐厅、大厦外部有广场及休闲场所。

(2) 对户内或公共区域装修标准的要求：户内装修标准，大部分公司以普通精装修(不含家具、需自己隔断及布线)为主要需求，其次是完全毛坯房。户外装修以较为豪华的标准为首选，次之为普通精装修。

(3) 所需电话数量：大部分公司(89%)希望员工平均每人一部电话。

(4) 期望茶水间面积：公共茶水间面积以最低3平方米为主。

(5) 理想日常饮水方式：大部分员工(88%)以大厦配送桶装水为主。

(6) 大厦楼层净高：大厦楼层净高不低于3米，其次是2.8米、2.5米。

(7) 走廊净高：大厦走廊净高不低于3米，其次是2.8米、2.5米。

(8) 电梯厅面积：以分别不低于3平方米、4平方米、5平方米为主。

(9) 电梯厅装修标准：大部分公司(60%)认为最低标准应为四星级标准。

(10) 电梯等候时间：以不低于1分钟为主(48%)。

(11) 大厦空调系统：需要中央空调的占较大比例(62%)，但是也有相当一部分较为倾向选择自主户式空调(38%)。

(12) 对应急发电设备的需求：非常需要及比较需要的占75%。

(13)“甲”级写字楼应具备的条件：物业管理完善、地理位置好、交通状况好、大厦内部配套设施齐全及环境舒适、安静、绿化多是被访公司普遍认为“甲”级写字楼应该具备的最重要的条件。总的来说，在选择办公场所时，68%的公司非常看重或比较看重所选的写字楼是否属于“甲”级写字楼。

二、上司办公室环境的要求

上司的工作环境指上司的办公场所，包括上司使用的办公设备和用品。

上司工作环境的要求是：要保持地面、办公设备、办公家具等的清洁、整齐。

三、个人办公环境的要求

1. 个人办公环境的含义

指的是个人的办公场所，包括个人使用的办公设备和用品。

2. 个人办公环境的要求

(1) 保持地面、办公设备、办公家具等的清洁、整齐，无瓜皮纸屑。

(2) 不在办公室内吸烟，确保无烟蒂烟灰。茶具要清洁干净，摆放整齐。一次性口杯应及时处理。

(3) 桌椅整齐，窗明几净，四壁光洁，空气清新。

(4) 资料、文件、报纸、杂志摆放整齐有序。

(5) 室内不乱放私人用品，无废弃杂物。

(6) 电话听筒、按键，电脑键盘要经常用酒精棉消毒。

四、常用个人办公用品和公共物品的种类

办公物品管理，即公司杂项物品管理，因种类繁多，又涉及各部门，所以，如何管控好这个环节，是行政主管工作能力的具体体现。一般来说，常用的办公物品有以下内容。

1. 常用个人办公用品的种类

(1) 文具用品，包括笔记本、回形针、白板笔、签字笔、圆珠笔、记事贴、胶水、订书机、装订夹、卷宗、文件夹、剪刀、介刀等。

(2) 印刷单据，包括饭卡、请假卡、施工单、名片、厂牌、员工奖惩单、付款凭证、加班申请单、申购单、来访凭条、行李放行条等。

(3) 清洁用品，包括扫把、垃圾桶、垃圾袋、洗洁精、纸巾、空气清新剂、洗手液、垃圾铲、洗衣粉、清洁球等。

(4) 其他，包括常用小工具、餐厅工具性用品等。

2. 常用公共物品的种类

(1) 公用办公用品柜、文件柜、文件夹。

(2) 公用文件资料。

(3) 公用字典、报纸杂志、宣传品。

(4) 公用电话号码本、火车时刻表、航班表。

项目三 办公室的布置

一个和谐、美观、整洁、舒适和安静的工作场所,必然有助于办公室日常工作的完成,也有利于公司职员的身体健康,提升公司的良好形象。因此,秘书应该掌握需要整理的办公环境的范围和整理办公环境的技巧,从而为创造良好的办公环境做出应有的努力。

一、办公室合理布局的作用

(1) 有利于员工的工作分配。

(2) 形成有效率的工作流程。

(3) 有利于工作顺利完成。

二、办公室内布置的要求

(1) 办公桌的排列应按照直线对称的原则和工作程序的顺序,其线路以最接近直线为佳,防止逆流与交叉现象。同室工作人员应朝同一个方向办公,不可面面相对,以免相互干扰和闲谈。

(2) 各座位间的通道要适宜,应以事就人,不以人就事,以免往返浪费时间。

(3) 领导者应位于后方,以便监督,同时不因领导者接洽工作转移和分散工作人员的视线和精力。

(4) 光线应来自左方,以保护视力。

(5) 常用设备应放在使用者近处。

(6) 电话最好是5平方米空间范围一部,以免接电话离座位太远,分散精力,影响效率。

(7) 办公室的用具设计要精美、坚固耐用,适应现代化要求。办公桌是工作人员的必备工具,应注意美观、适用。有条件的可采用自动升降办公椅,以适应工作人员的身体高度。同时,应根据不同工作性质,设计不同形式的办公桌、椅。另外,办公室应根据不同情况,设置垂直式档案柜、旋转式卡片架和来往式档槽,以便保存必要的资料、文件和卡片等,便于随时翻检。这些设备和桌椅一样,应装置滑轮,便于移动,平时置于一隅,用时推至身边,轻快实用。

三、办公室内布置的原则

办公室的布置不是简单的设施摆放,应该有利于工作人员间的沟通以及部门间的协作,还需要考虑工作人员在其间工作的舒适感,并方便监督等因素。办公室布置所要遵循的原则有如下几点。

1. 利于沟通

沟通是人与人之间思想、信息的传达和交换,通过这种传达和交换,使人们在目标、概念、意志、兴趣、情绪、感情等方面达到理解、协调一致。办公室作为一个工作系统,必须保证工作人员之间充分的沟通,才能实现信息及时有效的流转,系统内各环节、各因子才能协调运转。

2. 协调、舒适

协调，是指办公室的布置和办公人员之间配合得当；舒适，是人们在办公场所中工作时，身体各部位没有不适感，或不适感最小。协调是舒适的前提，只有协调，才会有舒适。

协调的内涵是物质环境与工作要求的协调。它包括：办公室内设备的空间分布、墙壁的颜色、室内光线、空间的大小等与工作特点性质相协调；人与工作安排的协调；人与人之间的协调，包括工作人员个体、志趣、利益的协调及上级与下级的工作协调等。人际关系的协调有以下表现和要求：

(1) 连续性。工作中具有连续性且各环节不至于间断、脱节。

(2) 协同性。工作的各部分都从全局出发，同时进行，紧密配合。

(3) 有序性。各职能办公室的布置与主要业务的处理程序相互一致，工作的安排井然有序，工作的进展有条不紊。

(4) 和谐性。包括人际关系和工作安排的和谐，避免有矛盾的公司职员在同一处工作，以及不同种类工作之间的相互干扰。

3. 便于监督

办公室的布置必须有利于监督，特别要有利于职员的自我监督与内部监督。办公室的布置要适应自我监督的需要。所谓自我监督，是指进行自我约束和控制，自觉遵守公司的规章制度等。办公室的布置还要适应公司内部监督的特点和需要。公司内部监督的主要特点有如下几点。

(1) 内部监督是一种日常监督。其监督内容包括工作人员在日常工作中的一切行为，以及通过各种行为举止反映出来的职业素养、道德品质等。通过日常监督，就可得出职员在某段时间内的整体评价。

(2) 内部监督具有双向和多维监督的特点，它是主管人与部属之间、部属与部属之间的相互监督，是一种群体内部的监督。因此，它的有效性有赖于群体之间的良好沟通与协调。

(3) 内部监督是一种内部力量的约束。内部监督的最大特点和有效性不是取决于外界的压力，而是取决于内部的纪律约束、自觉程度，以及每个人在考评中的参与程度和参与的自觉性。

项目四　办公室的布局类型

办公室是一个单位活动的重要场所，其费用通常是按平方米来计算的，如何在有限的空间设计出明快、整洁、方便、实用的办公空间，确实需要下一番工夫。

一、办公布局应考虑的主要因素

(1) 职工的人数。

(2) 购买或租用的面积。

(3) 机构的建制和办公空间的分类。

(4) 经营的性质或内容。

(5) 部门之间的工作联系。

(6) 办公室的间隔方式应符合工作的需要和保密的需要。

(7) 走廊等通道符合安全需要,并安排好公用区域。

(8) 办公室随组织发展变化的变更,需要具有灵活性。

二、设计不同形式办公室的工作程序

(1) 分析不同部门的业务特点及其对于办公条件的要求;

(2) 设计平面图;

(3) 选择办公家具、设施和装饰;

(4) 考虑采风、温度、通风。

三、办公室布局

办公室的布局有开放式和封闭式两种。

(一) 开放式办公室

1. 开放式办公室的构成

开放式办公室的空间一般都很大,包含多个单个工作位置,每个工作位置之间根据需要用可移动的物体分隔开。每个工作位置通常包括:办公桌、椅子、电话、计算机、文件、文具的存放空间。

2. 开放式办公室的特点

不设私人办公室。工作空间的位置通过安排可活动的物件来确定,如办公桌椅、活动屏风、档案架、活的植物等,而不改变固定的设施,如光照装置、暖气管道、隔墙或地面覆盖物等。

每次进行工作间布局规划时并不考虑窗户或其他常规结构的限制,而是以信息流和工作运转的自然路线所形成的不统一的款式来安排。

工作人员的地位更多的是由分配给他们的任务,而不是由他们的位置来确定的。如较高级的行政人员可以有较大的办公场所及不同颜色、不同形状的办公桌,但除此之外,就几乎没有可以看得见的等级标志了。

3. 开放式办公室的优点

(1) 灵活应变。开放式设计提供了较大的灵活性,办公室重新布局的成本较低。

(2) 节省面积。开放式的办公室中,空间利用率大于常规的一排排格子式的设计中的可用面积。在美化布局的办公室中,场地利用率高达80%~90%。

(3) 易于沟通。拆掉了办公室的墙壁,管理者和员工之间交流的障碍减少了,管理者有更多的机会和员工接触,有更多的机会观察员工之间的相互影响,有利于管理工作的进行。

(4) 易受监督。拆掉了办公室的墙壁,管理者更方便监督员工的工作情况。

(5) 容易集中化服务和共享办公设备。

4. 开放式办公室的弊端

(1) 难保机密。员工的一切行为均暴露于大庭广众之下,难以保守秘密。

(2) 很难集中注意力。在一个这么大的区域里跟这么多的人一起工作,员工不容易集中精力,如说话、打电话、操作设备等声音的干扰。

（3）房间易有噪音。隔壁工作人员的谈话声、机器设备声，特别是复印机工作时的喧闹声以及电话铃声。

（4）员工难于找到属于自己的私人空间，缺乏单独办公的机会，没有隐私。

（5）管理员感到降低了身份和地位。

（二）封闭式办公室

封闭式办公室又称为传统办公室、网格式办公室。是一种较为传统的办公室布局，是把组织内部各职能部门独立安排在一个个小房间内，组成一个个小办公室。

1. 封闭式办公室的优点

（1）封闭式布局可以使工作环境显得相对的安全。

（2）易于保证工作的机密性。

（3）易于员工集中注意力。相对安静的工作环境，易于使人集中注意力进行更为细致和专业的工作。

（4）可以使员工拥有相对独立的私人空间，有效地保护个人隐私。

2. 封闭式办公室的缺点

（1）费用高。非办公空间的占用率较大，提高了行政费用。

（2）难于监督工作人员的活动。

（3）难于交流，容易感觉孤独。各职能部门之间的信息难以得到及时有效的沟通，工作协调也不够快捷灵便，工作效率受到一定程度的影响。员工因为互相隔离也容易感到孤独。

四、选择确定办公室的原则

确定办公室的方位应本着便于各项公务沟通协调的原则。凡与外界接触较多的部门，如收发室、传达室等，应设在人员进出的地方；销售和公关部门，应设在靠近大门的地方，采用开放式办公室类型；综合、秘书等部门，应设在办公楼的中心地点，采用开放式办公室类型；打字、计算机房、财务等办公室，应设在办公楼靠里一侧的地方，采用封闭式办公室类型；高层领导的办公室应设在比较清静的里侧，采用封闭式办公室类型；关系密切的处室之间应相互接近。

项目五 办公模式

已往办公的需求相对简单，但在信息化普及的21世纪，企业的办公需求发生了质的变化。办公模式变化的因素有：办公场地的费用过高；城市中日益严重的交通拥挤问题和上班高峰时段的困难；高科技的发展；企业自身的发展更加需求灵活地聘用人力资源；企业间竞争的加剧；一些企业的组织结构进行了改变；人们的期望。

一、办公模式的种类

办公模式有：在家工作、远程工作、弹性时间工作、虚拟办公室、临时办公桌、兼职工作、合同工作、交替工作、项目团队、传统模式。

（一）在家工作模式

对于一些不需要与其他员工和客户经常接触的人员，如研发人员，可以安排他们在家工作。

1. 在家工作模式的有效管理方法

(1) 准确掌握工作进度。

(2) 定期召开相关会议。

(3) 保持沟通顺畅。

2. 在家工作模式的优缺点(见表 3-3)

表 3-3 在家工作模式的优缺点

序号	优点	缺点
1	增加工作时间	办公环境嘈杂,难以集中注意力
2	节省办公资源和费用	需投资计算机和电话,以便开展工作和保持联系
3	灵活安排工作和生活	增加了监管难度
4	减少交通时间和费用	减少了同事间的交流,会感到孤独,团队意识淡漠
5	减少交通拥挤和污染	减少了与社会的接触机会

(二) 远程工作模式

远程工作模式指工作人员在异地接受指令,完成工作任务。

远程工作模式的优缺点,见表 3-4。

表 3-4 远程工作的优缺点

序号	优点	缺点
1	节省办公资源和费用	增加了监管难度
2	灵活控制工作时间	必须加强联系,明确指令
3	减少交通时间、费用和污染	远离组织,缺少沟通,会感到孤独
4	可在低工资区聘用工作人员,减少人工费用支出	不了解临时聘用的工作人员的情况,管理难度增大
5	灵活聘用当地人员而不需提供工作空间,减少成本费用	团队凝聚力需要较长磨合期

(三) 弹性时间工作模式

弹性时间工作模式是指给员工在工作时间上更大的灵活性。员工可以自己选择上班时间,其工作时间累计达到组织要求即可。

1. 弹性时间工作模式的有效管理办法

(1) 只适合某些部门,有些部门必须正常上下班。

(2) 先确定员工工作的时间带宽。

(3) 明确告知员工一周弹性时间工作累计时数以及午餐时间。

(4) 安排人员时先了解每个员工的意愿,再统一协调安排,保证足够的人力完成工作。

(5) 要避免节假日前或周末下午出现无人的现象。

(6) 选择准确记录每个员工工作时间的方法,如手工签到、机器计时、刷卡、记录日志。

(7) 选择管理、监督、跟踪员工工作表现和进展的方法,保证工作质量。

(8) 对远程工作人员要给予公司环境的保障,要求其必须经常与总部联络,如有可能,在人员较集中的地方安排较高级别的主管进行监督和管理。

2. 弹性时间工作模式的优缺点（见表3-5）

表3-5 弹性时间工作模式的优缺点

序号	优点	缺点
1	减少缺勤	特定岗位不能采用本模式工作
2	迅速完成紧急工作，不产生积压	必须保证工作时间衔接妥当
3	灵活安排工作和生活时间	难以满足所有员工期望的工作时间
4	自由控制上下班时间，避免交通拥堵	员工可能对监督和检查他们的工作时间感到反感
5	能激发工作动力，提高效率	某些时间段难以监督员工的工作

（四）虚拟办公室工作模式

虚拟办公室工作模式是指办公人员通过计算机办公，其全部工作都通过这台计算机完成；他可以在办公室、家里或其他远程位置上工作。

1. 虚拟办公室工作模式的管理方法

（1）如果在办公室办公，需提供临时办公桌。

（2）在远程位置或家里办公，需提供计算机。

（3）要求计算机人员注意健康和安全。

2. 虚拟办公室工作模式的优缺点（见表3-6）

表3-6 虚拟办公室工作模式的优缺点

序号	优点	缺点
1	节省办公空间和资源的耗费	企业要购买计算机
2	可以即时进行国内、国际交流	难以控制工作质量
3	利用计算机强大的存储和网络功能	难以监控网络信息安全和保密

（五）临时办公桌

企业不需要给在家、远程、兼职或弹性时间工作的人员安排固定的办公桌，只需安排临时空闲的办公桌让其办公。这些人的电子文件和信息可存放在计算机里，书面文件和资料可存放在一辆个人小推车上。当他们来办公时，领取小推车，找一个空闲的工作位置就可办公。

临时办公桌工作模式的优缺点，见表3-7。

表3-7 临时办公桌工作模式的优缺点

序号	优点	缺点
1	节省办公资源和费用	缺乏归属感，降低积极性
2	办公资源使用灵活	要保证有临时空闲办公桌供使用
3	人员可直接去办事，无须到单位报到，节省时间	交流少，信息不足，易降低工作效率
4		办公人员变动较大，团队意识较差
5		企业监管难度加大

（六）兼职工作模式

兼职工作者可以凭借自己的知识和技能，以合同或单项收费的形式在多家单位进行工作。兼职工作模式的优缺点见表3-8。

表3-8 兼职工作模式的优缺点

序号	优点	缺点
1	节省隐性成本	企业监管难度大
2	兼职者一般自备专用设备，企业可节省设备费用	企业难以保证工作的连续性
3	兼职者自己控制多份工作，有动力，有效益	兼职者没有保障，如生病则没有收入
4	兼职者可充分发挥专长，有成就感	兼职者的工作可能时多时少，难以自控
5	企业可灵活聘用自己需要的人才	可能出现完成工作后拖欠报酬的情况

(七) 合同工作模式

组织为节约隐性成本，可聘用一些非固定员工，以合同的形式来完成特定工作。企业可从合同公司聘请人员，也可聘请自由职业者，还可聘请自由顾问组工作的人员。

合同工作模式的优缺点见表3-9。

表3-9 合同工作模式的优缺点

序号	优点	缺点
1	只支付合同工作费用，节省人员隐性成本	缺乏企业忠诚度，难以保证机密和安全
2	有工作在外进行，可节省企业空间和费用	合同工缺乏工作保障
3	这些人工作有动力，有效率	容易造成工作不连续
4	企业能灵活地将特定项目以合同形式承包出去	需要高级别监督来保证工作按要求完成
5	企业可灵活聘用自己需要的人才	掌握人才情况需要时间

(八) 交替工作模式

交替工作模式一般是由两个人共同承担一项工作任务，有每个人独自的工作时间，也必须有两个人或多个人重叠的工作时间，以便进行信息交流与沟通。

交替工作模式的优缺点见表3-10。

表3-10 交替工作模式的优缺点

序号	优点	缺点
1	可以激励工作人员	交接不当，造成工作失误
2	两个人合作比一个人工作效果好	难以保证工作连续性
3	两个人可以互补，保证工作时间	客户和其他人员更愿意与其中一人交流、合作、建立关系
4	企业可以留住特殊人才	不能确保队伍稳定

(九) 项目团队工作模式

企业为了完成某一个特定项目而临时组建的团队，可由企业内部或外部的人员组成一个团队一起工作，项目结束后，团队就宣告解散的工作模式。

项目团队工作模式的优缺点见表3-11。

表3-11　项目团队工作模式的优缺点

序号	优点	缺点
1	团队工作人员可以发挥个人长处，有成就感	沟通困难，造成工作失误
2	企业可以灵活聘用人才，减少人员隐性支出	团队内部人员不团结、内耗，可能造成项目延期完成
3	多个人可以互补，保证工作时间	客户和其他人员更愿意与其中一个人或某几个人交流、合作
4	资源共享，节省办公资源	时间短，人员归属感不强
5	优势互补，工作效果好	管理难度增大

项目六　办公环境安全检查

保证办公环境的安全是及其重要的，国家在相关的法律和法规中也有明确规定。营造安全、健康的工作环境，是每个秘书人员的重要职责。

一、办公环境中，秘书要经常进行检查的安全隐患

（1）室内光线、温度、湿度、通风、噪音等方面的隐患，如温度、湿度调节欠佳，噪音控制不当等。

（2）地、墙、天花板、通道、门窗等方面的隐患，如地板缺乏必要的防滑措施。

（3）办公设备及操作方面的隐患，复印机的辐射和违规操作。

（4）办公家具方面的隐患，如办公家具和设备等摆放不当，阻挡通道。

（5）消防方面的隐患，如灭火设备已损坏或过时。

（6）工作中因疏忽造成的伤害和失密的隐患，如女士的长头发卷进有关的机器设备。

二、安全检查的基本要求

（1）严格遵守国家劳动安全卫生方面的规定和标准。

（2）伤亡事故和职业病发生率要低于同行业水平。

（3）实施职业健康安全卫生管理体系三个月以上。

（4）履行不断改善职业安全卫生状况的承诺。

（5）定期进行安全检查，落实安全管理责任制。

（6）采取有效措施，做好风险的防范和排除，特别要注意危害人群健康、污染办公环境的“无形杀手”，如吸烟，还有装饰时没有采用无毒无害的绿色建筑材料等。有必要和有条件的话，可以请有关部门进行检测，进行科学的处理。

三、安全隐患表和设备故障表的填写要求

要区分“隐患记录及处理表”和“设备故障表”的使用，前者记录的是隐患，包括办公环境

和办公设备两部分，后者是记录办公设备运行中出现的故障。例如电话机不能工作了，就应填“设备故障表”；如果电话机仍能拨打，但电话线裸露或拖拽，就应该填写“隐患记录及处理表”。

思考与实训题

1. 怎样理解办公环境的“硬”环境和“软”环境之说。

2. 理想的办公环境应该具备哪些最重要的条件？用列表的形式将内容填充进去。

3. 人人都想有个和谐、美观、整洁、舒适和安静的办公场所，那么，办公室的布置有哪些基本要求呢？

4. 办公布局应考虑哪些主要因素？开放式办公室与封闭式办公室相比，各有哪些优缺点？就表格的形式体现出来。

5. 列表说说各种办公模式的优缺点。

6. 秘书要经常对办公环境进行安全检查，办公环境的安全隐患主要有几个方面？请分别创制一份“隐患记录及处理表”和一份“设备故障表”。

第三节 办公室日常事务管理

理论知识

项目一 办公室日常事务

一、办公室一般性日常事务工作内容

根据不同单位的工作性质，所负责的日常事务内容也不同，但一般情况如下。

(1) 接听电话，接待来访人员。

(2) 负责办公室的文稿起草、信息管理与保密工作，管理办公室文件、档案收集、整理工作。

(3) 负责领导办公室的整理、保洁。

(4) 做会议管理、会议记录、会议纪要。

(5) 负责公司公文、报纸杂志的分送。

(6) 负责传真件的收发工作。

(7) 负责办公室仓库的保管工作，做好物品出入库的登记。

(8) 负责领导出差准备工作。

(9) 保管使用公章，开据介绍信。

(10) 餐费统计、收纳、保管。

(11) 邮寄资料、信件。

(12) 管理员工人事档案材料，建立、完善人事档案管理，严格借档手续。

(13) 管理各种办公财产。

(14) 备用金的申领、管理、报销工作。

二、办公室日常事务工作的重要性

秘书经常要协助他人做一些事务性的工作，这些工作大都比较简单，但却庞杂、繁琐，稍有不慎，就容易出纰漏，造成工作的被动。例如，通知会议时间发生错误，开会时间到了，会议室却只有领导一个人，造成重要工作的延误。所以，秘书在处理这些事务性工作的时候不能马虎、掉以轻心，而是要一丝不苟、认真对待，才能履行好秘书的基本职责，保证工作正常运转。

三、改进日常办公事务工作流程的基本思路

(1) 重新安排：工作能否重修分配或重新排列？怎样进行？

(2) 修改：工作是否可采取新的方式、方法和模式？

(3) 替换：某些工作人员或部门可否替换？

(4) 合并：哪些部门和工作的程序可以合并？

(5) 精简：哪些人员和部门可以被裁减掉？

四、改进办公室日常事务工作流程的注意事项

(1) 改进流程应由专人负责，职权应明确。

(2) 要考虑客户的需要，与其他流程以及客户需求适当结合。

(3) 流程本身要有不断改善的弹性和空间。

(4) 复检的次数越少越好。

(5) 流程不应受组织性质和结构束缚，在其进行之处就地完成，不要扩展至整个组织。

(6) 各项流程要成科学的体系，防止重复工作和不必要的协调工作。

项目二　会议室登记和用车登记

一、会议室登记要求

(1) 提前预订登记。会议室使用应要求使用部门提前预订登记，秘书或预订人应详细填写预订登记表的相关信息。

(2) 确认使用相关信息。负责安排会议室的秘书应认真核对预订相关信息，并加以确认。

(3) 善于协调。秘书要善于协调使用时间冲突的会议室，与使用各方协商，妥善解决。

二、会议室预订登记表(见表 3-12)

表 3-12 会议室预订登记表

日期	使用部门	人数	预订人	会议开始时间	会议结束时间	会议主题	所需设备	落实情况	备注

三、用车登记的要求

(1) 提前预订车辆。车辆的使用,要求使用部门提前预订登记,秘书或预订人应详细填写用车预订登记表的相关信息。

(2) 妥善协调用车矛盾。秘书要善于协调使用车辆时间所发生的冲突,与使用各方协商确认,妥善解决随时发生的矛盾。

(3) 确保及时用车。负责安排车辆的秘书应认真核对预订相关信息,并加以确认使用部门的先后顺序,并准确告知其使用时间。

四、用车预订登记表(见表 3-13)

表 3-13 用车预订登记表

日期	使用部门	人数	预订人	车辆名称	车辆数量	目的地	用车时间	落实情况	备注

项目三 时间管理

时间是物质运动顺序性和连续性的表现,是不可缺少又无可替代的宝贵资源。大凡能够在事业上做出卓越成绩的人都是时间管理专家,正确管理的基础是良好的时间管理。

一、时间管理的内容

时间管理,是指在同样时间耗费的情况下,为提高时间的利用率和有效性而进行的一系列控制,对时间消耗进行计划、实施、检查、总结评价和反馈等程序,以达到预期的目标。

时间管理是秘书提高自身工作效率,协助上司合理有效利用时间的有效手段。

二、时间管理工具

时间管理工具有工作日志、工作时间表、效率手册、待办文件夹、墙上计划板、商务通、值班表、“在不在”布告板等。

三、时间管理的技巧

1. ABCD法则

重而急的工作属于A类，重而不急的工作属于B类，急而不重的工作属于C类，不重不急的工作属于D类。

具体做法是：先做A，次做B，再做C，最后或暂不做D。

2. 科学利用精力最佳时间

人的智力、体力、情感都不断发生着周期性的变化，这就是人体内“生物钟”的作用。秘书人员应该熟悉自己体内的生物钟（可以通过科学的方法或积累经验测明），找出自己精力最旺盛的时间，用来处理最重要、最困难的工作，而把例行工作放在精力稍差的时间去做，这样可以提高时间利用率和有效性。

3. 计划化、标准化、定量化消费时间

消耗在某项工作上的时间要制定出标准，预测出每项工作各需要多少时间，进行时间的定量分配，制订出耗时计划。秘书人员应以最有效的方式，利用定量的时间，有秩序地从一种行动转换到另一种行动。

4. 保持时间上的弹性

使用时间要注意劳逸结合和精力的调节。“连轴转”是低能管理者的做法，只能劳民伤财，适当调节才能使工作有持久性，保证高效率。

5. 严禁事必躬亲

秘书人员要懂得授权，要从日常繁忙的工作中解放出来，增加自己的可控时间，以用到重要的工作上去。

6. 保持时间利用的相对连续性

合理利用时间的一个原则是集中时间，不要把时间分割成零星碎片。最好能够一气呵成，不要中断。因为干扰会破坏集中力，要经过相当长的一段时间，才能使精神和思维重新集中起来。

7. “案例化”、“标准化”工作

秘书对已经有条例、规定的事情按章办事即可。同样的问题反复出现后，把结果和处理记录下来，列入规章制度，使其“案例化”。同时，要大力推进业务程序的标准化，把每项工作通过标准化的业务流程规定下来，使工作达到事半功倍的效果。

8. 定期检查时间利用情况

养成定期检查时间利用情况的习惯。可充分利用台历、效率手册、记事簿、计算机等工具，随时记录时间耗费情况，及时检查，力求发现浪费时间的因素并消除之。

9. 保留自我时间管理的最低批量时间

任何成功的管理者，都必须每天或隔一段时间给自己安排一段最低批量的自我时间管理的时间，用以计划、检查、总结自己的时间管理状况。

四、工作时间表的内容与编写要求

（一）时间表内容

时间表是管理时间的一种手段，它是将某一时间段中已经明确的工作任务清晰地记载和标明的表格，是提醒使用人和相关人按照时间表的进程行动，从而有效地管理时间，达到完成工作任务的简单方法。

时间表可以填写许多内容，如各类会议、参观访问、庆典仪式、宴请活动、报告演讲、招待宾客、出差休假、公司例行要事等。时间表可以一人使用，也可以多人共同使用。

（二）时间表的编制要求

（1）根据工作目标确定编制时间的周期。

（2）收集并列出某个时间段所有的工作、活动或任务。

（3）按照时间顺序将任务排列清晰。

（4）发现相互有矛盾的，要主动与负责人协商，及时调整。

（5）绘制表格，标明适合的行、列项目和列表日期与列表人。

（6）用简明扼要的文字将信息填入表格，写明内容、地点、时间等。

五、工作日志的内容与管理

（一）秘书工作日志的内容

秘书的日志内容除了包含上司的日志内容外，还需要包括：上司的各项活动需要秘书协助准备的事宜，如为上司某某会议准备发言稿、会议议程、订机票；为上司的某某会谈草拟合同和订餐等；上司交办自己的工作，如为签字仪式联系地点、媒体等准备工作；自己职责中应做的工作、活动，如撰写半年工作总结、值班等。

（二）管理自己的工作日志

1. 手工填写的工作日志

手工填写的工作日志通常要准备两本，一本让上司使用，另一本留自己使用。使用的方法是：

（1）提前了解上司工作和活动的信息，同时在两份日志上填入有关信息，并于当日再次确定和补充。

（2）在自己的日志上清楚地标出自己应完成的工作，包括为上司的有关活动所做的准备，并逐项予以落实。

（3）在上司日志变化的同时，应更改自己的日志，并做好变更的善后工作。

（4）协助或提醒上司执行日志计划，在需要时帮助上司排除干扰。

（5）填写信息要准确，当日出现情况变化，应当立即更新日志，并告知上司出现的变化。

（6）填写的信息要清楚、整洁、方便阅读，可以使用不同色彩的笔标明。

（7）填写的信息要完整，要标明各项活动的时间、地点、姓名、联络办法等必要信息。

2. 电子工作日志

可以使用计算机电子日志来管理时间，通过电脑程序中的 Microsoft Outlook 可以打开个人文件夹，只要在相应的时间栏内输入工作任务即可。输入的内容与手工填写的日志基本相同。电子工作日志比手工填写的日志用起来更加方便，可以迅速修改和更新日志内容，且不留痕迹。

（三）管理上司的工作日志

1. 上司的工作日志的内容

上司的工作日志无论手工填写的还是电子工作日志，填写的信息内容应相同，内容通常包括：

（1）上司在单位内部需要参加的会议和活动，要记录清楚时间、地点和内容。

（2）上司需要亲自接待的来访者，要记录清楚来访者的姓名、单位详情、约会时间。

（3）上司在单位外部需要参加的会议、活动、约会等情况，要记录清楚时间、地点、确切细节、对方的联络办法等；

（4）上司个人的安排，如去医院看病等，秘书不要在这段时间安排其他事宜；

（5）上司私人的信息，如亲朋好友的生日等，提醒上司购买生日卡或礼物。

2. 处理工作日志的变化与调整

有时会因突发事件或对方的原因而必须改变日程安排，如果是我方原因变更安排，会造成一些有形无形的影响，甚至会影响企业、单位的信誉和双方的信赖关系。因此，应尽量想办法将日程安排的变更限制在最小的范围。

（1）一般变更包括：事项原定结束时间延长或超时；追加紧急或新添的事项；调整、变更事项的原定时间；原定事项终止或取消。

（2）调整时应注意的问题：安排的事项之间要留有10分钟左右或适当的空隙，以备活动时间的拖延或新添临时的、紧急的事项；事项调整、变更时间，仍要遵循轻重缓急的原则，并将变更的情况报告上司；确定变更后，应立即做好有关善后工作，如通知对方，说明理由，防止误解；再次确认工作日志是否已经变更相关信息，防止漏记、错记。

（3）秘书还应注意的问题：应对上司日志信息进行保密，只允许上司授权的人查阅；要保持两本工作日志信息一致和准确，若有变动，应立即变更；应熟悉上司的工作习惯，以便安排的时间符合要求；应熟悉上司用餐和休息的习惯时间，以便安排约会时避开这些时间。

项目四　上司临时交办事项

作为秘书，完成领导临时交办的工作任务是很重要的职责，而领导交办的工作大多数具有时间紧、要求高、综合性强等特点。所以，对待领导临时交办的工作任务秘书必须千方百计地完成，没有选择的余地。

一、上司临时交办事项的特点

（1）临时性。这些事项大都是上司临时遇到或想到的，但是却需要马上办理或落实。一旦办理完毕，这项工作就宣告结束。秘书对这些事项应抓紧时间，尽快落实。

（2）广泛性。上司交代的临时事项内容涉及广泛，既有大事，又有小事；既有公事，又有私事，还有一些秘密性很强的事项。秘书对于上司交代的这些事项，只要不违反原则，都应积极办理，没有分内分外之分。

（3）急迫性。上司临时交办的事项大都非常急迫，不能拖延，否则就会误事。因此，秘书应该以最快的速度完成，不要拖拉，漫不经心。

（4）具体性。上司临时交办的事项大都具体、琐碎，需要跑腿动手。这就要求秘书嘴勤、腿勤、心细、路熟，才能高质量地按时完成任务。

二、上司临时交办事项范围

上司临时交办的事项很难给它确定一个准确的范围，只要是领导职权范围内的，甚至是领导想到的或遇到的事项，都可能成为秘书必须及时落实的临时交办事项的范围。具体是：接待工作有关事项、联络工作有关事项、办文工作有关事项、办会工作有关事项、信息工作有关事项、调研工作有关事项、信访工作有关事项、督察工作有关事项、协调工作有关事项。

三、办理上司临时交办事项的原则

(1) 尽心尽力的原则。秘书对待上司交办的临时事项的态度，必须是积极的、主动的。秘书必须尽心尽力地做好每件事情，减轻上司的负担，替上司排忧解难。

(2) 灵活变通的原则。上司临时交办的事项一般都是上司不方便出面的、相关政策不明的或涉及人财物的事情，秘书办理起来有一定难度。因此，秘书在办理的过程中，不要消极等待，要灵活变通地逐项落实。同时，自觉遵守相关原则，不要乱开口子，搞特殊。

(3) 及时回音的原则。秘书对上司交代办理的临时事项应该认真落实，及时回音，千万不要“石沉大海，一去无影踪”。秘书要将事项办理的结果、出现的问题等及时反馈给上司。

项目五 文字记录

秘书在日常的工作中经常要做文字记录，包括手工和机器两种记录。

秘书的记录工作要求速度快、质量好，这就要求秘书要掌握一些记录的方法和技巧。

一、记录的准备工作

秘书要准备足够的钢笔、铅笔、笔记本和专门做记录的用纸。为事后补充记录文本，还要备齐录音设备，如录音机、录音笔等。如果是为会议做记录，还要备有会议议程表和其他的相关资料、文件，以需要查找、核对相关数据和事实时使用。

二、记录的主要内容

秘书记录工作主要适用于会议、领导与员工谈话和领导交办事项等场合。

1. 会议记录

记录的主要内容，包括会议类型，会议议题，时间，地点，与会者姓名(主持人、参加人、缺席人、记录人)，讨论发言，决议结果和选举结果等。

2. 领导与员工谈话

领导与员工谈话，包括谈话主题、时间、地点、谈话者领导和员工姓名、谈话结果、记录人等。

3. 领导交办事项

领导交办事项，主要指领导交代秘书办理的具体事项。在临时或紧急发生的工作情况下，领导都会指派秘书具体落实或协调办理，诸如拟制应急文件、处理信访事项、接待造访人员、调研信息、统计数据、督查任务执行状况、联络沟通关系等。

上述事项，一般通过领导的口授，秘书记录，并以最快的速度整理成文，并经领导核查或交待有关人员办理。

三、常见的记录方法

1. 详细记录法

就是把讲话者的讲话内容全面、完整地记录下来的方法。要求秘书记录时准确无误，言出字随，无一遗漏。

2. 要点记录法

就是简明扼要地记录讲话者的主要内容，一般用于记录不是很重要的讲话。要求秘书记录时要抓住讲话者的讲话重点，分清主次。

3. 速记法

是用简便易写的特殊符号或编码，借助科学的汉语词句的缩略方法记录语言和思维的速写方法。

4. 速录法

是利用电子机器和借助软件记录语言的方法。

5. 手记与录音并用法

记录讲话内容时，笔录与录音机录音相互补充共同记录。这种方法一般是在允许录音的情况下使用，两者可以优势互补，但也容易分散注意力，若机器出故障，容易漏录。

四、文字记录的要求

(1) 准确记录。要求记录内容准确无误，若有任何模糊之处，一定要与有关人员进行核对或借助录音设备进行核实补充。

(2) 打印正确。秘书做好内容记录，是为了落实或办理某些事项，因此还要将记录内容形成正规的文稿，并打印出来。打印文稿一定要进行认真检查，确保与记录内容一致。

(3) 迅速提交。秘书对紧急的材料要快速成文，及时呈送直属领导或需要执行的相关部门和人员。

项目六　签收邮件

邮件处理工作是一项日常的秘书工作，任何一个单位每天都要收进和寄发一定数量的邮件，秘书人员对邮件处理得好坏会影响工作的进程，为此秘书人员必须能够合乎规范地处理邮件。

一、收进邮件

邮件的收进过程可分为：邮件的分拣、邮件的拆封、邮件登记和邮件分发四个环节。在邮件日进出量较少的单位，邮件处理工作通常由单位办公室的秘书人员兼管负责，如果邮件日进出量较大，一般会在办公室之下设置专门的总收发室，由收发人员负责处理邮件，但是收发人员的职责仅限于邮件的分拣、登记和分发，而不能对邮件进行拆封和呈(送)办。

（一）初步分拣

秘书人员在日常工作中收到的主要邮件有：特殊性专递、电报等急件；业务往来信函；写明上司亲启的信函；汇票、汇款单；报纸、杂志；同事私人信件等。秘书人员收到邮件后，首先是对邮件进行分类。分类的规则是：

（1）将私人邮件与公务邮件分开；

（2）将办公室内部邮件与外部邮件分开；

（3）将优先考虑的邮件放在一起，包括邮局投递、专人投递的邮件和电子邮件。

（二）及时拆封

拆封并不是一件简单的事情，要注意邮件的安全和拆封的权限，否则会引起不必要的麻烦和问题。

1. 邮件的拆封应该按照以下的顺序

（1）轻敲邮件。开启之前，在邮件底部轻轻敲击几下，使封内的邮件落到下面，以防邮件留在封口边缘被拆剪、破坏。

（2）小心开启。应该用开封刀或自动拆封机沿信封上端开启，小心取出邮件。

（3）仔细查看。取出邮件后还要仔细察看信封内部，以免遗漏一些重要的物件在封内。

（4）核对附件。邮件上标明的附件，必须核对清楚，如果缺少了附件，应该在邮件上标明，最好将附件用回形针或订书针固定在邮件上。

2. 拆封邮件时需要注意的问题

（1）注意不要剪坏邮票、邮戳和信封上的文字，保持信封的完整，便于查对。

（2）对邮件的页码进行核对，发现错误要标明。

（3）不能开启标有“亲启”、“保密”字样的邮件，除非有领导的授权。

（4）如果无意拆开不该拆的邮件，应该立即封口，在信封上注明“误拆”字样，并签上自己姓名，尽快送交收函者。

（5）如果接收的邮件是报刊、小册子之类的印刷品，拆封时要注意整洁，一般应先把邮件所有的包装纸除去并把材料整理铺平。

（三）准确登记

在邮件处理过程中，邮件登记是一个十分重要的环节。一般的做法是建立一个邮件登记本，所有重要的邮件要实行登记，登记过程中需要注意的事项有：

（1）除私人信件、普通广告、推销信、征订单外，其他公文、公函、包裹、杂志等都需要登记，以便管理。

（2）登记时应写明：编号、收到日期、收阅人或部门、邮件种类、处理办法等（见表3-14）。

表3-14 邮件收发登记表

编号	收到日期	收到时间	发出日期	发件人	收件人	来件种类	处理日期	处理办法	备注

（四）邮件的分办

邮件的分办主要指秘书人员对邮件的分发和传阅。主要包括两种情况：一是向领导呈交有阅办要求的邮件；二是向其他人递交邮件。同事的私人邮件可放入专门信袋或顺路送交，报纸杂志则要及时上架。

1．呈交领导阅办邮件时应注意的问题

（1）呈交给领导阅办的邮件应立即呈送。

（2）区分放置不同处理要求的邮件。可以使用不同颜色的文件夹放置不同处理要求的邮件。如用红包文件夹放置优先考虑的邮件，用黄色文件夹放置例行性备忘录，用蓝色文件夹放置特殊信函，用绿色文件夹放置私人事务信函。

（3）呈送时，将重要的邮件放置在上面，一般处理要求的邮件放在下面。

（4）如果邮件需要参考资料，要将两者放在一起呈交。

（5）标出邮件重要内容。可以使用有颜色的笔在信件上标出重要的部分，最好使用黄色笔，这样复印时不会留有痕迹。

2．控制传阅的常用做法

有些邮件需要交多个部门或人员阅看或处理，这些邮件就需要在这些部门之间进行传阅。秘书人员应很好地控制传阅过程。常用的做法有：

（1）涉及数个部门的邮件，可以将有关部门的列表附于邮件上，交部门负责人处理。部门负责人阅毕，划掉该部门的名字。

（2）秘书可以将邮件的原件交给主要负责部门持有，并由该部门将邮件内容转告其他相关部门；也可以将邮件复印，分发给有关部门。

（3）需多人传阅的邮件，可以设计一个传阅顺序提示表，请有关人员按提示表顺序传阅（见表 3-15）。

表 3-15　邮件传阅表

请按数字顺序传阅				
传阅姓名	传阅顺序	阅毕签名	日期	备注
张×	2			
李×	1			
王×	3			

二、邮件的寄发

很多单位向外发送的邮件往往交由办公室的秘书人员统一寄发，整个寄发过程可以区分为邮件的签字、查核邮件、邮件的封装和邮件的寄发等四个环节。

1．邮件的签字

邮件在寄发之前先确认是否需领导签名，领导的亲笔签名会引起对方对邮件内容的格外重视。

2．查核邮件

在邮件封装寄发之前，需要仔细查核附件是否齐全、正确。查核信封、信皮的格式是否正确；姓名、地址、邮编是否正确；标记是否注明。标记有两种类型：一种是邮件性质标记，如“私人”、“保密”等；另一种是邮寄方式标记，如“挂号信”、“特件”等。

3. 邮件的封装

查核完毕的邮件折叠装入信封后，要仔细封好开口，并贴上邮票。这一环节的工作需要注意：给邮票和封口上胶水时，要同时使用吸湿器，吸湿器能吸干过量的水分，以免玷污信封；不要用舌头去舔信封和邮票，这样做既不卫生又不保险。

4. 邮件的寄发

鉴于不同类型的邮件有着不同的寄发要求，所以，如果需要寄发的邮件数量和种类较多，可以先对邮件进行汇总分类，如分成境内平信、国际航空、特快专递等类，分类能够帮助秘书人员快速地按要求处理邮件。

邮件的寄发可以采取多种方式，如果时间充裕，一般通过所在地邮政服务机构邮寄。如果时间紧迫，可以采取其他的快速传递方式，如特快专递、电子邮件、传真、电传、电报等。

三、寄发邮件和传阅邮件的要求

(1) 寄发邮件，一是确保邮件完整，二是了解邮寄规定，三是确认邮件准确。

(2) 传阅邮件，一是及时分发传阅邮件，二是明确传阅范围，三是做好登记工作。

项目七 印章管理

印章是印和章的合称，是刻在固定材料上代表机关、单位、组织和个人权利的图章。

一、印章的种类

秘书手中一般掌握三种印章：一是单位印章(含钢印)，是代表单位对外行使权利的标志；二是单位领导人“公用”的私章；三是秘书部门本身的印章。具体来说，印章的种类包括：正式印章、钢印、套印章、领导签名章、专用章。

二、印章的样式

印章的样式构成因素有：印章的材料、印章的形状、尺寸规格、印文、图案。

三、印章的管理使用要求

1. 专人管理

印章应由责任心强的专人保管，不准随意更换或将公章交与他人管理。一般而言，印章的管理者也是具体的用印者。因此，应严格审查和挑选印章管理者，并应加强平时的教育和考查。

2. 保障安全

印章应选择安全保险的地方存放和保管，可以放在机要室或办公室的保险箱内。如果存放在办公桌的抽屉里，则应当装配牢固的锁。管理人员不得将钥匙委托他人保管，也不得将钥匙插入锁孔后离去，以免印章被人盗盖，造成严重后果。

3. 防止污损

要爱护印章，避免破损。同时要注意经常刷洗，以保持图案和印文的清晰。

四、印章的使用

印章是公文的生效标识。使用印章的程序是：申请（填写用印申请单→专人审核签字）正确用印→用印登记。

1. 申请

用印人必须填写“用印申请单”，由单位主要负责人或主要负责人授权的专人审核，批准签名后方可用印。一般证明用印可由办公室主任批准，或遵循惯例。职能部门的印章，也必须由本部门的主要负责人审核批准签名后方可用印。用印申请单格式如表 3-16 所示。

表 3-16　××××（单位名称）用印申请单

文件标题			
发往机关		份数	
用印日期		用印申请人	
批准人		备注	

2. 正确用印

正式公文只在文本落款处盖章，上不压正文，骑年压月。带存根的公函或介绍信、证明信要分别盖骑缝章和文末落款章。盖章要端正清晰，印油要均匀。

用印时，应当使实际盖印的文件数量和“用印申请单”上的份数完全一致。

3. 用印登记

用印后应当进行用印登记。登记的项目有：编号或序号、用印日期、文件标题、发往机关、份数、用印人、批准人、备注等。各单位一般都有专门统一模板的用印登记表，通常格式如表 3-17 所示。

表 3-17　××××（单位名称）用印登记表

序号	用印日期	文件标题	发往机关	份数	用印人	批准人	备注

五、印章的刻制和启用

1. 刻制印章

刻制印章必须严格执行国家的相关规定，要有主管部门的正式批文，到公安机关办理登记手续，并到公安机关指定的专门刻章单位刻制。同时，刻制单位不得留存样章。

2. 印章启用

新印章在启用前，需向有关单位发出正式启用通知并附上印模，在规定的生效日之前不得使用。取印章应双人同行，取回后交办公室负责人拆验，指定专人保管。单位启用时，要将印模和启用日期报送上级主管部门，两者都要将相关材料归档保存。

六、印章的停用与缴销

1. 印章的停用

当机构变动、名称改变或公章损坏时需停止使用旧公章时，在新公章启用后，同时将旧公章送缴制发机关封存或销毁。自行销毁的，要经上级部门批准。

2. 印章的缴销

属于机构撤销的，应在撤销决定下达之日起，停止使用公章并缴销。公章送缴要经单位领导批准，履行正常的缴销手续。销毁旧公章要登记造册，要有两人及以上人数在现场监督销毁过程。

项目八 介绍信的使用

介绍信是在对外联系和商洽工作等公务活动中，用以证明单位职工身份及有关事项的专用信件。介绍信一般使用统一印制的介绍信文本，通常不用空白纸和便笺，使用时必须按介绍信文本规定逐项填写被介绍人的姓名、职务、人数，联系工作的具体内容、年、月、日和有效期等。介绍信的内容要文词达意、字迹工整，秘书不得向使用者开具空白介绍信。它具有介绍、证明的双重作用。

一、介绍信的内容

介绍信一般包括标题、称谓、被介绍者简况、事由、署名、日期和有效期等内容。不同形式的介绍信，其内容与写法也略有差异。

二、介绍信的结构

介绍信由存根联、正式联和间缝构成。

1. 存根联

存根部分的第一行正中写有“介绍信”三个字，字体要大，紧接“介绍信”的字后，用括号注明“存根”两个字。第二行，在“介绍信”右下方写有“××字××号”字样，如果是××市团委的介绍信就写“市团字××号”，如果是××市政府物资局的介绍信可写“市物字××号”。“××号”是介绍信的页码编号。正文要另起一行写介绍信的内容，具体由以下几项构成：被介绍对象的姓名、人数及相关的身份内容介绍，前往何处何单位，具体办理什么事情，有什么要求等。结尾只注明成文日期即可，不必署名，因为存根仅供本单位在必要时查考备用。

2. 正式联

第一行正中写有“介绍信”字样，字体较大；第二行在右下方有“××字××号”字样，内容依照存根联填写。

3. 间缝

存根部分与正式联的正文部分之间有一条虚线，虚线上标有“××字第××号”字样，这里可依照存根第二行的“××字××号”的内容填写，要求数字大写，如“叁拾肆号”，字体也要大一些，便于从虚线处截开后，字迹在存根联和正文联各占一半。同时，应在虚线正中加盖公章。

三、介绍信的管理

（1）介绍信与用印紧密相连，应指定专人负责管理。一般而言，介绍信由印章管理人员负责管理。

（2）介绍信的保管应同印章保管一样，牢固加锁，随用随开，用毕锁好，以防被盗、丢失。

（3）介绍信要按编号顺序使用。

（4）介绍信最好使用存根。管理介绍信的人员在使用介绍信时，要在存根上加以记载，涉及重要事项的要请批准人在介绍信存根上签字。属于口头批准的，要在存根上记下批准人姓名，有批条的要将批条贴在存根上。

（5）开出后未用的介绍信，管理人员应及时催回，贴在存根上。

（6）介绍信持有者如将介绍信丢失，应及时报告单位或部门负责人，并告知介绍信管理人员，涉及重要事项的还应通知前往办事的单位，以防冒名顶替。

四、介绍信的使用要求

（1）严格履行审批手续。开具单位介绍信，必须经上司或办公室负责人批准。

（2）内容明确具体。介绍信内容不能含糊笼统，以免被不法分子钻空子。

（3）填写有效时间。介绍信必须写明有效时间，以防时过境迁，造成不必要的麻烦。

（4）严格检查。管理员要对开出的介绍信负责，应检查无误后方可用印。

（5）一文一个单位原则。一份介绍信只能用于一个单位，不能用于两个单位。持信人不能将介绍信转借他人使用。

（6）信息填写真实准确。填写持信人的真实姓名和身份，不能弄虚作假，随意提高持信人的地位和身份。

（7）正文与存根相吻合。介绍信的存根内容要同介绍信的正文内容相符，与持信者姓名相一致。

（8）保持清洁。介绍信书写要工整，字迹要清楚，不能随意涂改或涂沫，如有涂改需在涂改处加盖公章，否则视为无效。

（9）填写介绍信要用签字笔，禁止用铅笔、圆珠笔或红色墨水笔书写。

项目九　值 班 工 作

只有党政领导机关、大的企事业单位或一些性质比较特殊的单位才可能设立有固定人员值班的值班室，平时有固定的人员值班，法定节假日则由业务部门的人员轮流值班，较小的单位多采取轮流值班的办法。

一、值班工作的任务与要求

值班管理是秘书部门的工作之一，各单位值班的任务都非常庞杂，主要包括如下内容。

（一）办理上司交办的事项

上司临时有些紧迫性的工作，在一时找不到其他部门办理时，多数交由值班室办理。因此值班室工作很大一部分是承办上司交办的事项，上司交办的事项很多，范围也很广，需要根据具体情况灵活办理。常见的事项有如下几种。

1. 受委托接待工作

上司有时将一些接待工作委托值班室来完成，值班室根据具体情况，或自己承担或通知有关部门做好接待者的工作。

2. 反馈工作

值班室有时需要查问有关部门和人员对上司某一批示和要求的贯彻落实情况，并将查问的结果及时回复领导。

3. 临时性的会议通知工作

一些临时决定召开的会议，经常交由值班室使用电话或其他方式召集有关部门和有关人员参加会议。

4. 转达指示工作

向有关单位和人员转告上司的指示等。

5. 服务工作

值班人员有时要为上司的个人生活做某些服务工作。

（二）传达沟通

上级部门经常派人到本单位检查工作，了解情况；下级单位也经常派人来汇报工作，反映问题；平级单位或无隶属关系的单位也常来人联系、协调工作。值班人员要根据不同情况，请有关负责人或有关部门接洽处理；对上级的各项指示、通知和下级的请示、汇报，都要认真登记，及时汇报，及时处理。本单位的一些突发事件，值班室也有责任将掌握的情况如实报告上司，通知有关人员及时处理。

（三）处理来电来函

日常的函电来往是由业务部门办理的，但在下班后或节假日，一般由值班室担负起函电接收的工作。值班人员对于其中的急电、急件应及时通知相关人员知悉；对电话请示、文电内容，值班人员一般只传达，不予以答复，也不能随意表态，以免造成上司工作被动。若上司有批示或指示，按上司的要求及时办理。

（四）负责接待工作

值班工作中的接待工作主要有两种：一是公务接洽，二是个人来访。接待任务包括以下几种。

(1) 上级单位来了解或指导工作的人员，值班人员应根据相应规定并结合来访者的意愿做出适当的安排。

(2) 外单位来参观、学习、考察的人员，值班人员要热情接待，向客人介绍简要情况。

(3) 专程前来反映意见的人员，值班人员要虚心听取客人的意见，并尽可能满足客人的要求。

（五）掌握上司的外出活动情况

值班人员要随时掌握和记录上司外出的有关信息，尤其是上司在外出差，要及时与上司联系，了解上司外出所在地的住址和电话号码，以便有急事时能随时找到上司，保证工作的正常开展。

（六）协调处理安全保卫工作

值班人员还要协助有关人员做好安全保卫工作，防止被盗、丢失、破坏等问题的发生。

二、值班工作要求

1. 坚守岗位

值班人员在规定的值班时间内，必须做到人不离岗、人不离机（电话机），始终保持通信联络畅通。有事要提前请假，如无人接班，不得离开岗位。

2. 认真处理事务

值班室工作庞杂、琐碎，如果出现差错或处理不当，轻则耽误工作，重则造成严重后果。因此，值班人员必须有认真负责的工作态度，不得有丝毫大意和马虎，真正起到问事员、联络员、收发员的作用。

3. 做好记录

一是做好接待记录。值班人员要登记清楚外来人员的姓名、单位、来访时间、联系事由、要接洽的单位等，以备查考。二是记好值班电话记录。值班人员除接待来访人员外，相当一部分值班工作是接打电话来联系处理事务。因此，必须认真记好值班电话记录。三是做好值班日记，对外来的信函、电报，反映的情况，外来的电话等，值班人员都要认真登记，以保证值班工作的连续性。

4. 热情接待来访者

值班室对各种来访者都要根据不同情况做出恰当的处理。对于来洽谈工作者，应验明身份证件，问清意图后，协助并指引其办理有关事务。对于一般来访者，只要不涉及机密，应尽可能地给予帮助。

5. 加强安全保卫

值班员的职责之一就是做好单位的安全保卫工作，要严格执行安全制度，严防坏人混入作案。如遇到紧急情况和可疑人员，应及时向领导和公安保卫部门报告。值班人员要有牢固的保密观念，不能把亲戚、朋友带到值班室留宿。

6. 完备交接班手续

值班结束后，应有完备的交班手续，要注意以下几点：

（1）必须当面交接，不能委托他人。

（2）交清值班记录，说明在班内出现的问题及处理方法。

（3）值班人在值班记录上签名，确认记录内容。

项目十　零用现金的管理

为了方便工作，避免支票难以付款时的麻烦，经企业领导和财务负责人批准，秘书管理着一笔零用现金（也叫备用金）。零用现金可用来支付接待茶点费、交通费、停车费或添置少量办公用品等费用。秘书应认真保管和按规定支出备用金。

一、秘书零用现金的管理

（1）秘书应该详细记录备用金开支情况，建立一本“零用现金账簿”。记录内容包括：收到现金日期；收据编号及金额；支出现金日期、用途；零用现金凭单编号、金额和余额等。

(2) 秘书人员应该严格遵守单位财务制度，不能协助领导建立“小金库”。

(3) 秘书应制作“零用现金凭单”，内部工作人员需要现金时应认真填写此单。凭单样例如表3-18所示。

表3-18 零用现金凭单

编号	
项目或用途	金额
申请人签名	日期
审批人签名	日期
账页编号支付	日期

(4) 秘书认真核对零用现金凭单的手续准确、齐全后方可支付现金。

(5) 秘书要认真核对发票与零用凭单内容是否吻合，核对无误后将发票等证据附在零用凭单后面。

(6) 秘书在支出现金后应及时做账，做好记录。

(7) 秘书在现金支付达到一定数额或到一定期限，应到财务处报销，以保证有充足的备用金周转。

二、报销的程序

企业领导和工作人员出差的费用，一般由其本人提出报销申请，而由秘书办理或协助办理报销结算手续。报销前需要领导同意报销并签字，然后再按单位有关报销规定履行报销手续。报销要及时，不要拖拖拉拉。

(1) 出差结束后，报销申请人或由秘书代替填写费用申请表，详细说明使用费用的金额、出差人员、时间、用途、补助等明细。

(2) 应将发票附在“出差报销单”的背面，或者用另外一张专门的“凭证单”张贴票据，并本人签字提交财务部门的出纳人员，由出纳人员将此与先前领取的现金或支票数额进行结算，实行“多退少补”。如果是由出差人先前垫付的，在其提交出差报销单和票据，并核实准确无误后，方可返还现金。

(3) 所报销的票据必须合乎财务制度要求，要符合财务规范，不准使用“白条”子，要用正规的发票，发票上要盖有出具发票单位的财务章和税务章。

(4) 如果出差人所发生的费用超出了当初预算的费用，出差人应该事前向单位相关领导请示，得到了批准，超出的部分金额才能得到报销。

项目十一 办理差旅事务

一、制订商务旅行计划

秘书经常要办理或协助办理领导或其他工作人员的出差准备工作。所以，从平时起，秘书就要熟悉单位关于差旅费用、交通、住宿等级标准的有关规定，注意学习预订和购买车票、机票、船票的办法，及如何使用支票，如何兑换外币等，这样，才能保证工作的顺利进行。差旅计划制订完毕，要向上司报告，依其批示决定旅程。

一份商务旅行计划至少应包括以下内容：

(1) 出差的启程及返回日期。

(2) 送站及接站安排。

(3) 出差的路线、途经地点及终点。

(4) 食宿安排。

(5) 会晤计划（人员、地点、日期和时间），会晤主题，会晤人员的名单、背景。

(6) 行程安排，如约会、会议计划、参观、旅游。

(7) 公务活动需要携带的物品及资料，如谈判合同、协议书、产品样本或资料、演讲稿和与会国的指南等。

(8) 交通工具的选择，如飞机、火车、大巴或轿车。要列明飞机客舱种类及停留的交通安排。

(9) 差旅费用，现金、旅行支票、兑换的外币。

(10) 上司旅行地区的穿衣、天气状况。

(11) 上司或接待人的其他要求。

二、制定旅程表

旅程表是按上司的意见和预订的日程表制定的。旅程表的内容一般比旅行计划更详尽，秘书要将每日的日程表打印在纸上，并按时间顺序进行编号，供上司使用。一份周密的旅程表主要包括 7 项内容。

(1) 日期。要具体到某年、某月、某日和星期几。

(2) 时间。目的地的抵离时间和中转时间；就餐、休息的时间；开展各项活动的时间。

(3) 地点。本次商务旅行的目的地（包括中转地点），旅行过程中各项活动的地点、食宿地点等。

(4) 商务活动内容。具体内容如洽谈、会议、访问、宴请、娱乐活动及私人事务活动等。

(5) 交通工具。出发、返回时的交通工具，停留地的交通工具等。

(6) 联系方式及其他信息。当地联系人的姓名、地址、电话号码；所在地名称、旅馆名称及电话号码；会晤者姓名；企业名称、所在地及电话号码；海外出差时当地的中国大使馆所在地及电话号码等。

(7) 备注。记载注意事项，如飞机起飞时间、中转站或中转机场名称、休息时间、某国为旅客提供的特殊服务、时差问题、在当地需要注意的一些风俗习惯和礼仪等。

三、上司商务旅行的准备工作

秘书在接到上司将要出差的通知以后，应有针对性地做好下列准备工作。

（一）编制方案

秘书可编制几种旅行方案，供上司选择。上司选定最佳方案后，将其打印成文。

（二）预订车票

秘书一定要查用最新的列车时刻表和航班时刻表，否则会疏漏季节性的或临时性的车次或班次，造成不能按时预定到所需要的票。秘书在预订车票和机票之前，一定要弄清出差人能享受哪一级的待遇。最好预定能直达的车次或航班。如果必须要换车或转机则在时间上一定要安排的宽裕些。

若是到国外出差，订购机票时需要注意以下问题。

(1) 秘书可在国内各航空公司及其售票代理点办理购票手续，也可在外国航空公司驻我国的办事处购买。

(2) 购买国际机票需出示护照。

(3) 拿到机票后必须对票面查验。查验的程序一般是：查验姓名的拼音是否与本人护照或其他有效证件中的拼音相符；全部航程的每班是否都有乘机联，每一联和黑粗线框内是否与原旅行计划相一致；每个航班起飞和降落的时间、机场名称；是否在订座栏内填好“OK”；是否有涂改或者填写不清楚的地方，是否盖有公章。

(4) 如果所到之处对方有接待，这时候就可以发出通知，最好以书面形式通知。内容包括：航班、航船号或火车的车次，启程地点，到达口岸名称和时间，前往的人数。

(三) 安排住宿

安排食宿时，一般要根据领导个人的爱好和习惯来决定。如果出差的地方是第一次去，在那里有子公司或公司的事务所，可以请他们为自己联系安排住处；没有的话，就请当地旅游或交通部门介绍。一定要拿到旅馆确认预订的传真或其他书面形式的证明，并将其附在上司携带的旅行计划后面。

(四) 备齐随身携带的用品

秘书要协助领导准备好出差携带的物品和资料，可以把领导随身携带的东西按公与私分别列个清单，请领导过目，看是否有所遗漏。领导随身携带的物品如表 3-19 所示。

表 3-19　差旅用品一览表

商务活动文件资料	差旅相关资料	办公用品	个人物品
谈判提纲 合同草案 协议书 演讲稿 有关讨论问题的信件 备忘录 日程表 科技、产品资料 公司简介 对方公司相关资料	目的地交通图 旅行指南 请柬 介绍信 通信录 对方的向导信函 日历 世界各地的时间表	笔记本电脑 光盘或磁盘 微型录音机及磁带 照相/摄像机 文件夹 笔、笔记本 公司信封及信纸 邮票 手机 名片 现金、支票	护照 签证 身份证 信用卡 替换衣物 洗漱用品 急救药品 旅行箱 车船票、机票

(五) 准备差旅费

秘书为领导准备差旅费，可使用下列方法。

(1) 预支现金。秘书人员可以填表申请预支差旅费，支取所需现金，等领导出差回来后报销。还要了解外汇信息，办理兑换外币。

(2) 个人支票。领导经常出差，秘书可以为其准备信用卡，如 VIZA 卡、万事达卡，这些卡可以把个人支票兑换成现金。

(3) 旅行支票。这种支票经常带有不同的面值，如美国就有10美元、100美元、5000美元等。秘书人员为上司在开有账户的银行或其他银行购买旅行支票时，要填写一张申请表，上司要当着银行代表的面在支票上签字。

(4) 信用证。秘书可以填写申请表从银行购买信用证，上司也必须当着银行代表的面完成这笔交易。信用证可以作为到大银行去提款的介绍信，可以在世界各地银行提取现款，直到信用证上的面额提完。

（六）准备相关背景资料

秘书应主动为领导准备出差国的文化、习俗习惯和禁忌的资料；详细提供谈判对方的相关资料，包括单位及个人资料，以便领导能够做到心中有数，保证出差顺利。

（七）出国商务旅行准备工作

如果领导本次出差是到国外，那秘书还要为领导办理出国手续。

1. 办理各种必要的出国手续

(1) 撰写出国申请。包括出国事由；出国路线；出国日程安排，包括出国时间，在国外活动时间、地点，回国时间等；出国组团的人数。

(2) 申请文书后面要附出国人员名单和外国公司所发的邀请函，出国人员名单要写清姓名、年龄、性别、职务职称等内容。

2. 办理护照

(1) 携带主管部门的出国任务批件、出国人员政审批件、所去国有关公司的邀请书、2寸正面免冠半身相片等。

(2) 因公出国人员的护照应到外交部或其授权的机关办理；因私出国人员的护照，由公安部授权的机关办理。

(3) 认真填写有关卡片和申请表。

(4) 拿到护照后，应检查姓名、出生年月、地点是否填写正确，并在签字格上签名。

3. 办理签证

(1) 我国政府规定，因公出国的中国公民出入国境凭有效护照，可不办理签证，而持因私普通护照出入国境的中国公民必须办理有关的签证。

(2) 因公出国的人员前往国家的签证可到前往国驻我国大使馆或领事馆，直接联系申办签证；或是委托权威的可靠的签证代办机构代办；也可以委托前往国家洽商的公司到前往有关国家的使馆办理。

(3) 办理签证要交上护照并填写一份签证表。

(4) 取得签证后，检查签证的有效期及是否签字盖章。

4. 办理《国际预防接种证书》(即“黄皮书”)

(1) 出国人员在办理了有效护照和签证后，应持单位介绍信到所在地的卫生检疫部门进行卫生检疫和预防接种，并领取黄皮书。

(2) 当拿到黄皮书后，应进行认真查验。查验内容：填写的内容是否符合本人情况，医生的签字，检疫机关的盖章是否清晰，应该接种的项目是否填写。

5. 办理出境登记卡

在办妥了上述各项手续后，秘书再携带出国人员的护照、户口簿、居民身份证办理临时出国登记卡。

6. 办理保险

通过代理人直接由保险公司安排,用于意外事故,如医疗及行李丢失等。

7. 了解出入境手续

(1) 边防检查

这项检查很多国家由移民局(外侨警察局)负责。入出境者要填写入出境登记卡片(有时航空公司代发卡片,可提前填写),交验护照和签证。卡片的内容有姓名、性别、出生年月、国籍、民族、婚否、护照种类和号码、签证种类和号码、有效期限、入境口岸、日期、逗留期限等。护照、签证验毕加盖入出境验讫章。

(2) 海关检查

海关检查人员一般仅询问有否需申报的物品,但有的国家要入出境者填写携带物品申报单。海关有权检查入出境者所携行李物品,有的海关对个人日用品、衣物等的检查不十分严格,对持外交护照者可以免验。各国对入出境物品管理规定不一,烟、酒、香水等物品常常按限额放行。文物、武器、当地货币、毒品、动植物等为违禁品,非经允许,不得入出国境。有些国家还要求填写外币申报单,处境时还要核查。

(3) 安全检查

安全检查是出入境人员必须履行的检查手续,是保障旅客人身安全的重要预防措施。安全检查的内容主要是检查旅客及其行李物品中是否携带枪支、弹药、易爆、腐蚀、有毒、放射性等危险物品,以确保航空器及乘客的安全。安全检查必须在旅客登机前进行,拒绝检查者不准登机,损失自负。

(4) 健康检疫

即交验“黄皮书”,对未接种的旅客会采取隔离、强制接种等措施。

四、领导临行前的工作安排

领导临行前会对公司的工作做个安排,特别是领导出差时间比较长的,各部门的请示报告工作也会增多。这时,秘书要注意安排好领导的休息,不要让领导带着满身的疲倦和牵挂去出差。秘书可与有关部门打招呼,把一些定期的汇报或不着急的工作先缓一缓,等领导出差回来后再议。

五、领导动身当天秘书的工作安排

领导动身那天要安排车送站。要提前出发,以免迟到。再仔细检查一下领导是否有什么东西忘记带了,如果有,这时还来得及补上。最后确认火车或飞机的运行情况,特别是飞机,一定要向飞机场方面询问一下当天的航班情况。把领导送上火车或飞机之后,要立即打电话通知对方接站的时间,特别是在改变原定的车次或航班的情况下,一定要将这新的变化告诉对方。

六、领导出差过程中的秘书工作

领导出差后,秘书要做好本职工作,遇到重大突发事件,要及时与领导联系,向领导汇报,以免延误事情的解决。

七、领导出差回来后的秘书工作

领导出差回来后，秘书应及时向领导汇报其出差期间发生的重要工作和情况，同时准备报销事宜。

项目十二　突发事件

一、突发事件的种类

突发事件指的是发生的事情是一些偶发性(或叫突发性)，即预料之外的或突然发生的事情，会带来很大的危害。这类事件，秘书应该及时掌握进展情况并妥善处理。突发事件的种类有：地震、水灾、台风、火灾、伤害、交通事故、食物中毒、厂矿工伤事故、炸弹威胁等。

二、处理突发事件的原则

处理突发事件的基本原则是加强对突发事故、突发事件的组织领导，坚持实行统一指挥，分级、分部门负责的原则。

1. 快速反应

处理突发事件的第一要务是及早发现，及时应对，尽力控制事态发展。危机的发展过程分为四个阶段：突发期、扩展期、爆发期、衰退期。随着危机的扩展，平息危机的成本将呈几何级数的增长。所以，反应要快，行动要及时，将危机尽早控制在最初阶段，对于有效解决危机至关重要。

2. 以人为本

面对危机时，应以保护人的生命安全为最大原则。应第一时间组织人员撤离至安全地带，不要组织非专业人员进行抢救工作，以免造成不必要的伤害。要最大限度地维护公众利益，降低公众的损失。如果可以预见客户受到的损失，应主动承担责任，比被动应付成本要低，效果要好。

3. 公开透明

企业面对发生的危机，采取封锁消息、掩盖真相的做法是极其愚蠢的做法。正确的做法是主动联系新闻媒体，用真诚的实事求是的态度面对公众，向公众做出坦诚的解释，给公众一个明确的交代。

4. 重塑形象

对企业来说，危机是一场考验，也是一次机遇，关键是要有良好的心态和化解危机的有效举措。企业要放下包袱，抓住机会，置之死地而后生。

三、危机处理方法

1. 偶发性自然灾害的处置

(1) 火灾的处置。值班员接到火灾的报告，要问清火灾地点、火情、扑救情况等，视情况而定：是小火，报告领导即可；如是大火，在报告领导的同时，要做好下列工作：了解消防力量是否够用，如不够用立即向外地、外单位求援；通知公安部门派人到现场；通知电信部门保证电话线路畅通。

(2) 台风、风雹灾害的处置。灾害发生后，要立即报告领导；和受灾地区密切联系，详细了解灾害情况；根据领导意见，通知有关部门做好救灾准备，并把准备情况随时报告领导；通知办公室负责人做好准备，一旦需要，随领导一起赴救灾现场。

2. 偶发性人为事故的处置

（1）较大食物中毒事件的处置。招待所、食堂、居民区发生的涉及人数较多、病情较重的食物中毒事件，得到报告，要做好下列几项工作：立即向领导报告中毒地点、人数、病情；通知卫生防疫部门和医院做好救治准备，并迅速派医务人员和救护车辆前往中毒地点采取措施，如果本地医院住不下，还要和外地医院联系；报告上级领导机关和主管部门；协助医疗卫生部门联系抢救药品和运送中毒人员的交通工具。

（2）较大交通事故的处置。虽然机、车、船不一定属本地管辖，但发生在本地界内，当地领导机关有责任、有义务协助处理。秘书在通知领导的同时，要做好下列几项工作：立即将事故地点，大致情况向领导报告，并听取领导的处置意见；根据领导意见通知公安部门保护现场，维持秩序；通知卫生部门组织抢救；和事故涉及的有关单位取得联系。

3. 刑事案件的处置

重大的刑事案件，如持枪杀人、抢劫银行、流氓团伙行凶伤人、公共场所爆炸等，处置要迅速果断，关键是要立即通知公安部门组织力量奔赴现场，阻止事态的发展，抓获罪犯，尽量减少事件发生后的影响和损失，同时向领导报告。

4. 偶发性政治事件的处置

坏人闹事、张贴反动标语等属这一范畴。这类事件主要是通知公安部门采取措施。紧急情况下也可以先组织得力人员赴现场控制局面，同时通知公安部门。这里需要指出的是，对于一些群众性的过火行为，必须区分两类不同性质的矛盾，妥善处理，不能使其激化。如游行示威、静坐、冲击领导机关、罢工、罢课等，一定要及时报告领导，听候领导的意见，告知有关部门处理。

四、事故情况记录表

事故发生后，秘书人员应及时做记录，填写事故情况记录表。这样做既符合法律规定，能够有效应对有关赔偿要求，又是安全教育的典型案例，引起相关人员的重视。事故情况记录表的内容应包含：事故时间、事故地点、事故涉及的人员、事故的证人、事故过程概述、填写事故记录簿的人员签名。

五、工伤情况报告表

如果事故中有人受伤，则还要填写一张工伤情况报告表，里面的主要信息如下。

（1）事故涉及人员的姓名、出生日期、住址、职务。

（2）事故发生的时间和地点。

（3）事故的细节及对事故的看法。

（4）进行的急救行动和医疗处理情况，包括由谁进行，如果受伤人员送往医院，要记清医院的名称和地址。

（5）必要时还要记录事故证人的姓名和职务。

（6）完成表格人员的姓名和身份。

（7）填写表格的人员签名和日期。

项目十三　督查工作

督查工作是秘书人员的一项经常性工作，是协助领导推进工作最常用的工作方法和有效手段，在推动决策执行、矫正工作偏差、提高工作效率方面起着举足轻重的作用。秘书的督察工作是在领导授权下进行的。

一、秘书督查工作的特点

（1）复杂性。凡是列入督察的工作，大都是复杂棘手、涉及面广、影响较大的事项，秘书落实起来难度很大。这就需要秘书具有较强的解决复杂问题的能力，做到查则必清，清则必办，办则必果。

（2）原则性。督察工作中涉及政策、利益方面的问题时，秘书应坚持原则，分清是非，不当“和事佬”。

（3）权威性。秘书的督察工作是经领导授权，代表领导权威的。秘书要正确运用这些权力，讲究督察工作的方式方法，不越权、灵活地完成督察工作。

（4）时限性。秘书督察工作要强调工作效率，对督察对象要提出明确的时间要求，对落实难度大的事项要全程跟踪督办，避免拖拉延误。

二、督查工作的原则

秘书作为领导的参谋和助手，经常受命对贯彻不力的部门和单位进行工作督查。在督查过程中，要真正充分发挥督查的效果，就要遵循以下几个原则。

（1）系统原则。

（2）实事求是原则。

（3）主动性原则。

（4）多层次落实原则。

（5）时效性原则。

（6）督查与帮办相结合的原则。

三、督察工作的内容

一般而言，秘书的督办工作包括：上级领导和本单位领导批示督办的事项；上级部门的重要工作部署与会议精神的落实情况；本单位的重要工作、文件和会议精神的落实情况；外界对本单位的建议和批评的处理情况；人大代表、政协委员和职代会、股东会的议案、提案和建议的办理情况；下级单位请示和请求帮助解决问题的办理情况；秘书提出、经领导批准的其他事项。

四、督查工作的程序

领导交办事项督查程序由交办、转办、承办、催办、检查、办结、办结回告、审核、立卷归档9个环节组成。

（一）交办

领导者向有关督查人员授权转承催办。交办的方式有批示交办、口头交办、文件式的交办、会议交办；集体交办、个别交办；向督查部门交办、向督查人员个人交办；公开交办、单独交办。

（二）转办

交办事项并非都由督查人员亲自办理，很大一部分是转交各相关单位和人员具体承办。督查人员的职责只是负责催办与督查，但有的也需下去协助承办者办理落实。凡属转办的事项一般应有正式的转办通知单，并注明交办的事项、交办的意见要求，以及办结回告的时限。

（三）承办

有些交办事项是由上司指导督查人员亲自承办的，这也称为“自办”。这类事项多系领导个别口头交办、单独交办的，往往带有一定的保密性质。再者是领导顾及不过来的或者是不宜出面的一些事项，就委托某个督查人员去直接办理。

督查人员在直接承办这类交办事项时，除了包含有领导与被领导之间上下级关系因素外，更多的是带有同事、同志之间相互支持帮助的感情色彩。

督查人员在承办这类交办事项时，应做到以下几点。

(1) 要积极认真去办。

(2) 要按领导要求去办。

(3) 要按有关规定政策去办，切不可给领导帮“倒忙”。

(4) 遵守办事纪律、尊重领导的感情和信任，不应让他人知道的绝不可外传，办完了只给交办领导者回告即可。

（四）催办

催办是对那些领导交办后又转交他人、他单位承办的事项而言的。催办的方式方法有：发正式催办通知单、电话催办、口头催办、登门催办、会议催办等。催办时间应在按办理时限要求办结之前进行，或办结时限已到但未报办结回告的，要及时催办。

（五）检查

督办人员对转交办事项，要深入下去对承办单位、承办人办理的情况、办理的结果和实际效果进行检查。不仅要听取承办人员的口头汇报和文字回告，还要查看实际效果。督查人员对转交办事项的督促检查或是在承办单位或承办人办理过程中，或是在办理完毕之后进行。前者是检查其办理的行动、进展状况，后者是检查评估其办理结果的实际效果。

（六）办结

办结是指领导交办事项办理完毕，凡办结的事项必须向交办领导报告办理后的结果，呈报办结报告。

（七）办结回告

承办单位或承办人在办理领导交办事项完毕后，向交办领导人回报反馈办理结果的报告。办结回告的方式，有书面的，也有口头的，应视交办领导者的要求而定。办结回告一定要真实地报告办理结果，切不可弄虚作假，也不能回避存在的问题和矛盾，还要对存在的矛盾和问题提出积极的建议和意见。办结回告的内容一般应有：

(1) 领导交办的时间。

(2) 交办的问题或事项内容。

(3) 办理的过程以及办理过程所采取的方法与措施。

(4) 办理的结果与实际效果。

(5) 办理过程中和办理完毕后存在的问题。

(6) 今后或下一步改进的建议、意见、措施等。

（八）审核

审核是对办结回告进行审查评估。如果是转交承办，那么督查人员应先行初步审核，并签署意见，然后再呈送交办的领导审核。对承办者呈报办结回告的审核，要做到以下几点：

(1) 认真审核其办结回告的内容。

(2) 听取承办者的口头汇报情况。

(3) 下去查看办结的实际效果。

(4) 对办结的结果做出评估。

(5) 对存在的问题提出改进的意见、建议。

（九）立卷归档

办结回告经交办领导者审核认可之后，将领导交办事项的原则和办结回告，按有关规定规范装订在一起，装入有关卷宗，以保证领导交办的事项从交办到办理完毕过程的全貌及有关资料的完整性。

五、督查工作的主要方式

督查工作依其轻重缓急不同，可采取不同的方式，具体来说主要有以下几种。

1. 书面督查

对要督查的问题，根据领导指示，以印发通知等文件形式，将上级机关领导人的有关批示转给被督查的有关部门或主管同志，请他们核实情况，予以处理，并将处理情况及时报送上级主管单位。督查简报的内容主要是反映承办单位办理过程中的进度状况、好的做法与经验，推广经验，宣传好的典型，反映存在的问题或下级承办单位的建议、意见或要求。

2. 会议督查

运用召开会议的方法开展督查。会议督查的常见形式有如下几种。

(1) 某项督查事项、问题等涉及两个或两个以上单位，常常采取召开督查协调会进行督办协调。实际上督查工作中召开的各类协调会均为会议督查方法的运用。

(2) 在某项督查事项的办理落实过程中，有关部门、单位之间发生了某些矛盾纠纷，往往也是采用召开会议的形式进行协调督办。

(3) 对于某些督查事项没有明确的承办职能部门，介于部门、单位间无人具体负责承办的状况，除了督查部门自己承办(即自办)之外，还有些需召开一定的会议，委托、指定或责成有关部门、单位承办落实，或者由某一个单位主办，某几个有关单位协办。

(4) 召开单位、部门人员会议，由各单位、各部门汇报各自对某项督查任务完成的进度或执行落实的情况，也属于会议督查的范围。

(5) 在督查工作中实行联合督查、综合督查、组织督查组等方式进行督办检查活动等，也都经常采用会议督查的方法。

(6) 对某些老大难问题的解决落实，急情要事、重大突发事件的处理，也都采取会议督查的方法。

会议督查方法运用得当，常常可以较大地提高督办工作效率，起到事半功倍的作用。但是，在使用会议督查方法时，一定要事先做好充分准备，要有明确的意见或建议，同时还必须注意参加会议的单位、人员范围不宜过多过大。一般均系小型的座谈会、汇报会等。督查会议的召开可以在领导部门，也可以在有关单位或实施的现场，后者较之前者效果要好。

3. 电话督查

即电话督办、催办。在督办过程中，对一些比较急迫而又简单的问题，函件往返不便，则可用电话直接询问，或核实有关问题，或通知抓紧查处，以免延误时间。电话督查应注意的事项如下。

(1) 受话方应是承办人或负责人，或熟知具体办理落实情况的有关人员。

(2) 督办催办人员在通话后应将对方在电话中所述的办理情况记录下来，并注明电话催办的日期、受话者的姓名等。

(3) 及时给对方提出尽快办理落实的建议和具体要求。

(4) 督查人员可将电话催办了解的情况口头或整理成文字向交办领导反馈，如果领导对该事项办理有新的意见要求，督查人员应及时转告承办者。

(5) 督查人员应及时将打电话催办的日期、了解的情况等，记入督查事项的立项登记簿相应的栏目内。特别是对于某些领导口头交办，且只需承办者口头回告的督查事项，做好电话催办记录并记录在立项登记簿尤为重要。

4. 专项督查

对上司交办的重要事项，应列入专项督查。秘书应跟踪催办，要求承办者按时上报办理结果，特殊情况需要延时的，需报上司批准。

5. 登门督查

主要是指深入实际，面对面督查，研究解决问题。这一般是指遇到特殊情况，或事关重大的问题，采用上述办法不能完全解决问题，则派人下去实地调查，掌握第一手材料，弄清事情真相和问题实质，找有关部门的领导和群众商量，协助部门领导正确查处，直到解决问题。

六、工作协调的基本原则

(1) 以组织的整体利益为出发点。

(2) 协调中要考虑事情的重要程度和主次。

(3) 多次协调原则。

(4) 要虚心听取各方意见。

项目十四 保密工作

企业的保密工作就是要防止泄密、失密和窃密现象的发生。凡是丢失保密物品，无论是否找到，皆视为失密；凡保密事项为外人获知，皆视为泄密；凡采取非法手段获取、买卖企业秘密，皆视为窃密。为了保护企业利益，秘书人员必须加强保密意识，严格遵守保密规定。

一、企业保密工作的内容

(1) 上级下发的和本单位的具有机密内容的文件。

(2) 具有机密内容的各项会议文件。

(3) 专利技术、发明创造、科研成果、工艺配方等。

（4）机构设立及变更、产权变动、资产重组等资料。

（5）各种公章、印信和证件等。

（6）人员的考核材料。

（7）涉及机密的文书档案材料。

二、载体信息形式及保密工作的具体措施

企业载体信息主要有口头信息、纸面信息、电子信息三种。秘书人员对不同的信息载体可以采用不同的具体措施。

1．口头信息的安全

（1）秘书人员不要在组织内部和外部谈论单位的保密信息，包括对同事、客户、朋友或亲属。

（2）在没有确认电话对方身份和是否被授权获得信息之前，不要通过电话、电子邮件、手机等给出保密信息。

（3）只向来访者提供组织允许提供的信息，若超出范围，应向上司汇报。

2．纸面信息的安全

纸面信息包括利用纸张等作为载体的文字、表格、图形等信息。

（1）文件或其他纸面保密信息只发给或传阅到被授权的人员，并要求亲自签收。

（2）高密级信息可以由工作人员亲自送交收件人。

（3）在传递保密文件或资料时，要放在文件夹、盒中携带，以防失密或散落丢失。

（4）所有保密的信息应归类在专用文件夹中，并清楚标明“机密”，保存在带锁的、防火的柜子里；离开办公室时，不把机密信息和文件留在办公桌上，应锁入抽屉或柜子，并锁好门窗。

（5）文件复印完成后，应立即将保密原件取走，不要留在复印机的玻璃板上。

3．电子信息的安全

（1）计算的显示器应放置在他人看不到屏幕的地方，如果来访者走近，应迅速关闭页面或关小亮度，或关闭显示器。

（2）在提交电子信息之前，应向上级核对，不能给未被授权的人。

（3）每个使用者应该有自己的密码，密码经常更换。

（4）计算机必须经常进行查毒、杀毒，并为了安全，不要安装借来的程序。

（5）重要的文件要做备份，并存储在安全、加锁的地方，但要记住磁盘不能保存在过热和过冷的地方。

（6）有保密信息的软盘不应该带出单位，以防止数据落到不应得到这些信息的人手上。

三、保密工作的制度内容

《中华人民共和国保密法》（简称《保密法》）规定国家秘密等级分为 3 级：绝密、机密和秘密。不同等级的秘密一旦泄漏，会给国家和企业带来不同程度的危害，秘密等级越高，造成的危害越大。

不同的密级有不同的保密期限。我国《保密法》规定，秘密级期限不超过 10 年，机密级期限不超过 20 年，绝密级期限不超过 30 年。超过以上规定期限的，应报上级批准。如果没有特殊的规定，不同的密级履行完其保密期限后就自动解密。

《保密法》还规定，凡属国家秘密的都必须在规定位置（一般在文件的左上角）予以标明，否则属违法行为。国家秘密的标志形式一般为：密级★期限，如“机密★3 年”。如果保密期限达到临界，即秘密级 10 年，机密级 20 年，绝密级 30 年，标明时可用特殊标志形式：“密级★”，即省略保密期限。商业秘密的标识可由商家自行处理，但不能出现“★”。

项目十五 工作计划

秘书制订科学的工作计划表，可以使工作提高时效，取得事半功倍的效果。

一、工作计划的种类

按照不同的标准，计划可分为如下种类。

1. 按时间分类

企业的计划按时间可分为长期、中期和短期计划三种。

(1) 长期计划。该计划时间一般为 2～5 年，要与企业整体发展目标相适应。

(2) 中期计划。该计划时间一般为 1～2 年，要与企业阶段性发展目标相适应。

(3) 短期计划。该计划时间一般为 1 个季度至 1 年，要与企业具体项目工作目标相适应。

2. 按幅度和范围分类

企业的计划按幅度和范围可分为政策型计划、目标型计划、规划型计划、程序型计划和方法型计划。

(1) 政策型计划。由企业最高管理层制定，是指导成员制定决策、确定目标的指导性文件。

(2) 目标型计划。是对企业要实现的各项目标的表述。

(3) 规划型计划。是企业硬性规定违反行为规范的各种处罚条例。

(4) 程序型计划。有助于减少单位和部门在工作方法上的无序和混乱。

(5) 方法型计划。是业务部门描述完成某项具体任务所用的方法、程序和步骤。

二、计划的内容和要求

计划可列成表格形式，也可以写成文字材料。尽管计划表要从起始时间、阶段时间和最终期限上对任务有所要求，但还必须指明计划工作的其他一些重要方面。

(1) 每项任务的具体目标。

(2) 每项任务的数量和质量要求。

(3) 每项任务所需的资源。

(4) 每项任务的负责人或部门。

(5) 还需写明如何监督工作进展和监控质量。

三、制订计划表的方法

制订计划表时，不但要科学地安排时间，还要考虑其他一些因素，以保证制订的计划能顺利实施，达到目标。制订计划表的方法有如下几种。

(1) 列出任务项目。根据组织确定的工作目标和期限要求，列出要完成的所有任务项。

（2）区别优先次序。区别重要的任务和紧急的任务，通常按ABCD法则，安排好工作的优先次序。

（3）按照工作的轻重缓急和逻辑顺序，用数字编号标记出任务完成时间的先后顺序，对需要花时间的工作留出充足的时间量。

（4）列出所需资源。列出完成每项任务所需的资源和相关信息，包括人力、财力、物力等。

（5）明确时间要求。明确完成每项任务的各个阶段指标和估算的时间要求。

（6）指定专人负责。指明每项任务的负责部门或负责人。

（7）估算完成时间。从最终完成的时间期限向前推算各阶段工作应何时完成，确定后逐项将其填入计划表中。

（8）建立报告制度。明确工作进展的情况和出现的问题向谁报告，何时报告。

（9）明确如何监管。要明确工作进展的情况和质量如何监督和管理。

四、制订与实施工作计划的注意事项

秘书在制订和实施计划过程中应注意以下几项。

（1）制订计划要实事求是，不要设立不实际的工作目标。

（2）善于授权，明确分工，不要卷入他人的任务中而完不成自己的工作；

（3）定期检查所需的资源是否充足。

（4）及时与同事沟通工作进展和出现的问题。

（5）应监控计划实施过程，发现问题，及时应变。

项目十六　团队管理

团队是指在工作中拥有共同目的、绩效目标以及工作方法，且以此进行自我约束的一群人。现代企业面临日趋激烈的市场竞争，企业的生存环境不断变化，为了适应这一切，企业必须将不同层级中的不同部门和人员结合在一起，从而在组织内形成各类的团队进行管理。这样做的根本目的在于提高效率和单位效益。

一、制定团队目标

（1）明确任务。

（2）确定任务范围。

（3）确定任务质量标准。

（4）确定阶段性目标。

（5）确定目标完成时间要有弹性。

二、分配团队任务

充分考虑团队任务的完成时间、关键点和资源，结合团队成员的特长、爱好和经验，公平分配团队任务，调动成员积极性。同时，在执行过程中，若发现任务分配不科学，应及时调整。

三、保持信息沟通

要保证团队与上级管理部门的有效沟通，定期向上级管理部门口头或书面报告团队工作情况，还可通过会议和举办展览等形式让上级领导了解团队工作情况。同时，也可从上级领导部门那了解最新信息，实现双方的双向沟通。

四、开展团队建设

（1）定期召开团队工作会议，布置、总结工作。最好寻找舒适的地方开会，以使成员身心愉悦，使会议的效果更有效。

（2）鼓励团队成员积极参加社会活动，增加凝聚力。

（3）促进团队内部建设，及时解决问题和矛盾，加强成员培训学习。

五、团队领导的作用

（1）要有效履行自己的责任。

（2）调动成员热爱团队和为团队工作。

（3）分配任务要科学、公平。

（4）给成员提供充足的资源。

（5）公正平等地对待所有成员。

（6）保证与团队成员之间的有效沟通。

（7）关心成员，兑现承诺。

（8）善于激励成员，鼓励先进。

（9）能代表团队向上级提出要求和需要。

（10）能妥善处理团队和成员出现的问题和挫折。

（11）能明确团队任务最终期限，要求成员按时完成。

项目十七　陪同协助工作

一、协调工作的基本原则

协调工作的基本原则是以组织的整体利益为出发点，协调中要考虑事情的重要程度和主次，多次协调原则，要虚心听取各方意见。

二、陪同协助工作的类型

以上级出差的任务为标准，秘书的陪同协助工作可分为以下几种类型。

（1）商务谈判型。

（2）参加会议型。

（3）检查考核型。

（4）处理问题型。

（5）调查研究型。

（6）慰问看望型。

三、陪同协助工作的特点

1. 工作要求高

随从工作对秘书人员提出了很高要求,涉及上司活动的所有事项,秘书都必须亲自安排,负责到底。随从秘书必须具备办事、文字、组织沟通等多种能力,才能有效协助领导顺利完成工作。

2. 流动性很大

随从秘书工作最大的特点就是流动性很大,这就要求秘书增强工作的预见性、计划性,仔细周到,保证随从工作不出纰漏。

3. 情况变化快

上司的在外活动经常会被许多意想不到的事情打乱计划,这就要求随身秘书具备灵活应变的能力,及时采取措施,调整活动计划。

4. 时限性很强

上司外出都是事先确定好的,工作进程不能随便改动。这就要求秘书具有高度的时间观念,不辞劳苦,保证按时完成任务。

5. 环境很复杂

随从工作面临的环境陌生,人际关系复杂,还可能发生天灾人祸,所以,要求秘书遇事要调查研究,弄清情况后再向领导建议,切忌匆忙表态。

四、陪同协助工作的要求

1. 主动工作

随从秘书工作要积极主动,出主意,想办法,提建议。

2. 细心办事

随从秘书的工作要一丝不苟,周密严谨。

3. 谨慎说话

未经上司允许,随从秘书要谨言慎行,不擅自表态。

4. 以身作则

随从秘书在外要遵守规定,以身作则,不搞特殊,不给领导帮倒忙。

项目十八 调查研究

一、调查研究的类型

调查研究是秘书发现问题,寻求解释或解答问题的科学研究过程。秘书的调查研究根据不同的内容、目的、性质和要求,可分为以下几种类型。

1. 普遍调查法

普遍调查法也叫普查,是指对每个调查对象进行全面的调查的方法。适用于重大的基本情况调查。

普遍调查法的优缺点如下。

(1) 优点:收集的信息资料比较全面、系统、准确可靠。

(2) 缺点:涉及面广、工作量大、时间较长,而且需要大量的人力和物力,组织工作较为繁重。

2. 典型调查法

典型调查是一种非全面调查,它是从众多的调查研究对象中,有意识地选择若干个具有代表性的典型对象进行深入、周密、系统地调查研究。

典型调查的优缺点如下。

(1) 优点:调查范围小,调查单位少,灵活机动,具体深入,节省人力、财力和物力等。

(2) 缺点:在实际操作中选择真正有代表性的典型对象比较困难,而且还容易受人为因素的干扰,从而可能会导致调查的结论有一定的倾向性,且典型调查的结果一般情况下不宜用以推算全面数字。

3. 抽样调查法

抽样调查是一种从全部调查研究对象中,抽选一部分对象进行调查,并据以对全部调查研究对象做出估计和推断的调查方法。显然,抽样调查虽然是非全面调查,但它的目的却在于取得反映总体情况的信息资料,因而,也可起到全面调查的作用。抽样调查有以下三个突出特点。

(1) 按随机原则抽选样本。

(2) 总体中每个单位都有一定的概率被抽中。

(3) 可以用一定的概率来保证将误差控制在规定的范围之内。

根据抽选样本的方法,抽样调查可以分为概率抽样和非概率抽样两类。在我国,习惯上将概率抽样称为抽样调查。

常见的抽样调查方式有:简单随机抽样、分层抽样、整群抽样、等距抽样、多阶段抽样、双重抽样等。

4. 开调查会法

开调查会法就是召集少量调查对象开会进行调查的方法。调查会要达到效果,首先要选好对象,确定人数。调查对象应是真正了解情况和敢于讲真话的人,人数一般以3~8人为宜。其次要事先通知,让与会者明确调查的目的和内容,以便有所准备。

开调查会法的优缺点如下。

(1) 优点:对象集中,可以相互启发、补充、分析,简便易行,不需要很多花费,所以也是常用的调查方式。

(2) 缺点:受时间、空间的限制,人多,时间长,距离远,数据性资料很难获得确切结果。另外,它是一种面对面的调查,保密事项不宜采用此方式。

5. 个别调查法

个别调查法通过与调查对象个别交谈来了解情况的方法。这种调查法简便易行,利于深入挖掘有用信息,并利于保密。个别调查常用于提供线索、探讨问题,所得的材料通常只供参考,数据性资料核实后才能使用。

采用此法要注意选好调查对象,选能提供所需情况的知情人;要做好思想工作,解除其顾虑,使知情人愿意提供真实材料;要尊重对方,注意礼貌,防止审讯做法;要采取适当的记录方式,不轻易使用录音机,不轻易要求对方签字盖章;要善于提问题,但不提无关的问题。

6. 实地观察法

实地观察法就是通过直接观察现场的情况,就地发现、核实某些问题的方法。实地观察时要注意现场的真实性,防止事前布置、弄虚作假的现象发生。所以,秘书在安排领导人现场调查时，最好不提前通知，除了基层按部署安排的点以外，还需自行抽几个点调查比较，把直接观察与口头、书面调查结合起来进行。

二、调查研究的方法

1. 问卷调查法

问卷调查法是一种书面调查法，通过设计问卷的形式进行调查的方法。问卷调查的优点是经济节约，适用于大范围的调查，同时问题明确，答案标准化，易于统计与使用电脑进行分析。问卷调查的基本方式是设计标准化问题，印发或邮寄给被调查者，用“√”、“×”填写或用“是”、“不是(否)”等简易方式回答。所提出的问题，设计必须明确，切忌含糊冗长。其缺点是内容较呆板，无法了解更深层的问题。

设计调查问卷必须遵循一定的原则。

(1) 整份答卷要尽可能简短。

(2) 问卷中的所有问题都应和研究的目的相符合，即题目应是研究问题和假设所要测量的变量。

(3) 问卷的重要问题要放在中间部分。

(4) 问题要简明扼要、客观，不能交叉，不能暗示答案。

(5) 答案要有穷尽性。

(6) 所问问题不能超出回答者的知识和能力范围。

(7) 回答问题后的资料要易于列表说明和解释。

2. 座谈会

座谈会就是把调查对象召集在一起进行询问、讨论的调查方法。这种方法可以获取大量信息，可以进行分析比较，得到比较满意的结果。不足之处是数据不够准确，难以保密。

3. 实地观察法

实地观察法就是深入现场有目的地了解问题的方法。

4. 文献法

文献法是指通过查阅和研究各类文献资料进行调查的方法。

5. 个别访问法

个别访问法是指通过与个别人交谈以深入了解某一问题的调查方法。

6. 专家论证法

专家论证法，也叫德尔斐法。指向有关专家以函询形式分别提出问题，然后将回答的问题进行综合、整理，再匿名反馈给各专家，再次征求意见，如此多次反复循环，最后得出一个比较一致的意见。这种方法有三个特点。

(1) 匿名，专家互不接触，坚持或修改自己的意见均无须担心损伤个人威望。

(2) 反复反馈，形成专家之间匿名的相互影响，启发服从真理的新判断。

(3) 收敛，专家必须按规定对每一轮的结果再次发表意见，经过数轮后，意见就会相对集中。

7. 电话调查法

是指就一些简单问题通过打电话的形式进行了解的调查方法。

8. 网络调查法

是指按行政或经济区域设网，把分散的调查力量组织起来，围绕特定问题展开调查的方法。这种方法大网联小网，统一要求、步调一致，可以大面积地调查研究。

9. 民意测验法

是指由调查者就某个问题设计表格或提出问题，让民众简明回答，以了解民众态度和意见的调查方法。

三、调查研究的注意事项

（1）防止主观片面。

（2）防止仅看表面。

（3）防止自以为是，形而上学。

（4）防止过急或一成不变。

（5）防止个人决定。

（6）防止抽象。

（7）防止一刀切。

四、确定调查研究课题的方法

1. 从原始信息中确定调查研究课题

原始信息中蕴含着极有价值的信息，从中发现线索，确定调查研究的课题，有助于抓住具有典型性、本质性的问题，获得有价值的调研信息。

2. 根据上司意图确定调查研究课题

上司的意图反映了上司工作对有关信息的需求情况。秘书要认真分析、领会领导的意图，从中抓住主旨和实质，确定调查研究课题。

3. 根据员工反应确定调查研究课题

员工反应是上司掌握民意，有效施政的重要途径。但是，员工的反应难免存在主观片面性，也比较零碎。秘书可将员工反应中带有普遍性、代表性的问题确定为调查研究课题，这将对上司解决问题大有裨益。

4. 根据中心工作确定调查研究课题

企业在每个阶段都会有工作重点和关键，企业会围绕这个中心工作而展开活动。中心工作展开后，会出现一些意想不到的情况和问题，及时对这些问题进行调研，有助于中心工作顺利展开。秘书根据中心工作的需要确定调查研究课题，可以协助上司推进工作。

项目十九　参观、展览与招商活动

一、参观活动

1. 参观活动的目的

（1）进一步了解合作对象。

（2）扩大组织的社会知名度。

（3）促进业务拓展。

（4）增加组织成员的自豪感。

（5）和谐组织和社区的关系。

2. 参观活动的类型

一般来讲，参观活动可分为特殊参观和一般参观两类：特殊参观是指邀请特定的公众参加特定的活动而组织的参观；一般参观是指为增强社会各界对本企业的了解而组织的参观。

3. 参观活动的注意事项

(1) 突出主题。参观活动应围绕主题安排。

(2) 时机选择得当。最好选有纪念意义的日子。

(3) 处理好关系。要确定好参观路线和地点，处理好公开与保密的关系。

(4) 安排好细节。参观的细节要考虑周到，包括纪念品的发放，接待、陪同人员的安排等。

(5) 做好宣传和展示。做好物品陈列、场景布置等工作。

二、展览活动

(一) 展览活动的目的

(1) 开拓新市场。

(2) 推出新产品。

(3) 征询意见。

(4) 显示实力。

(二) 展览活动的类型

1. 按规模分类

按展览活动的规模可分为大型、中型、小型、微型四种展览会。

2. 按场地分类

按举办展览会的场地可分为室内展览会和露天展览会。大多数展览会属于室内展览会。

3. 按性质分类

按展览会的性质可分为宣传展览会和贸易展览会两种。

4. 按展出产品种类分类

按展出产品的种类可分为单一商品展览会和混合商品展览会。

(三) 秘书在展览活动中的注意事项

(1) 展会场地条件可能受限，与客户洽谈的空间会显得狭窄、拥挤。秘书有必要随时候命，接受临时任务，进行妥善处理。

(2) 秘书应该与展会工作人员统一口径，展会上要说什么、怎么说、对谁说，针对某一具体问题该使用什么样的说辞，面对不同的客户该如何处理，都需要给出细致的方案。

(3) 与同行对手同处一个展会竞争舞台，秘书人员应注重礼仪形象，要表现出友善的竞争态度，充当和谐相处的使者。

(4) 展会现场有时会发生各种紧急事件，秘书人员应做好充分的思想准备，针对可能发生的事件与承办方联系好相关事宜。

三、招商活动

企业的招商活动主要是围绕合作、合资、产品研发、市场拓展、转换机制和组织再造等目的进行的活动。

（一）招商形式

1. 组团招商

通过参加政府组织的组团招商这种比较大型的招商方式，来吸引投资者的注意。这种方式可以让企业省去很多费用和精力，但是，直接效果不太理想。

2. 拜访招商

即叩门招商。企业领导人亲自拜访重要客商，以高质量的推介吸引外商投资，推进项目的洽谈和引进。

3. 链条式招商

企业引进一些产业链条长、产品关联度大的项目，形成产业、产品集群。

4. 以商引商

就是通过已经落户并发展很快的企业，让它们现身说法去吸引他人进行投资的做法，以形成滚动发展的“葡萄串”效应。

5. 中介招商

就是委托一些专业的投资中介咨询机构、金融机构、驻外办事机构等中介机构，利用它们的经验、客户资源、声誉等开展招商引资工作。一般具有较高的成功率和合作质量。

6. 会展招商

就是通过举办或参加各种境内外的招商会、经贸洽谈会、各种经济论坛等活动，进行招商宣传和洽谈。这种招商方式经济实惠，效果好。

7. 小分队招商

就是通过招商一线队伍进行频繁的招商活动，重点摸排，待取得一定进展后，再由领导出面洽谈的招商形式。这种形式运行成本低，可以避免项目落空多的现象。

8. 网络招商

通过建立招商网站或依托中国投资贸易洽谈会网发布招商信息，建立联系，吸引投资的招商方式。这是一种现代化的便捷的形式。

（二）秘书在商务谈判中的注意事项

商务谈判是当事人之间为实现一定的经济目的，明确相互的权利义务关系而进行协商的行为。商务谈判是一项集政策性、技术性、艺术性于一体的社会经济活动。秘书在商务谈判中要做好以下工作。

1. 做好记录

秘书要全面、准确地做好谈判记录，不能有模糊不清的地方。记录后要与谈判人员核对，有时需呈送双方过目、签字。

2. 做好翻译

秘书翻译时要准确，应提前了解有关内容、资料，熟悉技术问题和术语。翻译要忠于原意，不要擅自增减谈话内容或掺杂个人意见，也不要不经允许，擅自翻译其他人员的谈话。

3. 草拟协议时注意的问题

协议书内容不能与国家法律法规相违背，与国际惯例相矛盾；协议内容要明确具体，文字要严谨，不产生歧义；重要条款不轻易让步；协议最好经公证处公正。

（三）谈判结束后秘书要注意的问题

(1) 及时回收有关文件。

（2）整理、储存、上报有关文件。

（3）结算有关账目。

（4）总结谈判经验。

项目二十　签字和典礼仪式

一、签字仪式

签字仪式，简称签字，通常是指订立合同、协议、条约的各方在合同、协议、条约正式签署时所举行的正规签署仪式。

举行签字仪式，不仅是谈判成果的一种公开化、固定化、系统化、文字化的体现，而且也是有关各方对自己履行合同、协议、条约所做出的一种正式承诺。因此，它受到各方人士的高度重视。签字仪式一般分为两大类。

1. 签字仪式类型

（1）双边签字仪式：参加签字仪式的是甲乙双方。

（2）多边签字仪式：参加签字仪式的是两个以上的组织。

2. 签字仪式的礼仪

举行签字仪式通常要考虑以下几个方面的礼仪问题。

（1）布置签字厅，并做好有关签字仪式的准备工作。

（2）确定签字人和参加签字仪式的人员，签字人由签字双方各自确定，但是他的身份必须与待签文件的性质相符，同时双方签字人的身份和职位应当大体相当。

（3）安排双方签字人的位置，并且议定签字仪式的程序。国际惯例是：东道国签字人座位位于签字桌左侧，客方签字人的座位位于签字桌的右侧。双方的助签人员分别站立于各方签字的外侧，其任务是翻揭待签文本，并向签字人指明签字处，双方其他参加签字仪式的人员则应分别按一定的顺序排列于各方签字人员之后。

3. 签字仪式的准备工作

（1）确定参加签字仪式的人员：签字人、助签人、出席签字仪式的其他人员。

（2）签字仪式的物质准备：签字厅、签字桌椅、签字文本（正副本）、签字用的文具、国旗、旗架、服饰、台呢桌布、签字笔等。

二、典礼仪式

典礼仪式是为纪念或庆祝某一重大事件而举行的一种公共专题活动。庆典活动很多，现在很多企业都有一些大型的庆典仪式，作为秘书应该掌握庆典活动的基本程序，进而能够组织庆典活动的正常开展。

（一）典礼仪式的类型

（1）节日庆典。重大的有纪念意义的节日庆祝活动。

（2）开幕典礼。为具有纪念意义的第一次与公众见面而举行的庆祝活动，如奠基典礼、开业典礼等。

（3）周年纪念日。指组织成立几周年的庆祝活动。

（4）其他。指庆祝其他具有“里程碑”意义的事件的活动。

（二）典礼仪式的筹备工作

1. 会场布置

典礼仪式无论是在室内还是在室外举行，会场一般要选择比较宽敞的场地，如门前广场、展览厅门口等。会场正面悬挂“××××典礼仪式”横幅，会场两旁应布置彩旗。在主席台两侧或大门入口处两侧，应按一定的礼宾序列，将来宾馈赠的花篮摆放出来。为了表示纪念，还应在接待处专设一个签到处，恭请各位来宾留下姓名。

2. 服务人员

主办或承办方的工作人员要落实签到、接待、摄影、录像、扩音、翻译及剪彩（或揭幕）等有关服务人员。

3. 会场设备及用品

设备尤其要准备好剪彩用的彩球、剪刀、托盘和揭幕用的彩索。扩音话筒以准备三个为宜，供主持人、致词人和译员使用。扩音设备应事先调试好，确保现场音像设备使用无误。

4. 拟定仪式宾客名单

主办单位要精心拟定出席的宾客人员名单。一般包括政府有关部门负责人、社区负责人及代表、知名人士、社会团体代表、同行业代表、新闻单位、员工代表及各阶层公众代表。给来宾的请柬应提前一周寄送或派人递送，如已电话邀请过的仍应补送请柬。对于剪彩的来宾，应由部门领导人代表组织负责人登门送请柬并恳请其剪彩。

思考与实训题

1. 举实例说说办公室日常事务工作的重要性。秘书改进办公室日常事务工作流程时应该注意哪些事项？

2. 请分别创制一份“会议室登记表”和“用车登记表”。

3. 什么是时间管理，进行时间管理的工具和技巧是什么？

4. 上司对秘书临时交办事项的特点和原则是什么？

5. 秘书在日常的工作中经常要做手工和机器记录，秘书的记录工作要求速度快、质量好，那么，秘书要掌握哪些记录的方法和技巧？

6. 秘书签收邮件是一项日常性工作，邮件的收进过程可分哪几个环节？

7. 秘书手中一般掌握几种印章，印章使用的程序是怎样的？请创制一份“用印登记表”。

8. 介绍信的使用都有哪些严格要求？

9. 值班管理是秘书部门的工作之一，秘书值班工作的任务与要求都是什么？

10. 秘书不是财务部门的出纳，但可以管理着单位一大笔零用现金，这些现金一般都用来做什么？

11. 秘书经常要办理或协助办理领导出差的准备工作，并为其制作商务旅行计划。商务旅行计划应包括什么内容？

12. 单位经常出现突发事件。事故发生后，秘书人员应及时做好记录，填写“事故情况记录表”，“事故情况记录表”应包含哪些内容，请创制一份“事故情况记录表”。

13. 督查工作是秘书人员的一项经常性工作，是协助领导推进工作最常用的工作方法和有效手段，领导交由秘书办理事项的督查程序是怎样的？

14. 秘书人员必须加强保密意识，严格遵守保密规定。秘书必须保密的工作内容包括哪些方面？

15. 秘书为所在单位制订科学的工作计划(表)，可以使工作提高时效。详细说出工作计划内容和要求。

16. 团队管理中团队领导的作用是怎样的？

17. 秘书陪同协助工作的类型有哪些？

18. 请用表格的形式体现出秘书进行不同类型调查研究的优缺点。

19. 秘书在参观、展览、招商活动中，应注意的事项有哪些？

20. 请解释签字仪式和典礼仪式，请分别设计签字仪式和典礼仪式的程序文本。

第四节 办公用品和设备的使用与管理

理论知识

项目一 订购、接收、管理办公用品

一、常用办公用品的种类

办公用品的常用种类主要有五类。

(1) 笔尺类：如铅笔、橡皮、钢笔、签字笔、彩笔、修正液和尺子等。

(2) 纸簿类：如复印纸、信纸、复写纸等各类纸张；各类信封；笔记本等各类本子；专用本册(如现金收据本)。

(3) 归档用品：主要有档案袋、各类文件夹等。

(4) 办公设备易耗品：包括各类墨盒、色带、磁盘等。

(5) 装订类：如订书机和书钉、大头针、曲别针、打孔机、起钉器、胶带等。

二、订购办公用品

(一) 选择供应商

选择办公设备及用品供应商时要在以下几方面对其进行比较。

1. 价格和费用

首先应该考虑供应商的要价。另外，还要考虑购买后会有一定的费用支出，如存储中的损耗、设备更新所带来的存储用品的报废、存储所占用空间的费用等。因此，在购买时要综合考虑价格及费用。

2. 质量和交货

应仔细检查、比较货物的质量，最好选择那些可以更换不合格物品的供应商，以免造成浪费。还要比较供应商的交货时间，选择能在需要时快速交货的供应商，以减少库存和占用资金。

3. 服务和位置

要比较供应商提供的服务是否方便，联系是否便捷；是否可以定期结算；是否可以退货；

是否可以供应单位所需全部办公用品等。同时，尽量选择离本单位近一些的供应商，以方便联络和交货。

4. 安全和可靠性

要比较供应商供货的整个过程中能否保证货品的安全，供应商的卖货手续及相关发票单据是否齐全，还要了解商家的规模大小、经营的信誉度等。

（二）选择订购方式

办公用品的订购方式通常有以下几种。

(1) 商店购买。可以直接去商店购买公司所需要的办公用品。

(2) 传真订购。有些设备和办公易耗品的订购，需要给供应商发传真，详细列出所订购货物的名称、数量、类型、送货时间等细节，供应商会按照要求送货上门。

(3) 电话订购。大多数的日常办公用品都可以通过电话从供应商处订购。秘书也可以通过互联网的电子商务服务，在网上商店订购。

(4) 所需的办公用品和耗材，以节省人力、提高效率为目的。

三、接收办公用品

在接收货物时，要做到以下几点。

(1) 核对送来的货物与订购单的货物完全一致。

(2) 核对货物数量和型号，做好记录。

(3) 准确详细地填写库存卡，保证办公用品准确无误地入库。

(4) 更新原有库存卡上的余额数据。

(5) 按办公用品的存放要求存放。

四、管理办公用品

办公用品进库后，必须保存在安全的地方，并有序地摆放，以防物品损坏、浪费或失窃，消除事故和火灾隐患，当需要时又能容易地找到。

(1) 办公用品设专人进行管理。保管员按照规格、数量、质量，认真验收、登记、上账和入库，精心加以保管，使办公用品处于随时可供使用的状态。

(2) 库房内要有良好的通风和照明。

(3) 要及时登记库存卡，定期盘点（季度或半年）和清理库存，做到账物相符。为方便盘点，必须在各办公用品上贴上管理序号。

(4) 保管员还要根据库存和需求情况，定期提出采购计划。

(5) 制定一定的修理制度，及早发现故障，及时与有关人员联系进行修理。

(6) 对于可能给工作造成重大影响的办公用品，需要定期组织专人进行检查和保养以免发生故障。若有必要可事先准备代替品。

(7) 特殊的办公用品必要时可由办公用品负责人指导其使用方法。

(8) 各种物品的摆放要合理，并做到整齐、美观。大而重的物品放在下面，小物品放在前面，便于发现；新物品放在旧物品下面，便于旧物品领取，避免过期浪费。

项目二　采购和发放办公用品和办公设备

为了加强企业专业化、规范化、科学化管理，保证日常办公的需求，控制费用支出，企业对本单位的办公用品和办公设备通常实行集中采购、统一管理的办法。在采购之前，一般由秘书人员拟订计划和实施采购和管理。

一、办公资源调配与合理利用的基本要求

办公资源调配与合理利用可以减少资源浪费，提高办公资源的使用效率。基本要求包括以下几个方面。

(1) 掌握所有资源的基本情况。包括名称、功能情况、放置地点等。

(2) 进行分类管理。可根据实际情况分类，如分为设备类、用品类等。

(3) 建立办公资源档案。对每类办公资源都要建档，并记录应用情况。

(4) 定期进行数据分析。根据记录情况，定期进行利用率分析。

二、办公用品与设备采购程序

(1) 申请。申请购买者需填写办公用品申购表，说明所需购买物品的详细信息。

(2) 审批。申请表经部门领导签字后，交财务部门衡量，落实经费来源。

(3) 招标。采购者发出购买需求，若是大宗交易，还可发出招标书，以选择合适的供应商。

(4) 签订合同。经过比较或评标，选出供应商，与之依法签订供货合同。依据合同，双方填写订货单与交货单。

(5) 接货入库。收到供货商的货物后，对照订货单与交货单，严格验收，及时入库。双方签字备查。

(6) 支付货款。拿到发票后，到财务部门经审核无误后，支付货款。

三、编写预算方案的注意事项

(1) 编制预算要根据单位实际情况，经调查研究后，实事求是地编制。

(2) 要节约，根据实际需要选择合适的产品。

(3) 购置物品必须确有必要。

(4) 谨慎选择供应商。

(5) 编制预算方案要广征意见。

(6) 编制的预算方案要切实可行。

(7) 选择合适的位置放置购买物品，以方便工作流程的进行。

四、发放办公用品的手续

办公用品虽小，但积少成多，因此办公用品的发放必须有严格的制度保障，可按照以下流程进行。

1. 审核办公用品领用申请表

领用人根据工作需要领取办公用品时，必须详细填写办公用品领用申请表。经部门主管签字批准才能领取。发放人和领用人都必须签字备查。

2. 发放物品

发放人要严格按照办公用品领用申请表中核准领取的用品名称和数量进行发放，不得擅自增减。

3. 更新库存记录

办公用品发放后，要及时更新库存记录，以便准确掌握办公用品的供应情况。

4. 记录备案清单

办公用品发放后，秘书还要填写备案清单，上面详细记录何人在何时间领取了何物，以备查询。

项目三 打印机的安装与使用

一、打印机的种类

打印机的种类很多，目前市场上针式打印机、喷墨打印机和激光打印机占主流地位。

1. 针式打印机

其中针式打印机有打印成本低廉、容易维修、价格低、打印介质广泛等优点，它是唯一靠打印针击打介质形成文字及图形的打印机。

但针式打印机打印质量差、打印速度不快，更有打印钢针撞击色带时产生很大噪音的致命缺点。针式打印机适用于要打印特别介质和对打印质量要求不高的部门。

2. 喷墨打印机

喷墨打印机在近几年发展特别快，其制造技术和打印技术都有很大的进步。喷墨打印机有价格低、打印质量好、打印速度快、打印噪音较小、体积小等优点。

但喷墨打印机对打印纸张有一些特别的要求，而且打印出来后，墨水遇水会退色。喷墨打印机的打印质量比针式打印机好多了，分辨率几乎可以和激光打印机相比，打印色的色调也更加细腻，所以喷墨打印机特别适用于一般的办公室和家庭。

3. 激光打印机

激光打印机是目前打印机家族中打印质量最好的打印装置之一，激光打印机具有打印速度较快、分辨率高、打印质量好、不退色等优点，一些新产品中还增加了网络功能。

它的缺点是价格昂贵，打印成本较高。激光打印机适用于对打印质量要求高、打印速度要求快的企业。

二、打印机的安装

打印机的安装分两个步骤：硬件安装和驱动程序安装。这两个步骤的顺序不定，视打印机不同而不同。如果是串口打印机，一般先接打印机，然后再装驱动程序；如果是USB口的打印机，一般先装驱动程序再接打印机。

1. 打印机硬件安装

实际上现在计算机硬件接口做得非常规范，打印机的数据线只有一端能接在计算机上，所以不会接错。

2. 驱动程序安装

如果驱动程序安装盘是以可执行文件方式提供，则直接运行setup.exe就可以按照其安装向导提示一步一步完成。如果只提供了驱动程序文件，则安装相对麻烦。

(1) 继续安装前确保关闭打印机。

(2) 打开计算机并启动Windows。如果自动出现“发现新硬件”或“发现新硬件向导”屏幕，从计算机上断开USB电缆线的连接。单击【取消】按钮退出屏幕。在Windows Vista系

统中，当拔下 USB 电缆线时屏幕可能会自动关闭。然后关闭打印机并从步骤 3 开始安装软件

(3) 插入安装光盘，安装程序应该自动运行。

(4) 如果出现“自动播放”屏幕，则单击运行【Msetup4. exe】文件。

(5) 如果出现“用户账户控制”屏幕，单击【继续】按钮。如果在随后的步骤中重新出现相同的屏幕，单击【继续】。

(6) 出现主菜单时单击【简易安装】按钮，将自动安装打印机驱动程序、在线手册和应用软件。

(7) 当出现待安装的软件列表时，确认内容，单击【安装】按钮。

(8) 仔细阅读许可协议，然后单击【是】按钮。在安装过程中可能会出现软件安装屏幕。按照屏幕上的指示安装软件。

(9) 出现“打印机连接屏幕”时，将 USB 电缆线的一端连接至计算机，另一端连接至打印机，然后开启打印机。打印机驱动程序将开始识别正在使用的打印机端口。

(10) 出现“推荐打印头对齐”窗口时，单击【下一步】按钮。

(11) 出现“安装结果”屏幕时，单击【下一步】按钮。

(12) 出现“PIXMA Extended Survey Program”屏幕时，确认信息。

(13) 当出现“安装成功”屏幕时，单击【退出】，然后取出安装光盘。如果显示重新启动，确保选中现在重新启动系统(推荐)复选框，然后单击【重新启动】按钮。计算机重启后，取出安装光盘。

(14) 完成软件安装。

三、打印机的使用与维护

（一）针式打印机的使用与维护

(1) 打印针表面要保持清洁。不要用手指触摸打印针表面，在打印机使用了一段时间以后，要用无水酒精擦洗打印头，以保证导向孔畅通无阻。

(2) 打印头的位置要根据纸张的厚薄进行调整。

(3) 定期用小刷和吸尘器清理机内的灰尘和纸屑。

(4) 若发现色带有破损，应立即更换新的色带，否则有可能断针。

(5) 若发现走纸和针头小车运行困难时，不要用手强行移动，应及时查找原因并处理，否则易损坏机械部件和电路。

（二）喷墨打印机的使用与维护

1. 日常使用注意事项

(1) 确保打印机在稳固的水平面上工作，不要在打印机顶端放置任何物品。

(2) 打印机在打印时要关闭前盖，以防止灰尘或其他坚硬的物品进入机内阻碍打印机小车的运动，引起不必要的故障。如果同时打开两个墨盒(一个黑色墨盒，一个彩色墨盒)，应把其中一个墨盒放入随机所赠的墨盒匣里。

(3) 禁止带电插拔打印电线，这样会损坏打印机的打印口以及 PC 的并行口，严重的会击穿 PC 的主板。

(4) 保持使用环境的清洁。使用环境灰尘太多，容易导致导轴润滑不好，使打印头的运动在打印过程中受阻，引起打印位置不准确或撞击机械框架造成死机，还可能造成墨水不必

要的浪费。解决这个问题的方法是经常将导轴上的灰尘擦掉,并对导轴进行润滑(选用流动性较好的润滑油,如缝纫机油)。

(5) 若打印输出不太清晰,有条纹或其他缺陷,可用打印机的自动清洗功能清洗打印头,但需要消耗少量墨水。若连续清洗几次之后打印仍不满意,有可能是墨水已经用完,需要更换墨盒。

(6) 关机前,让打印头回到初始位置(打印机在暂停状态下,打印头自动回到初始位置)。有些打印机在关机前自动将打印头移到初始位置,有些打印机必须在关机确认处在暂停状态(即暂停灯或 PAUSE 灯亮)才可关机。这样做一是避免下次开机时打印机重新进行清洗打印头操作而浪费墨水,二是使喷头不易堵塞。

(7) 部分打印机在初始位置处于机械锁定状态,注意不要强行用力移动打印头,否则将造成打印机机械部分的损坏。

(8) 换墨盒时一定要按照操作手册中的步骤进行,特别注意要在电源打开的状态下进行上述操作。

(9) 在插拔打印机电源线及打印电缆时,尽可能在关闭打印机电源的情况下进行,尤其在使用老式的并口计算机时更需要注意。

2. 喷头墨水维护相关事项

(1) 不得带电拆卸喷头,不要将喷头置于易产生静电的地方,拿取喷头时应把持其金属部位,以免因静电造成喷头内部电路损坏。

(2) 喷墨墨水具有导电性,若漏洒在电路板上应使用无水酒精擦净、晾干后再通电,否则将损坏电路元件。

(3) 墨盒未使完时,最好不要取下,以免造成墨水浪费或打印机对墨水的计量失误。同时它在长期不使用时,应置于室温下避免日光直射。

(4) 不可用嘴直接向喷头内或其他墨水管路内吹气,以防唾液污染管路内部而影响墨水畅通。

(5) 应该针对性防止鼠害,避免其咬破墨水管路。

(6) 有些打印机的墨水有使用温度的限制,在规定的温度范围内可以发挥墨水的最佳性能。如佳能 BJ 打印机墨水的使用温度为-10℃~35℃,当环境温度低于-10℃时,打印机墨水可能会冻结;当环境温度在 35℃以上时,也可能影响墨水的化学稳定性。

(三) 激光打印机的使用与维护

(1) 打印机的位置要固定,要注意防尘。有些打印机没有设置电源开关,最好自己配备一个有开关的插板,在不使用打印机时关掉电源以节约能源。

(2) 激光打印机需要定期清洁维护。对可视部件进行清洁时,尽量用干布或少量专用清洁剂,以免其腐蚀变形,主要清除的是机内洒漏炭粉及残留纸末。擦拭要小心,千万勿使硒鼓等部件出现人为划痕,否则会严重影响文印效果。同时要注意勿碰机内连线,机内最好是采用绸质类的布作为清洁布,以减少擦拭时的遗留布末。擦拭时要关闭电源,完成后,要待其完全干燥方可打开电源,以免造成短路而烧毁元件。

(3) 尽量不要打印信封类以及纸质超厚和两边厚度不一致等不规则纸张,以免影响机器辊轴等部件的平衡度,引发异常声音和分离纸张困难等问题。由于激光打印机在定影等工作时温度较高,因而禁止打印胶塑类材料,以免溶粘在辊轴上而引起机器传动系统故障。另外,在置换耗材(炭粉)时,应根据不同机型的要求进行更换或加注,最好使用原厂家提供的耗材（不同机型对炭粉颗粒的要求是不一致的）。

（4）激光打印机的主板容易损坏，在安装、取下打印机的时候，要注意先关主机、打印机，再取下接口线。不要带电插拔，防止打印机的主板被烧坏。

（5）对于原装的硒鼓，生产厂家要求在使用完墨粉后换鼓，而不支持重新装填墨粉，这样支出很大。对于大多数型号的激光打印机来说，重装墨粉是比较经济的。但是，重装墨粉可能带来漏粉问题，会造成打印机内部污染，也有可能使光电器件受到不同程度的影响，这些都不在保修范围之内。对于已经重装过的硒鼓，一般要换新鼓；也可以检查一下硒鼓的粉盒是不是已经满了，如果没有满，还可以考虑重装。墨粉将要用尽或者墨粉重装以后，打印效果可能很差，这时取出硒鼓摇一摇再装好，打印效果就会好转（要等到硒鼓冷却下来后再进行，否则有可能被烫伤）。

（6）卡纸现象是很常见的打印机故障，在处理激光打印机卡纸时，最好先关掉打印机的电源，然后打开打印机盖，慢慢地抽出卡住的纸，注意不要用蛮力，以免撕破纸带来不必要的麻烦。如果你对机器不熟悉，一定要看懂说明书的卡纸处理提示再动手。在无法取出卡纸的情况下，找专业人士帮忙。

（7）在驱动程序里设置比较低的分辨率和较浅的颜色，能延长硒鼓的寿命。不要随便使硒鼓曝光，这样会造成机械性能上的损坏，曝光严重的还可能使打印鼓报废。

项目四　传真机的使用与维护

传真是利用有线电路或无线电路对各种图文原稿进行远距离真迹传送的通信技术。

一、传真机的使用

（一）准备工作

1. 调整传真机的工作状态

发送时，首先将开关拨向“传真/电话”中的传真位置。将欲发送原稿放入传真机内，并根据原稿情况选择发送参数（扫描线密度、对比度）。

2. 更换记录纸

（1）打开传真机的上盖。

（2）把记录纸侧板调到适合记录纸幅宽的位置，取出侧板。

（3）放入记录纸，此时要特别注意卷纸方向。将纸拉出至超出绿色带约 5 厘米。

（4）装上侧板，盖好上盖。

3. 检查原稿

在操作时应注意原稿的质量，防止发生堵塞、损坏等事故。纸张太厚或太薄的文件，有皱折、卷曲、潮湿、切边不齐的文件不宜发送；应将文件上的紧固件如曲别针、订书钉、胶带等在发送前全部拿掉，以免造成机械故障；机器如果发出堵纸信号，应及时将卡住的原稿取出。

4. 放置文件

放置文件时，一次放置的文件页数不能超出规定要求，按传真机所示方向把文件放进纸槽，调整导纸器使之紧挨文件边缘，文件顶端要推进到可启动自动输纸的位置。

（二）试运行——复印

传真机的复印功能是自发自收。若文件图像正常，则表明传真机性能正常。所以，常采用复印方式来验证传真机是否能正常工作。复印的操作步骤如下。

(1) 接通电源,检查指示灯亮否或观察液晶显示屏是否出现“READY”。

(2) 将预复印的稿子字面朝下放在导台上。

(3) 选择扫描线密度的档次,一般置于“精细”级。其主扫描线密度为8点/毫米,副扫描线密度为7.7线/毫米。

(4) 调整原稿灰度。根据需要调为“浅色”或“深色”。

(5) 按复印键,根据复印结果判断机器好坏。

(三) 发送

拨通对方电话,听到回答信号后,表明对方已经开机准备接收,这时便可按下启动键(start)开始发送,放下话筒。待发送结束后,传真机自动恢复到待机状态。

接收方接到发送方的电话,通话后便可放下话筒按下启动键(start),开始接收,直到接收完毕。

二、传真机的维护

1. 使用环境

传真机要避免在阳光直射、热辐射,及强磁场、潮湿、灰尘多或是接近空调、暖气机等容易被水溅到的环境中使用。同时要防止水或化学液体流入传真机,以免损坏电子线路及器件。为了安全,在遇有闪电、雷雨时,传真机应暂停使用,并且要拔去电源及电话线,以免雷击造成传真机的损坏。

2. 放置位置

传真机应放在室内的平台上,左右两边和其他物品保持一定的空间距离,以免造成干扰和有利于通风,前后方请保持30厘米的距离,以方便原稿与记录纸的输出操作。

3. 尽量使用标准的传真纸

请参照传真机说明书,使用推荐的传真纸。劣质传真纸的光洁度不够,使用时会对感热记录头和输纸辊造成磨损。记录纸上的化学染料配方不合理,会造成打印质量不佳,保存时间更短。而且记录纸不要长期暴露在阳光或紫外线下,以免记录纸逐渐褪色,造成复印或接收的文件不清晰。

4. 不要频繁开关机

因为每次开关机都会使传真机的电子元器件发生冷热变化,而频繁的冷热变化容易导致机内元器件提前老化,每次开机的冲击电流也会缩短传真机的使用寿命。

5. 不要在打印过程中打开合纸舱盖

打印中请不要打开纸卷上面的合纸舱盖,如果真的需要,必须先按停止键以避免发生危险。因为传真机的感热记录头大多装在合纸舱盖的下面,所以打开或关闭合纸舱盖的动作不宜过猛。

6. 定期清洁

(1) 外部清洁。要经常使用柔软的干布清洁传真机,保持传真机外部的清洁。

(2) 内部清洁。每半年将合纸舱盖打开,使用干净柔软的布或使用纱布沾酒精擦拭打印头。每半年清洁保养一次滚筒与扫描仪等部分,不要将酒精滴入机器中。扫描仪部分(如CCD或CIS以及感热记录头)需要工具的帮忙,切不可直接用手或不洁布、纸去擦拭。

项目五 复印机的使用与维护

一、复印机的使用

复印机属精密设备,其品种型号很多,结构性能也各有差异。在使用时,操作者应根据所用复印机的具体情况,严格遵守操作规范,以确保复印机的正常运行。复印机的操作步骤如下。

1. 开机预热

接通电源开关后,定影器开始预热升温,此时面板上显示出预热等待信号,待信号消失后即可复印。

2. 放置原稿

将原稿放在稿台玻璃板相应的标志线(如B5、A4等)之内,复印纸的大小(如B5、A4等)和输纸方向(竖向或横向)应与原稿的大小和放置方向一致,然后用盖板压紧原稿。

3. 选择与安装复印纸

选定复印纸尺寸后,将复印纸抖松,以便清除静电,防止粘连,并将断裂、破损、有毛边的复印纸挑出,以免影响机器的正常运行,然后将纸码好装入纸盒内,并将纸盒插到机器上。

4. 选择复印倍率

对有缩放功能的复印机,复印前需预置缩放倍率,以便据此来确定复印纸的尺寸。

5. 确定复印份数

复印前,利用复印份数键或旋钮,将所设定的复印份数表示出来。若预置有误,还可通过清除键清除后重新设定。

6. 调节曝光量

根据原稿的深浅和反差,利用浓度调节杆(或旋钮)改变光缝的宽度或改变曝光灯亮度来调节曝光量。

7. 开始复印

待预热指示灯熄灭,复印指示灯亮时,即可按下复印按钮,开机复印。

8. 复印完毕

一次复印结束后,从接纸盘上取出复印品,进行整理、装订,并将原稿从稿台上取下整理好,放回原处。对于使用次数频繁的复印机,在每次复印完毕后可不必切断电源,使其保持待印状态,这样可缩短以后的预热等待时间。

二、复印机的维护

1. 经常性维护

在复印份数达到一定数量时,应对复印机中易污染的部件进行清洁保养。吹拂、擦拭或清除感光版、电极丝、屏蔽罩、镜头、反射镜、搓纸轮、输纸辊、稿台玻璃等易出现污垢和灰尘的部位。

2. 定期检查和维护

长期使用复印机后,应对其机件进行全面检查和维护,主要是做好机件的全面清洁、润滑、调整以及更换易损件和失效的零部件等工作。

3. 更换与补充消耗材料和易损件

日常使用中,需要对各种消耗材料和易损件进行定期更换和补充。主要包括:感光鼓的更换、墨粉的补充、复印纸的补充等。

项目六 数码相机的使用与维护

数码相机属于精密设备,正确地使用与维护,对于充分发挥它的性能,最大限度地延长它的工作寿命是必不可少的。

一、数码相机的使用

数码相机的操作步骤如下。

(一) 拍摄照片

(1) 检查电池是否装好,如没有,则打开相机底部的电池门,给相机安装好电池。

(2) 转动相机后背上的模式转盘,将相机的"拍摄模式"(Mode)设置在"拍摄"(Capture)上。

(3) 开启电源,检查相机内是否已经装有存储卡。

(4) 打开相机上的"快速查看"(Quickview)模式。

(5) 选定照片存储格式。

(6) 检查相机的分辨率设置和图像质量的设定。数码相机分辨率有两项设置:"高"(High)和"标准"(Standard)。在选定了分辨率后,相机的图像质量还有三档选择,大部分数码相机会把图像质量默认设置在"好"(Good)档位。

(7) 掌握了以上的基本操作方法后,取景、构图、调整曝光补偿,然后按下快门,一张相片就这样拍好了。

(二) 连接计算机

要把拍摄的图片导入计算机中,才能应用计算机中的多媒体软件对图像进行处理。

1. 连接硬件

用一根信号线将数码相机的数据输出口与计算机的 USB 接口连接,硬件就连接起来了。但要注意连接时至少两者中有一台处在关机状态,否则会损坏设备。

2. 安装驱动程序

硬件连接后,打开数码相机电源和计算机电源,系统将以安装导向的方式引导安装。

(三) 导图片入计算机

驱动程序安装完后,不必重启计算机,在"我的电脑"窗口会出现"可移动磁盘",它是数码相机存储棒的映像,可像操作普通软、硬盘那样存储、打开、复制、删除文件。断开信号线,"可移动磁盘"消失,数码相机恢复功能。

(四) 编辑图片

导入计算机的图片可利用图片编辑软件进行加工和保存。常用的软件有 Adobe Photoshop 和 Adobe Photodeluxe 两种。

二、数码相机的维护

数码相机的保养维护方法有很多,但最重要的是养成好的摄影习惯。拍照完毕,要及时将相机装进“原配”的相机包；暂时不拍照时要盖好镜头盖，并且注意清洗镜头盖上的灰尘；装包时，要用吹气器吹下镜头；在潮湿多尘的环境下，要将相机装进塑料袋里。下面详细介绍一下维护的方法。

1. 装卡注意事项

装存储卡是使用数码相机的一项经常性操作。在向数码相机中装卡时要注意以下两点：首先，必须在相机关机状态下进行；其次，要注意方向。对某些类型的存储卡，只能指定方位装入数码相机。每种存储卡都有相应的标记供你在装卡时识别。

2. 取卡的注意事项

取卡时，一般是开启仓盖后，直接用手将卡压住，存储卡就会从相机中自动弹出。数码相机向存储卡写入或读取信息时不能取出存储卡，否则会损坏存储卡上的信息，甚至损坏存储卡。

此外，取卡时还须注意防止存储卡落在地上。因为存储卡从高处落到地上，有可能损坏卡上记录的数据，甚至造成存储卡破损。

3. 勿摄强光和远离热源

数码相机采用CCD或CMOS固体成像器件，具有重量轻、耗电省、寿命长等优点；另一个特点是对于强光和测温的耐力也有限，为了保证拍摄质量和成像器件不受灼伤，不要用数码相机直接拍摄太阳或强光灯。如果因特殊需要无法避开时，也尽量缩短拍照时间。

数码相机长时间受强光照射或受高热，也会导致机身变形。因此，使用或保存数码相机时，注意不要将数码相机放在强光下长时间曝晒及放在暖气或电热设备附近。

4. 忌湿防潮

潮湿是数码相机的大忌，遇到雨雪、雾气天气时，注意将相机收好，尽量避免冒雨拍照，更不要让雨水淋到相机上。

5. 防烟避尘

如果说潮湿是数码相机的头号敌人，那么灰尘就是它的第二对头。污染物落到相机的镜头上会弄脏镜头，影响拍摄的清晰度，严重的还会影响相机的高速开头与旋钮。因此在灰尘较多的环境里，尽量不要使用数码相机，即使必须使用，拍照完毕后也要立刻盖上镜头盖，并放进能够防尘的摄影包里。

6. 镜头的保养

镜头性能的好坏直接影响数码相机的成像质量。清洁相机是日常保养的主要手段，特别是镜头和液晶显示屏或取景器。可以用清洁软布轻轻擦拭，用完之后要把清洁布放在专用的塑料盒中，避免粘上灰尘等。没有清洁布可以到相机商店买清洁纸。

7. LCD的保养

彩色液晶显示屏是数码相机重要的部分，不但价格很贵，而且容易受到损坏，因此在使用过程中需要特别注意保护。

8. 正确使用充电电池

数码相机LCD显示屏耗电较大，使用可充电的、镍镉或镍氢电池比较合适。使用充电电池还要注意：电池完全充电后不宜马上使用，否则可能会烧坏数码相机内的有关电路元件，所以电池完全充电后要放置一段时间，待电池通过自放电恢复到额定电压之后再使用。

项目七 扫描仪的安装与使用

一、扫描仪的安装

安装扫描仪一般分为 3 个部分：硬件连接、安装驱动程序、安装扫描软件。主要步骤如下。

(1) 关闭计算机及相关设备。

(2) 用信号线连接计算机与扫描仪，除 USB 接口的扫描仪必须在连接时关闭电源。

(3) 将扫描仪的电源插头与电源插座连接好，再将扫描仪中的电源开关打开，来接通电源、启动扫描仪。

(4) 激光打印机需要定期清洁维护。启动计算机系统，这样与计算机相连的扫描仪就能被 Windows 系统自动识别到了。随后，系统将会弹出一个扫描仪安装向导界面。

(5) 根据界面提示，将扫描仪随机配备的驱动程序安装光盘放入计算机光驱中，然后让系统自动搜索驱动程序并完成驱动安装操作。

(6) 驱动程序安装完成后，再安装扫描软件 OCR(文字识别)。它的安装跟着向导指示做就可以了。

二、扫描仪的使用

(一) 扫描图像

(1) 在 Windows XP 操作系统下，从开始菜单—所有程序—附件—画图中找到“画图”软件的窗口。

(2) 单击文件菜单栏上的“扫描仪或照相机”命令后，弹出扫描仪窗口。

(3) 对应要扫描的原稿类型，从窗口的 4 个选项中选择适当的选项。单击“预览”按钮，预扫描的图片出现在右侧的预览框中。

(4) 移动、缩放预览框中的取景框到大小合适的位置。单击“扫描”按钮，开始扫描选择的区域，并显示扫描进度。

(5) 扫描完成后，在图片编辑区域，可以对图片进行修改、保存等操作。

(二) 扫描文字

1. 扫描文稿

可直接在 OCR(文字识别)软件中扫描文稿，其操作与扫描图片类似。扫描后的文档图像出现在 OCR 软件视窗中。

2. 适当缩放画面

可根据需要放大或缩小画面。

3. 调整画面

可根据需要使用旋转功能，使画面任意角度旋转。

4. 选择识别区域

使用“设定识别区域”工具，框出需要识别的区域，可同时框出多个区域，全文识别则不需要。

5. 识别文字

单击“识别”命令，识别的文字就会显现，然后会转入“文稿校对”窗口。

6. 文稿校对

对识别有可能错误的文字，系统会用颜色标识出来，以便修改。也可提供若干个文字以供挑选。

7. 保存文件

可将识别后的文件存储成 TXT 文件或 Word 的 RTF 文件。

项目八　光盘刻录机的使用

一、整理硬盘

这里所说的硬盘整理是指每次刻录前对硬盘的每个逻辑分区进行磁盘扫描和碎片整理。未经整理的磁盘文件大多呈零散状态分布，硬盘在读取数据时，不管速度有多快，读写头都不得不在零散的文件之间“疲于奔命”，极有可能造成不必要的延误而导致废盘的产生。所以，进行硬盘整理是成功刻录的第一步。

二、刻录过程中避免执行任何无关程序

这些程序不仅包括屏幕保护程序和内存驻留程序（如某些杀毒程序和即时翻译类的程序），而且还包括其他后台运行的程序以及游戏等。这些程序都有可能在数据流从硬盘转移到刻录机中光盘上的紧要关头，与刻录软件争夺有限的系统资源，从而影响数据流的正常传输而引发缓存欠载等问题。

三、选好刻录软件

找出最适合使用的刻录机的刻录软件，要注意选用较新版本，因为新版本意味着对 BUG 的修正和对硬件更好的支持。

四、防止发生缓存欠载

“缓存欠载”是导致刻盘失败的典型原因。刻录机都带有一个缓存，用以作为将数据写入光盘的暂存区。如果因为某种原因，数据流进入缓存的速度低于离开缓存的速度，就会令刻录机发生欠载运行。使得刻录机发生短暂的无数据可刻的现象，从而导致坏盘的产生。因此，在刻录时要尽一切可能保证刻录数据流稳定快速地传输并且不被打断。

五、使用质量可靠的盘片

目前市场上空白盘片的选择范围较大。按反射层材料的不同可分白金盘、金盘、蓝盘和钻石盘四大类，这四种盘片并没有明显的优劣差别。关键是从不同类别和品牌的盘片中找出最适合自己刻录机的盘片。

六、注意散热

散热不良也是导致刻坏盘的一个重要原因。尤其是在炎热的夏季，这个问题就更为突出。以下是解决散热问题的几种方法。

(1) 尽量使刻录机远离硬盘等设备。

(2) 尽量避免连续长时间的刻录。

(3) 刻录时打开机箱散热。

(4) 有条件的话最好在有空调的环境下进行。

七、保持刻录激光头清洁

激光头清洁与否对刻录成败有着举足轻重的作用。光盘刻录机的激光头通过向盘片发射较高功率的激光来实现信息的“写入”，落在激光头上的灰尘有可能在激光束的强烈照射下而发生轻微的烧结现象。故此时若用普通清洗盘来清洁，效果往往不能令人满意，并且由于刻录机内部较为精密，若自行开盖清洁显然不太稳妥。所以，最好的办法就是保持周围环境的清洁干净。

八、及时取出盘片

刻录工作完毕后应及时将盘片取出，不要留在机体里。否则，就会在下次开机时自动读盘，久之，会缩短激光头的使用寿命。

项目九 投影仪的使用与保养

一、投影仪的使用

投影仪是一种精密电子产品，它集机械、液晶或DMD、电子电路技术于一体，在使用过程中是比较娇贵的，往往一不小心就会出现各种各样的意外情况。

投影仪的使用步骤如下。

1. 安装

投影仪一般分为吊装式和便携式两种。前者由专业人员安装，秘书一般使用后者。后者安装时，要注意桌面与地面的连线，以防止不小心中断电源，造成非正常关机；调整和固定机器的支架，使画面正常；不要让文件或其他物体遮住机器通风口，造成散热困难。

2. 连接

VGA信号线和信号控制线都是用来连接投影仪和电脑的。VGA信号线连接电脑的视频输出接口和投影仪的VGA输入接口；信号控制线则连接投影仪的主控制端口和计算机的COM口。

为了方便投影仪与计算机的屏幕切换，通常使用视频分配器进行中转连接，投影仪与计算机显示器都能显示VGA信号，使用者只需通过计算机显示器操作即可。

笔记本电脑不用视频分配器进行中转，只用与投影仪相配套的RGB视频电缆，连接笔记本电脑的VGA显示端口与投影仪的RGB输入端口。

3. 接通电源，设置输出方式

接通电源，投影仪处于待机状态，橙色灯亮。然后按电源按钮，投影仪进入预热状态，绿灯闪烁。预热完成，指示灯停止闪烁，保持灯亮。激活投影仪的菜单设置，选择输入源为RGB。

完成投影连接并开启投影仪后，切换输出方式。投影仪的输出方式有三种，可以同时按住Win徽标键与F5键(与笔记本电脑相连接时，可以按下Fn+F8组合键)，来选用合适的屏幕输出方式。

4. 对焦

调整投影仪镜头旋钮进行对焦,使投影图像尽量充满整个屏幕。还要调整投影仪的图像位置、大小、亮度、色彩和对比度。

5. 设置分辨率

根据投影仪所支持的分辨率来设定视频源的分辨率,使之相吻合以获得最佳投影效果。目前,电脑最常用的分辨率是 1024×768。

6. 关闭

投影仪在长时间使用的情况下直接关机会严重影响投影仪灯泡的使用寿命。

正确关机顺序:先按下 Lamp 按钮,当屏幕出现是否真的要关机的提示时,再按一下 Lamp 按钮,随后投影仪控制面板上的绿色信号灯开始闪烁,等到投影仪内部散热风扇完全停止转动、绿色信号灯停止闪烁时,再将投影仪关闭,切断电源。

二、投影仪保养的注意事项

1. 严防强烈的冲撞、挤压和震动

剧烈震动会使投影仪内部光路错位而无法正常成像。

2. 注意使用环境的防尘和通风散热

在投影仪使用环境中防尘非常重要,一定要严禁吸烟,因烟尘微粒更容易吸附在光学系统中,这将对投影画面产生影响。因此要经常或定期清洗进风口处的滤尘网。

目前的投影仪都装有温度传感器,当进风口及滤尘网被堵塞、气流不畅时,投影仪内温度会迅速升高,这时温度传感器会报警并立即切断灯源电路。吊顶安装的投影仪,要保证房间上部空间的通风散热。

3. 防止灯泡损坏

投影仪采用的都是专用的灯泡,不要随便把不同品牌投影仪的灯泡互换使用,更不能用其他灯泡代替,这样会因功率不匹配造成投影仪无法正常使用。

在开机状态下严禁震动、搬移投影仪,防止灯泡炸裂;停止使用后不能马上断开电源,否则灯泡容易损坏。另外,减少开关机次数对灯泡寿命有益。

4. 严禁带电插拔电缆

严禁带电插拔电缆,信号源与投影仪电源最好同时接地。这是由于当投影仪与信号源(如 PC 机)连接的是不同电源时,两零线之间可能存在较高的电位差。当用户带电插拔信号线或其他电路时,会在插头插座之间发生打火现象,损坏信号输入电路,由此造成严重后果。

5. 清洁投影仪镜头

投影仪镜头干净与否,将直接影响投影屏幕上内容的清晰程度,应定期使用专业镜头纸或其他专业清洁剂来清除投影仪镜头上的灰尘。最好保持投影仪工作环境的清洁。在不用投影仪时,要随时将镜头盖盖上,如果长时间不用投影仪,应将投影仪放入专用投影仪包中。

6. 不要频繁开关机

投影仪在每次开关时,都会产生很大的冲击电流,而投影仪内部的光学器件在多次受到冲击电流的撞击后,寿命会大大缩短。一般在关闭投影仪后至少 3 分钟以上才能再次开机。

7. 使用符合要求的电源插座

投影仪使用的电源插座必须符合投影仪的电压标称值,同时必须要求电源插座要可靠接地。尽量使用投影仪随机附带的电源线,计算机与投影仪尽可能地连接到同一插座上,这样能有效避免两个插座之间的零线存在电位差对投影仪的输入电路造成冲击。

8. 使用专业维修

投影仪内部结构精密复杂，任何配件的位置稍有变动都有可能使投影机无法正常工作，因此无论发生何种故障，用户都不可擅自开机检查。投影仪内的高压器件有可能对人身造成伤害。所以，在购买时不仅要选好商品，询好价钱，更要弄清维修服务承诺，才不会有后顾之忧。

项目十 摄像机的使用与维护

一、摄像机的使用

摄像的步骤如下。

(1) 用适当的方式(交流电或充电电池)给摄像机供电。

(2) 打开电源开关(Operate 或 Power)。

(3) 打开录像带盒装入录像带，关闭录像带盒。

(4) 取下镜头盖，打开监视屏。

(5) 右手伸入皮带内握住机身，左手托住摄像机底部，防止抖动。将镜头对准欲拍景物，并在监视屏内观察。

(6) 按下摄录按钮，实际拍摄。运用 T/W 可推远、拉近景物，要左右均匀地转动拍摄。按下快照按钮，可拍摄一个静止的画面。

(7) 再按动一下开始/停止开关，可暂停摄像。监视屏上会显示出暂停(Pause)的指示信号。

(8) 拍摄结束后，可回放拍摄的影像。在摄像机顶部的播放控制按钮中，可反复使用快进、快退、暂停、播放按钮，检查拍摄效果。若继续拍摄，找到起始位置，切换到拍摄状态。

(9) 拍完后，取出磁带。关掉电源，合上监视屏，盖上镜头盖。

二、摄像机的维护

摄像机只有在良好的保养、合理的使用以及科学的维护下才能更好地发挥它的效能，拍摄质量更好，更加精彩。

(1) 使用摄像机最重要的一条就是严格按照说明书来操作、使用。

(2) 不要对着强光拍摄，也不要在尘土飞扬或有化学药品挥发的空间使用和保存摄像机。

(3) 使用结束后，要切断电源，把电池和磁带从摄像机中取出来。镜头要加盖。

(4) 保管环境要干燥。应使摄像机远离强磁场和强电场。

(5) 摄像机长时间放置不用时，应定期通电驱潮。

(6) 摄像机应避免在太热或太冷的地方操作，适宜温度为－10℃～45℃。

(7) 要防结露。当摄像机由温度低的地方移到温度高的地方时，磁鼓和导带机构可能会结露。这时，应该立即停止工作，放到干燥的环境中，待结露完全消除后，方可使用。

(8) 要防磁。摄像机、录像带都应避免在有强大电磁场的地方操作和保存。太接近磁场强的地方会使摄取的图像变形或变色。

(9) 要防震。摄像机的电子系统和光学部分都是高度精密的，无论操作还是运输，都要避免强烈震动和碰撞。

(10) 注意磁带的质量。质量差的磁带会磨损磁头。磁带发霉、磁粉落下也会弄脏磁头和传导机构，影响正常工作。因此还要注意保管好磁带。

(11) 要保持外壳的清洁。摄像机是外出采访的常用设备，外壳的清洁至关重要。外壳主要由塑胶材料组成，不能用酒精或其他化学清洁剂清洗，否则会令外壳变色或受损。可用吸尘器吸去表面灰尘后再用干净的软布擦拭。对于顽固的污点，用湿布擦拭后，再用干布擦干。

(12) 要保持镜头的清洁。当镜头的表面有灰尘或其他脏物时，可以用照相机镜头纸或棉纸擦拭，否则会影响图像质量。清洁镜头时要非常小心，否则会把手上的油垢粘到镜头上，不但达不到清洁效果，而且更难清洁。如果效果仍不够理想，可用麂皮蘸些镜头水轻轻擦拭。取景器目镜的清洁方法相同，注意千万不可使用稀释剂或其他有机溶剂擦拭。

(13) 要保持磁头的清洁。如果磁头的端面粘有灰尘、脱落的磁粉或油污等异物时，磁头与磁带便不能很好地接触，使电磁的转换效率降低，表现为录像效果差、杂质大、画面雪花多。磁头太脏时，有的摄像机在寻像器里出现"RF"错误指示，需清洗磁头。经常清洁磁鼓，不但能保证图像质量，还能延长磁头和磁带的寿命。

思考与实训题

1. 秘书在选择办公设备及用品供应商时要在几方面对其进行比较？办公用品进库后，管理办公用品有哪些要求？
2. 办公用品与设备采购程序是怎样的？说说秘书发放办公用品时要履行怎样的手续？
3. 用列表的形式，说出针式打印机、喷墨打印机和激光打印机的优缺点。
4. 发送一份传真稿，请写出具体的操作步骤。
5. 一份文稿要缩小到 50%，复印 68 份，请写出具体的操作步骤。
6. 列表说出数码相机的操作步骤。
7. 详细写出使用扫描仪处理文字的步骤。
8. 光盘刻录机的使用步骤是怎样的？刻录工作完成后，盘片留在机体里会留下怎样的后患？
9. 说出对投影仪进行保养的注意事项。
10. 使用摄像机摄像分为哪几个步骤。

第四章　文书拟写与处理

第一节　文 书 拟 写

理论知识

项目一　行政公文的拟写

一、通知

（一）通知的特点

通知用来批转下级机关的公文，转发上级机关和不相隶属机关的公文，传达要求下级机关办理和需要有关单位周知或执行的事项，以及任免人员。通知具有适用广泛、主题单纯、时效性强、可操作和表述形式灵活五个特点。

（二）通知的类型

通知分为事项性通知和转发批转性通知两种类型。事项性通知是指传达要求下级机关办理和需要有关单位通知或者执行事项的通知，分为事务通知和会议通知两种类型；转发批转性通知分为批转通知、转发通知和印发通知三种类型。

（三）通知的结构形式和写法

1. 事项性通知的结构

事项性通知的结构是：标题＋主送机关＋正文（＋附件）＋落款＋成文日期

(1) 标题

事项性通知的标题有两种形式：

① 发文机关＋事由＋文种

内容较重要的通知往往采用这种三要素标题，如《北京市人民政府关于实施稳定就业扩大就业六项措施的通知》。

② 事由＋文种

一般性和内容单一的通知往往采用这种两元素标题，如《关于申报2009年度新闻系列高级专业技术资格的通知》。

有时用于单位内部张贴、传递的公文可以仅以“通知”这一单元素标题，正式发文的通知不能采取这种单元素标题。

(2) 主送机关

事项性通知的发送指向很明确，因此必须标明主送机关。只有一个主送机关时，可以直接书写；主送机关较多时，应采用抽象概括的文字，标明主送机关的规范化简称或统称，并将主送机关依次排序，如“各区、县人民政府，市政府各委、办、局，各市属机构”。

(3) 正文

事项性通知正文的结构是：发文缘由＋通知事项＋执行要求(希望)

① 发文缘由

发文缘由用来说明下发通知的意义、根据等。发文缘由结束后用“特此通知如下”、“现通知如下”、“特作如下通知”等语句自然过渡到“通知事项”部分。

② 通知事项

通知事项是通知正文的主题部分。这部分最主要的要求是表述清楚，若通知事项较多，可将事项分条按项排序。

③ 执行要求

写执行要求时可以具体阐述执行事项的要求或希望，如“希望各核算单位本着实事求是、精细准确的原则，认真做好编制 2008 年度决算报表的工作”。也可以采用特定结束语，如“请遵照执行”，“特此通知，望认真执行”，“本通知自下发之日起实行”等。也有不加执行要求的通知，通知事项结束即为正文结束。

(4) 附件

如果有附件，应在正文下空一行写附件说明。附件应与通知正文一起装订。

(5) 落款

落款即发文机关，位于正文右下方，成文日期上方。

(6) 成文日期

写于落款下，汉字书写。

2. 批转转发性通知的结构

批转转发性通知的结构是：标题＋主送机关＋正文＋落款＋成文日期＋转(印)发文件原文

(1) 标题

① 批转通知、转发通知常常采用四元素标题：批转、转发机关＋原发文机关＋事由＋文种。

② 印发通知一般采用三元素标题：发文机关＋事由＋文种。

(2) 主送机关

主送机关即受文办理单位，要求顶格书写。

(3) 正文

与事项性通知相比，批转通知、转发通知、印发通知的正文比较特殊，其结构是：

批语(转发语、按语)＋转发(印发)(＋意义＋执行要求)

基于从简的精神，现在不少批转、转发、印发通知略去了“意义”与“执行要求”两项内容，说清楚后即结束全文。也有的时候先把意义放在批语(转发语、按语)前。

(4) 落款

落款位于正文右下方，成文日期上方。

(5) 成文日期

写于落款下，汉字书写。

（四）经典例文

1. 事项性通知

××市人民政府关于
实施稳定就业扩大就业六项措施的通知

各区、县人民政府，市政府各委、办、局，各市属机构：

为贯彻落实《国务院关于做好当前经济形势下就业工作的通知》（国发〔2013〕4号）精神，积极应对金融危机对就业的影响，千方百计稳定就业和扩大就业，保持经济平稳较快发展，现将实施稳定就业扩大就业六项措施通知如下：

一、支持企业稳定就业岗位（略）

二、鼓励企业吸纳就业（略）

三、促进城乡劳动者自主创业（略）

四、提升城乡劳动者职业技能（略）

五、完善就业特困人员托底政策（略）

六、强化农民工就业服务（略）

本通知自2013年4月1日起执行，具体实施办法由市人力资源和社会保障局、市财政局等相关部门另行制定。

××市人民政府

二〇一三年三月二十一日

2. 转发通知

××市人民政府办公厅转发
市老龄工作委员会办公室关于加强老年人优待工作办法的通知

各区、县人民政府，市政府各委、办、局，各市属机构：

市老龄工作委员会办公室《关于加强老年人优待工作的办法》已经市政府同意，现转发给你们，请认真贯彻执行。

××市人民政府办公厅

二〇一二年十一月九日

3. 印发通知

××市人民政府关于印发××市帮扶企业应对
国际金融危机若干措施的通知

各区、县人民政府，市政府各委、办、局，各市属机构：

《××市帮扶企业应对国际金融危机的若干措施》已经市委、市政府同意，现印发给你们。帮扶企业应对国际金融危机是当前全市工作的重中之重，本市各级政府、各有关部门和单位要以高度的政治责任感，进一步加大工作力度，细化工作方案，迅速行动起来，将各项政策和措施真正落到实处，切实帮助企业解决困难，促进本市经济平稳运行和健康发展，实现“保增长、保民生、保稳定”的目标。

北京市人民政府

二〇一三年三月十九日

二、通告

（一）通告的概念

通告是公布社会各有关方面应当遵守或者周知的事项的公文。是各级机关、企事业单位与社会团体通常使用的告知性公文。

（二）通告的类型

通告有制约性通告和告知性通告两种类型。

(1) 制约性通告。制约性通告用于公布带有强制性的行政措施。为了确保某一事项的执行和处理，它将提出具体规定，以要求相关单位和个人遵守。有些制约性通告甚至带有法律法规效力。

(2) 告知性通告。告知性通告主要用于公布和实施某一事项。这些事项不具有行政约束力，仅供人们知晓。

（三）通告与公告的区别

(1) 制发者不同。通告可以由各级机关、企事业单位与社会团体公布，而公告由国家行政机关或权力机关发布。

(2) 使用范围不同。通告的使用范围小于公告。通告的发布常常面向国内社会有关方面，对其他范围无效；而公告则面向国内外。

(3) 宣布事项不同。公告的宣布事项重于通告。通告常常用于宣布人们应当遵守或者周知的具体事项，而公告则用来公布国家重要事项或者法定事项。

（四）通告的结构和写法

通告的结构是：标题＋正文＋落款＋成文日期。

1. 标题

通告的标题有四种形式。

(1) 发文机关＋事由＋文种

对外界发布、发表、张贴的通告，或按公文系统下发的公告，一般采用完全式标题。如《北京市人民政府关于实行错时上下班措施的通告》，人们一看标题，就大体知道通告内容了。

(2) 发文机关＋文种

有时通告省略了内容，如《中国网络通信集团北京市通信公司通告》。

(3) 事由＋文种

有时通告省略了发文机关，如《关于禁止利用公司名义从事商业牟利活动的通告》。

(4) 文种

文种即标题只有“通告”二字。在本部门、集团内部发放、张贴的通告，可以仅以文种作标题。

2. 正文

通告的正文结构是：发文缘由＋通告事项＋尾语。

(1) 发文缘由。一般要求写明发布公告的意义、根据、发布背景等之后，用“现通告如下：”或“特此通告：”开启下文。

(2) 通告事项。即通告的具体事项或规定。事项单一的，可以采用一段式完成；事项复杂的，可以分条列项书写。

(3) 尾语。尾语多是对通告内容的强调或要求。一般是以“特此通告”、“本通告自×年×月×日起施行”作为尾语。也可以在结尾处提出要求、号召或说明其他问题。也有不加尾语的，即通告事项陈述完毕即收束全文。

3. 落款

与通知落款相同，写于正文右下方，成文日期上方。

4. 成文日期

成文日期大多列于文末，但有时书写于标题之下。

(五) 经典例文

1. 制约性通告

××市人民政府关于实行错时上下班措施的通告

为缓解本市早晚高峰交通压力，借鉴2011年××市残奥会期间实行错时上下班的成功经验，市政府决定，从2012年10月11日起实行错时上下班措施。现就有关事宜通告如下：

一、在中央国家机关、本市各级党政机关、学校、保障城市正常运转的企事业单位和社会团体上下班时间不做调整。

二、本市行政区域内的大型商场每天上午开始的营业时间调整为10:00，适当延长晚上营业时间。

三、其他企事业单位、社会团体根据实际情况，上班时间可分别为8:30、9:00、9:30，下班时间按8小时工作制原则由各单位相应顺延。

四、鼓励适宜网上办公的企事业单位试行网上办公，适宜弹性工作制的企事业单位也可试行弹性工作制。

五、市国有资产监督管理委员会和市商务局要加强对所监管企业及大型商场错时上、下班工作进行指导监督。

六、各地区、各部门和各单位要妥善安排好各项工作，切实落实值班制度，加强应急措施，确保工作正常运转。

特此通告。

××市人民政府

二〇一二年九月二十七日

2. 告知性通告

××市人民政府关于2012年××市运动会

开幕式当天放假的通告

2012年8月8日晚8时，将举行第21届××市运动会开幕式。经国务院批准，除保障国事活动、城市运行等必要的工作岗位外，在京中央和国家机关、企事业单位和社会团体，北京市机关、企事业单位和社会团体，8月8日放假一天；本市行政区域内其他社会组织，可根据实际情况自主安排。

为让全市人民分享奥运的欢乐，放假前各有关单位要及早做好准备，妥善安排各项工作，保证社会生产生活正常进行。希望广大市民进一步增强“平安运动”意识，绿色出行，自觉维护社会公共秩序，展现良好的文明素质和精神风貌。

特此通告。

××市人民政府

二〇一二年八月五日

三、函

（一）函的特点

函是典型的平行文种，用于同级机关及不相隶属的单位之间商洽工作、询问和答复问题，请求批准和答复审批事项。函具有适用范围广、内容单纯具体、格式灵活简便和文字表达简练的特点。

（二）函的类型

函有多种类型，常用的有商洽函、问答函和请批、批答函三种类型。

（1）商洽函。商洽函是不相隶属机关之间商洽、沟通、协调某一问题的函。商洽函常常要求对方协助办事，或洽谈业务，或就某问题进行沟通联络，或向对方提出处理某事的意见等。

（2）问答函。问答函是不相隶属机关就工作问题进行询问或答复的函。问答函是询问函与答复函的合称。询问函为去函，答复函为复函。

（3）请批、批答函。请批、批答函是不相隶属机关向有关主管部门请求批准事项，或有关主管部门答复审批事项的函。它是请批函与批答函的合称。

（三）函的结构形式和写法

函的结构是标题＋主送机关＋正文＋落款＋成文日期。

主送机关、落款、成文日期的写法与通知相同，这里具体介绍标题和正文的写法。

1. 标题

（1）发文机关＋事由＋文种。如《国务院办公厅同意在北京奥运会特许商品上使用国旗图案的函》。

（2）事由＋文种。如《关于请求拨款维修市政府院内办公用房的函》。

（3）发文机关＋事由＋去（复）函机关＋文种。如《轻工业部、商业部关于报批修改和补充〈洗衣粉包装箱〉国家标准给国家标准局的函》。

2. 正文

正文的结构是：发函缘由＋函事项＋尾语

（1）发函缘由。发文缘由一般说明发函的意义、根据或背景等。

（2）函事项。即说明发函的具体事项，要求对方协办的事项或通报的信息，或要求解决的问题等。

（3）尾语。不同类型的函常常使用不同的尾语。商洽函常用的尾语有：“恳请协助”、“不知贵方意见如何，请函告”、“望大力协助，盼复”等。询问函的尾语常用：“盼复”、“请予复函”、“即请复函”。请批函的尾语常用：“请审查批准”、“当否，请审批”等。答复函和批答函的尾语常用：“此复”、“特此专复”、“特此函复”、“专此函告”。

(四) 注意事项

函是平行文种，在拟写的过程中一定要注意以下几点。

(1) 根据行文关系正确选择文种。在公文使用中，有时会把函和其他文种相混淆。要正确选择文种，关键在于把握行文关系。

(2) 根据函流通范围正确选用格式。单位与单位之间交往的函必须采用标准的“信函式格式”，而单位内部交往的信函则可以采用便函形式。

(3) 用语平和，措辞得体。写作者不能盛气凌人也不能过于谦卑恭顺，措辞得体才能使人觉得平等、诚恳。

(4) 直陈事项、言简意赅。函最忌讳拉杂繁冗、客套铺排，最好有什么事说什么事，突出主旨。

(五) 经典例文

1. 商洽函

××省外贸厅关于商洽委托代培涉外秘书人员的函

Y大学文学院：

随着人才流动政策的贯彻落实，我厅部分秘书人员先后调整到很多涉外部门工作，新近上岗的秘书人员缺乏专门的涉外秘书知识，业务素质亟待提高。据报载，贵院将于2012年9月起开办涉外秘书培训班，系统讲授涉外秘书业务、公关礼仪、实用文书写作等课程。这个培训项目为我厅新上岗的涉外秘书人员提供了一个难得的在职学习机会。为了尽快提高我厅涉外秘书人员的从业素质，我厅拟选送12名在岗秘书人员委托贵院代培，安排他们随该班进修学习。有关委托代培费用以及其他相关经费，我厅将根据贵院规定如数按时拨付。

如蒙慨允，即请回复为盼。

××省外贸厅

二〇一二年七月二十日

2. 询问函

××市高等职业技术学院关于了解网络工程在职师资培训班有关情况的函

Y师范学院：

据报载，贵院将于今年起开办网络工程专业在职师资培训班。因有些情况了解不太具体，如何时招生、招收多少名额、是否需要考试、开设哪些课程、报考对象和条件如何、学制几年、收费多少等，我院急需了解，以便选派合适人选参加人选。

上述事宜，敬请函告。

××市高等职业技术学院

二〇一二年六月十日

3. 批答函

国务院办公厅关于安徽合肥经济技术开发区的复函

安徽省人民政府：

你省《关于要求批准合肥经济技术开发区为国家级经济技术开发区的请示》(皖政秘〔××××〕138 号)收悉。经国务院领导同意，现函复如下：

一、同意合肥经济技术开发区为国家经济技术开发区，实行现行的国家经济技术开发区的政策。

二、合肥经济技术开发区位于合肥市南郊，东以始信路、耕耘路、清潭路为界，西至合安公路、石门路、高压走廊、锦绣大道、合安公路，南至紫蓬路，北至繁华大道、明珠广场，规划范围总用地 69.85 平方公里。

三、合肥经济技术开发区的建设和发展，纳入合肥市经济技术发展总体规划，建设发展资金由你省自筹解决。

四、合肥经济技术开发区要坚持以工业项目为主、吸收外资为主、出口为主和致力于发展高新技术的方针，积极改善投资环境，逐步完善综合服务功能。

五、要加强领导和管理，促进合肥经济技术开发区各项工作的健康发展。

国务院办公厅

二〇××年二月十三日

四、会议纪要

(一) 会议纪要的概念和特点

1. 会议纪要的概念

会议纪要是记载、传达会议情况和议定事项的公文。它是根据会议的宗旨，按照会议记录、会议文件材料和会议的活动情况综合加工整理而成的反映会议基本情况和主要精神的纪实性文件，它的作用是“上呈下达”会议精神，交流情况，指导工作。

2. 会议纪要的特点

(1) 纪实性。会议纪要是记载会议基本情况和主要精神的，它必须据实写作。会议未涉及的问题不能写；会议在研究问题时如果意见不一致，应写多数人的意见，或者把几种意见都写上，不允许凭空杜撰。纪实性是会议纪要的生命。

(2) 纪要性。会议纪要不是把会议中所涉及的所有问题无一遗漏地写出来，而是把那些主要的情况和研究决定的重大问题、决策意见写出来，是摘其要而记之，切忌面面俱到，堆砌材料。

(3) 约束性。会议纪要一经下发，便要求与会单位和有关人员遵守、执行。在这一点上，与决议基本一致，只不过比决议的规定性、严肃性程序低些。

(二) 会议纪要的类型

会议纪要有情况会议纪要和议定事项会议纪要两种类型。

(1) 情况会议纪要。是记载、传达会议基本情况的纪要。它往往供与会机关或相关单位了解会议的精神、进程时使用，意义在于传递信息、通报情况，以利于上上下下方方面面的联系与沟通。

(2) 议定事项会议纪要。是记载、传达会议议定事项的纪要，它所记载和反映的往往是会议重要精神与结论性意见，意义在于指导人们贯彻执行会议精神。

(三) 会议纪要的起草程序

一般来说，会议纪要的拟写要经过如下的起草程序。

(1) 会前阅读会议文件，熟悉会议宗旨与领导意图，在此基础上草拟会议纪要框架。

(2) 会中听取小组发言，做好会议记录，将掌握的第一手材料充实到提纲框架中。最好在会中就形成初稿。

(3) 会后提交初稿，征求领导意见并做修改。

(四) 会议纪要的结构和写法。

会议纪要的结构是：标题＋成文日期＋正文。

1. 标题

会议纪要的标题有三种写法。

(1) 会议名称＋文种。如《中国美术家协会书记处书记会议纪要》。

(2) 事由＋文种。如《关于研究黑龙江三江平原农业开发问题的会议纪要》。

(3) 发文机关＋事由＋文种。如《朗力商贸有限公司关于优质服务工作会议纪要》。

有时，会议纪要也采用复式标题，如《广告的设计与策划——金环广告有限责任公司广告工作会议纪要》。

2. 成文日期

标写会议纪要的成文日期有以下几种情况：一种是写于标题之下；一种是同其他公文一样写于文末；还有一种因为在正文的会议概况介绍中明确陈述了会议时间，所以也有省略单独标出会议时间的情况。

3. 正文

会议纪要的正文一般包括会议概况、会议事项和尾语三部分内容。

(1) 会议概况。会议概况是全文的导语，要简短地说明会议召开的时间、地点、主持单位，与会人员及会议的议题等。有的还可以写出会议程序或概述会议总的情况，要求简明扼要，不拖泥带水。

(2) 会议事项。这部分是会议纪要的主体，要求陈述会议的主要精神、反映的情况、研究的问题、做出的决定性意见和解决问题的措施等。对会议上的主要情况，要写明会议主要做了什么事，要求尽量精练简要，对会议的主要精神，要概括出与会人员对会议议题的主要看法。写作时一般采取综合反映的办法，在每段的开头用“会议指出”或“大会认为”、“大家提出”、“会议强调”等形式把会议的主要精神高度概括，准确无误地反映出来；会议议定的事项可根据其内容确定写法，内容较多的采取分条例项的写法，力求做到条理清楚、具体明确。

(3) 尾语。写会议号召，或突出会议的意义，还可写明主办单位对贯彻会议精神的一些要求。有的会议纪要没有这一部分。

(五) 会议纪要的注意事项

拟写会议纪要时最容易出现的问题就是忽视会议纪要与会议记录、会议决议和会谈纪要的区别，造成文种混淆。

1. 会议纪要不同于会议记录

会议记录不是行政公文，它是会议情况的原始记载，它忠实地记录会议的议题、发言与进程，实录会议内容，以存档备查。而会议纪要是对会议的综合与概括，它不仅具有记载功能，更重要的是还反映会议的基本风貌，向有关机关传达会议情况和议定事项。

2. 会议纪要不同于会议决议

会议决议不是行政公文，是党的机关公文，决议是经会议讨论通过的重要决策事项，它只反映决策内容，而不反映会议过程。会议纪要则如实反映会议的概况、议程、不同意见与观点，当然更重要的是反映会议决策事项。

3. 会议纪要不同于会谈纪要

会谈纪要不是行政公文，是将会谈结果以书面形式转录订约的文件，它往往需要会谈双方或几方反复磋商后共同草签，成为各方正式签约前的过渡性文件。而会议纪要是由主办机关拟就，记载会议情况与会议精神的行政公文，它要求与会单位共同遵守与执行。

（六）经典例文

政协××市宣武区第十二届委员会第四次主席会议纪要

（二〇××年六月二十九日）

20××年6月29日下午，政协宣武区第十二届委员会第四次主席会议，在宣武区政协1114会议室召开。张文华主席主持会议。

会议内容是：

一、审议通过了《关于加快发展马连道采购中心区的调研报告》（征求意见稿）和《关于宣武区居住小区物业管理情况的调研报告》（征求意见稿）。会议决定，将《关于加快发展马连道采购中心区的调研报告》（征求意见稿）和《关于宣武区居住小区物业管理情况的调研报告》（征求意见稿）提交宣武区政协第十二届委员会常务委员会第三次会议审议。

二、审议通过了《政协北京市宣武区第十二届委员会特邀委员名单》。

三、通报了20××年常委暑期学习班的工作安排和迎奥运认养绿地的工作情况。

四、确定了宣武区政协第十二届委员会常务委员会第三次会议于20××年7月3日（星期二）下午2：00在1123会议室举行。会议议程草案为：审议《关于加快发展马连道采购中心区的调研报告》（征求意见稿）和《关于宣武区居住小区物业管理情况的调研报告》（征求意见稿）；通报20××年常委暑期学习班的工作安排和迎奥运认养绿地的工作情况。

五、报告

（一）报告的特点

报告是汇报工作、反映情况、答复上级机关询问的公文。报告具有汇报性和陈述性两个方面的特点。

（二）报告的类型

根据不同的划分标准，报告可以划分为不同的类型。根据性质的不同，报告可分为综合报告和专题报告两种;根据时间期限的不同,可分为定期报告和不定期报告两种;根据内容不同,可分为汇报工作报告、反映情况报告和答复询问报告等。下面我们详细介绍汇报工作报告、反映情况报告和答复询问报告。

1. 汇报工作报告

是向上级机关或重要会议汇报工作情况的报告。它主要用以总结工作,反映某一阶段、某个方面贯彻落实政策、法令、批示的情况,如《政府工作报告》、《计划生育工作报告》等。

2. 反映情况报告

是指用于向上级反映工作中的重大情况、特殊情况和新动态等的报告。这种报告便于上级和机关根据下级情况,及时采取措施,指导工作。它不限于某项具体工作,通常以陈述情况为主。一般来说,在发生特殊情况、较大事故、突发事件时,常常采用这种报告。

3. 答复询问报告

是针对上级机关向下级机关提出的询问或要求,经过调查研究后所做的情况陈述或者回答问题的报告。

(三) 报告的结构和写法

报告的结构是:标题+主送机关+正文+落款+成文日期。这里具体介绍标题、主送机关和正文的写法,落款和成文日期的写法与一般公文相同。

1. 标题

报告的标题一般采用三元素形式:发文机关+事由+文种。如《××县林业局关于2002年春季植树造林工作的报告》。

2. 主送机关

主送机关应为直接上级机关,即负责受理报告的机关。报告的主送机关通常只有一个,如果还需要呈送其他上级机关,应采用抄送形式。

3. 正文

报告正文的结构由发文缘由、报告事项和尾语三部分组成。

(1) 发文缘由。主要概括说明报告的目的、意义、根据或简要介绍所报告的事项、情况等,然后用“现将××情况报告如下”一语转入下文。

(2) 报告事项。这是报告的核心部分。在不同类型的报告中,报告事项的内容可以有所侧重。汇报工作报告在总结情况的基础上,重点提出下一步工作安排意见,大多用序号、小标题区分层次;反映情况报告需要将突发情况或某事项的原委、经过、结果、性质与建议表述清楚;答复报告则根据真实、全面的情况,按照上级机关的询问和要求回答问题,陈述理由。

(3) 尾语

报告的尾语一般用“特此报告”、“专此报告”、“请审阅”、“请指正”等,有时也提出工作意见或建议。

(四) 撰写报告应注意的问题

(1) 严格使用文种,尤其应当注意不要与请示混用。报告事项不得夹带请示事项,否则会因“报告”不需批复而影响请示事项的处理和解决。

(2) 材料要真实。向上级机关汇报工作应该本着实事求是的态度,如实汇报。无论是成绩还是失误，都应该全面、真实地反映，不能只报喜不报忧，也不能夸大和虚构。上报的公文应该在调查研究、全面掌握本单位情况的基础上撰写。

(3) 主旨鲜明。报告的内容，一般涉及的面宽而且复杂，很容易写的篇幅较长而又重点不够突出，形成泛泛而谈。这就要求在撰写时，力求写的观点鲜明，条理清楚、简洁、深刻。

（五）经典例文

关于清理××特大火灾现场和受毁楼房装顶加固的情况报告

市政府办公厅：

去年×月×日凌晨×时×分左右，因××区劳动服务公司所属“×××彩色冲印部”起火，酿成了特大火灾事故。事发后，我区常务副区长×××同志、主管副区长××同志，立即赶赴现场，并组织区房管局、区环卫局、××街道党委、××街道办事处、派出所、××房管站，全力以赴投入救灾抢险和善后工作。去年7月开始，我们组织力量清理了火灾场马路面、废杉什物、淤泥，保证了交通畅通，并得到西区供电局×××副局长的支持，把住户被切断的电源接好，保证了居民照明用电。1月26日对火灾现场的淤泥进行清理，对被烧毁损坏的楼房进行了装顶加固排危，并在火灾场正面，砌了两米多高的围墙，保证了马路行人安全。我区房管局曾多次与××区劳动服务公司联系，要求赔偿抢险费、清场费，租金损失费、房屋修复费、住户居民损失费，但该劳动服务公司一拖再拖，至今仍未做出妥善处理。恳请市政府督促××区劳动服务公司尽快做出处理。

××区人民政府

二〇一三年×月×日

六、请示

（一）请示的概念

请示是下级机关向上级机关请求决断、指示、批示或批准事项所使用的呈批性公文。请示属于上行公文，其应用范围也比较广泛。

（二）请示的特点

(1) 针对性。只有本机关单位权限范围内无法决定的重大事项，如机构设置、人事安排、重要决定、重大决策、项目安排等问题，以及在工作中遇到新问题、新情况或克服不了的困难时，才可以用“请示”行文。请示上级机关给予指示、决断或答复、批准。所以请示的行文具有很强的针对性。

(2) 呈批性。请示是有针对性的上行文，上级机关对呈报的请示事项，无论同意与否，都必须给予明确的“批复”回文。

(3) 单一性。请示应一文一事，一般只写一个主送机关，即使需要同时送其他机关，也只能用抄送形式。

(4) 时效性。请示是针对本单位当前工作中出现的情况和问题，求得上级机关指示、批准的公文，如能够及时发出，就会使问题得到及时解决。请示要求在事前行文，不可先斩后奏。

（三）请示的类型

请示分请求指示性请示和请求批准性指示两种类型。

（1）请求指示性请示：用于请求上级机关给予政策、认识上的指示。

（2）请求批准性请示：用于请求上级机关给予批准、认可。

（四）请示的结构和写法

请示的结构是：标题＋主送机关＋正文＋落款＋成文日期＋附注。这里具体介绍标题、正文和附注的写法，主送机关、落款和成文日期的写法与一般公文相同。

1. 标题

请示的标题一般有两种构成形式：一种是由发文机关名称、事由和文种构成，如《××市环保局关于更换市容清洁车辆所需经费的请示》；另一种是由事和文种构成，如《关于开展春节拥军拥属工作的请示》。

2. 正文

请示的正文一般由发文缘由、请示事项和尾语组成。

（1）发文缘由

发文缘由是请示正文的开头，它是请示事项能否成立的前提条件，也是上级机关批复的根据。原因讲得客观、具体，理由讲得合理、充分，上级机关才好及时决断，予以有针对性的批复。

（2）请示事项

请求事项是请示正文的核心。它是向上级机关提出的具体请求，也是陈述缘由的目的所在。这部分内容要单一，只宜请求一件事。另外请示事项要写得具体、明确、条项清楚，以便上级机关给予明确批复。

（3）尾语

请示的尾语一般有“当否，请批示”；“妥否，请批复”；“以上请示，请予审批”；“以上请示如无不妥，请批转各地区、各部门研究执行”等。

3. 附注

在使用请示这一文种时，常根据需要出具附注。写法是，在成文日期下一行居左空两字，加圆括号注明发文机关联系人的姓名和联系电话。

（五）撰写请示应注意的问题

（1）请示和报告不能混用。请示和报告的区别主要体现在以下两个方面：一方面，行文目的不同。请示是为了请求上级机关的指示和批准，上级机关必须做出批复。报告是为了向上级机关汇报工作、反映情况，是一种陈述性的文种，旨在让上级机关了解有关情况，而不需上级机关答复。另一方面，请示必须在事前行文，报告在事前、事中、事后行文都可以。

（2）要遵守“一文一事”的原则，主旨鲜明集中。

（3）要做到材料真实，不要为了让上级领导批准而虚构情况，也不要因为没能认真调查而片面地摆情况、提问题。

（4）理由要充分，请示事项要明确、具体。

（5）语气要平实、恳切，既不能出言生硬，也不要低声下气、特别客套。

（六）经典例文

关于××质检技术机构更名的请示

××编办：

国家质检总局近日分别下发了《关于同意筹建国家家具产品质量监督检验中心（××）的批复》（国质检科〔2012〕××号）、《关于同意筹建国家光伏产品质量监督检验中心的批复》（国质检科〔2012〕××号）、《关于同意筹建国家鞋类产品质量监督检验中心（××）的批复》（国质检科〔2012〕××号）、《关于同意筹建国家饲料产品质量监督检验中心的批复》（国质检科〔2012〕××号）、《关于同意筹建国家中低压电气产品质量监督检验中心的批复》（国质检科〔2012〕××号）的通知，要求××在××个月内完成以上国家中心的筹建工作。

为了尽快启动国家中心建设，××研究建议：

将××质量技术检测所更名为国家光伏产品质量监督检验中心，其主要职责：承担国家光伏产品质量检验任务，向社会提供光伏产品公正检验测试服务，开展光伏产品检验技术研究开发，承担光伏产品标准（规程）的试验验证及（制）修订等工作。

将××质量技术检测所更名为国家中低压电气产品质量监督检验中心，其主要职责：承担国家中低压电气产品质量检验任务，向社会提供中低压电气产品公正检验测试服务，开展中低压电气产品检验技术研究开发，承担中低压电气产品标准（规程）的试验验证及（制）修订等工作。

将××质量技术检测所更名为国家家具产品质量监督检验中心（成都），其主要职责：承担国家家具产品质量检验任务，向社会提供家具产品公正检验测试服务，开展家具产品检验技术研究开发，承担家具产品标准（规程）的试验验证及（制）修订等工作。

将××质量技术检测所更名为国家鞋类产品质量监督检验中心（成都），其主要职责：承担国家鞋类产品质量检验任务，向社会提供鞋类产品公正检验测试服务，开展鞋类产品检验技术研究开发，承担鞋类产品标准（规程）的试验验证及（制）修订等工作。

将××质量技术检测所更名为国家农副产品及饲料产品质量监督检验中心，其主要职责：承担国家农副产品及饲料产品质量检验任务，向社会提供农副产品及饲料产品公正检验测试服务，开展农副产品及饲料产品检验技术研究开发，承担农副产品及饲料产品标准（规程）的试验验证及（制）修订等工作。

将××质量技术检测所更名为××市食品安全评价中心。其主要职责：完成政府职能部门下达的食品及相关产品质量监督检验任务；准确、可靠、及时地为政府、社会及企业提供质量信息。承担食品生产许可证检验、产品认证检验、产（商）品质量监督检验、新产品定型检验、科技成果鉴定检验、质量仲裁检验、标准制（修）订验证检验；承担政府、社会及企业委托的质量验收、检验、评估、食品标准（规程）的试验验证及（制）修订等工作。开展食品质量安全评价，食品安全检验技术、检测方法、检测技术装备的科研、应用工作及质量技术咨询服务工作；开展产品质量检验人员培训及职业技术技能鉴定工作。

以上请示如无不妥，请批复。

××市质监局

二〇一三年××月××日

七、意见

(一) 意见的概念

意见是用于对重要问题提出见解和处理办法的公文。

(二) 意见的特点

1. 指导性

意见虽然在文种的字面含义上没有指示、批复那样明显的指导色彩，似乎只是对某一工作提出些意见供参考，可实际上它也是指导性很强的一种文体。

2. 针对性

意见有着较强的针对性。它总是根据现实的需要，针对某一重要的问题提出见解或处理意见。

3. 原则性

意见通常不是具体的工作安排，总是从宏观上提出见解和意见，要求受文单位结合具体情况，参照文件中提出的精神来办理。下级机关在落实意见精神时，比起执行指示有更大的灵活处理的余地。

4. 多向性和多属性

意见可以多向行文并有多属性质。作为上行文，可以报上级机关，像请示；作为下行文，可以发给下级机关，像批复；作为平行文，可送不相隶属机关，像函。

(三) 意见的分类

按照意见的性质可以分为指导性意见、建议性意见和协商性意见三种类型。

1. 指导性意见

指导性意见是指上级机关为解决某个重要问题，对下级机关提出的工作原则、具体措施与执行要求。指导性意见已不再是参谋建议的性质，而具有行政约束力。

2. 建议性意见

建议性意见是指下级机关向上级机关提出的改进某项工作或解决某个问题的思路、设想和建议，供上级机关决策时参考。

3. 协商性意见

协商性意见指平行机关和不相隶属机关间提出的协商性见解和办法。

(四) 意见的结构和写法

意见的结构是：标题＋主送机关＋正文＋落款＋成文日期。这里主要阐述标题、主送机关和正文的写法，落款和成文日期同于一般公文。

1. 意见的标题

意见的标题有两种常见写法。

(1) 发文机关＋事由＋文种。如《中共河南省委河南省人民政府关于〈关于中国教育改革和发展纲要〉的实施意见》。

(2) 事由＋文种。如《关于提高县以上党和国家机关党员领导干部民主生活会质量的意见》。

2. 主送机关

意见一般需写明主送机关。上行、平行意见通常写一个主送机关，下行意见有时是一个有时是多个主送机关。

3. 正文

意见正文的结构是：发文缘由＋意见条文＋尾语

（1）发文缘由

发文缘由是意见的开头部分，主要写出发布意见的背景、根据、目的、意义等，但不面面俱到。文字根据具体情况可长可短，最后以“现提出以下意见”、“特制定本实施意见”等过渡性语句转入下文。

（2）意见条文

这是意见的主体，要把对重要问题的见解或处理办法一一写明。如果意见内容繁多，可列出小标题作为各大层次的标志，小标题下再分条表述。如果内容较单纯集中，主体部分直接列条即可，不必再设小标题。

（3）尾语

意见的尾语一般是对贯彻执行提出一些要求，如无必要，此部分可省略。

（五）注意事项

在使用意见这一文种时要注意以下两点：

（1）在文种的选择上，不是重要问题不得采用意见。

（2）上行意见用于提请上级机关通过本机关的建议，在报送形式上，应按照请示性公文的程序和要求办理。

（六）经典例文

××市人民政府办公厅关于做好
2013年××市第十五届城市运动会无线电管理工作的意见

各区、县人民政府，市政府各委、办、局，各市属机构：

多年以来，本市无线电管理工作不断得到加强，各项工作取得新的进展，无线电管理的重要性得到了社会认同。但当前××地区无线电管理形势依然严峻，频率资源紧缺、设台用户多、台站数量大，非法使用无线电对讲机的现象比较普遍，给2013年××市第十五届城市运动会的无线电管理工作带来很大挑战。为维护好××地区的无线电秩序，为2013年××市第十五届城市运动会创造良好的无线电电磁环境，经市政府同意，现就做好2013年××市第十五届城市运动会无线电管理工作提出如下意见：

一、继续开展清理整顿，营造良好电磁环境

在前期清理整顿的基础上，优化频率资源的使用，收回利用率低和长期闲置的频率，为2013年××市第十五届城市运动会准备频率资源。进一步加强法规宣传，加大对无线电台站的检查执法力度，规范无线电使用行为，净化空中电磁环境。以奥运频段和奥运区域为重点开展清理整顿工作，努力为奥运创造良好的电磁环境。

充分利用“好运北京”测试赛等机会，全面检验无线电管理各项筹备工作，发现问题，及时采取措施予以解决，并以此为契机，加强对××无线电管理队伍的培训和锻炼。

二、理顺工作关系，形成管理合力(略)

三、贯彻落实相关法规，加大监督检查力度(略)

2013 年××市第十五届城市运动会的举办之年，无线电管理工作的各项任务十分繁重。各相关职能部门要大力支持奥运会无线电管理工作，各区县要把无线电管理工作列入工作计划，加强对本级无线电管理工作的组织领导，切实转变管理机制，形成管理合力，全面提高本市无线电管理水平，全力做好运动会的无线电管理工作。

××市人民政府办公厅

二〇一三年二月十九日

八、决定

(一) 决定的概念

决定是对重要事项或重大行动做出安排，奖惩有关单位及人员，变更或者撤销下级机关不适当的决定事项的公文。它是各级机关、企事业单位与团体普遍使用的一种指令性下行文。

(二) 决定的特点

决定有决策性和制约性两方面特点。

(1) 决策性。决定表现了领导机关对重要事项或者重大行动安排的决策，集中体现了领导机关的指挥意志、处置意图和政治倾向。

(2) 制约性。决定的内容具有不可变更的确定性，他要求下级机关必须遵照执行。

(三) 决定的类型

根据决定的性质，可以将决定划分为指挥性决定和知照性决定两种类型。

(1) 指挥性决定。指挥性决定是对重要事项或者重大行动做出安排的决定。它着眼于工作部署，对下级机关有较强的行政约束力。

(2) 知照性决定。知照性决定是将决定事项知照给有关单位和人员的决定。这里的决定事项包括：表彰先进、奖惩错误、设置机构、变动人事、召开重要会议、变更或撤销下级决定等。

(四) 决定的结构和写法

决定的结构是：标题＋主送机关＋正文＋附件＋落款＋成文日期

1. 标题

决定的标题有两种形式：

(1) 发文机关＋事由＋文种。如《北京市人民政府关于修改〈北京市天安门地区管理规定〉的决定》。

(2) 事由＋文种。如《关于严惩严重危害社会治安的犯罪分子的决定》。

2. 主送机关

主送机关应为下级机关，有时不必写出主送机关。

3. 正文

正文的结构是：发文缘由＋决定事项＋要求。

(1) 发文缘由。这部分可以写发文的意义、根据或背景等。

(2) 决定事项。这部分可以采用分条列项的方式或直叙的方式阐述。

(3) 要求。对指挥性决定来说，“要求”是指“执行要求”；对知照性决定来说，“要求”即为“告知性”要求，内容和语气都有所不同。

4. 附件

如果有附件，应在正文下一行标注附件名称与序号。

5. 落款

决定的落款与一般公文相同，位于正文右下方，成文日期之上。

6. 成文日期

决定的成文日期有两种情况。

(1) 置于落款下方。这适用于领导机关的决定。

(2) 以“题注”的形式在公文标题之下的括号内标明。这适用于会议通过的决定，如“(2002 年 6 月 29 日第九届全国人民代表大会常务委员会第二十八次会议通过)”。

(五) 注意事项

在使用决定这一文种时，一定要注意以下两个方面。

(1) 不可仅用文种作标题。绝对不可以一起省略发文机关和事由单以“决定”作为标题。

(2) 慎重使用该文种。只有针对重大事项或行动时，发文机关才能发布决定，千万不能小题大做。

(六) 经典例文

1. 指挥性决定

××市人民政府关于整顿和规范市场经济秩序的决定

各区、县人民政府，市政府各委、办、局，各市属机构：

为了进一步深化改革、扩大对外开放，营造××市经济持续、快速、健康发展的良好环境，根据国务院召开的全国整顿和规范市场经济秩序工作会议和《国务院关于整顿和规范市场经济秩序的决定》(国发〔2011〕11 号)精神，市政府决定，在全市范围内开展整顿和规范市场经济秩序的工作。

一、统一思想，充分认识整顿和规范市场经济秩序的重要意义(略)

二、整顿和规范市场经济秩序的主要内容和当前本市工作重点(略)

三、整顿和规范市场经济秩序的措施和要求(略)

四、加强整顿和规范市场经济秩序工作的组织领导(略)

附：××市整顿和规范市场经济秩序工作领导小组及办公室成员名单

××市人民政府

二〇一三年五月二十二日

2. 知照性决定

> **××市人民政府关于授予马克洛等6名优秀运动员**
> **××市劳动模范荣誉称号的决定**
>
> 各区、县人民政府，市政府各委、办、局，各市属机构：
>
> 在举世瞩目的第28届奥运会上，本市优秀运动员和中国体育代表团健儿一道，不畏强手、奋力拼搏，取得了优异成绩，为实现我国竞技体育在奥运会上新的历史性突破作出了重要贡献。
>
> 为表彰本市优秀运动员的功绩，市政府决定：授予马克洛、张怡宁、滕海滨、王旭、罗微、江永华等6名优秀运动员北京市劳动模范荣誉称号。
>
> 体育健儿在本届奥运会上表现出的精湛运动技术和良好体育道德，进一步弘扬了奥林匹克精神，向全世界展示了中华民族自强不息、奋发有为的精神风貌，展示了新世纪中华儿女积极进取、蓬勃向上的朝气和活力，极大地增强了××成功举办2012年××运动会的信心。市政府号召全市各族人民以他们为榜样，高举邓小平理论伟大旗帜，全面贯彻"三个代表"重要思想，坚持和落实科学发展观，与时俱进、开拓创新、扎实工作、争创一流，为实现率先基本实现现代化的奋斗目标作出新的贡献！
>
> ××市人民政府
>
> 二〇一三年九月三日

九、通报

(一) 通报的概念

通报适用于表彰先进、批评错误、传达重要精神或者情况。

(二) 通报的性质

(1) 奖励性与告诫性。通报承负着"表彰先进、批评错误"的任务，因而具有奖励和告诫性质，这一点不同于通知。

(2) 传达性与晓喻性。通报具有告知功能，而且传达的是"重要精神或者情况"，但往往是在一个机关或者系统内部使用。

(三) 通报的类型

根据通报的作用和应用范围，可将通报分为表彰通报、批评通报和传达通报三种类型。

(1) 表彰通报。用于在一定范围内表扬好人好事。

(2) 批评通报。用于在一定范围内批评错误，纠正不良倾向。

(3) 情况通报。多用于向有关方面知照应该掌握和了解的信息、动态，以供工作参考。

(四) 通报的结构和写法

通报的结构是：标题＋主送机关＋正文(＋附件)＋落款＋成文日期。

这里具体介绍标题、主送机关与正文的写法，附件、落款和成文日期的写法同于一般公文。

1. 标题

通报的标题通常由发文机关、事由和文种三个要素构成，有时可省略发文机关，只写事由和文种两个要素。

2. 主送机关

正式发文的通报应写主送机关。主送机关应为下级机关，可以是一个，也可以是多个。

3. 正文

通报正文的结构是：发文缘由＋通报事项＋分析(＋决定)＋号召要求。

(1) 发文缘由

发文缘由一般要求写出通报的背景、意义、根据或事项提要。

(2) 通报事项

通报事项是正文的主体，或写表彰事迹，或写错误的事实与事故经过，或写重要情况。表彰通报与批评通报都要求写明事情发生的时间、地点，当事人或单位，事情经过和结果，传达通报要抓住主要情况或事实。

(3) 分析

分析要做到自然中肯、鲜明简洁、有说服力，不能脱离通报事项本身而借题发挥。

(4) 决定

决定是对表彰或批评的典型做出嘉奖或惩处的决定措施。表彰通报与批评通报均须运用决定形式表达上级机关意见，而传达通报一般无决定内容，无须写决定部分。

(5) 号召要求

号召要求是指应根据不同的通报内容，向不同的对象提出号召要求。

（五）注意事项

1. 掌握通知与通报的区别

(1) 内容范围不同。通知可以发布行政法规和规章，批转和转发公文，传达需办理和周知的事项等；通报则是表扬先进，批评错误，传达、交流重要的情况、信息。两者虽然都有告知的作用，但通知告知的主要是工作的情况，以及共同遵守执行的事项；通报则是告知正反面典型，或有关重要的精神或情况。

(2) 目的要求不同。通知的目的是告知事项、布置工作、部署行动，内容具体，要求受文机关了解要办什么事，该怎样办理，不能怎样办理，有严格的约束力，要求遵照执行；通报的目的主要是交流、了解情况，或通过正反面的典型去教育人们，宣传先进的思想和事迹，提高人们的认识。

(3) 表现方法不同。通知的表现方法主要是叙述，告知人们做什么、怎样做，叙述具体，语言平实；通报的表现方法则常兼用叙述、说明、分析和议论。

2. 注意时效性

发通报要抓住时机，及时将先进典型和经验向社会宣传推广，对反面典型予以揭露，引起警戒，或对某些重大事项和重要情况，及时予以通报，以起到交流情况、信息，指导工作的作用。错过时机的通报，就失去了它的时效性，没有行文的意义了。

3. 注意指导性

不能事无巨细都发通报，要选择对工作有普遍指导意义的事项来发通报。通报要有普遍的指导意义，就应选择典型。先进的典型要能反映事物的本质特征，能揭示时代的本质，体现时代的精神。反面的典型，应有一定的代表性，能体现鉴戒的作用。所以，只有选准、选好典型，通报才能起到激励教育、推动工作和批评警戒的作用。

（六）经典案例

××市人民政府关于表彰2013年度
市级国家行政机关政绩突出单位的通报

各区、县人民政府，市政府各委、办、局，各市属机构：

2013年是首都改革开放和现代化建设进程中很不平凡的一年，是全市人民经受严峻考验并取得较大成绩的一年。在市委、市政府的领导下，市政府各工作部门坚持以“××××”重要思想为指导，坚决贯彻党中央、国务院的各项方针政策和对××市工作的一系列指示精神，顽强拼搏，奋力开拓，夺取了防治“非典”的阶段性重大胜利，保持了首都经济社会全面发展的良好局面，较好地完成了各项任务。为总结工作经验，表彰先进，加强政府自身建设，市政府决定评选2013年度市级国家行政机关政绩突出单位。

根据《××市市级国家行政机关从严治政实施工作目标督查考核暂行办法》及本次具体考核安排，经督查考核，市发展改革委、市教委、市规划委、市市政管委、市农委、市公安局、市财政局、市劳动保障局、市商务局、市卫生局、市地税局、市工商局、市环保局、市政府研究室、市政府法制办、市信访办等16个市政府工作部门被评为2013年度市级国家行政机关政绩突出单位。经第30次市长办公会议决定，对上述市政府工作部门予以通报表彰。

我们要在以胡锦涛同志为总书记的党中央领导下，高举邓小平理论伟大旗帜，全面贯彻“三个代表”重要思想，与时俱进，开拓创新，扎实工作，努力完成2013年各项工作目标和任务。

××市人民政府

二〇一三年一月十七日

项目二　经济文书的拟写

一、意向书

（一）意向书的概念

意向书是当事人双方或多方之间，在对某种事务正式签订条约、达成协议之前，表达初步设想的经济意图和目的的意向性文书。

（二）意向书的特点

（1）协调性。意向书是当事双方或多方在办理某些重要事务之前，由一方表明基本意图和目的而经多方认定、签署的一种用于协调的文书。它只是一种临时性的协商性文书，对任何一方都没有约束力，也不具备法律效力。

（2）灵活性。意向书在协商过程中，当事双方均可以按各自的意图和目的提出意见，在正式签订协议、合同时，各方可随时变更或补充，最终达成协议。

（3）简略性。意向书所表达的意思简略，只是当事各方协商结果的大致轮廓，在正式签订协议、合同时还要补充、完善。

（三）意向书的结构和写法

意向书的结构是：标题＋正文＋尾部。

1. 标题

意向书的标题有两种形式：

(1) 项目名称＋文种，如《关于兴建新新娱乐城的意向书》。

(2) 文种，即《意向书》。

2. 正文

意向书正文的一般结构是：导语＋主体＋结尾。

(1) 导语。写明合作各方的全称以及双方接触的简要情况，如商谈的时间、地点、原则精神和磋商后达成的意向性意见，然后用“本着××原则，现达成如下意向”或“双方达成意向如下”等过渡句领启下文。

(2) 主体。主要是根据不同的合作事项所达成的意向性意见，分条款逐项写明。

(3) 结尾。结尾一般写明“未尽事宜，在签订正式合同或协议书时再予补充”，以留有余地。

3. 尾部

尾部要写清签订意向书各方单位的名称、代表人姓名并加盖公章、私章，最后写清日期。

（四）经典例文

意 向 书

××厂（以下简称甲方），×××公司（以下简称乙方），双方于××年××月××日在×地，对建立合资企业事宜进行了初步协商，达成意向如下：

一、甲、乙两方愿以合资或合作的形式建立合资企业，暂定名为××有限公司。建设期为×年，即从××年至××年全部建成。双方意向书签订后，即向各方有关上级申请批准，批准的时限为×个月，即××年××月××日至××年××月××日完成。然后由×××厂办理合资企业开业申请。

二、总投资×万人民币，折合×万美元。××部分投资×万人民币（折合×万美元）；××部分投资×万人民币（折合×万美元）。甲方投资×万人民币（以工厂现有厂房、水电设施现有设备等折款投入）；乙方投资×万人民币（以折美元投入，购买设备）。

三、利润分配：各方按投资比例或协商比例分配。

四、合资企业生产能力……

五、合资企业自营出口或委托有关进出口公司代理出口，价格由合资企业定。

六、合资年限为×年，即××年××月至××年××月。

七、合资企业其他事宜按《中外合资法》有关规定执行。

八、双方将在各方上级批准后，再行具体协商有关合资事宜。

本意向书一式两份。作为备忘录，各执一份备查。

未尽事宜，在签订正式合同或协议书时再予补充。

甲方：××厂（盖章）　　乙方：×××公司（盖章）

代表：××　　代表：××

二〇××年×月×日

二、合同书

(一) 合同的概念

本节所讲的合同是以经济关系为内容的合同,即经济合同。经济合同是契约的一种,指的是自然人、法人、其他组织之间(双方或多方),为实现各自的经济目的,按照法律规定,彼此确定一定权利和义务的协议。

(二) 合同的特点

(1) 符合法律。经济合同在办理某一特定的经济事务时,必须符合国家法律、法规和宏观经济规划的要求。经济合同一经签订,即具有法律效力。

(2) 平等协商。当事人订立经济合同,是为了实现一定的具体的经济目的,只有各方当事人的意思表示一致之后合同才能成立。

(三) 合同的类型

(1) 按形式分,有表格式合同、条款式合同和表格条款相结合的合同。

(2) 按合同内容分,有买卖合同、赠予合同、借款合同、租赁合同、运输合同、技术合同等。

(3) 按合同的期限分,有长期合同、短期合同和中期合同。

(四) 合同的结构和写法

合同的基本结构是:标题+当事人+正文+尾部。

1. 标题

合同标题通常有以下两种类型:

(1) 合同性质+文种,如《借款合同》。

(2) 合同标的+合同性质+文种,如《汽车租赁合同》。

2. 当事人

写清订立合同各方当事人单位全称或个人真实姓名。

3. 正文

合同正文的结构是:引言+主体+结尾。

(1) 引言。引言要简明写出双方订立合同的依据和目的。也可以不写引言,直接写下一部分。

(2) 主体。合同的主体用表格或者条款写明合同内容,包括标的、数量和质量、价款和酬金、履行的期限、履约的地点和方式、违约责任、解决争议的方法等,还包括经当事人商定的其他必要条款。每项都应尽可能写得具体、明确,将各方的责任和义务规定得一清二楚。

(3) 结尾。结尾要写明合同的份数、效力、保管,例如:"本合同一式两份,具有同等效力,双方各执一份。"有的还需要注明合同的有效期限、附件的名目等。

4. 尾部

合同的尾部要写明当事人单位全称及代表人(或代理人)姓名并加盖公司印章,同时注明签订日期。另外,通常还要注明地址、电话、电传、银行账号等。当事人落款的格式常常是乙方在左、甲方在右,逐项并举,如有鉴证,则写在最右边。

（五）注意事项

签订经济合同必须认真做到以下几点。

（1）合同内容必须符合国家方针政策、法律法规。

（2）贯彻平等互利、协商一致、等价有偿原则。

（3）拟写合同要按照统一的合同文本格式行文。

（4）合同内容要具体、完备，语言要精确、严谨。

（六）经典例文

广告位租赁合同

甲方：××县委宣传部

乙方：××市金创意广告有限公司

经甲乙双方协商同意，就甲方租用乙方广告立柱南侧一事达成如下协议。

一、广告位坐落地点：京福高速公路德州段，减河北岸立柱广告牌南侧一面。

二、广告位尺寸：18 米×6 米

三、广告位租用期限及费用

广告位租用期限为壹年，即××××年××月××日到××××年××月××日租赁费××××元，计×万元整。

四、付款方式：签订合同后应付广告位租赁费的全额，逾期付款，乙方有权拆除画面。

五、甲方负责喷绘画面及安装，如发现问题与乙方无关。

六、甲乙双方必须根据《中华人民共和国广告法》等有关法规签订本合同。

七、甲方必须向乙方出具发布广告的全部证件、内容和图片，不准有虚假。

八、甲方应按合同规定的时间交纳广告位租赁费，逾期付款应按广告费的总值赔偿乙方 5%（按日计算）。

九、合同生效后，甲方需要改换或停止发布，应在制作前五天通知乙方，并征得乙方同意。

十、甲乙双方必须严格履行合同中的各项规定，如有一方违约，另一方有权依法向工商行政管理部门申请仲裁或向人民法院起诉。

十一、本合同一式三份，甲乙双方签字、盖章后生效。

甲方：××县委宣传部（盖章）
代表人：××（签章）
××××年××月××日

乙方：××市金创意广告有限公司（盖章）
代表人：××（签章）
二〇××年××月××日

三、招标书

（一）招标书的概念

招标书是招标人利用投标者之间的竞争达到优选投标人的一种告知性文书，是招标人为了征召承包者或合作者而对招标的有关事项和要求所做的解释和说明。招标书具有明确性、具体性、规范性和竞争性特点。

（二）招标书的类型

按性质和内容分，招标书有多种类型，如工程建设招标书、企业租赁招标书、企业承包招标书、大宗商品交易招标书、选聘企业经营者招标书、劳务招标书、技术引进或转让招标书等。

（三）招标书的结构和写法

招标书的结构是：标题＋正文＋尾部。

1. 标题

招标书标题一般由项目名称和文种或招标单位和文种组成，如《××工业大学招标书》、《××工程设备公司招标中心公告》。有时为了省略起见，标题也可只写《招标书》或《招标启事》、《招标公告》等。

2. 正文

正文由三部分组成：引言＋主体＋结尾。

(1) 引言。这部分是招标书的导语，要用较为概括的语句，简要明确地交代出招标单位的基本情况和招标的目的。

(2) 主体。包括文件编号、招标项目名称、招标范围、招标投标方法、招标时限、招标地点等。

(3) 结尾。结尾应当写明招标单位的名称、地址、电话号码和传真等。

3. 尾部

尾部写明附件名称、落款和成文日期。

（四）注意事项

(1) 招标方案应切实可行。

(2) 招标标准应当明确，表达必须准确。

(3) 规格应当准确无误。

（五）经典例文

新新大厦建筑安装工程招标书

为了提高建筑安装工程的建设速度，提高经济效益，经市建工局批准，新新公司对新新大厦建筑安装工程的全部工程进行招标。

一、招标工程的准备条件

本工程的以下招标条件已经具备：

1. 本工程已列入××市年度计划。

2. 已有经国家批准的设计单位出具的施工图和概算。

3. 建设用地已经征用，障碍物全部拆迁，现场施工的水、电、路和通信条件已经落实。

4. 资金、材料、设备分配计划和协作配套条件均已分别落实，能够保证供应，使拟建工程能够在预定的建设工期内连续施工。

5. 已有当地建设主管部门颁发的建筑许可证。

6. 本工程的标的已报建设主管部门和建设银行复核。

二、工程内容、范围、工程量、工期、地质勘察单位和工程设计单位（略）

三、工程可供使用的场地、水、电、道路等情况（略）

四、工程质量等级、技术要求、对工程材料和投标单位的特殊要求、工程验收标准（略）

五、工程提供方式和主要材料价格，以及工程价款结算方法（略）

六、组织投标单位进行工程现场勘察，说明招标文件交底时间、地点（略）

七、报名、投标日期、投标文件发送方式

报名日期：2012 年 6 月 4 日

投标期限：2012 年 6 月 10 日至 2012 年 6 月 30 日止

投标文件送达方式：（略）

八、开标、评标时间及方式，以及中标依据和通知

开标时间：2012 年 7 月 10 日

评标结束时间：2012 年 7 月 30 日

开标、评标方式：（略）

中标依据及通知：（略）

九、其他（略）

建设单位：新新公司

地址：××区××路×号

联系人：××

电话：（××××）×××××××××

附：施工图纸、勘察设计资料和设计说明书

二〇一二年四月二十日

四、投标书

（一）投标书的概念

投标书是投标单位见到招标书以后准备参加投标竞争活动所写的文书。从实质上讲，投标是对招标提出的要约的响应、回答或承诺，同时提出具体的标价和条件承诺来竞争中标。

（二）投标书的特点

(1) 竞争的公开性。目前，随着我国市场经济发展的日趋成熟，经济活动中的招投标竞争也逐步规范起来，以促进正当、合法的竞争，因而大都实行公开竞标，以体现公开、公平、公正的原则。

(2) 制作的规范性。投标书的制作既要遵守国家对招投标工作的有关规定和具体办法，又要执行国家颁布的技术规范和质量标准，不能随心所欲，任意制作。

(3) 承诺的可行性。对投标书承诺的各项条件(包括项目标价、规格、数量、质量及进度要求等)，承诺单位务必保证其可行性，一旦中标，必须严格履行承诺，绝不能反悔。

(4) 时间的限定性。招投标活动一般都有严格的时间限定，必须在限期内将投标书递交招标单位，过期将视同自动放弃。同时，对投标项目的进度要求也有严格的时间限定。

（三）投标书的结构和写法

投标书的结构是：标题＋致送单位＋正文＋尾部。

1. 标题

投标书标题一般由项目名称和文种组成，如《××省省属大专院校助学贷款投标书》。有时为了省略起见，标题也可只写《投标书》或《投标单》等。

2. 致送单位

即投标书的致送对象，系指招标单位或者招标办公室，要写其全称或者规范化简称，以示郑重。

3. 正文

正文由三部分组成：引言＋主体＋结尾。

(1) 引言

这部分是投标书的导语，要用较为概括的语句，简要明确地交代出投标的目的或依据。

(2) 主体

这部分是投标书写作的重点，必须着力写好。要紧紧围绕招标文件的具体要求进行表述，充分展示出本单位的实力和竞争能力，从而取得竞标成功。在具体写法上，可以采取表格形式，也可采取分条列项的形式，将有关内容依次陈述清楚即可。要注意所用数据必须完整、准确，所提目标必须确凿可信，所提措施必须切实可行。

(3) 结尾

结尾应当写明投标单位的名称、地址、电话号码和传真等。

4. 尾部

尾部写明附件名称、落款、成文日期和附件原文。

（四）经典例文

××大厦建筑安装工程投标书

××公司招标办公室：

在研究了××大厦建筑安装工程的招标条件和勘察、设计、施工图纸以及参观了建筑安装工地之后，经我们认真研究核算，愿意承担上述全部工程的施工任务。我们的投标书内容如下。

一、标函内容(略)

包括工程名称、建筑地点、建筑面积、建筑层数、结构形式、设计单位、工程内容、包干形式等。

二、标价

总造价：100万元(包括直接费、间接费、材料差价)。

每平方米造价：100元(包括直接费、间接费、材料差价)。

其他：(略)。

三、工期(略)

包括开工日期、竣工日期、合计天数等。

四、质量(略)

包括达到等级，保证质量的主要措施、施工方法和选用的施工机械等。

五、投标企业概况(略)

包括企业名称、地址、所有制类别、审定企业施工级别、平均人数。

六、企业简历(略)

七、技术力量(略)

八、施工机械装备情况(略)

九、营业执照(略)

批准机关、营业执照号码。

我们特此同意，在本投标书发出的30天之内，都将受本投标书的约束，愿在这一期间(即从2012年6月10起至2012年7月10日止)的任何时候接受贵单位的中标通知。一旦我们的投标被接纳，我们将与贵单位共同协商，按招标书所列条款的内容正式签署××大厦建筑安装工程施工合同，并切实按照合同要求进行施工，保证按质、按量、按时完工。

我们承诺，本投标书一经寄出，不得以任何理由更改，中标后不得拒绝签订施工合同和施工；一旦本投标书中标，在签订正式合同之前，本投标书连同贵单位的中标通知，将构成我们与贵单位之间有法律约束力的协议文件。

投标书发出日期：2012年6月10日9时

投标单位：××建筑公司(公章)

企业负责人：×××(签章)

联系人：×××(签章)

电话：(××××)××××××××

地址：××区××路×号

附件：××建筑公司相关资料

××建筑公司

二〇一二年六月十日

五、订货单

（一）订货单的概念

订货单是订购产品和货物的单据。订货单有多种样式，卖方依据所出售产品和货物的特点制作订货单，由买卖双方填写。

（二）订货单的特点

(1) 协约性。即买卖双方都应信守订货单中的各项条款。

(2) 严肃性。订货单具有合同的性质，买卖双方都应严肃对待，不可有欺诈行为。

（三）订货单的写法和结构

订货单种类繁多，结构灵活多样，写法上也没有严格的规定。

订货单的一般结构是：标题＋正文＋尾部。

1. 标题

标题写法比较灵活，可以是"货物名称＋文种"、"单位名称＋文种"，或者只写"文种"，即《订货单》。

2. 正文

订货单的正文应包括如下内容：

(1) 买卖双方信息，如公司名称、联系人、邮政编码、单位地址、电话号码、传真号码、电子邮件地址等。

(2) 订货信息，如商品编号、商品名称、商品单价、订货数量等。

(3) 配送方式及配送地点信息。

(4) 支付方式及银行账户。

(5) 买方的意见和要求。

3. 尾部

尾部包括经办人签字或加盖公章及成文日期。

需要说明的是订货单正文不一定单纯使用文字，也可以采用文字加表格的形式。

（四）经典例文

订货单

供方	×××厂	买方	×××厂
地址	××市××区××路××号	购买人	×××
E-mail：	××@××．××	E-mail：	××@××．××
传真：	××-××××××	传真：	××-××××××
联系电话：	××-××××××	联系电话：	××-××××××

订单日期：×××× 年××月××日

订单号：××××××××

币种：人民币

序号	名称	型号	数量	单价	金额	备注
1						
2						
3						
合计						
备注	1. 交货期： 2. 交货地址： 3. 运输费用： 4. 付款方式： 5. 质量要求：					

订货单位(签章)：
经办人(签章)：

二〇××年××月××日

六、商品说明书

(一) 商品说明书的概念

商品说明书是商品的生产者向消费者或用户介绍其商品的特点、成分、性质、构造及注意事项等有关知识的说明文。其目的在于使读者对某种商品有所了解,并能正确掌握和使用。

(二) 商品说明书的特点

(1) 真实性。商品说明书的内容必须绝对真实。真实性是商品说明书的最基本要求。

(2) 科学性。商品说明书要严密、清晰地介绍产品的性能、构造、使用方法及注意事项。科学性是商品说明书的重要特点。

(3) 条理性。商品说明书以介绍商品、指导操作为目的,往往采用条文式写法,井然有序。

(4) 通俗性。商品说明书的语言应尽量浅显明白,多用日常用语,并适当插入图片和表格,以便于读者理解。

(三) 商品说明书的结构和写法

1. 简单商品说明书

简单商品说明书的结构为：标题+正文+落款。

(1) 标题。一般是商品名称+文种,如《艾美特电饭煲使用说明书》;或仅以商品名称为题。如《相宜本草嫩白补水面膜》。

(2) 正文。这是商品说明书的主体,一般包括商品性能、功效、特点、用途、使用方法和保养维修方法。这些项目可以根据不同商品的特点有所选择和侧重,不一定面面俱到,也可以适当加入描写、议论、抒情等手法。

(3) 落款。写明厂址、联系电话、网址等。

2. 复杂商品说明书

复杂商品说明书一般包括五部分：封面＋目录＋概述＋正文＋封底

(1) 封面。写明商品的商标、规格、型号、商品名称、图样以及"说明书"字样等。

(2) 目录。列出商品说明书的内容条目。

(3) 概述。概括介绍商品说明书及商品。有的商品说明书无这部分。

(4) 正文。这是商品说明书的主体部分。商品不同，正文的内容也有所不同。一般情况下应包括如下内容：性能和规格、各部分名称、使用方法、保养和维修方法、注意事项等。

(5) 封底。注明厂址、电话号码、网址等，便于用户联系。

(四) 经典例文

1. 简单商品说明书

相宜本草嫩白补水面膜

多数肌肤问题都是由于肌肤缺水造成。干性、混合性肌肤尤其容易缺水，阴阳物质难以吸收，肌肤就会变得暗黄粗糙，干涩无光。

本品采用《本草纲目》护肤养颜成分结合现代科技研制而成，蕴含甘草、芦荟、珍珠等本草精华。

产品功效

提供肌肤密集水分滋养和美白修护。持续使用，明显改善干涩无光、黯黄粗糙状况，肌肤水嫩白皙、柔滑细致。

【甘草】含黄酮类和甘草酸及衍生物，能滋养美白，舒缓修护。

【芦荟】含芦荟胶，是天然的保湿因子，有舒缓、修护作用。

【珍珠】含有多种氨基酸和微量元素，易吸收，令肌肤柔滑亮泽、莹润光彩。

使用方法

全新附加眼帘设计，需要时可将附加的"眼帘部分"翻上，进行眼部保养。

1. 取出敷于面部，然后用手按压将气泡挤出，使面膜与脸部紧紧贴合。

2. 约15～20分钟后将其取下，无须再洗脸，用化妆棉或纸巾拭去多余液体。如果再使用其他保养品，可将其洗去。

3. 一般日常保养，每周使用一次至二次，特殊加强保养，可隔日甚至每日使用。

4. 坚持使用，有效改善肌肤质地。

5. 适合各种类型肌肤，尤其是干燥缺水性肌肤和混合性肌肤。

注意事项

1. 本品请一次性使用，多余精华液可用于颈部和手部。

2. 皮肤有暗疮、破损或炎症现象，请慎用。

3. 每次面膜使用时间不宜过长，因为面膜干了以后，反而会吸收肌肤内的水分。

使用中如感不适，请暂停使用或拨打服务专线咨询。

出品商：上海相宜本草化妆品有限公司

地址：上海市花园路66弄1号嘉和国际大厦18—19层

制造商：上海相宜本草化妆品制造有限公司
地址：上海市同普路 1175 弄 12 号一楼
产地：上海
服务专线：400-889-0208

2. 复杂商品说明书

封面
使用说明书 九阳豆浆机 型号：JYDS-20B/20C
目录

前言
（介绍该产品，略）
正文
（按目录依次介绍，略）
封底
九阳股份有限公司
地址：山东济南市槐荫区新沙北路 12 号
传真：0531—87901901　电话：××××-87901018
网址：www.×××××.com.cn　邮政编码：××××××
全国服务热线：××××-×××××××××

七、市场调查报告

（一）市场调查报告的概念

市场调查报告，就是根据市场调查、收集、记录、整理和分析市场对商品的需求状况以及与此有关的资料的文书。

（二）市场调查报告的特点

1. 针对性

针对性是市场调查报告的灵魂，主要包括两方面：第一，市场调查报告必须以市场活动为对象，有的放矢地说明或解决某一问题；第二，市场调查报告必须明确阅读对象。因为生产经营者与商品消费者所要求和关心的问题是不尽相同的。如果既不明确解决什么问题，又不明确读者对象而撰写市场调查报告，就是盲目而毫无意义的。

2. 新颖性

市场调查报告应紧紧抓住市场活动的新动向、新问题，引用一些人们未知的通过调查研究获得的新发现，提出新观点，形成新结论。只有突出“新”的报告，才有使用价值，才能达到指导企业市场经营活动的目的。

3. 时效性

要顺应瞬息万变的市场形势，市场调查报告必须讲究时间效益，做到及时反馈。

4. 真实性

市场调查报告必须从实际出发，通过对真实材料的客观分析，得出正确的结论。

(三) 市场调查报告的结构和写法

市场调查报告的结构是：标题＋前言＋正文＋尾部。

1. 标题

一般来说，市场调查报告的标题没有严格的格式。它要求与文章的内容融为一体.是文章内容的高度概括，用精练简洁的文字去表现文章的中心思想。市场调查的标题有如下几种形式。

(1) 单标题，如《2007大连地板市场调查报告》。

(2) 正副标题，如《“泥巴换外汇”——陶瓷品出口情况调查》。

2. 前言

前言部分用简明扼要的文字写出调查报告撰写的依据，报告的研究目的或主旨，调查的范围、时间、地点及所采用的调查方法、方式。同时也可以简要概括全文的主要内容和观点。

3. 正文

正文一般要具体、详细地写出“概况”、“预测”、“建议”三方面的内容。

(1) 概况。这是预测的基础。主要用叙述的方法，也常结合运用恰当的数字、图表来帮助说明。情况的介绍要根据预测对象的特点，从预测分析的需要出发，做到客观、全面、准确而又有重点。

(2) 预测。这是报告的核心。它是在深入分析预测对象的过去和现在的情况基础上，形成的对预测对象未来前景的估计。

(3) 建议。这是根据对预测对象未来前景的估计，而提出的应变措施。建议应当具体、实在、可行，真正能为解决未来发展趋势中出现的问题，指明方向，提供办法。

4. 尾部

这是全文的结束部分。一般有前言的市场调查报告，要有结尾，以与前言互相照应，综述全文重申观点或是加深认识。

（四）经典例文

积极探索水果销售新路子，促进全县经济健康快速发展

恭城瑶族自治县赴长沙、武汉、郑州、岳阳四城市调查水果流通市场报告

为促进全县水果流通工作，解决全县水果销售问题，特别是橙类水果销售难的问题，及时掌握外地水果销售市场情况，畅通我县橙子销路，学习借鉴外地先进的销售经验及做法，2012 年 4 月 14—19 日，县委、县政府组织流通办人员及县内水果销售大户代表等一行人赴长沙、武汉、郑州、岳阳四城市进行水果销售市场调查和学习。现将调查、学习活动情况汇报如下。

一、调查学习目的

这次调查学习的目的是在我县水果习惯于销售南方城市的基础上，尚未打开北方城市销售市场，为此对北方四城市的水果销售市场做的一个调查。同时掌握去年我县水果大篷车北方行反馈情况。目前，我县水果销售已面临严峻形势，特别是橙子销售，全县还有 42 000 多吨未售出，习惯销售的南方城市现在市场不尽如人意，很有必要拓开北方市场。鉴于此，县委、政府果断决策，派出以水果流通办刘崇卿为组长，以县流通办人员和县内水果销售大户代表等为成员组合成 7 人的调查小组，赴长沙、武汉、郑州、岳阳等北方城市调查水果销售情况，及时掌握外面水果市场行情，针对我县具体情况，提出对我县水果销售的建议，解决全县水果（尤其是橙子）销售困难问题，确保农业增效、农民增产增收，推动果农种植的积极性，促进全县经济健康发展。

二、调查活动的基本情况

这次活动，从 4 月 14 日早上出发，4 月 19 日凌晨回到恭城，历时 6 天，到了三省（湖南、湖北、河南）四城市（长沙、武汉、郑州、岳阳），行程近万里。对四城市 7 个水果大批发市场的销售行情进行了调查。我们的调查方式一是通过对当地市场的销售批发门面老板经营情况进行实地查看、询问；二是与当地销售大户座谈，请他们介绍情况；三是向当地摊位经销商发放我们恭城水果情况宣传资料，并对当地果商宣传我们的优质果品；四是请当地果商品尝我们恭城的橙子样品果，针对销售大户，我们还赠送橙子给他们做销售样品，在当地进行宣传；五是请当地市场管理部门人员、销售果商代表为我们提建议。

（一）4 月 14 日下午，我们到达长沙市，找到当地市工商行政管理局，得到他们的支持，当日下午看了 4 个临时摊点。15 日上午，在市工商局市场分局殷副局长的陪同下，对长沙市两个最大批发市场——马王堆果品批发市场、红星果品批发市场进行调查。马王堆市场位于市中心地段，红星市场位于市南部。我们在马王堆市场走访了 31 个摊点，在红星市场走访了 22 个摊点。这两大市场水果品种繁多，尤以时鲜水果西瓜、芒果、菠萝、枇杷、早李、苹果、梨为多，当地脐橙量大，胡柚多，还有部分沙田柚、椪柑及冰糖橙、甘蔗等。两个批发市场尚未见新会橙销售摊位。当地脐橙批发价为 0.5～0.7 元/斤，胡柚批发价为 0.4 元/斤，而时鲜水果西瓜达 2.0 元/斤。当地果商品尝了我们的新会橙后，一致认为口感、甜度都不错，就是果太小，不是品牌果，没有市场竞争力。

(二) 16日上午九时至下午三时对武汉市的两大果品批发市场——汉口区黄家墩华中果品批发市场、武昌区沙湖水果批发市场进行调查。两个市场上的水果品种基本与长沙情况类似,不同的是在这两大市场中潮州柑、胡柚好卖,销售量大。潮州柑价格达1.3元/斤,胡柚价格达到0.5元/斤,市场主导果品仍是苹果,西瓜。西瓜的价格已达2.1元/斤。在沙湖果品市场上有恭城椪柑销售,但品牌标明为永春芦柑,价格1.0元/斤,市场上也出现了恭城柿饼,价格1.3元/斤左右,但市面上仍未见新会橙销售。当地果商品尝了我们的样品果后,一样认为口味不错,就是果子没有看相,上不了档次,同时果皮难剥。建议我们要分级包装,并进行打蜡装扮,同时他们愿意帮我们试销果品,余辉老板准备叫他弟弟过恭城购一车20吨样果回武汉试着卖,看能不能让市民接受,打开市场。

(三) 16日晚上到达郑州。17日上午在当地市场管理部门张建东所长陪同下,对郑州市华中物流中心水果市场进行了调查。该市场由于是淡季,水果品种明显不如长沙、武汉市市场丰富。主要以苹果、胡柚、梨、冰糖柑为主,芒果、菠萝、椰子、西瓜等南方水果占领了半个市场。市面上未见有新会橙销售。通过向当地最大的销售商师建华老板了解情况。我们的新会橙品味不错,就是果型太小、包装太差,没有市场吸引力。师老板建议分级包装,用不同类型的纸箱包装,不能太大箱,同时要进行打蜡包装,提升水果的档次。近期,他准备派人到恭城看果,试装车回去销售。

(四) 17日晚到岳阳市。18日上午对岳阳市花果山水果批发市场调查,该市场与长沙马王堆市场果品情况相似,品种价格不相上下。在这个市场见到了恭城新会橙,但标名为冰糖橙销售。卖价为0.5~0.75元/斤,刚进入市场,销量不是很大。当地的老板还准备到恭城采购水果,想打开岳阳市场。从四城市七大水果批发市场调查情况可以看出,我县新会橙水果在北方城市还没有打开市场。由于市场上脐橙量大,胡柚、冰糖橙水果丰产,且这类外地水果个头大、包装好,易于市民接受,加上时鲜水果(如西瓜、菠萝、香蕉、早李、枇杷等)冲击着橙类市场,我县新会橙失去了占领市场的先机。面对现在市场情况,必须多方位销售橙子,既要巩固已开发的南方市场,同时也要努力开发北方市场,拉动东、西部市场,形成全面开花的销售局面,推动全县的水果销售。

三、建议

水果的销售与种植是相辅相成的,种得好了才能卖得好,但关键还在于市场的需求,有了市场才能带来效益,才能提高果农种植的积极性。针对当前我县的水果销售形势,现提出以下几点建议:

(一) 转变思想、提高认识,要有销售的紧迫感,认识销售形势的严峻性。(略)

(二) 不要有惜售思想。(略)

(三) 注重包装效果、分级售果。(略)

(四) 通过多种途径吸引老板。(略)

(五) 品牌问题。(略)

(六) 加大招商引资力度,发展龙头企业。(略)

(七) 加强科技管护力度,提高果品质量,增强市场竞争力,增强绿色食品消费观念。(略)

八、可行性研究报告

（一）可行性研究报告的概念

可行性研究报告是企业在拟办重大建设项目之前，组织有关专家学者，在进行深入细致的调查研究、科学预测和技术经济论证的基础上，对建设项目的技术先进性、经济合理性和建设可能性进行研究写出的书面报告。

（二）可行性研究报告的类型

根据不同的划分标准，可行性研究报告可分为不同的类型。

（1）按性质分，有综合性可行性研究报告和专题性可行性研究报告。

（2）按内容分，有经济建设项目可行性研究报告和事业建设项目可行性研究报告。

（三）可行性研究报告的结构和写法

可行性研究报告都是单独成册上报的。它的格式要素包括：封面、摘要、目录、图表、术语表、前言、正文、结论和建议、参考文献、附件等。

可行性研究报告的基本结构是：标题＋正文＋附件＋落款＋日期。

1．标题

可行性研究报告的标题主要有以下两种类型：

（1）事由＋文种，如《关于兴建××食品厂的可行性研究报告》。

（2）合作单位＋项目名称＋文种，如《××省××厂与英国××公司合作生产信息的可行性研究报告》。

2．正文

可行性研究报告的正文是把拟建项目的各种可行性研究成果加以汇总后的论述。一般含有如下几项：

（1）总论，包括项目名称、利用外资方式、主办单位、主管部门、项目负责人、项目背景、项目具备的条件等。

（2）产品的生产与销售，包括产品名称、规格与性能、市场需求情况，生产规模的方案论证，横向配套计划，产品国际化问题及销售方式、价格，内外销售比例等。

（3）主要技术与设备的选择及其来源，包括采用技术、工艺、设备的比较选择，技术、设备来源及其条件与责任。

（4）选址定点方案，包括定点所具备条件（地理位置、气象、地质等自然条件，资源、能源、交通等现有条件及其具备的发展条件等），所定厂址的优缺点及最后的选定结论。

（5）企业组织的设置与人员培训，包括组织机构与定员、人员投入计划与来源、培训计划及要求。

（6）环境保护内容。

（7）资金概算及其来源，包括合资各方的投资比例、资本构成及资金投入计划。

（8）项目实施的综合计划，包括项目实施进程及施工组织规划等。

（9）经济指标的计算分析，包括静态的财务指标分析和敏感性分析、外汇平衡分析等。

（10）综合评价结论。

3. 附件

根据可行性研究的项目和内容不同，报告还会附上各种表格、图样和文字材料。

4. 落款与日期

可行性研究报告落款与日期和行政公文相同。

(四) 可行性研究报告的拟写要求

(1) 论述要全面正确。

(2) 分析要客观科学。

(3) 重点突出、脉络清楚。

(五) 经典例文

××麦芽有限公司扩建立仓可行性研究报告

××麦芽有限公司从××年投产以来，业务蒸蒸日上，销售量稳步上升，但由于增加产量和提高质量的迫切要求，原有立仓的储量已不适应这一发展的需求，急需进行扩建。

一、原因

(一) 外部原因(略)

(二) 内部原因

1. 解决原料大麦早来无仓，迟来断粮的问题。

2. 稳定麦芽指标，提高麦芽质量。

3. 降低麦芽成本。

二、扩建立仓的个数

根据市场需求及历年来销售量，结合本公司的实际情况，扩建立仓数为××个。

三、扩建立仓的投资建设条件(略)

四、立仓扩建费用

立仓扩建成本××万元(土建费用××万元，设备费用××万元，不可预见费用××万元)；新增流动资金××万元；新增加维修人员××人(雇用期为一个月)，每年增加支出××万元，每年增加维修费用××万元。

五、效益分析

(一) 主要财务数据预测

扩建立仓总投资××万元；项目寿命××年；产量以年产××万吨计，××年为××万吨；价格以国内市场价格为基础，但由于波动变化较大，现按2002年(正常生产年份)的销售平均价××元计算；新增销售收入(以2011年为基础)为××万元，××年累计为××万元；新增工商税(按××计提)正常生产年份(2012年)为××万元，××年累计为××万元；总成本正常生产年份(2012年)为××万元，其中固定成本××万元，可变成本××万元，单位成本比年产××降低了××万；新增利润正常生产年份(2012年)为××万元，××年累计为××万元，新增可供分配利润在2012年免所得税的情况下为××元/年，××年新增加可供分配利润为××万元。

（二）企业财务评估

1. 直接利益分析

与年产麦芽××万吨××万吨利润率对比，年产××万吨比年产××万吨利润率上升×%，说明本项目的效益可观。投资回收期为两年；贷款偿还期，正常生产年份要追加流动资金××万元，主要由银行贷款解决，只要每年多付贷款利息××万元就可以保证长期使用这笔贷款，直到回收流动资金时可归还全部贷款。

2. 动态分析判断（略）

3. 盈亏平衡分析（略）

4. 其他因素影响（略）

5. 间接收益（论述社会效益，略）

六、风险分析

假如在其他因素不变的前提下，本项目的销售价格、投资额、建设期或成本依次发生变化，按×%折现率折现，净现值变化为：建设期增加一年，净现值从××万元下降到××万元；成本增加×%，净现值从××万元下降到××万元；销售价格下降×%，净现值从××万元下降到××万元。在以上各种不利因素的影响下，净现值会相应下降，但下降后的净现值仍远远大于零，说明本项目承受风险的能力大。

七、注意问题和建议（略）

八、结束语

通过以上的研究分析，本项目是在原有立仓的基础上进行扩建，技术上不成问题，建设条件有利，财务效益可观，扩建立仓后满足了年产量××万吨麦芽的满负荷生产能力，满足了生产出来的麦芽的品种搭配，保证了麦芽后熟期的存储，稳定并提高了麦芽的质量，提高了麦芽公司在麦芽市场的信誉，因此可以认为扩建立仓这一建设项目是可行的。

××麦芽有限公司

二〇××年××月××日

项目三　礼仪文书的拟写

一、请柬

（一）请柬的概念

请柬又称请帖，是人们举行吉庆活动或举办某种聚会时，为表示对客人的尊重和邀请者的郑重态度，专门向邀请对象发出的邀请文书。

（二）请柬的结构和写法

请柬有印制和手写两种形式。一般分为封面和封里两部分，又分横式和竖式两种。其内容和结构大致相同，即标题＋称谓＋正文＋结尾＋落款＋成文日期。

1. 标题

在封面上写“请柬”（或“请帖”）二字。有的请柬也在标题中写明事由，如《庆祝××公司成立十周年请柬》。

2. 称谓

要顶格写出被邀请者(单位或个人)的姓名或单位名称,如“某某先生”、“某某单位”等。称呼后加上冒号。

3. 正文

在称谓下一行空两格书写正文,要写清活动内容、时间、地点和方式。如果是请人看戏或其他表演还应将入场券附上。若有其他要求也需注明,如“ 请准备发言”、“请准备节目”等。

4. 结尾

要写上礼节性问候语或恭候语,如“致以——敬礼”、“顺致——崇高的敬意”、“敬请光临”等。

5. 落款和成文日期

署上邀请者(单位或个人)的名称和发柬日期。

(三) 经典例文

请　柬

×××:

兹定于××××年××月××日至××月××日在××大厦召开××名酒展销会,并于××月××日中午×时×分在××大酒家举行开幕典礼,敬备酒席恭候。请届时光临。

××酒业有限公司

二○××年××月××日

二、邀请信

(一) 邀请信的概念

邀请信是在联谊或友好交往中,邀请有关朋友、合作伙伴到约定地方赴会或活动的文书。

(二) 邀请信和请柬的区别

邀请信与请柬都是用来邀请某人、某单位前来参加活动的文书,二者的不同之处在于邀请信是邀请对方前来参加某项实质性活动,如学术讨论会、成果鉴定会、展销订货会等,而请柬用于邀请对方参加纯粹礼仪性的活动。另外,邀请信往往对活动本身的作用、意义加以介绍,而请柬只用一句话点名会议的内容或名称。

(三) 邀请信的结构和写法

邀请信的结构是:标题+称谓+正文+落款+成文日期。

1. 标题

(1) 事由+文种,或会议名称+文种。

(2) 文种,即《邀请信》。

2. 称谓

要顶格写出被邀请者(单位或个人)的姓名或单位名称,如"某某先生"、"某某单位"等。称呼后加上冒号。

3. 正文

邀请信正文的结构是:信首问候语+主体+信末问候语。

(1) 信首问候语。在邀请信的正文开头首先是问候语"您好"等。要在称谓的下一行空两格书写。

(2) 主体。这一部分是邀请的重点。要说明邀请的原因和活动的内容,介绍活动安排的细节,并提出邀请。

(3) 信末问候语。主体结束后下一行左空两字书写问候语。

4. 落款和成文日期

署上邀请者(单位或个人)的名称和成文日期。

(四) 经典例文

中国国际人才交流大会邀请信

引进国外智力,吸引和借鉴国外一切有利于中国经济和社会发展的文明成果,是贯彻落实党中央实施"人才强国"战略的重要举措,是中国加入 WTO 以后,为了顺应经济全球化和人才国际化发展趋势,提高国内各个领域和行业的科技创新水平,增强综合国力和国际竞争力的有效应对措施。

为了构建国际知名、国内一流的国际智力交流和人才交流服务平台,国家外国专家局报经国务院批准,分别在 2001 年、2002 年和 2004 年,由国家外国专家局、江苏省人民政府和南京市人民政府主办,南京市人民政府、中国国际人才交流协会和中国国际人才交流基金会承办,连续三年在江苏省南京市举办了三届"中国国际人才交流大会"(以下简称"宁交会"),成功地树立了"宁交会"品牌,促进和扩大了国内各类引智单位与国(境)外各类组织间的广泛交流与合作,在国内外产生了强烈的反响并取得了积极的成效。

根据国家引智工作的总体要求和具体实效性,为了满足国内各类引智单位的不同需求,2005 年"宁交会"将于 3 月 27、28 日在南京国际展览中心隆重举行。大会由国家外国专家局、江苏省人民政府和南京市人民政府主办,南京市人民政府、中国国际人才交流协会和中国国际人才交流基金会承办。

2005 年"宁交会"的主题是"融全球智力,促共同发展"。本次大会将围绕实现"十一五计划"确定的目标,以政府规划为指导,市场配置为基础,以国际人才交流及项目合作为主线,交流和洽谈合作为主要形式,为国内各类企事业单位更新理念、技术创新、产品升级和提高管理水平创造条件,提供服务。

2005 年"宁交会"的主要内容共有五项:

1. 引进外国经济、技术、管理、文教专家及出国(境)培训项目洽谈。

2. 国际人才论坛。

3. 引智成果展示推介会。

4. 国际资质证书展示推介会。

5. 国际化人才招聘会。

2005年“宁交会”参会的主要对象：

各省、自治区、直辖市、引智计划单列市和国务院有关部委引智工作归口管理部门及有关单位的代表；引智成果推广示范基地；软件与集成电路引智成果项目单位；国(境)外人才交流机构(包括专家组织、培训渠道)；国际、国内著名(知名)企业；高等院校和科研院所；国际、国内人力资源中介服务机构、猎头公司，国际资质证书机构，培训机构、咨询服务机构；外国专家和各类国际化专门人才；海内外留学人员、留学人员团体；留学人员创业园区及风险投资机构的代表。

2005年“宁交会”受到了社会各界的广泛关注，在大会即将召开之际，我们诚邀国内各省市(自治区)政府组团设展并参会。我们相信，通过本次大会，必将进一步促进各地区与国(境)外之间、各地区与地区之间的广泛交流与合作，必将进一步推动各地区的经济和社会各项事业共同发展。

特此邀请

国家外国专家局

江苏省人民政府

联系电话：××× 6880162、×××6880062(传真)

联系人：徐永千、蒋慧玲

三、贺信(电)

(一) 贺信(电)的概念

贺信(电)是表示祝贺、赞颂的函电，一般用于领导机关、企事业单位或个人对取得巨大成绩、作出卓越贡献的集体或个人表示祝贺，或者对国际、国内发生的重大喜事、对一些重要会议、节日、婚礼、寿辰表示祝贺。贺信(电)的篇幅一般比较简短，感情充沛，文字明快。

(二) 贺信(电)的结构和写法

贺信一般由标题、称谓、正文、结尾和落款与成文日期五部分构成。

1. 标题

贺信的标题通常由文种名构成，如在第一行正中书写“贺信”二字。

2. 称谓

顶格写明被祝贺单位或个人的名称或姓名。写给个人的，要在姓名后加上相应的礼仪名称如“同志”。称呼之后要用冒号。

3. 正文

贺信的正文要交代清楚以下几项内容：

(1) 结合当前的形势状况，说明对方取得成绩的大背景，或者某个重要会议召开的历史条件。

（2）概括说明对方都在哪些方面取得了成绩，分析其成功的主观、客观原因。贺寿的贺信，要概括说明对方的贡献及他的宝贵品质。总之这一部分是贺信的中心部分，一定要交代清楚祝贺的原因。

（3）表示热烈的祝贺。要写出自己祝贺的心情，由衷地表达自己真诚的慰问和祝福。要写些鼓励的话，提出希望和共同理想。

4. 结尾

结尾要写上祝愿的话，如“此致——敬礼”、“祝争取更大的胜利”、“祝您健康长寿”等。

5. 落款与成文日期

写明发文的个人姓名或单位名称，并署上成文的时间。

（三）经典例文

贺　信

《××》杂志社：

我们怀着十分欣喜与钦佩的心情通知您，贵刊在刚刚结束的“中国期刊奖”暨“第××届全国百种重点社科期刊”评选中荣获“中国期刊奖”暨“第××届全国百种重点社科期刊”称号。在此，向贵刊表示衷心的祝贺与诚挚的敬意。

“中国期刊奖”与“第××届全国百种重点社科期刊”的评选，是一次对全国期刊界的检阅，承前启后，继往开来，预示着新世纪中国期刊业进一步繁荣、腾飞的灿烂前景。吮吸着悠久历史的芬芳，化育着时代奋进的精神，祝愿贵刊早日成长为中国期刊之林的一棵参天大树。

××××杂志社敬贺

二〇××年××月××日

四、感谢信

（一）感谢信的概念

感谢信是各级机关、企事业单位、社会团体和个人，对帮助、支持自己工作的单位或个人表示感谢的信函。

（二）感谢信的结构和写法

感谢信的结构是：标题＋称谓＋正文＋落款＋成文日期。

1. 标题

感谢信的标题的写法有这样几种形式。

（1）单独由文种名称组成，如《感谢信》。

（2）由感谢对象和文种名称共同组成，如《致×××的感谢信》。

（3）由感谢双方和文种名称组成，《××街道致××剧院的感谢信》。

2. 称谓

开头顶格写被感谢的机关、单位、团体或个人的名称或姓名，并在个人姓名后面附上“同志”等称呼，然后再加上冒号。

3. 正文

感谢信的正文从称呼下面一行空两格开始写，要求写上感谢的内容和感谢的心情。

正文的最后要写上表示敬意、感谢的话，如“此致敬礼”、“致以最诚挚的敬礼”等。

4. 落款和成文日期

署上写信的单位名称或个人姓名和成文日期。

（三）经典例文

感　谢　信

××××：

希望工程是一项凝聚着千万人爱心的社会公益事业，我省希望工程自1991年实施以来，已累计接受社会各类捐款7908万元，资助失辍学青少年93 618人，援建希望小学214所，建成希望网校22所，培训希望小学教师464人，配备“希望书库”、“三辰影库”等503套，取得了显著的社会效益和人才效益。

由于贵单位的大力支持，我省参加“首届全国希望小学歌咏大赛”活动得以顺利完成。在此次活动中，我省代表队以优异的成绩获得大赛优秀组织奖，舞蹈《打夯歌》在全国29个代表93个参赛节目中脱颖而出，被选中参加中央电视台激情广场栏目录制，展示了甘肃希望工程、希望小学师生的成果和风采。

在此，我们对贵单位支持希望工程、关爱孩子们健康成长的爱心义举表示衷心的感谢并致以崇高的敬意！希望在自身发展的同时，一如既往地关心支持我省希望工程这项公益事业。

甘肃省青少年发展基金会

甘肃省希望工程办公室

二〇一二年九月三十日

项目四　事务文书的拟写

一、备忘录

（一）备忘录的概念

备忘录是通信的简化书面形式，是一种录以备忘的公文。其作用主要是用来提醒、督促对方，或就某个问题提出自己的意见或看法。

（二）备忘录的结构和写法

备忘录的写法不拘一格。一般分前后两部分，前一部分为内容概述，后一部分是具体的事项。只要内容写得清楚，起到了提醒、备忘的作用即可。需要注意的是备忘录开头一定要写清楚是谁写给谁来备忘的，另外结尾不需要签名或表示敬意的结束语。

（三）经典例文

备 忘 录

发给：杨杨——行政秘书

发自：李丽——行政部经理

日期：2012 年 9 月 8 日

内容：总经理来京行程安排

总经理将于 2012 年 9 月 8 日星期四到达北京，并将于 9 月 11 日下午离京返回香港。希望你安排一下总经理在北京期间的行程，并经我确认后发到香港办公室。

二、传真稿

（一）传真稿的概念

传真稿是各级机关、企事业单位与社会团体通过有线电、无线电或国际互联网传送的一种文书。传真所传输的是文书元件的真迹，真实、便捷、可靠。

（二）传真稿的结构和写法

传真正文的首页要写明收件人的姓名、单位，抄送人姓名、传真号及发件人的姓名、发件日期、总页数、传真号、电话、主题及回复要求等选项。

（三）经典例文

××公司传真稿

收件人：钟苗

单位：寰宇运输公司

抄送：

传真号：(010)87580105

发件人：杨杨

日期：2012/12/5

传真号：(010)87581234

电话：(010)87581235

页数：共 1 页

主题：联系仓储运输

寰宇运输公司：

我公司现有 100 吨硝酸铵化肥急需运往宁夏灾区，请贵公司速与我们联系有关仓储运输事宜。

××公司（公章）

二〇一二年十二月五日

三、启事

（一）启事的概念

启事是机关单位、社会团体、企事业或公民个人公开申明某件事情，希望有关人员参与或者协助办理而使用的告知性应用文。

（二）启事的特点

(1) 内容的广泛性。它可以用于公务中的招生、招聘、开业、庆典、单位成立、商标的使用与更换等多种事宜。

(2) 告知的回应性。启事不同于只是向社会“告知”的声明，它要求通过告知得到社会上广泛的回应，以解决自己的某件公务事宜。

(3) 参与的自主性。启事不具有强制性和约束力。启事的对象有参与的自主性，可以选择参与或不参与。

(4) 传播的新闻性。启事通过张贴、登报、广播、电视等各种新闻媒体公开传播消息，对社会公众来说，是广告性消息，具有新闻性质。

（三）启事的分类

启事根据内容、性质的不同来划分，可以分为招领启事、迁移启事、房屋租赁启事、开业启事、单位成立启事、庆典启事、招聘启事、招生启事、征文启事、征集启事、更名启事、邮购启事、供货会启事等数十种。

（四）启事的结构和写法

启事的结构是：标题＋正文＋附启＋落款＋成文日期。

1. 标题

启事的标题构成形式比较灵活，可以由事由和文种构成，如《征集启事》、《征稿启事》；可以只写文种《启事》；可以由启事机关单位的名称和事由组成，如《××公司计算机培训班即日起开始报名》。

2. 正文

正文是启事的主体部分，主要写明启事的缘由和启事事项。

3. 附启

位置在正文之下，写明单位地址、联系人、联系电话、有效时间等。

4. 落款和成文日期

写法与一般公文相同。

（五）经典例文

广西玉林高中百年校庆启事

2012年11月14日是玉林高中建校100周年纪念日，学校决定于11月15日（星期六）上午10时在田径运动场举行庆典活动。为此，我们诚邀玉林高中各个时期（含玉林县高级中学及其前身玉林镇第一中学、玉林工农兵中学、玉林工农兵战校、玉林县第二初级中学、广西壮族自治区玉林第四初级中学）的校友届时返回母校，共襄盛会，共叙友情，共谋发展。

值此机会，我们向各位校友表示最诚挚的问候和良好的祝愿。

地址：广西玉林市人民东路77号

邮编：537000

电话：0775-2684866（传真）

邮箱：ylgzbnxq@sina.com

广西玉林高中

二〇一二年九月二十日

四、简报

（一）简报的概念

简报是各行政机关之间用来下情上报、上情下达和互通情况、交流信息的事务文书，也叫“动态”、“简讯”、“内部参考”等。

（二）简报的类型

（1）工作情况简报。主要用于反映工作中的动态和一般工作进展情况。

（2）经验交流简报。专门用来简要介绍一些工作经验的简报。

（3）会议简报。在某一会议召开期间，为交流代表观点、反映会议动态而缩写的简报。

（三）简报的结构和写法

简报的结构是：（按语）＋标题＋导语＋主体＋结尾。

（1）按语。部分简报在标题上端加注编者“按语”，以说明编制这份简报的目的，或对文中所列事项进行评价。

（2）标题。简报的标题要揭示主题，简短醒目。

（3）导语。简报的开头。简明扼要地概括全文的主旨或主要内容，给读者一个总的印象。

（4）主体。即简报的主要内容。用典型的、有说服力的材料把导语的内容具体化。

（5）结尾。对主题部分进行归纳和概括，或提出希望和今后的打算。

（四）经典例文

工作简报

（第23期）

为提高青少年的安全防范意识，增强自我保护能力，让青少年度过一个健康、安全、文明、快乐的寒假，1月15日，共青团中央权益部、中央综治办督导室、公安部宣传局在北京市中关村第三小学联合发布了“2012年寒假青少年自我保护提示”，对青少年寒假期间的娱乐、出行、心理、家庭安全等方面的注意事项进行提醒。

为增强活动的影响力和实效性，“2012 年寒假青少年自我保护提示”发布了文字版、语音版、漫画版和动画版，通过青少年喜闻乐见的形式，运用现代信息技术，把自我保护教育的内容有效渗透、传递给青少年。广大青少年朋友还可以登录新浪网、中青网等网站浏览、下载相关内容。发布仪式上，北京市公安消防局的专家还为中关村第三小学的同学们送上一堂内容充实、互动性强、效果明显的自护课，现场演示了消防器材和生命探测仪等国内最先进的救援设备，就同学们提出的各种自护小问题进行了耐心细致的解答。同学们纷纷表示要认真学习安全自护知识，不断强化安全自护意识，切实提高安全自护能力，在学校做个自律好学生，在家做个自护小标兵，在社会做个安全小卫士！

据有关部门统计，我国中小学生每年因意外伤害死亡人数达 1.6 万人，特别是进入假期后，发生概率明显上升。安全专家指出，只要安全教育到位，80%因意外伤害的死亡是可以避免的。增强青少年的自护意识，提高青少年自护能力已成为当务之急，需要学校、家庭和全社会的共同努力，需要青少年的积极参与。家长要积极承担家庭教育的责任，倡导并身体力行科学、文明、健康、安全的生活方式，为孩子们做出表率；学校要高度重视学生的安全教育工作，延伸教育触角，充实自护项目，增强教育实效；有关部门要进一步增强责任感和使命感，立足全局，结合实际，加大投入，广泛普及自护知识，引导全社会来关心和爱护青少年，逐步形成学校、家庭、社会“三位一体”的互动机制，为青少年营造一个平安和谐的成长环境。

开展假期青少年自护提示就是要通过自护意识培养、自护能力提高、自护活动示范加强青少年的自护安全教育，增强广大青少年的自护意识和技能，引导青少年学生度过一个安全、快乐的假期。团中央权益部、公安部宣传局先后在 2010 年暑期和 2011 年寒假面向社会发布“青少年自我保护提示”，取得了很好的社会效应，赢得了各界的广泛认可。

为保证本次活动的持续性，从 1 月 15 日至 2 月 15 日期间，各地团组织、综治和公安部门基层单位还将根据自身实际情况，进一步加强青少年自我保护宣传教育。

共青团中央权益部部长王雪峰同志、中央综治办协调室巡视员季勤同志、公安部宣传局局长单慧敏同志等出席活动并讲话，中关村第三小学 700 余名师生共同参加了此次活动。

五、计划

（一）计划的概念

计划是机关、团体、企事业单位对一定时期的工作预先做出安排时使用的一种公文，计划主要用于对未来的工作任务预先拟定目标，设想步骤、方法等，做到事先心中有数，减少盲目性。

（二）计划的特点

（1）针对性。计划是根据党和国家的方针、政策和有关的法律、法规，针对本系统、本部门实际情况制订的，目的明确，具有指导意义。

（2）预见性。计划是在行动之前制订的，它以实现今后的目标，完成下一步工作和学习任务为目的。

（三）计划的结构和写法

计划这一文体结构通常由标题、正文、落款和成文日期四部分构成。

1. 标题

计划的标题应包括制发单位、时间限断语、事由和文种类别四部分，一般四者要齐全。事由要标明是“工作计划”，还是“生产计划”或其他计划；时间限断语是计划适用的时限范围，但有时因制订者认为计划的执行范围仅在本单位，已很明显，在标题中将其省略；比较规范的计划仍要标明制文单位。

2. 正文

计划的正文，一般首先扼要说明制订该计划的缘由、根据，对完成任务的主客观条件做些分析，说明完成该计划的必要与可能性。其次是计划的具体内容，即在多长时间完成哪些任务，并设计完成任务的步骤和方法等。最后是结尾语，提出重点或强调有关事项，做出简短号召。

3. 落款和成文日期日期

高级机关制订的计划，也有在正文后不另署制文单位和制文日期的，此时制文单位名称应于标题，制文日期往往在标题下括号内注明。计划的正文通常采用分条列述式，结尾语视情况决定其长短与去留。

（四）经典例文

天宁区环保局2012年工作计划

2012年是贯彻落实科学发展观，巩固宏观调控成果，保持经济社会良好发展态势的关键一年，也是全面实现“十二五”环保计划、衔接《环境保护和建设三年实施纲要》的重要一年。在新的一年里，我区环保工作将坚定不移地贯彻党的十六届三中、四中全会精神，全面落实科学发展观，紧扣发展第一要务，围绕经济建设中心，以改善环境质量、保护群众健康、保障环境安全为根本出发点，以发展循环经济、转变经济增长方式为动力，以提高工作、创建节约型企业为抓手，加强生态环境综合整治，加强环保执法能力建设，努力实现全区经济、社会、环境全面、协调、可持续发展。

一、统筹兼顾，协调推进，进一步推动经济社会与环境保护的持续发展

1. 坚持环境与经济统筹发展。把环境保护纳入经济建设和社会发展之中，在经济发展的同时，求得人与自然的和谐，实现经济与环境的“双赢”，走出一条生产发展、生活富裕和生态文明的发展道路。一方面继续严格落实环境保护“党政一把手亲自抓，负总责”制度，落实部门环保目标责任制，大力开展环保责任的行政效能监察。另一方面，切实把环境保护纳入国民经济发展总体规划，落实环保综合决策机制，实行重大决策环境影响评价、环保第一审批权和一票否决制度，积极鼓励环保产业的发展和新工艺、新技术的推广使用，在发展中解决环境问题，以良好的生态环境促进发展。

2. 大力推行污染集中控制。（略）

3. 狠抓污染源头控制。（略）

4. 加快水环境整治步伐。（略）

5. 积极开展生态示范区创建工作。根据"常州市生态建设规划纲要"，结合实际制订生态示范区实施方案，突出抓好重点创建工程，大力推进我区的生态环境建设。（略）

二、履行职能，强化监管，进一步提高依法执政水平

1. 切实加大环境监督和执法力度。（略）

2. 加强排污申报审核登记和许可证管理工作。（略）

3. 继续加强"双控区"监督管理。（略）

4. 加强固废环境管理。（略）

三、以人为本，强化宣教，进一步营造全社会自觉保护环境的浓厚氛围

1. 深入开展环境宣传教育活动。（略）

2. 继续推进学校环境教育。（略）

3. 扎实开展社会化环境宣传。（略）

四、提高素质，规范管理，努力锤炼一支务实高效的环保队伍

1. 加强领导班子建设。（略）

2. 加强能力建设。（略）

3. 加强作风建设。（略）

4. 加强制度建设。（略）

天宁区环保局

二〇一二年一月九日

六、总结

（一）总结的概念

总结是对过去一段工作进行分析、评价，肯定成绩，找出缺点和教训，揭示事物的本质和规律，作为今后借鉴的文字材料。

（二）总结的类型

总结可以从不同的角度进行分类。

按性质分，有工作总结、学习总结、思想总结、劳动总结等。

按范围分，有单位总结、部门总结、班组总结、个人总结等。

按时间分，有年度总结、半年总结、季度总结、阶段总结、月总结等。

按内容分，有全面总结、单项总结等。

（三）总结的结构和写法

总结一般由标题、正文、落款和成文日期四个部分组成。

1. 标题

(1) 公文式标题：单位名称＋时间＋事由＋文种，如《××日化厂 2012 年销售工作总结》。

(2) 非公文式标题，如《面向国际市场，立足适销对路——××公司组织出口商品生产的总结》；《首都钢铁公司是怎样实行经济责任制的》、《红旗渠再现青春》。

2. 正文

正文一般分为开头、主体、结尾三部分。

(1) 开头

总结的开头多数是概述基本情况，有的交代总结的目的和主要内容，有的把取得的成绩简明扼要地写出来，有的则交代背景。开头不论采取何种写法，都要简明扼要。

(2) 主体

主体是总结的主要部分，内容多数是情况及做法、成绩和缺点、经验和教训等。主体总分在篇幅上比较长，要特别注意层次分明，条理清楚。

主体部分常见的结构形式有三种。

① 纵式结构。这是按照事物或社会实践活动的过程来安排写作的方式。即把总结所包括的时间划分成几个阶段，按时间顺序分别叙述每个阶段的情况。这种写法的好处是：事物发展或社会实践活动的全过程看得比较清楚。

② 横式结构。这是按内容的逻辑关系来安排、写作的方式。即按总结的目的和范围，从客观情况的变化发展中提出问题，进行分析，给以解决。提出的问题可以分成若干个，有时可用小标题，逐个去解决。这些问题或内容可做并列安排、先轻后重安排、因果关系安排等。

③ 纵横结合式。这种安排和写法，既考虑时间的先后顺序，体现事物的发展过程，又注意内容的逻辑顺序，从几个方面总结出几条经验或教训。这种写法，多数先采用纵式结构，写事物发展和各个阶段的情况或问题，然后用横式结构总结经验或教训。

(3) 结尾。这是总结的最后一部分，是正文的必然收束。结尾部分多数写今后的努力方向和打算，也可以对全文进行归纳，突出取得的成绩；也可以指出工作中尚存在的问题和不足。结尾要写得简洁、自然、有力。

3. 落款和成文日期

总结的落款和成文日期的写法与一般公文相同。

（四）注意事项

1. 坚持正确的指导思想

必须以党的方针、政策、路线为依据，正确估计实际工作情况，从中总结出能够指导现实的有价值的经验来。

2. 调查研究

认真进行调查研究，掌握大量客观事实，是写好总结的基础。总结，就是总括事实，得出结论。没有事实就无法得出结论，总结也无从谈起。要获得大量的客观事实，就要深入群众，认真调查研究，全面了解情况，熟悉各种材料，掌握尽可能多的数据。在此基础上，还要对搜集来的大量材料进行认真地“去粗取精、去伪存真、由此及彼、由表及里”的鉴别，保证材料的真实可靠，对掌握的数据要核实，不能有丝毫差错。有了真实的材料，才能从中分析、概括、综合出符合客观实际的总结。

3. 实事求是

有了事实，还要从事实中“求是”。实事求是，是写好总结的重要原则。

4. 找出规律

每个单位都有自己的特点，总结就要从中找出带有规律性的经验来。如果只要罗列现象、叙述过程，没有反映特点，没有找出规律，就失去了总结的意义。

5. 重点突出，语言简明

写总结一定要分清主次、突出重点，语言要简明、准确。

（五）经典例文

2012年郑州市人事编制工作总结

2012年，在市委、市政府的领导下，在省人事厅、省编办的具体指导下，我市人事编制工作坚持以党的十七大、十七届三中全会精神为指导，全面贯彻落实科学发展观，紧紧围绕市委、市政府中心工作，解放思想，开拓创新，狠抓落实，努力推进各项人事编制工作科学发展，为我市跨越式发展提供了有力的人才智力支持和体制机制保障。

一、深入学习，大胆实践，促进人事编制工作科学发展

市人事局作为学习实践活动第一批参加单位，自去年10月开始，在市委学习实践活动第6检查指导组的指导下，紧密结合我市人事编制工作实际，紧紧围绕"解放思想、改革创新、提升能力"的实践主题，着力提高思想认识、查找和解决突出问题、创新体制机制、促进人事编制事业科学发展，扎扎实实抓好各阶段工作，圆满完成了各项任务，取得了显著成效，达到了"党员干部受教育、科学发展上水平、人民群众得实惠"的总体要求。全局干部职工对学习实践活动的测评显示，满意率达到98%以上。

学习实践活动期间，人事局党委坚持把加强理论武装作为学习实践活动的基础性工作来抓，采取多种有效形式开展学习培训，局党委理论中心组组织专题学习5次，局领导分别为支部党员上党课9次，进一步增强了贯彻落实科学发展观的自觉性和坚定性；坚持深入分析检查，确定了12个重点调研课题，先后到上海、广东、江苏、重庆等10多个省(市、区)和郑州市60多家单位进行调研，召开了40多次座谈会，并利用报纸、网络等途径主动接受社会监督，在绿城广场举办"问计群众、服务民生"大型政策咨询及意见建议征集活动，征集群众意见200多条，切实找准影响和制约人事编制工作科学发展的突出问题。坚持突出实践特色，积极应对国际金融危机冲击，在学习实践中大胆创新。市委市政府决策咨询顾问团、"外国专家看郑州"活动，"大学生进社区、服务农村计划"、"高技能人才才艺表演"广场活动等亮点频出，人事编制工作服务我市经济建设成绩斐然。坚持边学边改、边查、边改，抓好整改落实，推动了一批实际问题的解决，社会各界群众对人事编制部门整改工作满意率达到98%以上。坚持创新体制机制，起草了《郑州市急需高层次人才引进聘用办法》等8个规范性文件，进一步优化了我市人事编制工作科学发展的制度体系和政策环境，一些制约人事编制事业发展的突出问题开始得到有效破解。

二、强化培训，规范管理，提升公务员队伍素质(略)

三、创新举措，拓宽渠道，着力破解高校毕业生就业难题(略)

四、围绕促进经济社会发展，大力加强人才资源开发(略)

五、不断深化行政管理体制和机构改革，切实加强机构编制管理(略)

六、创新服务形式，优化引智环境，引进国外智力工作成效明显(略)

七、落实政策，维护稳定，军转干部工作卓有成效（略）

八、统筹协调，其他各项人事工作平衡发展（略）

九、强化领导班子和队伍建设，人事部门形象明显提升（略）

回顾过去的一年，全市人事编制工作取得了显著成绩，但也存在一些问题和不足。行政管理体制改革和人事制度改革还需进一步深化；人事编制工作发展还不够平衡，有些方面、有些地方还需进一步加大工作力度；服务经济建设的方法还不够多；人事编制部门工作作风还需进一步转变，等等。这些问题需要在今后的工作中引起高度重视，认真研究解决。

新的一年里，我们坚持以邓小平理论和“三个代表”重要思想为指导，全面贯彻落实科学发展观，充分发挥人事编制部门的职能作风，加强与服务对象和人民群众的联系，为我市经济社会跨越式发展和“三化两型”区域性中心城市建设作出积极贡献。

××市人事局

二〇一三年一月十日

七、述职报告

（一）述职报告的概念

述职报告是各级机关、企事业单位、社会团体的各级领导干部及工作人员，向上级管理机关陈述自己在任职期间履行岗位职责情况的书面报告。

（二）述职报告的特点

(1) 个人性。述职报告要求述职者对自身所负责的某一阶段工作进行全面回顾，从中总结出成绩和经验，找出不足与教训，对个人履行岗位职责的情况做出正确的评价。

(2) 真实性。述职报告的内容必须实事求是、真实、客观、准确、全面。

(3) 通俗性。述职报告要用通俗易懂的语言充分地说明阶段工作情况。

（三）述职报告的结构和写法

述职报告的结构是：标题＋称谓＋正文＋落款＋成文日期。

下面具体介绍标题、称谓和正文的写法，落款和成文日期与一般事务文书相同。

1. 标题

标题一般由述职的期限和文种两部分组成，如《2003 年度述职报告》、《2003 年下半年述职报告》；也有的省略期限，写成《述职报告》或《我的述职报告》。也可采用政府标题的形式，如《抓住机遇，迎接挑战——×××经理述职报告》。

2. 称谓

指述职报告的对象或呈送的部门，如“各位领导”、“董事会”、“组织人事部”等。

3. 正文

正文的结构是：开头＋主体＋结尾。

(1) 开头。述职报告的开头概述述职者所任职的职务和期限，任职期间的基本情况，以及对自己任职期间成绩的总体评价。

(2) 主体。主体部分主要包括履行职务的基本情况、所取得的成绩和实践经验以及存在的问题和努力方向等内容。

(3) 结尾。这是正文的结束语。一般用“以上报告，敬请领导和同事们指正”、“以上就是我的述职，谢谢各位”。

(四) 注意事项

1. 实事求是

述职报告要务实，要既讲成绩又讲失误，既讲优点又讲不足，不能揽功诿过，更不能弄虚作假。

2. 突出特点

述职者要突出自己工作的特点，显示自己的工作个性，尽量避免千人一面、人云亦云。

3. 抓住重点

要有意识地抓住核心问题，突出重要成绩，总结主要教训。

4. 语言简练

述职报告的语言要精练、朴实，切忌冗长空泛，拖泥带水。

(五) 经典例文

述职报告

各位领导：

本人于××××年××月被卫生局聘任为房县疾控中心副主任。在这一年任职中，自己不断加强学习，以提高自己的政治素质和业务素质，准确自我定位以努力抓好本职工作，现将一年来的任职情况报告如下。

一、加强学习，努力提高自身素质

我被聘为疾控中心副主任，这是领导的关心和组织的信任，也是组织对我的一次考验，如何做才会不辜负领导的希望、组织的信任是我一年来经常思考的问题。协助中心主任抓好各项疾控工作，实现单位社会效益和经济效益双丰收的目标是我任职期间的职责所在，但在任职之初自己深感责任较重，知识欠缺，只有加强学习，不断提高自身素质，才能良好地履行职责，为此自己经常学习卫生改革与发展、卫生方针、政策等时事政治以提高自己的政治素质，学习《疾病预防控制基层建设与管理》来提高自己的疾控工作管理水平，不断学习各项疾控专业知识，以提高自己的业务工作能力。通过一年来的学习与实际锻炼，感觉自身素质有了较大程度的提高。

二、准确自我定位，积极当好助手

作为疾控中心副主任，即是中心领导集体中的一员，也是中心主任的助手，把握自身职责，这是我任职以来的又一准则。如在制定单位发展规划、管理措施等方面工作时，应用自己所学的知识、收集到的群众意见、学习到的外地经验等提出意见和建议，给中心主任当好参谋，对班子形成的决议，坚持贯彻，积极督办落实；及时收集阶段性工作进展情况，为制订单位整体发展计划提出依据。

三、兢兢业业，抓好本职工作(略)

在过去自己任职的一年中，在中心主任的领导下自己兢兢业业、勤奋工作，虽然取得了一些成绩，但由于自己各项素质尚须进一步提高，工作中难免出现这样和那样的问题和错误，我衷心地希望各位领导和同志们能及时地给予批评和指正。

×××

二○××年××月××日

八、讲话稿

（一）讲话稿的概念

讲话稿是讲话者在公共场合就某一问题发表自己的见解或阐明某种事理而事先写成的文章。

（二）讲话稿的特点

（1）内容针对性强。

（2）语言平易通俗。

（3）交流具有互动性。

（三）讲话稿的结构和写法

讲话稿的写法比较灵活，一般来说包括标题、称谓和正文两个部分。演讲稿也可以没有标题。这里我们主要讲称谓和正文的写法。

1. 称谓

针对不同的观众要有不同的称呼，如“女士们，先生们”、“同志们”、“朋友们”等。称呼要恰当，要注意先后次序。

2. 正文

（1）开头。说明讲话的缘由并概括全文的内容。

（2）主体。这一部分是讲话稿的核心。要围绕主旨，层次分明，例证生动。

（3）结尾。结尾可以是前面内容的总结，也可以提出号召。

（四）注意事项

（1）讲话者要口齿清晰，表达流畅。

（2）讲话稿的内容要有针对性。

（3）观点鲜明，主题明确。

（4）语言要通俗、生动。

（五）经典例文

尊敬的崔世安司长、刘中军副司长、麦健智主席，同志们、朋友们：

大家上午好！

经过前期精心筹备，由重庆市人民政府、澳门特区政府社会文化司主办，重庆市对外文化交流协会，澳门欧洲研究学会和西南大学共同承办的第五期中国重庆文化产业高级人才研修班今天正式开班了。它延续了重庆与澳门合作培养文化产业高级经营管理人才的优良传统，承载着发展文化产业提升重庆文化竞争力的光荣使命，是一项功在当前、意在长远的战略性工作。在此，我谨代表中共重庆市委、重庆市人民政府，对研修班的举办表示热烈的祝贺，向长期以来关心和支持重庆文化发展的崔世安司长、刘中军副司长、麦健智主席表示衷心的感谢，向前来授课的各位专家和参加培训的全体学员表示热烈的欢迎！

研修班举办这五年，是文化发展环境、体制条件和产业形态发生深刻变化的五年。西方发达国家产业重心，继续从有形的物质生产向高附加值的精神产品转移，知识、信息、技术和资金在这一领域密集聚合，数字化、网络化给文化产业的存在形态和发展趋势带来了革命性变化。随着文化产品、文化服务的输出和文化资本的加速扩张，一个覆盖全球的文化市场初步形成，代表一个国家和地区文化实力的文化产业，既面临着经济结构调整和消费结构调整带来的发展机遇，也面临着文化资源掠夺和文化市场抢占的竞争挑战。从2003年起，中央就着眼解放和发展文化生产力，大力推进文化体制改革和机制创新，解决制约文化发展的深层次矛盾和问题，在重塑文化市场主体、改善文化宏观管理和构建公共文化服务体系等方面取得了显著成效，一批大型文化企业集团顺势而兴，一批高水准的文艺精品脱颖而出，一批具有竞争力的文化产品应市而生。党的十七大更加强调加强文化建设、提高国家文化软实力的极端重要性，对兴起社会主义文化建设新高潮、推动社会主义文化大发展大繁荣做出全面部署。文化产业的发展进入了前所未有的历史机遇期。

研修班举办这五年，为重庆文化事业和文化产业的发展繁荣作出了积极贡献。历年来重庆授课的国内外专家、学者，以其前沿的视角、深厚的学养和宝贵的经验，影响和启迪了市内外一批又一批文化从业者。每期研修班一个主题，从"文化产业的形势与现状"，到"综合性文化艺术节的策划与运作"，再到本期的"文化品牌策划"，无不紧扣文化产业发展的脉搏，伴随重庆文化产业发展的脚步，为重庆文化建设提供着及时充沛的思想营养，为重庆文化发展培养出现代化的经营管理人才。正是有了人才，我们的文化发展才赢得了新的进步，开创了新的局面。这几年来，不论是国有文化单位，还是民营文化企业，都涌现出一批高素质的文化产业人士，他们在日益成熟的文化市场中如鱼得水，长袖善舞，生产出不少有影响、有效益的文化产品，策划了许多高质量、上规模的文化活动，在传媒、影视、动漫、演艺、印刷等多个行业发展壮大。此前我们感到难度很大的首届中国重庆文化艺术节，在全市文化界的共同努力下，办成了重庆历史上规模最大、水平最高、影响最广的艺术盛会，《周恩来在重庆》、《记忆之城》等影视剧也在中央电视台播出，在市内外产生良好反响，解放碑时尚文化城、大足龙水湖影视基地、重庆印刷包装基地等大型文化产业项目也已启动，有望成为未来重庆文化产业发展中新的经济增长点。回想研修班举办之初的2004年，重庆文化产业增加值还只有52.4亿元，占全市GDP的比重为2.0%，而到了2007年，全市文化产业增加值已经达到114.19亿元，占全市GDP比重提升到了2.8%。更为重要的是，新的文化发展观和文化产业现代理念已经成为我们的文化发展趋势。

研修班举办这五年，让我们更加求贤若渴。国内外文化产业的快速发展，文化市场所面临的激烈竞争，让我们清楚地看到重庆与文化先进地区的差距。我们文化经济总量尚小，不仅难以企及沿海省市，也落后于西部的四川、云南和陕西；文化市场主体不强，缺乏具有跨地域竞争力的文化产业战略投资者，至今没有一家上市文化企业；文化品牌不靓，在品牌策划和市场营销方面尤显落后，开发市场的广度和深度较为薄弱；文化开放不足，市外文化产品和服务势如破竹，人才、资本、项目却望而却步，对外文化交流活跃，对外文化贸易沉寂，甚至我们一些新建文化设施的运营也不尽如人意，等等。究其根本，在文化生产要素中，我们最缺乏的仍然是最核心的人才，尤其是高级文化经营管理人才现有储备，还远远不能适应我们在更高层面上发展文化产业的需求。当前，全市上下正进一步解放思想，扩大开放，为把重庆建设成为我国内陆开放高地、全面实现“314”总体部署而努力奋斗，重庆文化产业提出了更高的发展目标：到 2012 年，文化产业增加值要超过 300 亿元，占当年全市 GDP 比重达到 4%，文化发展主要指标和综合实力位居西部前列。要实现这个目标，我们必须拥有一支宏大的文化队伍，不仅在各艺术门类造就一批领军人物，也要加快培养一批懂经营善管理的文化产业人才。不间断地持续举办中国重庆文化产业高级人才研修班，正是这个目的。

希望同志们珍惜学习机会，重视研修班这个平台，拓宽视野，增长才干，广交朋友，谋求合作，抓住文化大发展大繁荣的时代机遇，在重庆文化产业发展中有所作为，在开创个人事业的同时为重庆文化建设作出自己的贡献。

最后，祝第五期中国重庆文化产业高级人才研修班取得圆满成功！

谢谢大家！

思考与实训题

拟写任务 1　通知

下面是一篇打乱了的通知的内容材料，请按批转、转发性通知内容的逻辑关系重新整合成文。

××××年××月××日财政部、审计署、中国人民银行、国家粮食储备局针对各地清理××××年度粮食财务挂账的情况，对挂账停息的有关政策问题进行了认真研究，提出了处理意见。国务院同意财政部等部门《关于粮食政策性财务挂账停息的报告》，现批转给你们，请认真贯彻执行。按照《中共中央、国务院关于当前农业和农村经济发展的若干政策措施》（中发[××××]××号）的要求，中华人民共和国国务院国发[××××]××号。各省、自治区、直辖市人民政府，国务院各部委、各直属机构：国务院批转财政部等部门关于粮食政策性财务挂账停息报告的通知

拟写任务 2　通告

根据下面所给材料，拟写一份通告。

××××第×届物资交流大会定于××××年×月×日至×日在南方金源物流中心举行，南方金源物流中心前的中心广场作为会议场地。会议承办单位为南方金源物流中心。本次大会是经市政府批准，市公安局保证商品展区畅通和与会人员的安全，要求公安局办公室尽快制发一份通告，事项中提出交流会期间，××公交路线从×天上午×时至下午×时禁止机动车辆通行，非机动车辆可以通行。

拟写任务3　函

根据下面这篇答复函内容，再拟写一篇与之对应的询问函：

关于×××等三名同志询问工龄问题的答复函

×××等同志：

你们好！

你们的来信收悉。我们接信后特派专人查阅了档案资料。现根据核实的情况，答复如下。

一、调查核实基本情况

关于该三名同志的人员性质和工龄认定问题，从复制档案馆的职工花名册及厂方的工资领取单看，×××等三名同志确于××××年3月进厂做工，但无县以上劳动部门的批准手续。经进一步核实，原×××厂于××××年11月12日的正式报告，申请为×××等三名农民工解决办理进厂的批准手续，该厂报告中明确×××等三人于××××年10月份进厂工作。鉴于这三名同志在××××年×××厂上升为大集体性质之前就进厂做工，经原××县劳动局研究决定，于××××年1月30日办理了批准手续，并予以确认。

二、答复意见

按照国家和省劳动保障法律规定，职工的工龄，是指国家和省规定的工作时间，工人为县(区)以上劳动行政部门批准进入单位的时间，干部是指县以上人事部门批准进入单位的时间。无论是×××镇还是某个企业都无权办理批准招收职工手续，这个权限授予县(区)以上劳动行政部门。根据国发××××年14号文件和×劳险[××××]年22号文件规定，凡不符合国家和省计算连续工龄的工作时间，不得计算工作年限。经查核，与你们一道批准进厂的已办理退休人员中其中×××等同志，也是按照劳动行政部门核准的进入单位工作时间计算退休待遇的。因此，对照法律规定，×××等三名同志参加工作时间应为××××年1月。

最后，希望你们对提出的问题未能如愿表示谅解，感谢你们对我市劳动和社会保障工作的关心和支持。

××市劳动和社会保障局

二〇××年十月三十日

拟写任务4　会议纪要

将下面这篇会议记录改编成会议纪要，不足的内容自拟。

福祉科技开发公司会议记录

时间：2012年12月18日

地点：五楼第三会议室

出席人：公司各部门主任、项目经理

主持人：福祉科技公司副总经理付东

记录人：办公室王杰秘书

会议内容：

一、主持人讲话：今天主要讨论一下"……"是否投入开发以及如何开展前期工作的问题

二、发言

技术开发部邢发山：……

办公室主任武庄来：……

市场部刘恒玉：……

……

三、会议决议：……

散会。

主持人：（签名）

记录人：（签名）

拟写任务5　报告

王家寨子煤矿集团公司下属的七道泉子3井口发生粉尘爆炸事故，死亡11人，经济损失达98万元人民币。请以该煤矿集团公司办公室的名义拟写一份报告，向上级主管部门煤矿集团公司反映情况。

拟写任务6　请示

根据下列所给材料，拟写一份请示。

为了扩大天昊太阳能空调公司产品的知名度，进一步将产品推向全国，天昊太阳能空调公司北方分公司拟于今年6月26日在本公司举办新产品推介会。推介会拟推出摊位2020平方米，展团由本公司及生产各分公司派人组成，经费自理。请以北方分公司办公室的名义给总公司拟写一份请示。

拟写任务7　意见

根据下列材料，以北方教育培训集团教务处的名义起草一份教学检查的实施性意见。

一、检查的主要内容

1. 各专业教学计划、教学大纲的执行情况，教学进度及效果；

2. 各专业理论教学、实践教学、教学管理中存在的问题；

3. 教师的教学态度、教学方法、教学效果和批改作业等教学情况；

4. 实验、实习课程的组织管理措施及效果；学生出勤、课堂纪律等情况。

二、检查时间：2011年7月

三、检查方式：采用教师互评、学生评议、学生座谈、督导抽查等相结合的方式。

四、其他要求：可参照省教育厅《评估指标体系》内容。

拟写任务8　决定

决定"适用于对重要事项或者重大行动做出安排，奖惩有关单位及人员，变更或者撤销下级机关不适当的决定事项"。

选择某一事件，拟写一份表彰性决定。要求写出决定的依据和决定事项。开门见山，直接陈述，篇段合一，语句简练、明快。

拟写任务9　通报

根据下列背景材料，以畅通储运公司的名义，拟写一份通报。

畅通储运公司南院仓库保管员陈力于2009年9月14日晚值班时，违反仓库规章制度，私自在仓库内用电炉子做饭，不慎造成严重火灾，火灾迅速殃及5号、7号库房，致使两个库房及库房内的货物完全烧毁，直接经济损失达160万元人民币。为此，陈力受到了严重惩处。

拟写任务10　意向书

甲、乙、丙三方合作建筑一个大型超市，甲、乙双方各出资30%（人民币），丙方出资40%，以厂房形式出资，三方法定代表人刚刚协商达成合作意向，请就此内容拟写一份意向书。

拟写任务 11　合同书

根据下列所给材料，按要求完成拟写任务。材料可自行增删处理，但不能违背材料内容原意，并将合同中的时间、日期、数字具体化。

志诚电子科技公司（甲方）委托欣惠建筑工程公司（乙方）装饰志诚电子科技公司的办公大楼，建筑面积共 5600 平方米，包工包料，工程造价 620 万元整，工期 5 个月。甲方在开工前一个月内做好“三通一平”工作，并向乙方提供施工图，并组织设计单位进行施工图技术交底。材料按设计规定购用，乙方应提交材料质保书或合格证书。合同签订后甲方预付工程总造价 50％的定金。工程完工验收合格再付 45％，余款 5％作预留保修金，一年的保质期满，扣除修理金后再给付。质量要求符合《建筑安装工程质量检验评定统一标准》，并由即时聘请的具有资质的监理工程师协助验收。甲方委派张某为常驻现场负责人。乙方委派盖某为现场施工负责人。

拟写任务 12　招标书

利用网上一篇有关招标公告的材料，经过适当修改，完成一篇规范的条款式的招标书，并将文中的时间、日期、数字具体化，还要给涉及的公司或企业命名。

拟写任务 13　投标书

下载一份文字式投标书，改为表格加文字式的投标书，可做适当的调整和充实，但项目内容不变。

拟写任务 14　订货单

×××金田实业公司以生产机箱、电源、音箱、键盘、鼠标著称，以你是××电脑配件公司采购员的身份，模拟填写下列订货单，并将此订货单中的时间、日期、数字具体化。

订　货　单

From				To	
单位名称				单位名称	
发货地址				发货地址	
联系人				联系人	
电话				电话	
传真				传真	
邮编				邮编	
电子邮箱				电子邮箱	
发运方式				开户行	
结算方式				账号	
税号				商定到货时间	
开户行					
产品名称	规格	单位	单价	数量	金额
总金额	大写：　万　仟　佰　拾　元　角　分　（单位：人民币）				

拟写任务 15　商品说明书

先阅读下面商品说明书的有关材料，然后完成修改拟写商品说明书：

商品说明书一般为条款式结构，条款的顺序必须遵照产品的内在规律，在撰写“使用说明”时，更要依照使用产品的递进程序来安排条款，否则会造成用户不会操作或操作失误的后果。下面是有关微波炉的“微波烹调操作说明”，共有7条，但顺序安排不妥，请你将正确的条款顺序重新排列出来。

微波烹调操作方法

1. 先将定时器转到“O”(关闭)位置。

2. 将“功能选择器”旋转到微波烹调档位上，共有5个微波火力，适用于不同类型的食物。

3. 将食物放入炉内，关上炉门。

4. 当设定烹调程序后，若要微波炉停止工作，只需打开炉门，炉门安全连锁开关即会自动停止发放微波。

5. 将“定时器”旋转到所需的烹调时间位置，微波烹调即开始。

6. 将插头插入有可靠地线的插座。

7. “定时器”回转完毕后，会发出一声铃响，微波炉会自动停止工作，炉灯自动熄灭。

上述条款顺序为：

(　　)—(　　)—(　　)—(　　)—(　　)—(　　)—(　　)

拟写任务16　市场调查报告

进行市场调研，设计调查问卷，拟写一份有关家电类商品的市场调查报告。

拟写任务17　可行性研究报告

你刚刚大学毕业，就赶上了金融风暴，因此，你下决心自主创业。选择一个适合你的开发项目，请经过考查后，拟写一份可行性研究报告。

拟写任务18　请柬

请创制一份请柬模板，并做出精致的封面。将下面材料整理成请柬的规范格式文本，将文中的人名、公司名称、日期、地点具体化。

请　　柬

×××女士/先生：仰首是春，俯首成冬。××公司又迎来了第十个诞辰。我们深知在公司发展的道路上有您太多的支持与合作。作为业绩益加成熟的××公司，我们珍惜您做出的如此选择，我们也愿意与您一起分享对成就的喜悦与期盼。故在此邀请您参加我公司举办的二十周年庆典大型酒会，我们愿意与您共叙友情，展望未来。地点：××，时间：××。如蒙应允，不胜欣喜。此致敬礼。××公司××年××月××日

拟写任务19　邀请信

请将下面这篇邀请信整理为规范的文本，并将文中的人名、公司名称、日期和标点符号具体化。

邀请信

本公司新厂将于××××年××月××日开始投产建设，希望您前来参加新厂开工典礼，并就新产品研发中存在的一些问题进行商讨与改进。×××先生/女士：如您确能参加，请来函或来电告知您抵达的时间，以便我们提前做好接站安排。如您所知，新厂的设立是本公司的一个里程碑。我们邀请了所有对本公司作出突出贡献的专家和学者，我们相信，您一定会赏光××××年××月××日。敬请光临××××公司。

拟写任务 20 贺信

以你的同学晋职为内容，给他写一封热情洋溢的贺信。

拟写任务 21 感谢信

请将下面这篇感谢信改为送于个人（本行业的专家学者）的感谢信。

感谢信

×××电器有限公司于××××年××月××日在北京举行隆重开业典礼，此间收到全国各地许多同行、用户以及外国公司的贺电、贺函与贺礼。本系统的上级机关及领导，全国及世界各地的贵宾，国内最著名的电器专家等亲临参加庆典，寄予我公司极大的希望，谨此一并致谢，并愿一如既往地与各方加强联系，进行更广泛、更友好的合作。

×××电器有限公司总经理：××

二〇一二年八月十八日

拟写任务 22 备忘录

按照备忘录的谋篇范式，直接进入主题，不要寒暄和问候等客套；看清角色要求，把握好文体要求。作为经理，给你的助手写备忘录，行文问题不能太正式，宜直呼其名，结尾处也无须客套，署名也只需要写姓名。根据下面材料和格式要求拟写一篇简短的备忘录。

你是一家 IT 公司的人力资源部经理。你打算请德国驻中国的贝尔公司为你安排一个为期两天的由 40 人参加的培训班。需要给你的助理写一个字数简短的备忘录，告诉她与培训项目主办者取得联系，说明项目的参加人员和持续时间，安排两个可以利用的周末时间。

拟写任务 23 传真稿

在公司原传真稿模板的基础上进行改进，自行创制一份表格式传真稿模板，使发送传真单位和接收传真单位各项要素左右排布，整体上对称、美观。

拟写任务 24 启事

未来环球实业开发总公司要在新的一年里进行人事调整，首先要做好人力资源方面的工作，请你就这个业务拟写一份招聘启事。具体条件与要求自拟。

拟写任务 25 简报

根据下面简报规范的模板，做适当的内容填充。

保密标志

简报名称

期号

编发单位 印发日期

编者按语

标 题

正文

发送范围 共印份数

拟写任务 26　计划

根据下列所给开头的提纲材料，续写一份文字加条文式的年度工作计划。

××空调公司 2013 年生产计划

××空调公司发展规模：新建××车间，发展××产品的生产；扩建××车间，使××种产品的生产比上年提高××，年产量达到××万台。增加工程技术人员、技术工人和部分管理人员，使之从现有的××人增加到××人……

总体目标：

产品发展方向：

主要技术经济指标：

具体方法和措施：

拟写任务 27　总结

根据拟写实训项目 26 的“××空调公司 2012 年生产计划”内容，拟写针对与该计划相对应的工作总结。

拟写任务 28　述职报告

根据你所在的单位集体的工作总结，改写成此单位领导个人的述职报告。

拟写任务 29　讲话稿

以如何布置商务营销业务为内容，拟写一份有 50 个听众的讲话稿。

第二节　收文与发文处理

理论知识

项目一　收文处理

收文处理是对收到文书的办理与管理活动。收文处理的程序包括文书的签收、拆封、登记、分办、拟办、传阅、批办、承办、催办、注办。

一、签收

（一）含义

文书签收是指收件人在收到来文后，经过指点，在送件人的投递单或送文簿上签字，履行交接手续。

（二）要求

（1）按照投递单或送文簿对来文进行签收。

（2）发现有误投、误送，或破封散包、密封损毁情况，应拒收。

（三）工作程序

（1）清点。收到文书要逐件清点，看投递单登记的件数与实有件数是否相符。

(2) 检查。应检项目有：是否由本单位收件；书写的收、发件单位或个人是否明确；封口是否破损；信封号与递送人在签收登记簿上所登号码是否一致。确认没有问题后方可收下。

(3) 签字。清点检查无误后，秘书在投递单或送文簿上签字，并注明日期。

二、拆封

(一) 含义

文书拆封是把收到的封闭的文件、信函拆开，并将封内的材料取出。

(二) 要求

(1) 拆封前核对来件的接收者。

(2) 不该自己拆的文书不拆。

(3) 拆封要避免损坏封内的文书。

(4) 信封内的文书要全部取出。

(5) 发现信封内没有材料要及时与来件单位联系。

(6) 重要信件的拆封应有两人在场。

(三) 工作程序

(1) 确定拆封范围。秘书应在授权范围内拆封文件。因此，在拆封前要确定来件是否可以由自己拆封。标明“×××亲启”或“保密”字样的收件，要经授权方可拆封。

(2) 启封。用剪刀或信封开启器开启信封，用手将文书小心取出。

(3) 检查核对。将取出的文书逐件核对，有附件的用曲别针将正件与附件别在一起。

三、登记

(一) 含义

文书登记是在文书登记簿上记录文书的来源、密级、缓急程度、编号、内容和处理运作过程情况。文书登记有簿式登记、卡片式登记和联单式登记等形式。

(二) 要求

(1) 按登记簿所列内容逐项登记。

(2) 不能漏登、错登。

(3) 字迹清楚、工整、规范。

(4) 不可随意涂抹。

(三) 工作程序

(1) 确定登记范围。凡属正式往来的文书和需要答复办理的文书要逐件登记。

(2) 选择登记方法。秘书要根据各种登记形式的优缺点，针对单位的具体情况，选择适宜本单位的登记方法。

(3) 填写收文登记表。

四、分办

（一）含义

分办是将收到的文书按照一定的范围和运行办法送给有关人员或承办部门的过程。

（二）要求

（1）准确及时。

（2）按分办范围发送。

（3）主次分明、手续齐全。

（三）工作程序

（1）文书分类。将收到的文件按紧急程度、密级、类型和内容涉及的业务部门分开。

（2）明确分办对象。根据文书的内容和性质，区分不同情况，确定文书的接收者。

（3）递送文书。上级单位阅件一般情况按固定分送范围分送；其他文件、简报等可按非固定范围分送有关领导和相应部门。

（4）履行手续。在分办过程中，要填写"文件登记表"，由收文单位签字。

五、传阅

（一）含义

文书传阅即在工作职责范围内传递阅读文件。

（二）要求

（1）迅速、准确地将文书送达阅文人。

（2）文书的传阅要区分内容的轻重缓急和职责分工。

（3）传阅的顺序是由管理层到一般人员。

（三）工作程序

1. 确定传阅对象

需要传阅的文件包括：需要有关部门或人员掌握文件精神和领导批示意见的文件；不需要特别办理，只要求有关单位、部门、人员了解的文件，收到文件后直接送有关部门和人员。

2. 选择传阅方式

阅文的方式很多，如开辟阅文室，指定固定的时间阅文；利用各种会议集中传达公文精神；复印文书副本，增加文书数量，加快分散阅文的速度；利用内部刊物等公布文书，以便阅文；利用现代化技术手段与通信设备，如计算机网络、电视 、传真等传阅文书。为了加快传阅速度，秘书可根据本单位情况，针对文书的内容，采用适宜的方法组织阅文。

3. 传递文书

根据确定的传阅对象和传阅方式，将文书准确传递到接收者处。

（四）履行传阅手续

秘书要填写传阅文件登记单，以便掌握传阅情况。

（五）检查清理文件

传阅文件退回后，秘书要认真清理检查，检查有无漏传应阅人，有无批办意见，有无短缺文件，有无阅文过长。对传阅退文情况进行全面记录标注，以备查考。

六、拟办

(一) 含义

文书的拟办是对文件的办理提出初步意见，以供领导批阅时参考。

(二) 要求

(1) 熟悉有关政策和规定

(2) 熟悉本单位各部门的职责范围及业务情况。

(3) 熟悉办文程序和有关规定。

(4) 拟办意见要符合政策规定和实际情况。

(5) 拟办意见力求准确、及时、简洁。

(三) 工作程序

1. 明确拟办范围

需要拟办的文书主要有：需要传达、贯彻执行的文件；报送来的重要请示或报告；需本单位领导参考或知道的文件。

2. 阅读文书内容

认真研究文件的内容和发文单位的要求，以便有针对性地提出切实可行的拟办意见。

3. 提出拟办意见

根据文件的内容要求，在“收文处理单”的拟办栏中简明扼要地写明文书处理方案和理由，并署上拟办人的姓名和拟办日期。

七、批办

批办指机关领导者或部门负责人对公文(包括公文的拟办意见)进行认真阅读分析之后，提出处置意见。

八、承办

(一) 含义

文书承办是按照文件要求或领导批示，结合工作的实际情况，具体处理文件的工作。它是文件处理的关键环节，是具体解决问题的阶段。

(二) 要求

(1) 认真领会拟办、批办意见。

(2) 文书的承办要区分轻重缓急。

(3) 来文内容涉及以前的收文，要查找或调阅有关文件作为承办复文的参考。

(4) 对于已经承办和处理完毕的文书，应及时清理，并将有关情况及时说明。

(5) 要将办理完毕的文书与待办的文书分别保存。

(三) 工作程序

1. 了解文书内容

阅读文件内容，了解文件精神，明确需要办理的具体事项。

2. 研究批办意见

看批办意见的内容，了解领导意图，明确领导对该文办理的基本想法和要求。

3. 进行具体办理

遵循有关的政策、规定，根据领导的意图、意见，结合本部门的情况，借鉴以前对相关问题处理的做法，贯彻落实文件精神。

九、催办

（一）含义

催办是对文书办理情况的督促的检查，以便使承办按照文书的时限要求及时办理。

（二）要求

（1）催办中发现问题要及时汇报。

（2）要填写催办记录单。

（三）工作程序

1. 确定催办的范围

催办范围一般包括：上级单位主送本机关需要具体落实、实施的文件；下级单位主送本单位的请示及其他需要办理的文件；平行或不相隶属的单位发送的商洽、征询意见的函件。秘书要对领导交办的和有明显时间要求或急需处理的文书，按文书处理的要求进行催办。

2. 确定催办的方法

（1）电话催办。

（2）发函催办。

（3）登门催办。

（4）约请承办部门来人汇报。

3. 进行催办

对需要催办的文书，根据缓急程度和办理时限要求，适时对承办工作进行调查督促。对领导特别关注的文书和紧急文书要进行重点催办。

项目二　发文处理

发文处理是根据工作需要形成的发出文书的整个运行过程。发文的处理程序包括草拟、审核、签发、缮印、校对、用印、登记、封发。

一、草拟

草拟是秘书接受领导的发文意图之后，严格按照领导意图进行草拟公文的过程。

二、审核

（一）含义

文书审核是对文件草稿从内容到形式所做的全面检查和修正工作。

（二）要求

（1）审核中发现的问题必须逐一纠正。

(2) 一般性问题可以直接修改。

(3) 需要做较大的改动,可以附上具体修改意见,退回拟稿人或与承办部门共同协商。

(三) 工作程序

1. 明确审核范围

不是所有的文书都需要经过审核处理程序,那些属于例行或事务性的文书就不必审核。

2. 确定是否需要行文

可行可不行的文一律不行;通过口头、面谈或电话能完成请示、答复事项,则不行文;与已经发出的文件内容重复的,不需行文。

3. 审核文书内容

审核文书内容与有关规定是否一致;政策界限是否清楚明确,有无笼统含糊、模棱两可、前后不一致之处;有无规定过于机械、繁琐之处;提出的意见和办法是否可行。

4. 检查文字表达

检查文字表述是否通顺、简练、准确,是否合乎语法逻辑,文字有无错漏,标点符号是否正确;事实陈述是否清楚明白,理由的说明是否充分有力;结论的提出是否明确具体。

5. 检查文件格式

检查文种是否恰当,格式是否规范完备,标题是否反映内容,密级、处理时限是否得当;主送单位、抄送单位是否符合规定。

6. 检查文书在处理程序上是否妥善完备

检查发文的名义是否合适,是否须交一定的会议讨论通过;文书涉及其他部门,是否已征得相关部门同意。

三、签发

签发是文书经有权签发的领导、上司核准签字,准予发出。签发使公文草稿转变成定稿。

四、缮印

(一) 含义

缮印是对文件进行誊抄缮写和打字、油印、电脑打印及复印机复印等工作。

(二) 要求

(1) 文字准确,字迹工整清晰。

(2) 符合规定体式,页面美观大方。

(3) 不随意改动原稿。

(4) 装订齐整牢固。

(5) 注意保密。

(三) 工作程序

1. 确定印制的文书

印制文书要以定稿为依据,不得擅自改动。

2. 确定印制格式

印制的文书应美观大方。因此,应根据相关要求和实际情况确定文书字号大小、字体和格式。

3. 完成印制

进行文书的缮写誊清、打印和复印。

4. 交付印制的文书

将印制好的文书交文书管理人员或送印人。

五、校对

（一）含义

校对是根据定稿对文件校样进行核对校正。

（二）文书校对的内容

（1）校对清样上的错字、漏字和多字。

（2）规范字体和字号。

（3）检查版式、标题是否端正，页码是否连贯，行、字距离是否匀称，版面是否美观。

（4）检查引文、人名、地名、数据、计量单位和专业术语是否有误。

（5）检查版式是否与文种格式一致，有无须调整和改版之处。

（三）要求

（1）把握原则，仔细校对。

（2）认真仔细、一丝不苟。对易于忽略或易于出现错误的地方，如数据、计量单位、专业术语等，注意反复仔细校对。

（3）校对文稿时正确使用校对符号。

（4）校对一般要进行一校、二校、三校三个校次。

（四）工作程序

1. 准备好原告和校样

校对是进行定稿和校样的核对，所以要首先准备好定稿和校样，以便进行校对。

2. 选定校对方法

校对方法有看校、对校、读校、折校四种。看校是只看校样不看原告的校对；对校是用校样对照原稿进行校对；读校是两个人一起校对；折校是把校样放在桌上，把原稿折起来，使靠边一行的文字与校样上的文字靠近，两手拇指与食指夹住原稿，逐字、逐句、逐个标点符号对照。四种校对方法各有利弊，秘书应根据文书的篇幅、清晰程度、时间缓急、人员情况及个人习惯进行选择，保证文件准确无误。

3. 核对校正

选择好校对方法之后，就可以按照校对工作的内容进行校对。

六、用印

用印是指在有必要加盖印章的文书正本上加盖机关或领导人印章的过程。在文书上盖印是证实公文效用的一种标志。

七、登记

发文登记是在文书登记簿上记录文书的去向、密级、缓急程度、编号和内容等。文书登记有簿式登记、卡片式登记和联单式登记等形式。

(一) 要求

(1) 按登记簿所列内容逐项登记。

(2) 不能漏登、错登。

(3) 字迹清楚、工整、规范。

(4) 不可随意涂抹。

(二) 工作程序

(1) 确定登记范围。凡属正式往来的文书和需要答复办理的文书要逐件登记。

(2) 选择登记方法。秘书要根据各种登记形式的优缺点,针对单位的具体情况,选择适宜本单位的登记方法。

(3) 填写收文登记表。

八、封发

(一) 含义

文书封发是对需要发出的文书进行封装,按发送范围发往指定的单位。

(二) 要求

(1) 封发的文书要折叠整齐。

(2) 文件袋封口要贴实。

(3) 文书封装后要及时发送。

(4) 文书的封发要准确、周密,避免差错。

(5) 文书的封发要安全可靠,确保机密。

(三) 工作程序

1. 检查

(1) 检查即将装入的文件是否属于应送人员或单位。

(2) 检查所装文件与送文包或信袋上的名称、数量是否相符。

(3) 检查核对发送部门、收文者、密级、附件等内容。

(4) 检查核对邮政编码、地址、名称等内容。

(5) 检查密件、急件、亲启件是否在文件袋上予以标明。

2. 登记

将文书序号或标题登记在发文或发信登记簿上,供收件人签字。

3. 书写封面

书写封面时,收文单位名称要用全称或通用的简称,字迹要工整。

4. 装封

将文书小心装入包内或信袋内。

5. 封口

用糨糊或胶水粘好信封的封口处。

6. 发出

派人发送或通过邮政系统将文书送达收文单位。

思考与实训题

1. 解释收文处理的概念，并说说收文处理包括哪些程序。
2. 解释发文处理的概念，并说说发文处理包括哪些程序。

第五章　文书档案与信息管理

第一节　文书管理

理论知识

项目一　文书管理的基本知识

一、文书管理的概念和种类

广义的文书管理，包括从文件的形成、运转，到文件的保管、利用，乃至文件的清退、归档、销毁等各方面、各环节的管理工作。狭义的文书管理，主要指文件的保管、利用和清退方面的管理工作。

文书的管理分类，按照不同的分类标准，可有不同的分法。按照管理的内容划分，有文书的保存、翻印、运转、借阅、利用、清退、暂存、立卷等若干种。按照管理的形式划分，有文书的集中管理和分散管理两种。

二、文书管理的作用和意义

文书管理的作用：可以防止丢失和泄密，可以提高文件的阅读率、使用率；可以为归档工作奠定基础。

加强文书管理工作的意义：有利于促进文书工作的科学化、制度化和标准建设，可以使文书工作更好地为社会主义现代化建设事业服务。

三、文书管理的原则和制度

文书管理的原则是：分类管理；安全保密；便于阅读和使用；管而不死，活而不乱。

文书管理的制度较多，但主要有以下几种：收发文登记制度；传阅借阅制度；核稿签发制度；阅文室制度；安全保密制度；清退、销毁、归档制度；文书人员岗位责任制等。

项目二　文书的立卷工作

一、立卷工作的含义

立卷工作具体来说就是由各部门的文书立卷人员把本部门工作活动中形成的、处理完毕的，具有查考保存价值的文件材料进行系统整理，编立成案卷。立卷工作是文件转化为档案时必不可少的环节，它是文书工作的结束，又是档案工作的开始。

二、立卷的步骤

一般来讲，立卷由编制立卷类目、平时归卷、年终调整组卷、编目定卷四个步骤组成。

1. 编制立卷类目

编制立卷类目是指在单位内实际文件尚未形成之前，根据以往单位工作活动和文件形成的一般规律，对一年内可能产生的文件，拟制比较详细的立卷方案或计划。立卷类目一般由类名和各个条款组成。

2. 平时归卷

平时归卷是指文件立卷人员依据自己编好的案卷类目，将已经处理完毕的文件随时按类目上的有关条款归入卷内。

3. 年终调整组卷

年终调整组卷是指在平时归卷的基础上，把一年来的文件对照立卷类目各条款适当加以调整、拆并，最后确定组卷。

4. 编目定卷

编目定卷是指在正式组成案卷的基础上对案卷进行装订，并进行系列的编目加要。如编制卷内文件页号、编制文件目录、填写备考表、写案面标题等。

立卷必须依据科学的方法和原则进行，即必须按照文件形成过程中的内在联系和规律立卷。

思考与实训题

1. 按照文书管理的内容划分，文书管理分为多少种类？
2. 文书的立卷有哪几个步骤？

第二节　档案管理

理论知识

项目一　档案和归档

一、档案

（一）档案的概念和特点

（1）档案的概念：档案是国家机构、社会组织和个人在社会实践活动中形成的，保存备查的文字、图像、声音及其他各种形式的原始记录，具有行政、业务、文化、法律和教育作用。

(2) 档案的特点：档案具有社会性、历史性、确定性和原始记录性等特点。原始记录性是档案的本质特性，是档案区别于其他事物的本质所在。

(二) 档案的种类

根据不同的标准，档案可以划分为不同的种类。

(1) 公务档案和私人档案。公务档案是公务机关或其他社会组织在公务活动中形成的原始记录。私人档案是个人在私人活动中形成的原始记录。

(2) 历史档案和现行档案。历史档案是形成时间较早，主要起历史文化作用的原始记录。现行档案是形成时间较晚，对人们的现实工作、生活产生实际作用的原始记录。

(3) 文书档案、科技档案和专门档案。文书档案是在社会的行政管理活动中由各种行政公文转化而成的档案。科技档案是人们在科技、生产活动中形成的科技文件材料转化而成的档案，如图纸、设计任务书、科研报告。专门档案是在专门活动中形成的档案，如会计档案、人事档案、诉讼档案、医院的病例档案等。

二、归档

(一) 归档的概念

归档是指各单位在工作活动中形成的具有保存价值的文件材料，由单位的文书部门或业务部门整理，定期移交给档案室或负责管理档案的人员集中保存。

(二) 归档制度的内容

(1) 确定归档范围。一般而言，凡是反映本单位工作活动、具有考查价值的文件材料均属归档范围。

(2) 遵守归档时间。文书处理部门或业务部门一般在立卷后第二年的上半年将需要归档的文件向档案部门移交。

(3) 符合归档要求。单位文书处理部门向档案部门移交的档案要达到相应的质量标准。

项目二　档案的分类和检索

一、档案的分类

(一) 档案分类的含义

档案分类是按照来源、时间、内容和形式等方面的异同，将归档文件划分为若干层次和类别，构成有机体系。

(二) 档案分类的方法

常见的档案分类法有年度分类法、组织机构分类法和问题分类法。在实际工作中常常是几种分类方法综合使用，形成复试分类法。

(1) 年度—组织机构分类法。先将立档单位的档案按年度分开，然后在每个年度内再按组织机构进行分类。

(2) 年度—问题分类法。先将立档单位的档案按年度分开,然后在每个年度内再按问题进行分类。

(3) 组织机构—年度分类法。先将立档单位的档案按内部机构分类,然后在每个机构类下再按年度分类。

(4) 问题—年度分类法。先将立档单位内的档案按照问题分类,然后在每个问题类下再按年度分类。

有时,还结合保管期限对档案进行分类。

(三) 档案分类的要求

档案分类要求正确判定档案文件所属年度和所属机构。

二、档案的检索

(一) 档案检索工作

档案检索工作是对档案信息进行加工和存储并根据需要进行查找的工作,包括档案信息存储和信息检查两方面工作。档案检索工作是档案提供有用资料的基础和前提,是开发档案信息资源的必要条件。

(二) 档案检索工具

档案检索工具是揭示档案内容和查找档案的工具。档案检索工具是连接档案管理者与利用者的纽带,档案管理者借助它可以迅速准确地按需提供档案,利用者通过它可以了解存储档案的基本情况。

实际工作中要根据需要编制不同类型的档案检索工具。

(1) 归档文件目录。由不同条目按照一定的体系和方法排列而成,包括件号、责任者、文号、题名、日期、页数和备注等项目。

(2) 分类目录。按照体系分类法的基本原理,将档案主题按《中国档案分类法》的逻辑体系组织检索工具。分类目录一般采用分类卡片,一文一卡或一卷一卡。

(3) 主题目录。按照主题法的原理,依据主题词的字顺组织起来的检索工具。

(4) 人名索引。揭示档案中涉及的人物并指明其出处的检索工具。

(5) 全宗指南。以文章叙述形式介绍某一全宗档案内容、成分和意义的书本式检索工具。

项目三 档案鉴定

一、档案鉴定工作的内容

档案鉴定是按照一定的原则、方法和标准,判定档案的价值,确定档案的保管期限,剔除失去保存价值的档案并予以销毁的档案业务工作。

二、档案鉴定工作的方法

档案鉴定工作应按照如下方法进行。

1. 判断文件是否需要保存

对文件价值进行初步判断,确定文件是否有保存价值。

2. 分析档案价值

(1) 分析档案来源。一般来说,重要单位、著名人物形成的档案的价值相对较大;本单位形成的档案比外单位形成的档案价值要大;以单位名义形成的文件的保存价值大于单位内部组织机构形成的文件。

(2) 分析文档的内容。档案的价值是通过内容体现出来的。一般来说,反映党和国家有关方针政策、反映本单位主要职能活动的文件保存价值较大;内容独特新颖的档案保存价值较大。

(3) 分析档案的形式特征。一般来说,文件产生的时间越早,保存量越小,越珍贵;决定、决议、命令、批示、条例、纪要、报告等比通知、简报、来往函件价值要高;定稿、正本的保存价值大于草稿、副本;档案上有著名人物的重要批示、签字的价值较大。

(4) 分析档案的技术因素。档案所记载内容的技术水平越高,档案的价值也就越大,保管期限也就越长。

(5) 分析档案的功能因素。档案所具有的功能直接影响其价值的大小。

3. 确定文件的保管期限

短期保管的档案主要是在较短时间内对本单位工作具有查考利用价值和参考作用的文件材料。

长期保管的档案主要是反映本单位一般工作活动、在较长时期内对本单位工作有查考利用价值的文件材料。

永久保管的档案主要是反映本单位主要职能活动和基本历史面貌的,对本单位、国家建设和历史研究有长远利用价值的文件材料。

4. 对保管的档案进行复审

定期保存的档案在保管期满时,要对其价值进行复审,审查其是否丧失保存价值,以确定是继续保存还是予以销毁。

三、档案鉴定工作的要求

档案鉴定时要逐件、逐页阅读档案内容,综合分析文件的各方面特征,并结合档案的需求判定档案价值。

项目四　档案的利用、保存和管理

一、档案利用

档案利用工作是档案管理部门及其人员直接提供档案给了解和查询问题的利用者,以提供服务,满足利用者的档案需求的工作。档案利用是档案工作的目的和出发点,档案价值的实现,关键在于积极主动、及时地提供利用。

二、档案保存

档案保存是根据档案的成分和状况所进行的存放管理和维护完整与安全的活动。档案保存工作的内容包括：档案的库房管理、档案流动中的保护以及为延长档案寿命而采取的技术处理。档案保存工作要求做到防火、防水、防潮、防霉、防光、防尘，并保持库房的清洁卫生。

三、编写档案参考材料

档案参考材料是档案部门或人员按照一定题目，根据所保存档案综合而成的可供人们参考的档案材料加工品。编写档案参考材料必须首先掌握丰富的档案材料，在编写过程中还要做到真实、准确、实用，文字凝练、概括性强。

四、电子档案的管理要求

电子档案是在计算机系统中形成的具有查考利用价值的社会活动的原始记录。电子档案的管理要做到如下三点要求。

(1) 真实。保证电子档案的真实，确保电子档案内容、结构和背景信息经过传输、迁移处理后保持不变，与形成时的原始状态一致。

(2) 完整。确保电子档案的齐全完整，每份电子档案的内容、结构、背景信息没有缺损。

(3) 可读。确保电子档案在经过存储、传输、压缩、加密、媒体转换、迁移等处理后，能够被人们识读。

五、档案管理制度和模式

档案管理制度是人们科学管理档案、做好档案工作的重要依据，也是监督、指导、检查本单位档案工作的必要手段。档案管理制度有档案业务管理制度和档案行政管理制度两大类。档案业务管理制度，是关于档案搜集、整理、鉴定、保管、统计、利用等业务工作的操作性的制度，具有使用范围的专有性和专业性的特点。档案行政管理制度，是保证档案工作在单位全面落实的行政性管理制度，具有适用范围的广泛性和发挥作用的间接性的特点。档案管理制度的制定要符合有关法律法规的要求，不能互相冲突，有一定的灵活性；与单位内部其他各项管理制度相衔接，符合本单位工作活动及形成文件的实际；制度的内容要具体、明确，有可操作性。

档案管理的模式通常是由专门的档案机构承担单位档案工作任务。常见的档案机构是档案室和档案馆。档案机构的主要职责包括：贯彻执行档案工作法律、法规和相关政策，建立健全本单位档案工作的各项规章制度；统一管理本单位的档案和档案工作；对本单位下属单位的档案工作进行监督和指导；对本单位业务职能部门文件材料的形成、积累和整理归档工作进行指导。

思考与实训题

1. 文书处理部门或业务部门一般在什么时间将需要归档的文件向档案部门移交。

2. 在档案管理的实际工作中，常常是几种分类方法综合使用，形成复试分类法，请详细叙说。

3. 在做档案鉴定时，要从哪几个方面分析档案价值？

4. 怎样理解“档案利用是档案工作的目的和出发点，档案价值的实现，关键在于积极主动、及时地提供利用”？

第三节　信息管理

理论知识

项目一　信息和信息工作

一、信息

（一）信息的含义和特征

信息是事物存在的方式或运动状态的直接或间接的反映。信息具有客观性、时效性、可塑性、依附性、传递性、共享性、开发性、无限性八大特征。

（1）客观性。客观性是信息的基本特性。因为信息是对事物的客观描述和具体反映，客观真实是信息的价值基础和生命所在。

（2）时效性。时效性是信息的价值作用随着时间的变化而改变的一种特性。信息只有在一定的时间内才能体现最大价值，过时的信息便丧失了使用价值。

（3）可塑性。信息可以归纳、综合、精练和浓缩，进行各种载体的转换，从而改变形态成为所需要的形式，便于利用。

（4）依附性。信息只有依附于一定的物质载体才能保存下来。

（5）传递性。信息可以通过一定媒介或一定载体进行传递。

（6）共享性。由于信息可以在不同的载体之间转换和传播，并且在转换和传播的过程中不会减少和消失，因此，信息在一定时间内可以为众多的主体使用。共享性是信息区别于一般物质的显著特征。

（7）开发性。信息作为一种资源，取之不尽，用之不竭，可以充分开发利用。

（8）无限性。随着时间的推移，信息不断地产生和发展。

（二）信息的种类

在现实生活和工作中，我们会接触到各种各样的信息。按照不同的标准，可以把信息分为不同的类型。

（1）按照信息内容涉及的社会领域划分，信息分为政治信息、经济信息、文化信息、科技信息、教育信息、军事信息和体育信息等。

（2）按照信息的表现形式划分，信息分为语言信息、文字信息、声像信息、计算机语言信息和缩微信息。

（3）按照信息源的性质划分，信息分为社会信息和自然信息。社会信息是人类社会运动的状态和方式，是社会各方面有意识、有目的地发出的信息。自然信息是自然界自发产生的信息。

（4）按照信息稳定状态划分，信息分为静态信息和动态信息。

（5）按照信息来源方向划分，信息分为横向信息和纵向信息。

（6）按照信息在秘书工作中的作用划分，信息分为预测信息、动态信息和反馈信息。预测信息是在事物发生阶段、实际工作展开前所产生的信息。动态信息是在事物发展、成长过程中形成的信息。反馈信息是事物结束某一特定过程后产生的结果。

二、信息工作

信息工作是组织信息有序化交流和利用的活动，信息工作包括如下程序。

（1）信息搜集。即通过各种渠道和方式获取信息的过程。

（2）信息整理。信息整理是对原始信息进行分类、筛选、核实，使其成为有价值信息的过程。

（3）信息传递。信息传递是通过传输媒介或载体，把信息从信息发生源传递到信息接收源的过程。

（4）信息存储。信息存储是用科学管理方法将有保存价值的信息系统化，以便日后使用。

（5）信息反馈和利用。信息反馈是把输出信息的作用结果返送回来，并对信息的再输出发生影响，起到控制和调节的作用。信息利用是将获取、处理的信息应用于实际工作，使信息的价值得以实现的过程。

项目二　信息的搜集、筛选和分类

一、信息搜集

1. 信息搜集的方法

信息搜集有多种方法，实际工作中要善于选择。

（1）观察法。直接用感官和借助其他工具认识客观事物，获取信息。观察法简单、灵活，能获得较为客观的信息，但获得的信息量有限，深层次信息少。该方法适合对环境、人物、事件实际状况的了解。

（2）阅读法。通过阅读书刊、报纸、杂志等获取信息。阅读法获取信息方便，获得信息量大、涉及面广、适用性强，但书刊、报纸中的信息可能失真，阅读者要对信息做出判断。

（3）询问法。通过询问请对方作答来获取信息的方法，包括当面询问、电话询问和书面询问。询问法灵活、实用，双方直接交流沟通，能获得语言信息和非语言信息，获得的信息价值大，但费用高、时间长、规模小，要求询问者掌握询问技巧，具备良好的素质和能力。

（4）问卷法。向被调查者提供问卷并请其对问卷中的问题作答而获取信息的方法。问卷法可以减少主观性，搜集的信息客观，便于定量处理和分析，节省人力、财力和时间，效率较高，但问卷的质量、回收难以保证，要求被调查者有一定文化水平。

（5）网络法。通过网络所提供的服务获取信息。

（6）交换法。将自己拥有的信息材料与其他单位的信息材料进行交换，实现信息共享。

（7）购置法。通过订购、现购、邮购、代购等方式，购买文献资料、磁带、磁盘等。

2. 信息搜集的渠道

秘书要善于通过多种渠道搜集信息。

(1) 大众传播媒介渠道。大众传播媒介包括广播、电视、报纸、期刊等文献载体和互联网,是现代社会获取信息的重要途径。

(2) 图书馆。图书馆是信息的宝库。

(3) 供应商和客户。供应商可提供的信息有产品目录、广告材料、特定服务信息;客户可提供的材料有市场调查、服务反馈和竞争对手的信息。

(4) 贸易交流渠道。在展销会、洽谈会、交易会等贸易交流机会中可获得相关信息。

(5) 信息机构渠道。信息机构肩负着信息传播中介的使命,成为信息源的集散地和人们获取、利用信息的主要场所。

(6) 关系渠道。在业务往来、人际交往过程中,秘书要善于利用各种关系获取信息。

(7) 调查渠道。调查是有目的、有重点地主动搜集信息的重要方法。

3. 信息搜集的要求

现代社会,信息复杂多样,搜集到的信息要有意义才可利用,因此,我们要注意搜集到的信息必须符合以下几点要求:具有价值、讲究时效、层次清晰、针对性强、内容全面。

二、信息的筛选

1. 信息筛选的含义

筛选是对搜集到的大量信息进行鉴别和选择,判断信息的价值,决定信息的取舍,提取真实、有价值、能满足需求的信息。

2. 信息筛选的要求

要选择对工作有指导意义、与业务活动密切相关的信息;选择带有倾向性、动向性或突发性的信息;选择能预见未来发展趋势,为决策提供超前服务的信息。同时,剔除虚假、过时、重复、缺少实际内容的信息。

三、信息的分类

1. 信息分类的含义

信息分类是根据信息所反映的内容性质和特征的异同,分门别类地组织起来的一种科学方法。

2. 信息分类的方法

(1) 主题分类法。按照信息的内容进行分类。

(2) 时间分类法。按照信息形成日期的先后顺序进行分类。

(3) 字母分类法。按照作者姓名、单位名称、信息标题等的字母顺序分类组合。

(4) 数字分类法。将信息以数字排列,建立索引。

(5) 地区分类法。按信息产生所涉及的地区或行政区划等特征对信息进行分类。

3. 信息分类的要求

(1) 讲究科学性、系统性、逻辑性和实用性。

(2) 认真确定分类体系,明确分类标准和分类层次。

(3) 准确归类,子类之间界限清楚,不互相交叉或包容。

项目三　信息的校核、传递和存储

一、信息校核

1. 信息校核的含义

信息校核是对经过初步甄别的信息做进一步的校验核实，分析信息的可靠性和准确性，认定信息的真实性。

2. 信息校核的方法

(1) 溯源法。对搜集到的信息所涉及的有关问题进行审核查对。

(2) 核对法。依据直接最新的权威性材料，进行对照分析，发现并纠正信息中某些差错。

(3) 比较法。对反映某一事实的各个方面的信息材料进行比较，判断说法、结论是否一致。

(4) 逻辑法。对信息中表达的事实和叙述方法进行逻辑分析，从而辨别真伪。

(5) 调查法。对信息中所表达的事物的运动变化情况，通过现场调查来验证其真实性和准确性。

(6) 数理统计法。对原始信息中的数据和定性分析，运用数理模式进行计算鉴定。

3. 信息校核的要求

(1) 信息校核首先要排除主观因素的干扰。

(2) 信息校核要以原始信息为基础。

二、信息的传递

1. 信息传递的方向

(1) 内向传递。内向传递是为了进行协调与合作，在单位内部进行信息交流。

(2) 外向传递。外向传递是在日常工作中，有效利用各种媒介向单位外部传递信息。

2. 信息传递的要素

信息传递的三要素是信源、信道和信宿。

(1) 信源。即信息的来源。

(2) 信道。即信息传递的通道，包括信息传递的媒介和运行方式。

(3) 信宿。即信息传递的终点，是信息的接受者。信宿可以是人类个体、群体或组织。

3. 信息传递的形式

信息传递可以采用公务信件、备忘录、报告、通知、指示和传阅单等公务文书的形式，还可以通过新闻媒体来传递信息，如写新闻稿、发表声明、开新闻发布会等。通过企业内部刊物或者通过邮局采用直接邮件的方式传递信息也是很好的信息传递形式。

4. 信息传递的方法和要求

信息传递有语言传递、文字传递、电讯传递和可视化辅助物传递四种方法。

信息传递工作必须符合如下要求：

(1) 按不同的需要把握信息传递对象、传递方式、传递时间

(2) 主动地、不失时机地将信息传递给接收者。

(3) 保密信息按照保密范围进行传递。

(4) 在传递信息的过程中保证内容不失真。

三、信息的存储

1. 信息存储的载体

(1) 纸质载体。纸质载体是目前使用最多的信息存储载体,具有记载和阅读方便的特点。

(2) 磁性载体。磁性载体包括软盘、硬盘、磁带、光盘、缩微品(包括缩微胶卷和缩微胶片)。

2. 信息存储的方式

(1) 登记。登记是指建立信息的完整记录,系统地反映信息存储情况。

(2) 编码。登记存储的信息要进行科学地编码。信息的编码由字母或数字组成基本数码,再由基本数码结合成组合数据。

(3) 排列。对经过编码的信息要进行有序化地存放排列。常用的排列方法有:时序排列法、来源排列法、内容排列法、字顺排列法。

(4) 保存。信息保存有手工存储、计算机存储、电子化存储和缩微胶片存储四种方式。

(5) 保管。有序化保存的信息要进行科学保管,不仅要做到防火、防潮、防高温、防虫害,防失密、泄密、盗窃,还要及时进行存储更新,删掉失去保存价值的信息,不断扩充新的信息。

3. 信息存储的要求

(1) 要选择有价值的信息存储。

(2) 要分类存储。

(3) 存储的信息要便于查找和利用。

(4) 按照信息内容确定存储期,对过期的信息及时进行调整和清理。

(5) 防止存储信息受到损坏、失密。

项目四　信息的开发、利用和反馈

一、信息开发

(一) 信息开发的形式和类型

从信息开发的形式来说,有简报、索引、目录编制、文摘、简讯、调查报告六种形式。从信息开发的类型来讲,按照对信息加工的层次划分,有一次信息开发、二次信息开发和三次信息开发三种类型。

一次信息开发,主要是将无序信息转变为有序信息,提高信息的利用率。简报属于一次信息开发。简报是指根据需求选择专题,确定时间周期,对报刊资料中有价值的信息进行选取、组合、编辑、传递等工作。

二次信息开发,是对一次信息进行加工整理后形成的新信息。索引、目录编制和文摘属于二次信息开发。索引是查找信息题名、出处等有关事项的检索工具，由一系列按字顺排列的款目组成。目录编制是指根据信息的题名编制目录，系统化记载和揭示相关信息内容。文摘是指对信息简明扼要摘录其重要内容，以便更全面地指示信息的方法。

三次信息开发，是在一次信息、二次信息的基础之上，通过分析概括而形成更深层次的信息。简讯和调查报告属于三次信息开发。简讯是用简明扼要的语言报道最新动态信息。调查报告是在实地调查获得一手信息的基础上，通过分析得出反映有关事实的本质特征信息的三次信息产品。

（二）信息开发的方法及信息编写的类型

1. 信息开发的方法

信息开发有多种方法，在实际工作中要善于选择和运用。

(1) 汇集法。把关于某一主题的信息按照一定的标准汇集在一起。

(2) 归纳法。将关于某一主题的信息集中起来，进行系统综合分析，明确说明某方面的工作动态。

(3) 纵深法。把若干具有内在联系的信息或不同时期的有关信息从纵向进行比较，形成新信息材料。

(4) 连横法。把若干不同来源的信息按照某一主题进行横向连接，做出比较分析，形成新的信息材料。

(5) 浓缩法。压缩信息材料的篇幅，以求主题突出、文字简明精练。

(6) 转换法。把不易理解的数字和文字转换为易于理解的数字和文字。

(7) 图表法。将有一定规律的数据制成图表。

2. 信息编写的类型

开发的信息通常被编写为如下几种类型：

(1) 动态型信息。反映某项工作、活动或事件的发生、发展、变化的客观情况。

(2) 建议型信息。反映问题并提出解决问题的措施。

(3) 经验型信息。反映地区、单位、部门某方面经验的信息。

(4) 问题型信息。即负面信息。

(5) 预测型信息。预测社会动态、经济动态、市场前景、工作情况等的信息。

3. 信息开发的要求

进行信息开发要注重调查研究，通过各种渠道全面、及时获取信息，充分利用信息网络开发系统，运用信息开发技巧，加强对信息的加工、综合分析、提炼和概括，开发出有特色、利用价值大、可信度高的信息。

二、信息利用和反馈

（一）信息利用的方法和要求

信息利用首先要确定信息的内容和利用需求，然后选择利用服务的途径，最后获取并提供信息和信息加工品。

信息利用要求注意对日常信息的积累，最大限度地满足信息需求，遵守信息法规，维护信息安全。

(二) 信息的反馈

1. 信息反馈的形式

信息反馈有如下几种形式：

(1) 纵向反馈和横向反馈。纵向反馈是向上级管理部门和决策层反映执行指令情况的反馈形式，横向反馈是同级组织之间的信息反馈。

(2) 正反馈和负反馈。决策执行中的成绩、经验方面的信息反馈为正反馈，问题、失误方面的反馈为负反馈。

(3) 前反馈和后反馈。在信息发出前信息接收者向信息发出者提出要求和愿望是前反馈，在信息发出后信息接收者对信息做出的反应是后反馈。

2. 信息反馈的方法

信息反馈有连续型、系列型、广角型三种方法。

(1) 连续型反馈信息。对工作过程中的某个关键问题在短期内连续不断地进行反映。

(2) 系列型反馈信息。将工作活动的全过程情况按不同的发展阶段连续反映。

(3) 广角型反馈信息。对工作活动的某个过程从不同角度进行反映。

3. 信息反馈的要求

信息反馈要求反馈时间要短，反馈内容要准确、真实、广泛、全面，要多信源、多通道反馈。

项目五　信息决策服务和工作制度

一、信息决策服务

1. 辅助决策的信息工作内容

(1) 决策前的信息超前服务。

(2) 决策中的信息跟踪服务。

(3) 决策后的信息反馈服务。

2. 辅助决策的信息工作方法和工作要求

辅助决策的信息工作有调查法、比较法、预测法、综合法、优选法五种方法。

辅助决策的信息工作要求：

(1) 多渠道获取信息。在决策的过程中要主动、积极地通过各种渠道获取大量有效的决策信息。

(2) 客观、有针对性地提供信息。提供的信息要及时、准确、真实、完整，同时要提供能直接反映决策项目具体内容的信息、相关领域的决策活动信息和体现相关历史过程的信息。

(3) 及时补充搜集信息。在决策中有信息不完备或条件与环境发生变化的情况发生时，要及时补充信息、更新信息。

二、信息工作制度

1. 信息工作制度的内容

信息工作制度是组织制定的、要求人们共同遵守的、确保信息工作正常运行的各种规则要求，涉及信息搜集、整理、传递、存储、反馈和利用的各个环节。信息工作制度包括标题、内容、形成者、形成时间、有关解释与说明，一般应写明适用范围、工作程序、各部门及工作人员职责和违反该制度应承担的责任等。

2. 信息工作制度制定要求

(1) 形式要求：语言准确简洁，文字和标点符号正确、规范，可以用段落形式或条文形式表述。

(2) 内容要求：内容应当明确、具体、有可操作性，符合法律法规和国家方针政策；如新制度替代原制度，必须写明原制度废止时间。

思考与实训题

1. 信息工作包括几个程序？
2. 信息的搜集有哪些方法？说说筛选有必要吗？
3. 信息的校核有哪些方法？
4. 信息的传递可用怎样的形式？
5. 信息的开发有哪些方法？
6. 信息如何利用？信息反馈有几种形式？
7. 辅助决策的信息工作都有哪些要求？
8. 解释信息工作的环节：搜集→整理→传递→存储→反馈→利用。

第六章　秘书理论与实务拓展试题

作答要求：

1. 请分析“基础业务素质选择题”，判断出单项选择题和多项选择题，并给出正确答案，然后列表，将单项选择题和多项选择题答案按序号分列填入表中。

2. 工作实务题请按要求进行作答，并按其要求形式给出标准答案。

一、基础业务素质选择题，每题有一个或多个答案正确，请仔细分析辨别，给出答案。

1. 下列属于日常事务文书的有(　　)。

A. 请柬　B. 意向书　C. 订货单　D. 招标书

2. 我国现在实施的《国家行政机关公文处理办法》是(　　)开始实施的。

A. 2000年8月24日　B. 2001年8月24日

C. 2001年1月1日　D. 2000年1月1日

3. 公文的各要素为(　　)。

A. 眉首　B. 版心　C. 主体　D. 版记

4. 发文字号三要素包括(　　)。

A. 发文机关代字　B. 发文年份　C. 发文顺序号　D. 六角括号

5. 日常工作中公文用纸常采用A4型，它成品幅面尺寸为(　　)。

A. 210毫米×297毫米　B. 157毫米×210毫米

C. 210毫米×157毫米　D. 297毫米×210毫米

6. 公文排版正文用3号仿宋字，一般每面排(　　)，每行排(　　)个字。

A. 20,28　B. 28,28　C. 22,28　D. 28,22

7. 公文的紧急程度分为(　　)。

A. 特急　B. 急件　C. 平件　D. 限时送达

8. 公文较多运用的表达方式是(　　)。

A. 叙述、描写、说明　B. 抒情、叙述、说明

C. 叙述、议论、说明　D. 抒情、议论、说明

9. 公文具备特定格式的有(　　)。

A. 信函式　B. 命令式　C. 请求式　D. 会议纪要式

10. “适用于各级人民政府按照法律程序向同级人民代表大会或人民代表大会常务委员会提请审议事项”时使用的专用文种是(　　)。

A. 请示　B. 意见　C. 议案　D. 建议

11. 下列文种可用于党委机关和行政机关的是(　　)。

A. 决定　B. 公告　C. 公报　D. 议案

12. 公务文书运用语言的标准中不含有的是（　　）。

A. 准确　B. 精练　C. 简洁　D. 平实

13. 计算机内存包括（　　）。

A. CPU　B. ROM　C. RAM　D. RMB

14. 网络大体上由（　　）组成。

A. 通信子网　B. 局域网　C. 资源子网　D. 数据源网

15. 下列做法不会造成微机系统故障的有（　　）。

A. 硬盘频繁更换　B. 剧烈震动

C. 整理硬盘　D. 硬盘正在读写文件时，关闭电源

16. CPU 是（　　）。

A. 主板　B. 中央处理器　C. 内存　D. 硬盘

17. 数码相机的特色是（　　）。

A. 图像存储　B. 声音存储　C. 图像数字化存储　D. 关机即取像

18. 当使用静电复印机制作胶片或载体纸张较厚的物品时，一般用（　　）的送纸方式。

A. 自动送纸　B. 手动送纸　C. 盒式送纸　D. A 和 B 均可

19. 公文除（　　）以外，应当加盖印章。

A. 简报　B. 会议纪要

C. 计划　D. 以电报形式发出的公文

20. 印章的作用是（　　）。

A. 表示公文已阅　B. 表示对公文负责

C. 证实公文的效力　D. 证实公文的信用

21. 连接到网络上的、能利用网络资源的计算机叫（　　）。

A. 微机　B. 用户　C. 服务器　D. 工作站

22. 速记在秘书工作中的作用是（　　）。

A. 提高工作效率　B. 记录有声语言　C. 记录无声语言　D. 属于秘书的基本功

23. 下列速记正确的是（　　）。

A. 博物馆——博　B. 雪中送炭 4

C. 共产主义——共义　D. 路线、方针、政策——路 3

24. 拼音速记声符分大型符、中型符、小型符，其比例是（　　）。

A. 3 ∶ 2 ∶ 1　B. 4 ∶ 2 ∶ 1　C. 6 ∶ 2 ∶ 1　D. 4 ∶ 3 ∶ 2

25. 汉字速记是（　　）的快写。

A. 行书　B. 草书　C. 行草　D. 楷书

26. 有限责任公司的股东的最高人数为（　　）。

A. 20 人　B. 30 人　C. 40 人　D. 50 人

27. 公司的行为能力包括（　　）。

A. 民事行为能力　C. 侵权行为能力　B. 刑事责任能力　D. 刑事行为能力

28. 有限责任公司的组织机构包括（　　）。

A. 股东会　B. 董事会及经理、监事会

C. 董事会　D. 经理办公室

29. 股份有限公司若想成为上市公司，公司的股本总额应不少于（ ）人民币。
A. 3000 万元 B. 4000 万元 C. 5000 万元 D. 6000 万元
30. 合同法的基本原则是（ ）。
A. 平等自愿原则 B. 公平原则 C. 诚实信用原则 D. 合法的原则
31. 中外合资经营企业，外国合营者的投资一般不低于（ ）。
A. 15％ B. 20％ C. 25％ D. 30％
32. 不属于合同履行的担保方式的有（ ）。
A. 定金 B. 保证 C. 留置 D. 信誉
33. 我国社会保险的特点是（ ）。
A. 强制性 B. 补偿性 C. 互济性 D. 约束性
34. 劳动争议的解决途径有（ ）。
A. 协商 B. 调解 C. 仲裁 D. 诉讼
35. 不属于合同中的免责条款无效的有（ ）。
A. 造成对方人身伤害 B. 故意使对方财产造成损失
C. 损害社会公共利益 D. 因重大过失造成对方财产损失
36. 劳动法规定童工的年龄为（ ）。
A. 14 岁 B. 15 岁 C. 16 岁 D. 17 岁
37. 著作权的内容为（ ）。
A. 人身权 B. 财产权 C. 发表权 D. 发行权
38. 劳动合同可以约定试用期，试用期最长不得超过（ ）。
A. 3 个月 B. 5 个月 C. 6 个月 D. 一年
39. 商标权特征有（ ）。
A. 专有性 B. 时间 C. 地域性 D. 法律性
40. 下列不属于人身权的有（ ）。
A. 发表权 B. 发行权 C. 署名权 D. 修改权
41. 现代企业运作的四个过程是（ ）。
A. 转换→产出→反馈→投入 B. 反馈→投入→转换→产出
C. 产出→反馈→投入→转换 D. 投入→转换→产出→反馈
42. 不属于著作客体的有（ ）。
A. 歌词 B. 口述作品 C. 历法 D. 绘画
43. 会计核算的主要形式是（ ）。
A. 记账 B. 核账 C. 算账 D. 报账
44. 税收特征（ ）。
A. 固定性 B. 调节性 C. 强制性 D. 无偿性
45. 税收的职能是（ ）。
A. 财务收入 B. 调节经济 C. 监督 D. 利民
46. 世界贸易组织 1995 年在（ ）正式成立。
A. 纽约 B. 日内瓦 C. 瑞士 D. 洛桑

47. 会计最基础的工作是(　　)。

A. 核算　　B. 监督　　C. 记账　　D. 算账

48. (　　)的发生导致资产的减少或负债的增加。

A. 费用　　B. 负债　　C. 收入　　D. 资产

49. 税收构成要素(　　)。

A. 纳税人　　B. 税目　　C. 计现依据　　D. 违章处理

50. 只适合用来存储的银行是(　　)。

A. 中央银行　　B. 商业银行　　C. 专业银行　　D. 外资银行

51. (　　)是国家财政收入的主要形式和调节经济的重要杠杆。

A. 税收　　B. 纳税　　C. 缴税　　D. 税源

52. 要用决议文种的有(　　)。

A. 党委系统　　B. 人大系统　　C. 股东代表大会　　D. 职工代表大会

53. 决定可分为(　　)。

A. 指令性决定　　B. 宣告性决定　　C. 告知性决定　　D. 奖励性决定

54. 通知的种类有(　　)。

A. 指示性通知　　B. 发布性通知　　C. 批转型通知　　D. 转发型通知

E. 任免通知

55. 批复的正文由(　　)构成。

A. 批复引语　　B. 批复内容　　C. 结尾用语　　D. 批复日期

56. 公文的基本要素包括(　　)。

A. 材料　　B. 主题　　C. 结构　　D. 语言

57. 公务文书运用语言的标准是(　　)。

A. 准确　　B. 简洁　　C. 生动　　D. 平实

58. 公文最常用的表达方式有(　　)。

A. 议论与说明　　B. 说明与记叙　　C. 说明、记叙和描写　　D. 叙述、议论和说明

59. 批复是一种针对性很强的公文,它(　　)。

A. 针对请示单位　　B. 针对请示文种

C. 针对市场形势变化　　D. 针对请示事项

60. 受双重领导的单位向上级行文(　　)。

A. 应根据内容写明主报单位和抄报单位

B. 向上级的请示不要同时向下级抄送

C. 接受抄送件的单位,不应再向其他单位抄送

D. 可以请求抄报单位与主报单位共同解决所请示的问题

61. 下行文有(　　)。

A. 逐级行文　　B. 多级行文

C. 越级行文　　D. 直达基层组织或群众的行文

62. 按《档案著录规则》的要求,一份公文标引主题词的数量为不超过(　　),按《国务院公文主题词表》的要求,一般不超过(　　)。

A. 5,8　　B. 5,7　　C. 7,5　　D. 8,5

63. 国务院确定的生产特殊产品的公司或者属于特定行业的公司,必须采用(　　)形式。
A. 有限责任公司　B. 国有独资公司　C. 股份有限公司　D. 上市公司
64.《著作权法》规定,作品自创作完成后(　　)年内未发表的,则不予保护。
A. 40　B. 50　C. 60　D. 30
65. 我国发表专利权的期限为(　　)年。
A. 10　B. 20　C. 30　D. 40
66. 会计的两个基本职能是(　　)。
A. 核算和监督　B. 核算和预算　C. 监督和决策　D. 核算和分析
67. 文章由(　　)几个要素构成。
A. 材料、结构　B. 主题、说明　C. 结构、语言　D. 语言、主题
68. (　　)是行政机关的法定公文,党委机关不用。
A. 公告　B. 通告　C. 议案　D. 决议
69. (　　)与其他公文格式不同。
A. 信函式　B. 命令式　C. 通知式　D. 会议纪要式
70. 常见的公司资本包括(　　)。
A. 注册资本　B. 发行资本　C. 认购资本　D. 实缴资本
71. 会议通常要有(　　)共同参与。
A. 2 人以上　B. 3 人　C. 3 人或 3 人以上　D. 2 人
72. 公文区别于其他文体的标志之一就是(　　)的要求。
A. 程序　B. 格式　C. 字体　D. 语言
73. 公文文字在民族自治地方可采用(　　)。
A. 汉字　B. 通用的少数民族文字
C. 该地区主要少数民族的文字　D. 汉字和通用的少数民族文字
74. 下列属于事务文书的有(　　)。
A. 意见　B. 请柬　C. 合同　D. 意向书
75. 不属于公文要素的有(　　)。
A. 主体　B. 眉首　C. 附件　D. 版记
76. 与会人员、会议地点相对固定,基本上是定期召开的是(　　)。
A. 经理例会　B. 新产品新闻发布会
C. 客户咨询会　D. 业务洽谈会
77. 党的领导机关的专用公文眉首式样为(　　)。
A. 发文机关标识、公文份数序号等加一条红色反线
B. 发文机关标识、公文份数序号等加一条黑色反线
C. 发文机关标识、公文份数序号等加一条黑色反线,中间加一颗红五星
D. 发文机关标识、公文份数序号等加一条红色反线,中间加一颗红五星
78. 公文标题的三要素为(　　)。
A. 文种　B. 签发人　C. 公文事由　D. 发文机关
79. 公文的核心部分是(　　)。
A. 公文附件　B. 公文主体　C. 公文眉首　D. 公文版记

80. 印章的作用是(　　)。

A. 证实公文的效力　　B. 代表发文机关

C. 证实公文的作用　　D. 表示对公文负责

81. 计算机进行工作的物质基础是(　　)。

A. 电源　　B. 硬件　　C. 软件　　D. 主机

82. 公文成文日期的书写位置有(　　)。

A. 题下标注　　B. 文尾标注　　C. 题左方标注　　D. 题右方标注

83. 计算机的整体性能取决于(　　)。

A. 硬件　　B. 软件　　C. 主机　　D. CPU

84. 公文具有特定格式的有(　　)。

A. 报表式　　B. 信函式　　C. 命令式　　D. 会议纪要式

85. 中文 Windows98 是(　　)位多任务操作系统。

A. 32　　B. 33　　C. 34　　D. 35

86. 对结构有总体要求是(　　)。

A. 严谨　　B. 自然　　C. 完整　　D. 统一

87. 数码相机的核心部件是(　　)。

A. CCD 图像传感器　　B. 镜头

C. 胶片　　D. 暗箱

88. 汉字速记一般采用(　　)。

A. 行书　　B. 楷书　　C. 草书　　D. 宋体

89. 为了节省网费，可以对 web 站做(　　)。

A. 复制　　B. 脱机浏览　　C. 剪切　　D. 共享

90. 公司法的原则包括(　　)。

A. 平等自愿　　B. 公平　　C. 诚实信用　　D. 合法

91. (　　)是提高记录书写速度的重要技巧之一。

A. 略符　　B. 声符　　C. 英文字符　　D. 阿拉伯数字

92. 取得商标权应遵循的原则有(　　)原则。

A. 合法　　B. 先申请　　C. 注册　　D. 公正

93. (　　)表示公司的特点和性质。

A. 权利和义务　　B. 公司名称　　C. 资本金　　D. 组织机构

94. 股份有限公司的创立大会应有代表股份总数(　　)以上的认股人出席，方可举行。

A. 40%　　B. 50%　　C. 60%　　D. 80%

95. (　　)是财务制度的具体实现。

A. 公司章程　　B. 会计制度　　C. 按劳分配制度　　D. 资金管理

96. 股份有限公司发起人所持有的公司股份自公司成立之日起(　　)年内不得转让。

A. 1　　B. 2　　C. 3　　D. 5

97. 在有限责任公司中，证明股东出资份额的权利证书称为(　　)。

A. 股票　　B. 责任证明书

C. 出资证明书　　D. 出资说明书

98. 版记的最后一个要素应置于(　　)。
A. 第一行　B. 最后一行　C. 横线之上　D. 横线之下
99. 中外合资经营企业的董事会的人数不得少于(　　)人。
A. 3　B. 5　C. 10　D. 2
100. (　　)是国家行政机关公文的最高级形式。
A. 通报　B. 公告　C. 命令　D. 宪法
101. 公文份数序号至少要有(　　)位。
A. 二　B. 三　C. 四　D. 五
102. 公文如有附注,应当加(　　)标注。
A. 星号　B. 括号　C. 破折号　D. 着重号
103. 当事人采用合同书形式订立合同的,自(　　)合同成立。
A. 双方当事人签字　B. 签订后
C. 盖章　D. 双方当事人签字或盖章
104. 属于著作权客体不包括的有(　　)。
A. 文字作品　B. 口述作品　C. 艺术作品　D. 时事新闻
105. 公告内容的重要性(　　)通告。
A. 大于　B. 等于　C. 小于　D. 几乎一样于
106. 税收的基本特征不包括(　　)。
A. 无偿性　B. 固定性　C. 强制性　D. 公益性
107. 拼音速记声符分为三级:小型、中型、大型,其比例是(　　)。
A. 1∶2∶3　B. 3∶2∶1　C. 6∶4∶2　D. 2∶4∶6
108. 速记时,在汉语中虽有音节,但没有相应汉字的应该(　　)。
A. 用符号代替　B. 用字母　C. 用英文　D. 不拼写
109. 以自然资源为课税对象的税称为(　　)。
A. 财产税　B. 资源税　C. 能源税　D. 自然资源税
110. 属于金融工具的包括(　　)。
A. 金银　B. 各种票据　C. 有价证券　D. 借据
111. 中外合资经营企业属于(　　)的合营企业。
A. 债权式　B. 股权式　C. 上市式　D. 以上均错
112. 拼音速记声符的斜度有(　　)。
A. 50°左右　B. 20°左右　C. 30°左右　D. 0°
113. 复印机应使用交流电,电源的定额为(　　)。
A. 220—240V,50Hz,15A　B. 220—240V,100Hz,15A
C. 220V,50Hz,15A　D. 220V,50Hz,15A
114. 注册商标首先要办的事是(　　)。
A. 注册　B. 申请　C. 公证　D. 审批
115. 现代企业运作的第四个环节是(　　)。
A. 转换　B. 反馈　C. 投入　D. 产出

116. 公司终止的事由包括（　　）。

A. 宣告破产　　B. 公司合并　　C. 自愿解散　　D. 强制解散

117. 会计总分类科目又称为（　　）。

A. 明细科目　　B. 一级科目　　C. 二级科目　　D. 明细分类科目

118. 金融市场又称（　　）。

A. 货币市场　　B. 资金市场　　C. 资产市场　　D. 资源市场

119. 会计的要素是指（　　）。

A. 资产、负债、所有者权益　　B. 费用、资产、负债

C. 费用、收入、利润　　D. A 和 C

120. 不适用于储存的银行是（　　）。

A. 中央银行　　B. 农业银行　　C. 商业银行　　D. 外资银行

121.（　　）的发文目的在于让收文机关知道要做什么事以及如何去做，有哪些注意事项等。

A. 通知　　B. 通报　　C. 通告　　D. 公告

122. 现代企业文化的功能包括（　　）。

A. 导向功能　　B. 约束功能　　C. 凝聚功能　　D. 辐射功能

123. 批复的结尾用语表示正确的是（　　）。

A. 已经批准　　B. 特此批准　　C. 特此批复　　D. 已经批复

124. 公文的制发者必须是法定的（　　）。

A. 机关　　B. 组织　　C. 集体　　D. 负责人

125. 批复的正文应包括（　　）。

A. 批复内容　　B. 批复引语　　C. 落款日期　　D. 结尾用语

126. 公文如有附注，应在正文下（　　）左空（　　）用 3 号仿宋体。

A. 三行，2 字　　B. 二行，2 字　　C. 一行，2 字　　D. 2 字，一行

127. 下列属于报告类别的有（　　）。

A. 工作报告　　B. 思想报告　　C. 情况报告　　D. 调查报告

128. 发文注册，要为待发文件编注（　　）。

A. 签发人　　B. 会签人　　C. 审核人　　D. 发文字号

129. 公文标题中除（　　）标题加书名号外，一般不用标点符号。

A. 引文　　B. 法规　　C. 规章　　D. 文件

130. 行政公文除（　　）和以电报形式发出的以外，均应加盖公章。

A. 会议纪要　　B. 会议记录　　C. 简报　　D. 函

131. 主送机关应当使用（　　）。

A. 统称　　B. 全称

C. 规范化简称　　D. 主送机关负责人职务

132. 意向书的特点是协商性和（　　）。

A. 法定性　　B. 简约性　　C. 灵活性　　D. 不可更改性

133. 汉字速记可以运用（　　）借代方式快写。

A. 象形会意　　B. 学科符号　　C. 简写符号　　D. 汉字拼音字母

134. 在拼音速记中，声符书写的笔顺有（　　）。

A. 一种　　B. 两种　　C. 三种　　D. 四种

135. 公司法规定，（　　）为筹集生产经营资金，可以依法发行公司债券。

A. 国有独资公司　　B. 股份有限公司

C. 两个以上国有企业投资设立的有限责任公司　　D. 合伙企业

136. 作为账簿登记依据的是（　　）。

A. 会计科目　　B. 提货单据　　C. 原始凭证　　D. 记账凭证

137. 库存控制卡的内容包括（　　）。

A. 最大库存量　　B. 最小库存量　　C. 库存增加量　　D. 库存余额量

138. 某五金公司保存有大量五金产品档案，根据五金产品档案的特点，适宜的分类方法是（　　）。

A. 项目分类法　　B. 型号分类法　　C. 专业分类法　　D. 时间分类法

139. 上司请你收集公司售后服务方面的信息，你应明确（　　），并做好准备工作。

A. 收集信息的范围　　B. 收集信息的渠道

C. 收集信息的工作原则　　D. 收集信息的方法

140. 公文排版正文用（　　）。

A. 3号宋　　B. 4号宋　　C. 3号仿宋　　D. 4号仿宋

141. 党委机关不用（　　）。

A. 议案　　B. 计划　　C. 总结　　D. 请示

142. （　　）文种不用加盖公章。

A. 会议记录　　B. 请示　　C. 批复　　D. 通报

143. 静电复印机使用步骤的第一步是（　　）。

A. 放纸　　B. 预热

C. 设定份数　　D. 选择复印纸尺寸

144. 计算机网络中，（　　）是局域网组网的核心设备。

A. 集线器　　B. 网卡　　C. 中继器　　D. 网桥

145. 日常事务文书包括（　　）。

A. 计划　　B. 函　　C. 意向书　　D. 调查报告

146. 国有独资公司不设（　　）。

A. 理事会　　B. 股东会　　C. 监事会　　D. 经理

147. 公文除（　　）以外，均应当加盖印章。

A. 会议记录　　B. 意见　　C. 会议纪要　　D. 请示

148. 符合上市公司的条件中，开业时间要在（　　）年以上。

A. 2　　B. 3　　C. 4　　D. 4

149. 网络可提供的服务包括（　　）。

A. 数据与信息的查询　　B. 高速通信服务

C. 电子教育　　D. 电子购物

150. 现代速记技术包括（　　）。

A. 录音机　　B. 手写速记　　C. 记录　　D. 电脑速记

151.（　　）是市场经济的主体。

A. 企业　B. 农业　C. 林业　D. 牧业

152. 公司的行为能力包括（　　）。

A. 法律行为能力　B. 民事行为能力　C. 侵权行为能力　D. 刑事行为能力

153. 我国的中央银行是（　　）。

A. 中国中央银行　B. 中国工商银行　C. 中国人民银行　D. 中国建设银行

154. 股份有限公司组织机构是（　　）。

A. 股东会　B. 董事会　C. 经理　D. 监事会

155. 有限责任公司组织机构包括（　　）。

A. 权力机构　B. 执行机构　C. 领导机构　D. 监督机构

156. 下列属于合同内容的是（　　）。

A. 数量　B. 质量　C. 抵押贷款　D. 价款

157. 世界贸易组织的最高决策机构是（　　）。

A. 总理事会　B. 专门理事会　C. 专门委员会　D. 部长会议

158. 要用决议文种的有（　　）。

A. 党委系统　B. 人大系统　C. 股东代表大会　D. 职工代表大会

159. 劳动法不适用于（　　）。

A. 进城打工者　B. 现役军人　C. 公务员　D. 种地农民

160. 股份制有限公司的注册资本最低限额为（　　）万元人民币。

A. 500　B. 1000

C. 2000　D. 5000

161. 股份有限公司发起人符合法定人数为（　　）。

A. 2 人以上　B. 5 人以上　C. 2—5 人　D. 2—50 人

162. 批复的正文由（　　）构成。

A. 批复内容　B. 批复引语　C. 结尾用语　D. 批复日期

163. 公司法是调整在我国协调经济运行过程中发生的关于公司的（　　）法律规范。

A. 政治关系　B. 经济关系　C. 组织关系　D. 权力关系

164. 公文的内容和形式的基本要素包括（　　）。

A. 材料　B. 语言　C. 结构　D. 主题

165. “教育改革”的略写格式正确的是（　　）。

A. 教育　B. 教改　C. 教—　D. 教改—

166. 外资企业法还规定，外资企业与其他公司、企业或者经济组织以及个人签订合同，适用（　　）。

A.《外资企业法》　B.《中华人民共和国企业法》

C.《中华人民共和国合同法》　D.《外商投资企业法》

167. 会计制度是指公司的（　　）。

A. 会计权力　B. 会计记账　C. 会计监督　D. 会计核算

168. 根据劳动法的规定，发生（　　）情形时，劳动合同即行终止。

A. 试用期限届满的　B. 企业合并或分立的

C. 企业被宣告破产的　　D. 劳动者患重病的

169. 根据合同法规定，下列关于违约责任的说法错误的是(　　)。

A. 违约责任是一种民事责任　　B. 违约责任是一种财产责任

C. 违约责任是一种人身责任　　D. 违约责任具有一定的惩罚性

170. 公司具有的能力分为(　　)。

A. 权利能力　　B. 行为能力　　C. 权力能力　　D. 责任能力

171. 世界贸易组织的责任是(　　)。

A. 世贸组织的争端　　B. 制定全球经济政策

C. 调整国际贸易秩序　　D. 制定多边贸易协定

172. 依据著作权法，下列属于著作权客体的作品有(　　)。

A. 时事新闻　　B. 地图　　C. 法规　　D. 历法

173. 专利法的基本特征取决于客体专利的(　　)。

A. 独占性　　B. 垄断性　　C. 排他性　　D. 垄断权

174. 商标权特征(　　)。

A. 排斥性　　B. 地域性　　C. 专有性　　D. 时间性

175. 属于世界贸易组织的组织机构有(　　)。

A. 部长会议　　B. 专门理事会　　C. 专门委员会　　D. 总理事会

E. 总干事及秘书处

176. 下列发文字号错误的是(　　)。

A. 国发〔2012〕15 号　　B. 国发〔2012〕15 号

C. 国发〔2012〕15 号　　D. 国发〔2012〕15 号

177. 请示与报告的根本性区别在于(　　)。

A. 写作结构不同　　B. 目的不同　　C. 结束语不同　　D. 处理方式不同

178. 适用于答复下级请示事项的文种称之为(　　)。

A. 批准　　B. 报告　　C. 批复　　D. 请示

179. 下面音节略写速记正确的是(　　)。

A. 纪律性 3　　B. 电信局 3　　C. 经得起 3　　D. 大中小 3

180. 发文机关(　　)，又叫公文版头，位于公文眉首的上部，居中排列。

A. 代字　　B. 代号　　C. 题目　　D. 标识

181. 下列作品中不属于著作权客体的作品有(　　)。

A. 口述作品　　B. 时事新闻　　C. 计算机软件　　D. 公式

182. 下列属于非银行性机构的有(　　)。

A. 国家开发银行　　B. 信用合作社　　C. 中国农业发展银行　D. 中国进出口银行

183. 我国第一大税种是(　　)。

A. 消费税　　B. 增值税　　C. 营业税　　D. 关税

184. 企业管理本质上是对(　　)的管理。

A. 人　　B. 资源　　C. 资金　　D. 物品

185. 会计核算的主要形式有(　　)。

A. 记账　　B. 报账　　C. 算账　　D. 监督

186. 合同内容中最重要的一项为（　　）。

A. 数量　　B. 质量　　C. 标的　　D. 价款

187. 下列不能授予专利权的有（　　）。

A. 科学发现　　B. 外观设计　　C. 治疗方法　　D. 发明

188. 公文用纸为（　　），其成品幅面尺寸为 210 毫米×297 毫米。

A. A5 型　　B. A4 型　　C. B5 型　　D. B4 型

189. （　　）是党委机关的法定文种，行政机关不用。

A. 请示　　B. 批复　　C. 报告　　D. 决议

190. 税收的基本特征是（　　）。

A. 无偿性　　B. 自愿性　　C. 固定性　　D. 强制性

191. 两个单位联合行文且有两个印章时，应将成文日期拉开，左右各空（　　）字。

A. 5 个　　B. 6 个　　C. 7 个　　D. 8 个

192. 行政公文的主要种类有（　　）类。

A. 11　　B. 12　　C. 13　　D. 14

193. 完整的标题包括（　　）。

A. 发文机关名称　　B. 发文字号　　C. 公文事由　　D. 文种

194. 单一机关制发的公文在落款处不署发文机关名称，只标识成文时间。成文时间（　　）。

A. 右空 4 字　　B. 左空 4 字　　C. 右空 3 字　　D. 左空 3 字

195. 承担违约责任的方式有（　　）。

A. 支付违约金　　B. 支付赔偿金　　C. 继续履行　　D. 定金制裁

196. 如果保养合理，一台数码相机至少可以拍摄（　　）张照片。

A. 100 000　　B. 200 000　　C. 300 000　　D. 400 000

197. 劳动者解除劳动合同，应当提前（　　）日以书面形式通知用人单位。

A. 10　　B. 20　　C. 30　　D. 60

198. 下列不属于现代企业资源的是（　　）。

A. 人力　　B. 物力　　C. 信息　　D. 科学

199. 属于公文制发程序的有（　　）。

A. 修改　　B. 审核　　C. 签发　　D. 发文注册

200. 关于速记在秘书工作中的作用的叙述，正确的有（　　）。

A. 记录有声语言　　B. 记录无声语言　　C. 只记录有声语言　　D. 只记录无声语言

201. 意见可用于（　　）。

A. 上行文　　B. 平行文　　C. 越级行文　　D. 下行文

202. 商标权的客体由（　　）组成。

A. 文字　　B. 图形　　C. 数字　　D. 图画

203. 我国现行资源税对象是矿产和（　　）。

A. 煤　　B. 盐　　C. 石油　　D. 铜

204. 公文如有（　　），应在正文下空 1 行，左空 2 字用 3 号仿宋体。

A. 附件　　B. 题注　　C. 附注　　D. 署名

205. 货币的职能除价值尺度，流通手段还有（　　）。

A. 储藏手段　B. 支付手段　C. 复合货币　D. 世界货币

206. 接待计划主要四项内容中，下列错误的一项是（　　）。

A. 确定接待规格　B. 议程安排　C. 经费预算　D. 工作人员

207. 正式公文只在文章落款处盖章，但带有存根的（　　）要分别盖骑缝章和文末落款章。

A. 公函和介绍信　B. 公函、介绍信和证明信

C. 公函和证明信　D. 介绍信和证明信

208. 为保护工作人员的视力，光线最好应来自（　　）。

A. 左前方　B. 右前方　C. 左后方　D. 右后方

209. 用于捕捉景物连续活动并能生成活动图像的设备有（　　）

A. 扫描仪　B. 投影仪　C. 摄像机　D. 照相机

210. 金鑫贸易公司改名为旺盛贸易有限公司，为了便于查找其存储在归档系统里的相关信息，最好建立（　　）。

A. 彩色标签　B. 颜色文件夹　C. 索引簿　D. 交叉参照卡

211. 一般情况下，企业办公室设立的零用现金由秘书管理，当单位内部工作人员需要使用领取零用现金时，应填写“零用现金凭单”，该凭单上须有（　　）。

A. 授权人审批、秘书签字　B. 授权人审批签字、申请人签名

C. 授权人批准、申请人签名　D. 申请人签名、秘书签名

212. 能够使信息有序化交流，将获取、处理的信息应用于实际工作的信息工作程序是（　　）。

A. 收集、处理、传递、存储、反馈　B. 收集、整理、传递、存储、利用

C. 收集、整理、存储、反馈、利用　D. 收集、整理、传递、存储、反馈

213. 秘书人员见到来访客人的第一时间，应该马上做出如下动作与表情的是（　　）。

A. 站起来、注视对方、上前握手　B. 注视对方、站起来、请对方坐下

C. 微笑、站起来、迎面走过去　D. 站起来、注视对方、微笑

214. 中鸿建筑公司赵小婉秘书将要把标有“机密”字样的一份文件紧急发传真给达远利公司，其操作过程及结果错误的是（　　）。

A. 利远达公司传真机处于自动接受状态，赵秘书马上发了过去

B. 赵秘书先打电话给达远利公司，听见有人接收，就发了过去

C. 先拨通达远利公司电话，确认是利远达公司主管正在接收，就发了过去

D. 赵秘书委托同事小丽，随便什么时间发过去都可以

215. 秘书人员接受上司交办的工作任务要弄清“三要素”（　　）。

A. 内容、时限、要求

B. 内容、时间、要求

C. 办什么事、什么时间完成、工作质量和注意事项等

D. 办什么事、什么时间、工作质量和注意事项等

216. 数码相机具有（　　）功能。

A. 输出、声音记录　B. 声音记录、图像处理

C. 输出、图像处理　　D. 即拍即显、声音记录

217. 从主陪人的角度讲，下列情况下，接待规格属于正常的是（　　）。

A. 河北万豪分公司王经理出面接待了中国万豪总公司于副总经理

B. 中国同仁总公司销售部业务员王清接待了其江苏分公司负责销售的包副总

C. 皇都酒店总经理接待了高登酒店大堂经理（两个酒店均属于五星级）

D. 中国金仕名总公司的张副总接待了驻外俄罗斯分公司负责营销业务员孔辉

218. 办公室工作人员的人际关系的协调有以下表现和要求（　　）。

A. 连续性　　B. 协同性　　C. 有序、和谐　　D. 舒适

219. 在（　　）情况下，公章应停止使用。

A. 机构变动　　B. 名称改变　　C. 领导人变动　　D. 公章损坏

220. 选择办公设备及办公用品供应商时，秘书人员要从（　　）这几个方面进行比较。

A. 价格与费用支出　　B. 质量与准时交货

C. 服务与位置（指与本单位距离远近）　　D. 安全与可靠性（商家信誉）

221. 信息的分类方法有（　　）。

A. 字母分类法、主题分类法　　B. 地名分类法、姓名分类法

C. 地区分类法、地名分类法　　D. 数字分类法、时间分类法、地区分类法

222. 信息存储的工作程序是（① 登记 ② 编码 ③ 排列 ④ 保管 ⑤保存）（　　）。

A. ①②　　B. ④ ⑤　　C. ② ③　　D. ③ ⑤④

223. 办公的硬环境要素主要包括（　　）。

A. 绿化环境、光线环境　　B. 空气环境、社会环境

C. 声音环境、空气环境　　D. 空气环境、自然环境

224. 办公用品库存保管，正确的措施有（　　）。

A. 旧物品放在新物品上面或前面　　B. 体积大、分量重的物品放在最下面

C. 订书钉放在装有 A4 纸的纸箱的后面　　D. 库房物品柜没有上锁

225. 光盘刻录机能够迅速得到人们广泛使用的理由。是因为光盘具有（　　）的优点。

A. 价格便宜　　B. 存储信息容量大且保存时间长

C. 可靠性高、便于携带　　D. 任何地方都可买到

226. 介绍信是用来介绍被派遣人员的姓名、身份、接洽事项等情况的一种专用书信，具有（　　）的作用。

A. 证明　　B. 介绍　　C. 凭证　　D. 介绍和证明

227. 下列通知题目正确的是（　　）。

A. 国务院办公厅转发科技部等部门关于推进县（市）科技进步意见的通知

B. 国务院转发科技部等部门关于推进县（市）科技进步意见的通知

C. 国务院办公厅转发科技部等部门推进县（市）科技进步意见的通知

D. 国务院办公厅转发科技部等部门关于推进县（市）科技进步的通知

228. 秘书每天早晨上班即提供给领导进行工作的主要依据是（　　）。

A. 日程表　　B. 报告单　　C. 计划表　　D. 记录单

229. 大会主席台座次（注：上北下南左西右东，与会人员面向北）的排列正确的是（　　）。

A. <u>7 5 3 1 2 4 6 8</u>　　B. <u>8 6 4 1 2 3 5 7</u>

C. 7 5 3 2 1 4 6 8　　D. 1 2 3 4 5 6 7 8

230. 文书的三个校次是指(　　)。

A. 看校　对校　三校　　B. 看校　对校　折校

C. 看校　对校　读校　　D. 一校　二校　三校

231. 北京市政府与辽宁省大连市政府之间的行文属于(　　)。

A. 上行文　B. 下行文　C. 平行文　D. 通用文

232. 北方药业公司有5000多名员工,财务部门在做工资账时,最适合使用的软件是(　　)。

A. Word　B. Excel　C. PowerPoint　D. IE6

233. 在我国,股份有限公司的注册资本最低限额不少于(　　)万元人民币。

A. 6000　B. 1000　C. 50　D. 5000

234. 合同的订立包括"要约"和(　　)共两个程序。

A. 回函　B. 发函　C. 承诺　D. 签字

235. 当今,在现代市场经济条件下,现代企业的组织形式主要是(　　)。

A. 承包制　B. 股份制　C. 工厂制　D. 公司制

236. "人力、物力、财力"可写成"人力^3"是速记(　　)略写法。

A. 熟知词　B. 词　C. 成语　D. 词组

237. 单位负责人对已审核的文稿予以审定、签字,准予印发,叫(　　)。

A. 批示　B. 批办　C. 拟办　D. 签发

238. 下列说法正确的是(　　)。

A. 不可随便使用单位印章　　B. 印章刻制的规格因级别高低而不同

C. 印章刻制必须履行严格的手续　　D. 印章刻制没有指定的刻制社

239. 属于简单的时间管理作为辅助手段的选项有(　　)。

A. 倡议书　B. 墙上计划板　C. 值班表　D. 领导指示

240. 在家工作模式的优点是(　　)。

A. 节省办公室空间和资金　　B. 加大了对员工监督和控制的难度

C. 同事之间业务交流减少　　D. 有更大的灵活性管理自己的时间

241. 吃西餐的礼仪是(　　)。

A. 不要用刀叉大声撞击盘子　　B. 右手持叉,左手持刀

C. 将食物切成小块再送进嘴里　　D. 吃鸡、虾、螃蟹等,不可用手撕开吃

242. 光盘刻录机能够迅速得到人们广泛使用的理由,是因为光盘具有(　　)的优点。

A. 价格便宜,且不容易损坏　　B. 存储信息容量大

C. 保存时间长　　D. 任何地方都可买到

243. 下列属于横向沟通的形式有(　　)。

A. 部门会议　　B. 面试

C. 员工座谈　　D. 小李给小刘的备忘录

244. 联绵词是中国汉语独有的,快速书写时,只要写出第一个音节,第二个音节就能推知出来,如(　　)。

A. 伶俐　　B. 道路

C. 葡萄　　D. 蜘蛛

245.下列文件中不用归入档案的是(　　)。

A. 关于表彰优秀共产党员、优秀党务工作者的决定

B. 辽宁省委关于张林巳等同志职务任免的通知

C. 金多制砖厂车间的任务分工单

D. 沈阳公安干部学校关于开展环境卫生的通知

246. 下列属于行政公文的有(　　)。

A. 申请书　　B. 询问函　　C. 答复函　　D. 商洽函

247. 下列对 Windows XP 桌面上图标的叙述中,正确的是(　　)。

A. 所有的图标都可以重命名　　B. 图标可以重新排列

C. 图标可以复制　　D. 所有的图标都可以移动

248. 秘书管理文件的归案,一般在档案形成的第二年的(　　)内向档案部门移交。

A. 上半年　　B. 下半年　　C. 前两月　　D. 前 3 个月

249. 承办单位为保证建议(提案)办理任务的按期完成,秘书要经常与具体的办理部门保持联系,定期督促和检查。这一程序叫做(　　)。

A. 交办　　B. 承办　　C. 催办　　D. 审查

250. 不可以在 Windows XP 桌面上放置的是(　　)。

A. 应用程序图标　　B. 文件图标　　C. 文件夹图标　　D. 表格

251. 获得办公设备使用权主要的方式有(　　)。

A. 租借　购买　　B. 赠送　租借　　C. 购买　赠送　　D. 租用　购买

252. 秘书购货时收到供应商的发票后,应注意将发票上的信息与(　　)详细对照。

A. 入库单　交货单　　B. 计划单　入库单

C. 交货单　订货单　　D. 计划单　订货单

253. 拟订会议的应急方案属于(　　)工作。

A. 会议管理　　B. 会后落实　　C. 会前筹备　　D. 会中服务

254. 下列属于会中服务的工作有(　　)。

A. 提示会议按计划进行　　B. 审核会议文件

C. 监督会议经费的使用　　D. 评估会议工作

255.开诚公司决定购买 20 台笔记本电脑,秘书可以通过(　　)方式处理此事。

A. 上门订购　　B. 网上订购　　C. 电话订购　　D. 传真订购

256. 下列属于档案参考资料的有(　　)。

A. 大事记　　B. 组织沿革　　C. 企业年鉴　　D. 企业史志

257 . 在 Word 的编辑状态,进行字体设置操作后,新设置的字体显示出的文字是(　　)。

A. 整篇文档的文字　　B. 文档中被选择的文字

C. 插入点所在段的文字　　D. 插入点后新输入的文字

258. 秘书随从工作的基本要求是(　　)。

A. 工作要主动　　B. 办事要细心　　C. 不要帮倒忙　　D. 说话要谨慎

259. 在涉外商务交往中,礼宾次序可采用(　　)排列方法。

A. 所在国家的名称的拉丁字母

B. 来宾抵达现场的具体时间

C. 来宾告知东道主自己决定不能到访的具体时间

D. 不排列，随便坐

260. 关于批答函的正确说法是（　　）。

A. 批答函是向有关主管部门批答请批事项的函

B. 请批函是向有关主管部门请求批准的函

C. 批答函是有关主管部门批答请批事项的函

D. 请批函是有关主管部门请求批准的函

261. 制发档案复制本，又称复制供应，包括（　　）。

A. 内供复制　　B. 档案外借　　C. 档案证明　　D. 外供复制

262. 传达重要精神或情况，应使用（　　）。

A. 函　　B. 通知　　C. 通报　　D. 意见

263. 对文件草稿从内容到形式做全面的检查和修改，这是发文处理中（　　）环节。

A. 会商　　B. 审核　　C. 注发　　D. 签发

264. 需要标识签发人的是（　　）。

A. 命令、会议记录和批复　　B. 报告、请示和上行的意见

C. 函、通知、通报　　D. 公告和通告

265. 通报情况使用（　　）。

A. 通知　　B. 通告　　C. 通报　　D. 情况报告

266. 通报的表达方式侧重于（　　）。

A. 叙事　　B. 议论　　C. 说明　　D. 说明、说理

267. 机关或部门的领导人对来文办理提出处理意见的活动是收文处理中的（　　）。

A. 拟办　　B. 批办　　C. 承办　　D. 查办

268. 商洽性文件的主要文种是（　　）。

A. 请示　　B. 通知　　C. 函　　D. 通报

269. 批办是指（　　）。

A. 对发文稿的审核批示　　B. 对收文应如何办理所做的批示

C. 对公文正本的复核意见　　D. 对请示报告的处理

270. 重要公文的签发者应是机关（　　）。

A. 正职领导　　B. 主持常务的副职领导

C. 主持专项业务的副职领导　　D. 综合部门负责人

271. 通报与通知、决定相比，最突出的特点是（　　）。

A. 引导性　　B. 指挥性　　C. 周知性　　D. 呈请性

272. 函主要用于（　　）。

A. 不相隶属机关之间　　B. 上下级部门之间

C. 隶属机关之间　　D. 所有机关部门之间

273. （　　）的特点具有明确性、竞争性、具体性、规范性。

A. 招标书　　B. 投标书　　C. 计划　　D. 总结

274. 合同写作一般采用（　　）人称。

A. 第一　　B. 第二　　C. 第三　　D. 混合

275.记载、传达会议情况和议定事项的文书是（　　）。

A. 会议简报　B. 会议记录　C. 会议纪要　D. 会议通报

E.会议通知

276. 电子档案的归档应采用（　　）。

A. 物理归档　B. 逻辑归档　C. 双套制归档　D. 多套制归档

277. 档案管理制度的制定不仅要合法、适用、系统，更重要的是（　　）。

A. 可操作性　B. 规范性　C. 合理性　D. 现代性

278. 在工作中对重要事项或重大行动做出安排时，使用（　　）文种写作。

A.决定　B.通报　C.请示　D.函

279.催办的方法有（　　）。

A. 电话沟通　B. 发函催促　C. 召集会议　D. 实地督促

E.发文催办

280. 撰写通报要求做到（　　）。

A. 内容具有典型性，事例有代表性　B. 通报材料必须经深入调查和反复核实

C. 应使用说明与叙述的表达方式　D. 必须具有明确的政策依据与法规依据

281. 承办公文的方式多种多样，其中包括（　　）。

A. 召集会议　B. 面谈议论　C. 电话沟通　D. 实地调查指导

E. 发文落实

282. 通告与公告的不同之处（　　）。

A. 适用范围不同　B. 宣布事项不同　C. 制发者不同　D. 约束力不同

E. 告知性不同

283. 下面关于函的标题正确的是（　　）。

A. 天津市卫生局关于拟录用高校毕业生的函

B. 请批函

C. 关于合作开展计生干部远程学历教育的商洽函

D. 批答函

E. 国家标准局对修改和补充洗衣粉包装箱国家标准给工业部、商业部的复函

284. 述职报告的基本结构包括（　　）。

A. 标题　B. 称谓　C. 正文　D. 落款

E. 问候语

285.讲话稿的写作要注意（　　）。

A. 语言通俗易懂　B. 语音要抑扬顿挫有节奏感

C. 观点要含蓄　D. 结构曲径通幽

E. 多运用比喻、拟人、夸张等修辞手法

286. 总结的主体部分常常包括（　　）。

A. 回顾基本情况　B. 总结成绩和经验

C. 分析问题及其原因　D. 提出今后努力的方向

E. 问题解决采取的有效措施

287. 市场调查报告的主体部分包括(　　)。
A. 调查情况概述　B. 预测分析　C. 建议内容　D. 调查目的
E. 调查时间及方法
288. 市场调查报告具有(　　)。
A. 针对性　B. 真实性　C. 典型性　D. 时效性
E. 单一性
289. 招标书的主体部分主要包括(　　)。
A. 招标项目名称　B. 招标范围　C. 招标投标方法　D. 招标时限
E. 招标方式
290. 投标书的正文结构包括(　　)。
A. 送达机关　B. 引言　C. 主体　D. 结尾
E. 问候语
291. 投标书是提供给招标人的备选(　　)的文本。
A. 标函　B. 方案　C. 说明　D. 公告
E. 公示
292. 计划的三要素包括(　　)。
A. 目标　B. 措施　C. 步骤　D. 时间
E. 任务
293. 会议纪要与其他公文相比,主要的不同之处(　　)。
A. 可以不加盖印章　B. 可以不署名发文单位
C. 可以不在文稿结尾标注发文时间　D. 必须加盖发文单位印章
E. 必须署名发文单位
294. 合同书写作的基本结构包括(　　)。
A. 标题　B. 主送机关　C. 当事人　D. 正文
E. 落款
295. 合同书的条款部分主要包括(　　)。
A. 标的　B. 数量　C. 质量　D. 违约责任
E. 履约的地点和方式
296. 可行性研究报告主要是针对建设项目的(　　)而写作的书面报告。
A. 技术的先进性　B. 经济的合理性　C. 建设的可能性　D. 时效性
E. 管理性
297. 意见按照性质进行分类,主要有(　　)。
A. 指导性意见　B. 建议性意见　C. 协商性意见　D. 上行文意见
E. 平行文意见
298. 下列文种可以多项行文的是(　　)。
A. 通告　B. 通报　C. 函　D. 意见
E. 通知
299. 建设性在上报时具有(　　)。
A. 指导性　B. 建议性　C. 报请性　D. 沟通性

E. 转发性

300. 会议纪要的主要特点是（　）

A. 纪实性　B. 提要性　C. 指导性　D. 具体性

E. 描写性

301. 下面会议纪要标题正确的是（　）。

A. 天地公司销售工作会议纪要

B. 关于长江三角洲房地产开发问题的会议纪要

C. 朗力商贸有限公司关于优质服务工作的会议纪要

D. 会议纪要

E. 广告的设计与策划——金环广告有限责任公司广告工作的会议纪要

302. 会议纪要的成文时间是指（　）。

A. 会议通过日　B. 领导签发日　C. 文书发出时间　D. 文书草拟时间

E. 文书印发时间

303. 档案利用是指（　）。

A. 档案的开发　B. 档案的提供　C. 档案的阅览　D. 档案的复制

E. 档案的摘录

304. 档案参考材料的编写要求（　）。

A. 材料典型　B. 材料准确　C. 材料实用　D. 材料要保密

E. 语言表达要概括

305. 档案管理的制度主要是指（　）。

A. 档案行政制度　B. 档案业务制度

C. 档案工作岗位责任制度　D. 档案管理办法

306. 档案工作的管理体制主要是指（　）。

A. 档案宏观管理体制　B. 档案微观管理体制

C. 档案管理机构的设置　D. 档案管理工作内容的规定

E. 档案管理制度的制定

307. 如下公文处理环节属于收文处理过程的是（　）。

A. 拟办　B. 拟稿　C. 批办　D. 注办

E. 缮印

308. 秘书对来访者提出的问题，能当即答复解决的，应予以（　）。

A. 请示后解决　B. 研究后解决　C. 答复后解决　D. 说明后解决

309. 横向沟通在组织中表现形式有（　）。

A. 发短信　B. 通知　C. 备忘录　D. 座谈会

310. 信息从载体上分通常包括（　）。

A. 口头信息　B. 会议信息　C. 纸面信息　D. 电子信息

311. 将反映同一问题的文件组成案卷的立卷方法是按（　）的。

A. 部门特征立卷　B. 问题特征立卷　C. 作者特征立卷　D. 时间特征立卷

312. 秘书随从自己的上司出国商务考查时，不该做的事是（　）。

A. 及时与对方进行联络　B. 提前安排食宿

C. 负责上司的安全　　D. 决定上司的回国时间

313. 秘书值班工作的主要作用有(　　)。

A. 联络作用　B. 服务作用　C. 应急作用　D. 看家作用

314. 秘书将办理完并具有查考保存价值的文书按照一定方式进行分类组合的过程是(　　)。

A. 立卷　B. 归档　C. 登记　D. 承办

315. 开好会议的先决条件是(　　)。

A. 会前筹备　B. 会中服务　C. 会后落实　D. 会议方案

316. 对于收到的匿名信,秘书部门应该做到(　　)。

A. 公开调查　B. 当时撕毁　C. 积极受理　D. 追究写信人责任

317. 秘书使用计算机编制和管理领导日志属于(　　)。

A. OA 管理　B. CFO 管理　C. IP 管理　D. MBA 管理

318. 需要提交办公会议仔细研究的文件,要在(　　)分发给与会者。

A. 会中　B. 会前　C. 会后　D. 上述三种都可以

319. 清退会议文件资料时首先应(　　)。

A. 填写《文件清退登记表》　B. 确定清退文件资料的范围

C. 整理清退文件资料　D. 办理清退手续

320. 会议期间产生的文件需要进行收集的是(　　)。

A. 通知　B. 决议　C. 提案　D. 会议记录

321. 会后产生的文件有(　　)。

A. 会议简报　B. 会议新闻报道　C. 传达提纲　D. 会议纪要

322. 审核的重点首先应是(　　)。

A. 公文的内容　B. 公文格式　C. 文字语句　D. 标点符号

323. 审核属于(　　)的其中一个环节。

A. 办文阶段　B. 发文阶段　C. 收文阶段　D. 公文形成

324. 转发上级机关的公文,如其标题过长时,应是(　　)。

A. 不能自拟事由摘要转发,可以上级机关公文的发文号代替

B. 可以自拟事由摘要转发,不能以上级机关公文的发文号代替

C. 既不可以自拟事由摘要转发,也不能以上级机关公文的发文号代替

D. 上述做法均可以

325. 附件对公文主件起到补充说明的作用,其书写格式为(　　)。

A. 附件标在正文之后,成文日期或署名前的左上侧

B. 附件标在正文之后,成文日期或署名前的左下侧

C. 附件标在正文之前,成文日期或署名前的左上侧

D. 附件标在正文之后,成文日期或署名前的左下侧

326. 单一机关制发的公文,应(　　)。

A. 在落款处既要署发文机关名称,又要标识成文日期

B. 在落款处署发文机关名称,不要标识成文日期

C. 在落款处不署发文机关名称,只标识成文日期

D. 上述三种均错

327. 当公文排版后所剩空白处不能容下印章位置时，应该（　　）。

A. 印章与正文不必同处一面，可采取标识“此页无正文”的方法解决

B. 不可采取调整行距、字距的措施解决，不必加盖印章

C. 省略成文日期，留出空间加盖印章

D. 采取调整行距、字距的措施加以解决，务使印章与正文同处一面，不得采取标识“此页无正文”的方法解决

328. 下列标题正确的是（　　）。

A. 上海市国家税务局关于 2012 年××××工作开展情况的通报

B. 关于上海市国家税务局 2012 年××××工作开展情况的通报

C. 2012 年上海市国家税务局关于××××工作开展情况的通报

D. 上海市 2012 年××××工作开展情况的通报

329. 公文中的数字使用正确的说法是（　　）。

A. 除成文时间、部分结构层次序数和词、词组、惯用语、缩略语、具有修辞色彩语句中作为词素的数字必须使用汉字外，应当使用阿拉伯数字

B. 除部分结构层次序数和词、词组、惯用语、缩略语、具有修辞色彩语句中作为词素的数字必须使用汉字外，应当使用阿拉伯数字

C. 除成文时间、部分结构层次序数和词、词组、惯用语、缩略语、具有修辞色彩语句中作为词素的数字必须使用阿拉伯数字外，应当使用汉字

D. 成文时间、部分结构层次序数和词、词组、惯用语、缩略语、具有修辞色彩语句中作为词素的数字必须使用汉字

330. 能使公文发生法律效力的标志为（　　）。

A. 发文机关　　B. 领导签字　　C. 成文日期　　D. 单位印章

331. 秘书规范的礼仪包括（　　）。

A. 自尊自信的心态　　B. 文明礼貌的语言

C. 优雅得体的举止　　D. 谦虚恭敬的态度

332. 秘书收文工作的基础是（　　）。

A. 登记　　B. 拆封　　C. 整理　　D. 签收

333. 将广州某著名专家的题词迅速逼真地传递到沈阳某大学，应该使用的是（　　）。

A. 短信　　B. 电报　　C. 特快专递　　D. 传真

334.《中华人民共和国档案法》规定，文书档案的保管期限定为（　　）。

A. 中期　　B. 短期　　C. 永久　　D. 长期

335. 传真英文的缩写是（　　）。

A. FAX　　B. EMS　　C. tel　　D. telex

336. 文件致发对象不同，秘书撰写文件的内容、口气、用词等也不同，如下行文件（　　）。

A. 多是协商　　B. 多指令和通知

C. 多指出行动原则　　D. 多提出请求

337. 联合行文时，需要由所有联署机关主管负责人（　　）。

A. 草拟　　B. 审核　　C. 会签　　D. 盖章

338. 除主送机关以外，对需了解文件内容的其他机关可根据隶属关系分别使用（　　）。

A. 抄存　B. 抄报　C. 抄送　D. 抄发

339. 秘书同来访者交谈时，要坚持做到一听、二问、三记、四（　　）。

A. 解答　B. 分析　C. 请示　D. 商量

340. 秘书排定座位，要以主人的座位为中心（　　），（　　）依次排列。

A. 近高远低　B. 近低远高　C. 右上左下　D. 左上右上

341. 在我国，大型宴会的餐桌不适宜摆成（　　）。

A. 马蹄形　B. 星点形　C. 回字形　D. T 字形

342. 备考表置于盒内文件之后，项目包括盒内文件情况说明和（　　）。

A. 全宗　B. 整理人　C. 检查人　D. 日期

343. 文件立卷归档的时间一般应为（　　）。

A. 当年上半年　B. 第二年上半年　C. 年底　D. 第二年六月

344. （　　）是国际交往中重要的礼仪原则。

A. 女士优先　B. 长者优先　C. 军人优先　D. 外国人优先

345. 直接用感官或借助其他工具认识客观事物，收集、获取信息的方法为（　　）。

A. 问卷法　B. 询问法　C. 观察法　D. 阅读法

346. 接待规格是以（　　）的角度而言的。

A. 宾客　B. 陪同领导　C. 朋友　D. 职务

347. 不属于简报的特点是（　　）。

A. 生动形象　B. 迅速快捷　C. 内容新鲜　D. 真实准确

348. 接待中握手的礼仪要求为（　　）。

A. 距受礼者约两步，上身向前倾　B. 距受礼者约一步，上身略向前倾

C. 两足立正，伸出右手，左手背后　D. 挺胸抬头，目视受礼者

349. 为了节省会议时间，一般可以采取（　　）的方法。

A. 减少会议发言的人数　B. 取消分组讨论事项

C. 限定发言时间　D. 取消次要领导讲话

350. “总公司同意东北分公司提出的《××××生产方案》，现转发给你们，请认真贯彻执行”。这份通知的批语及转发语分别是（　　）。

A. 转发语——现转发给你们

B. 转发语——现转发给你们，请认真贯彻执行

C. 批语——公司同意

D. 批语——公司同意第一分公司提出的《安全质量检查方案》

351. 照应是指文章前后内容上的关照、呼应，常用的照应方式有首尾照应、文题照应、（　　）。

A. 标题照应　B. 行文前后照应　C. 开头照应　D. 结尾照应

352. 下列属于会议接待工作内容的是（　　）。

A. 会议接送工作　B. 会议娱乐活动　C. 会议食宿工作　D. 会议采访工作

353. 由千人以上参加的在礼堂、会堂举行的会议属于（　　）会议。

A. 小型　B. 特大型　C. 大型　D. 中型

354. 运用汉字速记,可以将“真善美”略写为(　　)。

A. 真\　　B. 真一　　C. 真³　　D. 真/

355. 以下不属于档案检索工具的是(　　)。

A. 利用指南　　B. 全宗指南　　C. 检索目录　　D. 分类目录

356. 公文的紧急程度不包括(　　)。

A. 特急　　B. 急件　　C. 平件　　D. 紧急件

357. 拼音速记声符的比例分成三级,具体为(　　)。

A. 1 : 2 : 3　　B. 3 : 2 : 1　　C. 6 : 4 : 2　　D. 2 : 4 : 6

358. 公文的要素不包括(　　)。

A. 题注　　B. 眉首　　C. 主体　　D. 版记

359. 下列关于劳动合同约定的试用期时间错误的是(　　)。

A. 3个月　　B. 4个月　　C. 5个月　　D. 6个月

360. 在中外合资经营企业中,下列关于“外资合营者的投资比例”错误的是(　　)。

A. 15%　　B. 20%　　C. 25%　　D. 30%

二、秘书案例分析题(情景录像题)

(一) 秘书国家职业资格鉴定五级模拟试卷情景录像脚本

脚本

人物:秘书初萌(女) 钟苗　李运　王总经理　人力资源部刘芳　初萌男朋友(声音)

物品:电脑　传真机　文件　笔记本　复印纸　笔　绿色植物

场景:秘书办公室里要求有桌椅、电脑、传真机、沙发、电话等

情景1:

初萌发现窗台上的花有了几个枯叶,就把花盆搬到办公室门外过道上,正在往花上淋水。电话响起,初萌急忙进办公室抓起电话:“你好,蓝天公司,我是秘书初萌。”

钟苗声音:“初萌,我这边有点事,现在过不去,把昨天我印出的那个《会议纪要》给下边(总公司设在各地的办事处)发传真过去吧。”

初萌说:“啊? 我给他们发电子邮件了!”

有人敲门,初萌:“请进!”一个小伙子进来。

“你好,请坐。”初萌站起来,热情地用右手示意客人。

小伙子自我介绍,并递给她一张名片,初萌右手接过名片,看了看说“谢谢,哦,李运”,就顺手放在了办公桌上,然后忙着给李运端水。

李运:“我找你们王经理有事,他在吗?”

初萌:“我问问吧,请稍等。”

初萌拨通王经理电话:“王经理,我是初萌,有个叫李运先生的人来找您,现在他在办公室这呢。”

王经理:“噢,他来了,快领他来。”

情景2:

初萌引领客人去见王经理,轻轻叩门。

经理声音:“请进!”

客人与初萌走进王经理办公室。

初萌认为刚才在电话中她已经向王总经理介绍了客人是李运先生了，就对着李先生，右手指向王总经理说："李先生，这位是王总经理。"又换了个姿势，对着王总经理，右手指向李运说："这位是方环公司的销售员李先生。"

李运与王经理在谈论着。(画面淡出)

送走客人后，初萌在《来访者登记表》上记着什么。

情景3：

初萌按着钟苗的要求马上发送传真。有的下属办事处的传真机处于自动接收状态，她就一一发送过去，全部发送完毕后，初萌在《发送传真记录本》上做了记录。

人力资源部刘芳："初萌，把剪刀给我用一下好吗？"

"好的。"但初萌在抽屉里左翻右翻找不到。

刘芳："算了，别找了。"刘芳又说："哎，你电脑闲着，让我上会儿网行吗？我办公室的电脑都有人用着呢。"

初萌爽快地答应："没的说。"

电话响了，是初萌男朋友声音。

传真机暂时不用了，初萌急忙直接将传真机电源拔掉。

男朋友声音："小萌，你早出来一会儿咱们一块吃饭去呗，海鲜大排档。"

初萌："才几点呀就吃饭，我这儿事儿多着呢，晚上再说吧。"

男朋友："要不，晚上咱们去体育中心健健身，省着你天天感冒发烧的，我今天没事，就看你的了，你快点把事儿忙完，早一会出来，行不？"

这时，钟苗回到办公室，问初萌："传真都发了？"

初萌说："发过了。"初萌说了声"来了！"就急忙挂断了电话。

钟苗看见办公室门口走廊过道上有一汪水，就问初萌："哪来的水呢？"

初萌似说非说："谁知道呢？"

钟苗问初萌："我让你打印的《会议通知》出来了吗？"

初萌慌忙从电脑中调出《会议通知》电子文本：

召开业务检查工作会议的通知

各分公司、部：

兹定于2006年9月6日8时在总公司第二会议室召开业务检查工作会议，请各分公司、部主管经理(主任)按时出席，并准备好相关的文件资料。

天地公司总经理室

二〇一三年三月三日

初萌在电脑上选择纸张时点击的程序为：文件→页面设置→纸张→纸张大小→B5(182×257毫米)。

参考答案：

1. 办公室环境有绿色植物。(正确)
2. 放在行人必经的过道上，妨碍了走路。(错误)

3. 电话问候语恰当。（正确）
4. 未经批准，属于越权行为。（错误）
5. 对待客人有礼貌，接待礼仪得体。　（正确）
6. 接名片的礼仪错误。（错误）
7. 未预约客人应先请示领导批准。（正确）
8. 先敲门，符合接待礼节要求。（正确）
9. 先把职位高的，介绍给了职位低的了。（错误）
10. 对来访者进行登记。（正确）
11. 未确定传真指定接收人，存在泄密隐患。（错误）
12. 放置物品不规整、乱放。（错误）
13. 办公室电脑存储一些公司文件，别人用电脑有泄密隐患。（错误）
14. 传真机操作不规范。（错误）
15. 利用公司电话聊天属于失职行为。（错误）
16. 上班时间不能脱岗。（正确）
17. 不敢勇于承认错误。（错误）
18. 没有及时完成领导布置的任务。（错误）
19. 打印文件选择 B5 纸。（错误）
20. 打印文件没有进行整体排版。（错误）

（二）秘书国家职业资格鉴定四级模拟试卷情景录像脚本

脚本

人物：秘书钟苗（女）　秘书初萌　王总（声音）　吴会计　客人

物品：电脑　复印机　饮水机　A4 复印纸　笔　电话记录本　两份文件　空白介绍信一本　印章

场景：秘书办公室有时钟、电话、桌椅、电脑、复印机、沙发、文件柜等

情景 1：

周一早晨，秘书钟苗身穿一身“ONLY”，神采奕奕，刚刚走到办公室门口，恰巧听见办公室的电话响了起来，她急匆匆开门接听电话（两声），慌忙中忘了拔下门锁上的钥匙。

本公司王总的声音：“钟苗，赶紧到档案室给我查一下‘辽商〔2002〕16 号’和国办〔1999〕159 号两个文件，再分别各复印五份，一会我派人到你那取。我在外边谈事呢。”

钟苗：左腮夹住话柄，两手焦急地从抽屉里翻找钢笔，边说“好的，王总，我马上办”。

人力资源部吴会计走进来，看到了门锁上插着的钥匙说：“哎，谁的钥匙？”随手拔下。又说：“钟苗，给开个介绍信呗，我明天出差。”

钟苗正在通过回忆在小纸条上写着王总索要的两个文件名称。

钟苗对另一个秘书说：“初萌，你到档案室查查这两个文件，拿这来各复印五份。”她将那个小纸条递给了初萌。

初萌去了，钟苗追上去叮嘱一句：“别忘了填写档案跟踪卡呀。”

钟苗拿出一本空白介绍信并从保险箱里取出印章。

钟苗对吴会计说：“我和小初忙着给王总弄文件呢，急着用呀。介绍信你就自己开吧，你不是也会弄嘛。”

吴会计说："这样不好吧，还是你来吧，出了毛病我可担不起责任。"钟苗觉得也是，于是飞笔写好了介绍信，从锁着的抽屉里拿出印章盒子，盖一个落款章，又盖上了骑缝章。

吴会计满意地走了。

初萌从档案室取来那两份文件开始复印，但复印纸用完了。初萌跟钟苗说："钟秘书，纸用完了。"

钟苗指了指立柜上面说："在那儿，拿吧。"

初萌脱下鞋子，站到桌子上面，在立柜的顶上开始翻找。

情景2：

有人急促敲门。

钟苗："请进！"

一个小青年进门，说："是王总让我来取文件的。"他是王总在商务谈判单位（本市）找的一个熟人。

钟苗微笑着迎上前去："你好，请坐。"说话的同时右手示意他坐在沙发上。

钟苗："正在印呢，马上就好了，请稍等。"

钟苗这时已顾不得搭理客人，时间紧迫，只好帮助初萌忙着喀哒喀哒装订文件。钟苗在自己的办公桌上理出一份一份文件，初萌在另一办公桌上装订。

情景3：

钟苗将客人送到电梯间，她先按电梯呼梯按钮，轿厢到达厅门打开，青年进入电梯，钟苗一手按"开门"按钮，另一手按住电梯侧门，礼貌地说："请进，再见！"电梯门关上后，她才返回。

钟苗与初萌一起又将凌乱的桌面收拾整洁，将装有A4纸的大箱子改为装到立柜的最下层。

钟苗："初萌，一会儿你到第二会议室检查一下，看看还缺啥少啥不，厂部例会在那儿开。"

初萌："好的，我马上去。"

钟苗坐在电脑前修改下午要商讨的新增加的会议文件内容，接着给各部门发去修改后的电子邮件。

参考答案：

1. 着装不符合秘书职业要求。（错误）
2. 接听电话及时。（正确）
3. 钥匙丢在门上，留下安全隐患。（错误）
4. 电话应答语不正确。（错误）
5. 接电话动作错误。（错误）
6. 记录电话用的笔和本子没有放在电话旁边。（错误）
7. 没有记在正规的电话记录本上。（错误）
8. 能够填写档案跟踪卡。（正确）
9. 印章放在保险箱中安全。（正确）
10. 开具介绍信和盖印章必须专人负责，其他人没有权力开具介绍信和盖印章。（错误）
11. 介绍信除落款章外，还要盖骑缝章。（正确）

12. 未经上司批准用印，用印人未填写“用印申请单”，用印后未进行用印登记。（错误）
13. 体积大的办公用品（A4纸箱）不应放在高处。（错误）
14. 能热情接待客人，接待用语适当，符合“3S”要求。（正确）
15. 让客人受到冷落，并使客人久等。（错误）
16. 没能在客人带走文件之前与王总联系，确认客人真实身份，留下泄密隐患。（错误）
17. 送客人乘电梯礼仪恰当。（正确）
18. 较大较重的办公用品放在了立柜下面。（正确）
19. 能够事先做好例会的一切准备。（正确）

（三）秘书国家职业资格鉴定三级模拟试卷情景录像脚本

脚本

人物：高叶 总经理苏明　钟苗　部门负责人　高叶妈妈（声音）专业技术人员若干　小王

物品：电话　U盘　计算机　投影仪　茶具　矿泉水　文件资料　手机

场景：高叶办公室　会议室

情景1：

高叶正在电脑前修改着昨天与经理商讨过的产品销售计划文稿，电脑主机上摞着一打报纸和杂志。

电脑屏幕显示下列文本（幻灯片）：

宏远奶业公司2007年度产品销售计划

一、对于固定客户，要经常保持联系。在有条件的情况下，以季度为单位，应送一些礼物或宴请客户，以便稳定与客户的关系。

二、在拥有固定客户的同时，还应从各种渠道获取更多客户需求信息，各分公司、办事处应增设信息机构并配备人员。

三、建立全国销售员网络系统，举办销售员培训班，使其相互交流经验，开拓视野，采取多样化销售形式，把学习业务与交流技能相结合，以取得更好的业绩。

四、各分公司、办事处销售计划表（略）

当修改到第四款时，高叶抓起电话：“您好苏经理，我是高叶，我觉得销售计划里应该有与其他奶业参股合作开发新产品这一项，以借势增加我们的销售量，如果全国各地都有我们的产品，先别说赢利多少，那我们的名不就出去了吗？您看怎样？”

苏经理（声音）：“你说的有道理，那好吧，先写进计划里，然后再拿到会上大伙研究研究再定。”

高叶：“好的。”

这时，高叶的手机响了，高叶从电脑旁拿起手机接听。但电话断线了，她按来电显示用座机打了回去，“妈，你给我打电话了？”高叶问。

妈妈：“叶子，‘十一’回家不？你姐还回来呢。”

高叶："'十一'我们单位是不是加班现在还不知道呢，妈，现在正忙着，晚上再给您打电话。"随即挂掉。

钟苗从外面走了进来，高叶问："会议室布置了?"

钟苗说："我正要和您汇报呢，布置的差不多了，就是投影仪有毛病了，我找技工检修了一遍，他说投影仪的灯泡坏了。"

高叶："那就赶紧买一个吧，你去办。先把它买来，下午两点多就要用了。你手里不是有备用金嘛，先垫上。"

钟苗："那我去买了？现在。"

情景2：

下午12:30，会议室。

高叶去会议室检查，发现好多问题：会标有些歪；桌子和椅子不配套，椅子少了两把；北角的窗玻璃出现一个破洞。

高叶用手机拨出号码："是技工部吗？请派个'机修'到会议室来一趟，机器有点问题。再派两个工人……"

技工部声音："好的，马上派人过去。"

钟苗回来了，递给高叶一张纸："这是发票，给您。"

高叶接过发票，看了一眼："怎么没有财务章？你先拿着，明天再去补换一张。"

刚来的专业技工来把刚买来的投影仪灯泡安装上，并进行了调试。

钟苗坚持在会场指挥着工人将桌子、椅子配齐，窗玻璃修好为止。

高叶说："小钟，等他们走后，你把我做的幻灯片拿到会议室再演示一遍。"

钟苗说："您上午不是在电脑上试过了吗？应该没问题吧！"

高叶说："以防万一呀。"

高叶嘱咐钟苗："你别忘了填上《办公设备故障处理日志》啊！"

钟苗："一会儿就写，您放心吧。"

情景3：

会议室

下午3:40，会议正在进行。

高叶为与会人员演示着"宏远奶业公司2007年度产品销售计划"。

幻灯片第五模块屏幕上显示：

宏远奶业公司2007年度产品销售计划

一、建立全国销售员网络系统。

(1) 举办销售员培训班；

(2) 采取多样化销售形式；

(3) 分公司交叉互派业务员结对建立销售业务网络系统。

……

与会人员讨论热烈，并提出了很多建议，高叶仔细地做着记录。

苏经理主持会议。

会议结束时，苏经理说："大家辛苦了，希望各位将意见和建议以书面的形式上报到公司办公室，高叶形成书面材料后给我。”

会议结束。

高叶关掉了电脑和投影仪，却没有切断投影仪电源。

高叶把钟苗叫到跟前说：“钟苗，你在这等一会儿吧，5 分钟后再关掉电源，把东西都带回去。”

钟苗：“好的。”

情景 4：

高叶办公室

钟苗走进来：“高助理，给，这是您的 U 盘。”

高叶：“会议室桌子上的那些资料呢？……那还只是讨论稿。”

钟苗：“哎呀，坏了，都让他们带走了。”

高叶表情沉着：“吃饭还有一个小时呢，赶紧追着收吧。顺便催一下苏总布置的那个‘意见和建议’，他们能给出个纲目就行，越快越好。”

高叶整理着手头的会议记录。

情景 5：

时钟指向下午 4:50。

高叶正在电脑上创制“会议评估表格”，准备将下边收上来的建议归纳后填充在此表格之中。

参考答案：

1. 电脑主机上放置报纸杂志等杂物，影响机器散热。（错误）
2. 能够给上司提出合理化建议，起到了参谋作用。（正确）
3. 手机不能放在电脑旁边。（错误）
4. 上班时间使用公司电话办私事。（错误）
5. 能够布置和检查会议准备工作。（正确）
6. 及时购买设备附件，保证会议正常使用。（正确）
7. 交代的工作有检查，防患于未然。（正确）
8. 发现财务章缺失问题。（正确）
9. 做会议准备细心、到位。（正确）
10. 能够进行办公资源调配。（正确）
11. 能够消除安全隐患。（正确）
12. 能够及时提醒填写办公设备故障处理日志。（正确）
13. PPT 序号书写不对。（错误）
14. 能够听从意见和建议，改进工作计划。（正确）
15. 投影仪不能立即切断电源。（正确）
16. 对会议内容有保密意识。（正确）
17. 及时收集会议有效信息。（正确）
18. 能够及时整理会中文件。（正确）
19. 能够对会议进行评估和总结。（正确）

（四）秘书国家职业资格鉴定二级模拟试卷情景录像脚本

脚本

人物：行政总监施林 秘书高叶 谈判人员若干 齐总经理 科技部吕发友 副总经理谭天义 生产部经理谢义国

物品：计算机 电话 文件柜 饮水机 绿色植物

场景：施林办公室 会客厅 总经理办公室 签字室

情景 1：施林办公室

办公室环境干净利落，门口内两侧各放置一盆万年青。

立柜中的文件夹码放整齐，每个文件夹脊背上均标有文字。

施林身穿双排扣藏蓝色职业装，但上衣扣子没有系上。

施林应声接了电话。

齐总经理："施林，各部门的《固定资产评估报告》都上来了吗？"

施林："评估报告？我……"

齐总经理："4 日那天的会议不是定了吗，由你催办这事嘛。"

施林一拍脑门："对呀，这事我早让高叶去做了，应该差不多了吧，一会我问问高叶吧，回头我再向您汇报，齐总。"

施林拨通了高叶的手机："高叶，你在哪儿，一会儿到我这来一趟。"

高叶："施总监，我在下面等《固定资产评估报告》呢。我收得差不多了再去你那，就剩两份了，一会儿就好了。"

情景 2：总经理办公室

施林敲门，批准后走进齐总经理办公室。

施林："齐总，我起草的《谈判方案》(××与××太阳能空调 LGA8 新产品研发洽谈会)的提纲给您，如果有不妥的地方，我好马上修改一下。"

随之他将其方案文本提纲轻轻摊放在齐总经理的桌面上（特写镜头：文件夹敞开着，显示"××与××太阳能空调 LGA8 新产品研发洽谈会方案提纲"，文件头朝向施林方向）。

齐总："……谈判的准备工作要做周全，难度与困难要考虑充分，谈判的人员还要精挑细选并进行培训。"

施林边听边点头，同时做着记录。

情景 3：施林办公室

施林坐回到电脑前开始起草企业兼并谈判方案的正式文本。刚好有人进门，施林马上将电脑屏幕滚动成空白页面。

高叶："施总监，《资产评估报告》收上来 7 份，还有 1 份下午 3 点前一准交上来。"

施林："好的，这事你办得不算太慢，整理完后打个表出来，明天我交给齐总。"

高叶听到"这事你办得不算太慢"时，脸红了，说："真不好意思，我抓紧就是了。"

施林："对了，18 日有个商务谈判，在咱们这举行，你得把会客厅准备出来，用品呀、设备呀、餐饮呀、会场的布置工作都由你总负责，明天上午我去检查，你紧着弄吧。"

高叶："好的，我去了，再见。"

情景 4：会客厅谈判现场

会标：（红色白字）新城电子股份有限公司与麦迪克技术开发有限公司太阳能空调

LGA8 新产品研发洽谈会。（特写镜头：LGA8 用双引号，两个双引号大头都朝上）

会议采取主座谈判式：

谈判桌在谈判室内横放，五位客方人员（以名签为准）面门而坐，主方五位人员背门而坐。除双方主谈者居中就座外，各方的其他人士则依其具体身份的高低，各自先右后左、自高而低地分别在己方一侧就座，每个人座位的左侧桌上放置了名签。每个座位桌面上放置纯净水、笔和本子。

施林座位的桌面上放着录音笔、本子和两支笔。

双方人员正在热烈地交换意见。

情景 5：签字仪式

签字桌放置室内面门横放，桌面上盖着红色台布。

双方出席仪式的全体人员（以名签为准）在签字桌之后并排排列，双方签字人员居中面门而坐，客方居右，主方居左。

主方参加人有：齐总经理、科技部吕发友、副总经理谭天义、施林、生产部经理谢义国

客方参加人有五位（名单略）。

靠墙桌子上准备了香槟酒。

参考答案：

1. 办公室环境干净、物品整洁利落、有绿色植物，合乎要求。（正确）
2. 文件信息分类清晰。（正确）
3. 着装不太得体，双排西装没有系上扣子。（错误）
4. 会议决议落实、催办不到位。（错误）
5. 进入领导办公室懂得礼仪。（正确）
6. 办事不准确，催办事项还未完全有结果，汇报给领导的信息不准备。（错误）
7. 能够在谈判方案经上司批准和提出建议后再起草。（正确）
8. 能够认真记录上司指示。（正确）
9. 保密意识强。（正确）
10. 委婉地鼓励下属工作，效果好。（正确）
11. 布置谈判准备工作细致，能够督促检查工作。（正确）
12. 会标上的标点错误。（错误）
13. 谈判桌位置和方向正确。（正确）
14. 双方人员座次正确。（正确）
15. 签字桌位置和方向正确。（正确）
16. 为谈判人员准备了谈判用品。（正确）
17. 签字桌上的台布颜色不对。（错误）
18. 签字桌方向和人员排列正确。（正确）
19. 为签字准备了香槟酒。（正确）

三、秘书工作实务试题

任务 1

东北长白山食品公司定于 2012 年 12 月 28 日召开产品展销展示会，会议邀请全国客户

代表50人，开会地点定在公司总部大楼七层第五会议室。会议9:00开始，公司曲总经理致辞，向客户表示欢迎；9:30由销售主管王军介绍本次展销会的基本情况，并感谢几年来大家的合作与支持；10:30技术总监胡族放对新产品进行介绍并进行展示；11:30在公司第二餐厅就餐；13:30组织代表参观公司生产车间，由秘书人员陪同，做介绍；14:30在公司西园会议室座谈；16:00散会。

要求钟苗秘书设计此次会议的日程表。如果由钟苗做向导陪同会议代表参观，她应重点带领大家参观哪些地方？

任务2

2012年9月15日，北方沈城熨衣板厂租借大青山超市会议大厅召开家家喆牌吸风熨衣板创新产品研发会议。请讨论该次会议应向与会人员发送请柬，还是邀请信？确定文种后，请拟写该文种一份，送办公室主任审阅。并说明请柬与邀请信的区别之处。

任务3

请把以下这篇《会议记录》改写为《会议简报》：

清河煤矿行政办公会议记录

时间：2012年10月5日

地点：矿办公楼会议室

主持人：和平副矿长

参加人：矿区副主任赵伟、劳资科科长刘克先、财务科科长魏东田、安全科科长方超、人事科科长张庆怀、办公室主任崔渊

会议议题：

1. 四季度奖金发放办法；
2. 自然减员招工方案；
3. 有关人员的调动问题；
4. 对违反劳动纪律人员的处理。

会议决定事项：

1. 矿区二季度奖金按照煤炭总公司2008年12月的《奖金发放办法》第五条、第六条办。
2. 这次自然减员招工，招收1975年以前参加工作的职工的子女，并实行文化统考，择优录取的办法(详细规定由劳资科负责制定)。
3. 同意武君同志因父母身边无人照顾调往外单位工作。
4. 同意景全文与六矿洗煤厂吴强对调。
5. 对矿工王双喜无故旷工8天的行为，责成劳资科在全矿区给予通报批评，并扣发本月工资及半年奖金。

清河煤矿和平副矿长(签字)

2012年10月5日

任务4

辽宁省卫生厅就2009年冬季暴雪灾情，向省政府请求急拨“救灾”款2000万元，请以卫生厅名义拟写一份请示和以省政府名义拟写一份批复。要求内容齐全，公文格式规范。

任务5

你接到下面的电子邮件

电子邮件

寄件人：mimmin@sina.com

收件人：zamiao@sina.com

日期：2012 年 10 月 29 日

主题：关于接待计划事宜

内容：

近日，长江机电总公司拟召集全国分公司负责人会议，会期 3 天（11 月 28 日至 30 日），会址选择在公司总部召开，请你用电子邮件的形式给我发送有关信息（均以表格形式发送），有关内容如下：

- 工作人员安排表；
- 会议日程表；
- 接待经费列支情况。

行政部经理　李明明

二〇一二年十月二十九日

任务 6

你接到下面这张便条

便　条

我将在下周三（11 月 25 日）从北京到上海开会，会期 2 天，周五返回，请你为我完成两项任务：

- 制订此次商务旅行计划；
- 制定一份执行旅程表。

行政经理　苏明

二〇一二年十一月二十四日

任务 7

你接到下面一张备忘录

备　忘　录

办公室新来一位文员小李，下个月准备让她接替冯秘书的工作。办公室的信息资料较多，而且杂乱无章。为给小李提供一些帮助，上司委派你列出信息资料分类的主要方法，以便小李对信息资料做全面整理，便于今后顺利工作。

你的上司　吴志勇

二〇一二年十一月十一日

任务 8

你接到下面一张便条

便　　条

王丹：

由于公司对外业务往来项目更加复杂，销售人员数量与工作量明显失衡，为了公司今后的发展壮大，公司决定，在大学本科应届毕业生中招聘10名销售业务人员，领导责成我向你转告这个消息，并由你撰写一份招聘启事草稿，然后交我审阅后，呈报公司董事会讨论。

多谢。

行政经理　王成功

二〇一二年十月二十二日

任务9

你接到下面这份备忘录

备　忘　录

小萌：

本公司将于12月举办新产品推介会，将请诸多媒体参加，请你将此次会议就接待新闻媒体的工作内容及工作程序，以电子文档的形式向我提交，发到我的邮箱里即可。

谢谢。

行政经理　李宁宇

二〇一二年四月十八日

任务10

你接到下面这份备忘录

备　忘　录

钟纪：

办公室新来一位大学毕业生，公司暂时安排她负责管理"印章和介绍信"的工作。请你将有关"办公室部门掌管的印章种类、印章的使用程序和介绍信的使用要求"的提纲分别拟写出来，今天下班前交我审阅，经我审阅批准后，你再指导她做此项工作。

谢谢。

行政经理　王小为

二〇一二年四月十八日

任务11

你接到下面这张便条

便　　条

陈尤由：

公司刚刚招聘来一位高级技工，姓名闫松，公司将安排他专门负责技术监查察工作，但公司对他的工作履历一无所知。请你分别以我单位人力资源部负责人和闫松原工作单位人事部门负责人的身份，各拟写一份询问函和答复函。具体内容是：闫松的工作履历、主要工作业绩、获奖项目名称及原工作单位领导对他的综合鉴定。

谢谢。

行政经理　刘　江

二〇一二年十月十日

任务 12

你接到这个电子邮件

电子邮件

收件人：高超

抄送：

主题：准备会议应急方案和方法

高超：

你好。

5 月份公司准备召开产品贸易洽谈会。由于会议内容较多，参加会议人员复杂，会议期间难免出现差错，为了防止差错的发生，请你为会议准备“会议应急方案”和“处理突发事件的方法”草案，然后发邮件给我，不迟于明天下午。

说明：1. 写出应急方案内容的详细提纲；

2. 写出处理突发事件的具体方法。

谢谢。

总经理　魏东顺

二〇一二年十一月十九日

任务 13

你接到这个便条

便　　条

高叶：

经过董事会研究，准备对公司的传统工作办公模式进行改革，请你就办公模式的类型及导致办公模式变化的原因进行阐述，成稿后交我审阅，然后交由公司董事会讨论后选定适合我公司的工作模式。

阐述要具体，具有可操作和实用价值。

谢谢。

董事长　吴天明

二〇一二年六月二十日

任务 14

你接到这个电子邮件

电子邮件

收件人：qrteacher@163．com

抄送：

主题：草拟文件

高昂：

你好。

请你根据昨天的会议精神、决定和下面所给的材料，代表总公司向全国各下属单位发文，宣布对在这起事故中的相关人员的处理意见，（依据《远大公司员工管理条例》，给予当事人记大过处分）。

行政经理 王事常

二〇一二年五月十二日

（附：材料）

公司金属管件仓库的保管员姜涛，男，出生于1981年10月15日。姜涛在2009年5月11日晚于仓库值班时，违反公司员工管理条例，擅自脱岗聚集几名社会闲杂人员到某麻将馆打麻将，一夜未归，5月12日早上班迟到，致使其他工作人员延误取件而无法正常工作。此次事件给公司造成不良影响。

任务15

你接到这个便条

便　条

施林西：

本公司将于2009年11月在上海举行“中国摩尔第一家”10年庆典，会议将邀请全国零售商近500人参加。本次庆典规模大、时间长，意义重大。为使本次会议顺利圆满进行，将选出32人作为会议工作服务人员。公司将对这些员工进行先期培训，请你就会议工作服务人员培训内容及培训方法拟出书面文本，然后打印出来交给我。

另外，也请就“会议培训效果评估方法”提出你自己独到的建议，供我参考。

总经理 林方健

二〇一二年十月二日

任务16

你接到这个备忘录

备 忘 录

师蔚然：

西北BL空调公司新研发的JIY6型风能空调即将上市，公司准备举办一次西北区大型招商活动。请你就招商活动的基本形式提出建议，如需要进行“风能空调产品”招商，请选择至少两种形式，并详细阐述。请以备忘录的方式给我。

总经理 林方健

二〇一二年十一月三日

任务 17

你接到这个便条

> **便　　条**
>
> 释湄：
>
> 公司决定在本市范围内租赁体育场地举办秋季运动会。公司已经与育花教育培训中心谈妥租用该培训中心体育场，具体事项要以租赁合同形式确定。请你拟写一份合同文本草稿提交经理办公会议讨论。
>
> 其基本内容是：会期一天，1150 人参加，场地租金为 8000 元/天，主席台音像设备由育花教育培训中心提供，租赁费用 1000 元/天，场地体育设施租赁费用 2500 元/天，如有未尽事宜，请你列举周全。
>
> 请拟出本合同文本草稿。
>
> 行政经理　孟凡栋
>
> 二〇一二年九月二十八日

任务 18

你接到这个备忘录

> **备　忘　录**
>
> to：秘书　高棚
>
> from：行政经理　苏明
>
> 主题：
>
> 公司准备将 11 月召开的财务会议办成远程视频会议，总经理决定由你起草该会议筹备方案的初稿。由你单独完成的任务是：
>
> - 将远程视频会议筹备方案与一般会议筹备方案的特点加以比较，形成最后文本；
> - 请就如何检查会议筹备工作提出合理化建议。
>
> 行政经理　张　放
>
> 二〇一二年十月三十日

任务 19

根据下文提供的材料，拟写一份公文。

要求：1. 文种使用正确；

2. 标题规范；

3. 正文内容前后有序。

事由：哈尔滨市交通局准备对 202 国道部分路段采取交通管理措施

发文字号：2012 年第 82 号

正文主要内容：

202 国道黑河方向（南岗村路口至朝道营子路口）昼夜禁止 20 吨（含）以上货运机动车通

行；202国道出市方向（北华路口至木城路口）昼夜禁止10吨（含）以上货运机动车通行。特此通告。为了保障202国道的交通安全畅通，根据《中华人民共和国道路交通安全法》的有关规定，决定从2012年6月20日起，对202国道上述路段采取交通管理措施。发布时间是二〇一二年五月二十日。

任务20

你接到这个便条

便　条
师帅： 根据公司本年度工作计划，六月王总经理将率团出访美国BR公司，其中成员有你随行出访，全团8人组成。请你马上完成的任务是： ● 介绍如何做好出访准备； ● 怎样做好出访陪同工作。 请以电子邮件的方式发给我。 谢谢。 行政经理　胡周知 2012年5月30日

参 考 文 献

[1] 中国就业培训技术指导中心．秘书国家职业资格培训教程五级秘书[M].北京：中央广播电视大学出版社，2006.

[2] 中国就业培训技术指导中心．秘书国家职业资格培训教程四级秘书[M].北京：中央广播电视大学出版社，2006.

[3] 中国就业培训技术指导中心．秘书国家职业资格培训教程三级秘书[M].北京：中央广播电视大学出版社，2006.

[4] 中国就业培训技术指导中心．秘书国家职业资格培训教程二级秘书[M].北京：中央广播电视大学出版社，2006.

[5] 孟庆荣.秘书职业技能实训教程[M].北京：清华大学出版社，2007.

[6] 姬瑞环，等.商务文书写作与处理[M].北京：中国人民大学出版社，2008.

[7] 王育.秘书实务[M].北京：高等教育出版社，2007.

[8] 黄若茜，等.秘书理论与实务[M].北京：清华大学出版社，2007.

[9] 江西环境工程职业学院秘书理论实务网站 http://www.jxhjxy.com

[10] 张强，等.办公室工作实务[M].北京：北京航空航天大学出版社，2008.

[11] 黄高才，等.新编应用写作教程[M].北京：高等教育出版社，2008.

[12] 孟庆荣.应用文写作[M].广州：暨南大学出版社，2011.

[13] 学习网 www.gzu521.com.